Danzig
(Gdańsk)

W0074649

N
S

RUSSLAND

Weichsel

Warthe

POLEN

Oder

Bug

Breslau
(Wrocław)

UKRAINE

Neisse (Nysa)

Weichsel

TSCHECHISCHE
REPUBLIK

SLOWAKEI

Donau

Wien

Theiß

**Die Orte der hundert
Katholikentage
von 1848 bis 2016**

Anzahl der Katholikentage

ÖSTER-
REICH

UNGARN

7 5 4 3 2 1

Holger Arning / Hubert Wolf

HUNDERT KATHOLIKENTAGE

HOLGER ARNING / HUBERT WOLF

HUNDERT KATHOLIKENTAGE

VON MAINZ 1848 BIS LEIPZIG 2016

Das Buch zum 100. Deutschen Katholikentag

Gedruckt mit freundlicher Unterstützung
des 100. Deutschen Katholikentags Leipzig 2016 e.V.

Die Deutsche Nationalbibliothek verzeichnet diese Publikation in
der Deutschen Nationalbibliografie; detaillierte bibliografische
Daten sind im Internet über http://dnb.d-nb.de abrufbar.

© 2016 by WBG (Wissenschaftliche Buchgesellschaft), Darmstadt
Gestaltung und Satz: Anja Harms, Oberursel
Einbandgestaltung: Harald Braun, Berlin
Einbandabbildung: picture alliance/dpa/Uli Deck
Gedruckt auf säurefreiem und alterungsbeständigem Papier
Printed in Germany

Besuchen Sie uns im Internet: www.wbg-wissenverbindet.de
ISBN 978-3-534-26772-9

Elektronisch sind folgende Ausgaben erhältlich:
eBook (PDF): 978-3-534-74113-7
eBook (epub): 978-3-534-74114-4

INHALTSVERZEICHNIS

Alois Glück

ZUM GELEIT

100 – das ist eine schöne Zahl. Ein Mensch, der heutzutage seinen 100. Geburtstag erleben darf, wird, auch wenn dies nicht mehr eine so große Seltenheit ist wie noch in meiner Kindheit, von seiner Familie, von Freunden und Nachbarn gefeiert. Vielleicht nimmt sogar die lokale Presse davon Notiz. Firmen oder Organisationen, die ein 100-jähriges Jubiläum begehen, lassen sich das im Rahmen ihrer Möglichkeiten gerne etwas kosten. Dagegen ist nichts zu sagen, im Gegenteil: Recht haben sie, wenn sie mit Stolz und hoffentlich auch mit Dankbarkeit zurück-schauen auf das, was sie, insbesondere aber ihre Vorfahren oder Vorgänger, geleistet haben. Immerhin war es so gut und über-zeugend, dass es ein ganzes Zentenarium überdauert hat. Und mit Sicherheit werden sie auch sagen: Es war eine wechselvolle Geschichte, von den Anfängen bis zum Tag des Jubiläums, klein begonnen, mit Höhen und Tiefen, freiwilligen oder erzwun-genen Kursänderungen, schmerzlichen Erfahrungen und Zeiten der Hochstimmung.

Auch die Deutschen Katholikentage begehen im Jahr 2016 ein solches Jubiläum. Zwar ist es nicht ihr 100. Geburtstag, der zwischen dem 25. und 29. Mai gefeiert wird, denn die Katho-likentage sind dann schon stolze 168. Es ist das 100. Mal, dass dieses größte regelmäßig stattfindende Ereignis in der katholi-schen Kirche Deutschlands veranstaltet wird. Zum 100. Mal tref-fen sich zehntausende Frauen und Männer, überwiegend engagierte katholische Christen, um sich fünf Tage lang in größeren und kleineren Veranstaltungen über gesellschaftliche und politische Fragen ihrer Zeit auszutauschen, um sich im gemeinsamen Gebet und Gottesdienst öffentlich zu ihrem Glauben zu bekennen und dazu, dass die Botschaft des Evange-liums eine Provokation ist, vielleicht für die, die diesen Glauben nicht (mehr) teilen oder ihn sogar ausdrücklich ablehnen, ganz sicher aber für sie als Christinnen und Christen selbst.

Wer an einem Katholikentag teilnimmt, weiß, dass der christliche Glaube allein hinter verschlossenen Türen nicht glaubwürdig praktiziert werden kann. Das Himmelreich liegt nicht im Jenseits. Es beginnt hier und heute, wenn wir bereit sind, uns einzuschalten und einzumischen in die Gestaltung des

menschlichen Miteinanders in der Familie, im Berufsleben, in der Politik, im Engagement für ein besseres Leben aller Menschen und Mitgeschöpfe auf diesem Globus. Katholikentage waren und sind ein Spiegel all jener Fragen, die den Menschen in ihrer jeweiligen Zeit gestellt waren. Katholikinnen und Katholiken haben bei ihren „Generalversammlungen", wie sie in den Anfängen hießen, diese Herausforderungen angenommen und sie zum Ausgangspunkt gemacht für unzählige Maßnahmen und Initiativen, die oft über Jahrzehnte hinweg den deutschen Katholizismus geprägt haben und teilweise bis heute bestehen. Idee, Gestalt und eine fast 170-jährige Geschichte der Deutschen Katholikentage sind singulär. In keinem anderen Land gab und gibt es Vergleichbares. Nicht zuletzt gilt dies für die Tatsache, dass die Deutschen Katholikentage von ihrem Ursprung 1848 bis heute Merkmal und Ausdrucksform des deutschen Laienkatholizismus sind. Laien waren und sind es, die in ihrer Eigenverantwortung als getaufte und gefirmte Christen mit oder ohne den ausdrücklichen Segen von Priestern und Bischöfen die Zeichen der Zeit erkannt und gedeutet und in vitale, wirksame und nachhaltige Aktionen umgemünzt haben – nicht zuletzt auf 100 Katholikentagen. Das vorliegende Buch ist hierfür der ebenso kenntnisreich wie kurzweilig geführte Beweis.

Bonn, 21. Januar 2016

Alois Glück
Präsident des Zentralkomitees der
deutschen Katholiken (ZdK) 2009–2015

Hundert Katholikentage
LAIEN MACHEN GESCHICHTE

Hundert Katholikentage: Ohne sie sähe die katholische Kirche anders aus. Denn auf ihnen übernahmen selbstbewusste Katholiken eigenständig Verantwortung für ihre Kirche in der Welt. Das ist bemerkenswert, denn die Päpste betrachteten die Laien oft nur als Schafe, die sie auf den rechten Weg zu treiben und – notfalls mit scharfen Hunden – von gefährlichen Weideplätzen fernzuhalten hatten. Auch das römische Kirchenrecht fordert eine straffe Unterordnung der Laien unter die klerikale Hierarchie. Die Katholikentage haben diesen Erwartungen immer wieder getrotzt – und gerade dadurch die Kirche vorangebracht.

Hundert Katholikentage: Ohne sie sähe Deutschland heute anders aus. Denn die Katholiken betrieben auf ihren Generalversammlungen keine Nabelschau. In der Lehre und im Wirken der katholischen Kirche sahen sie das Heilmittel gegen die gesellschaftlichen und sozialen Missstände ihrer Zeit. Die Katholikentage waren und sind daher viel mehr als Treffen frommer Christen, die sich selbst und ihre Kirche feiern. Sie stellen die zentrale Säule einer Macht dar, die wie wenige andere die deutsche Gesellschaft geformt hat: des sozialen und politischen Katholizismus. Dessen Bedeutung wird chronisch unterschätzt – vielleicht, weil die Geschichtsschreibung in Deutschland bis heute stark protestantisch geprägt ist.

Hundert Katholikentage: Auf ihnen brachten die unterschiedlichsten Bevölkerungsgruppen – Adlige, Kleriker, Bauern, Arbeiter und Bürger, Akademiker ebenso wie Händler und Handwerker – ihre Interessen zur Sprache. Die Teilnehmer diskutierten Themen, die jeden angingen, etwa die Gestaltung von Arbeit, Schule und Freizeit, den Umgang mit Fremden und Außenseitern, Familienmodelle und Geschlechterrollen. Dabei setzten sie sich intensiv mit tatsächlichen und vermeintlichen Gegnern auseinander: dem modernen Staat, Liberalismus, Sozialismus, Nationalsozialismus, den Protestanten, Juden, Freimaurern und Kritikern aus den eigenen Reihen.

Nicht selten wirkten die Katholikentage konservativ, oft stellten sie sich neuen gesellschaftlichen Entwicklungen entgegen, etwa wenn es um die Emanzipation der Frauen und sexueller Minderheiten ging. Gerade in Kunst und Wissenschaft verschliefen die Katholiken manche neue Entwicklung. Oft vertraten sie aber auch zukunftsweisende Ideen: Während in Europa der Nationalismus grassierte, wurden auf den Katholikentagen bei aller Deutschtümelei auch der Universalismus der Weltkirche und das Ideal einer internationalen Friedensordnung beschworen. Besonders fruchtbar waren – gestützt auf das christliche Menschenbild – Überlegungen zu einem „Dritten Weg" zwischen Kapitalismus und Sozialismus, die schließlich in das Konzept der Sozialen Marktwirtschaft mündeten. Schon an der Sozialgesetzgebung des Deutschen Reichs wirkten die Katholiken entscheidend mit. Kirchliche Vordenker wie der „Arbeiterbischof" Wilhelm Emmanuel von Ketteler beeinflussten zudem maßgeblich die Soziallehre der Weltkirche.

Die Katholikentage gebaren aber nicht nur Ideen, sondern auch Organisationen. Zahlreiche katholische Vereine entstanden in ihrem Umfeld, sie wuchsen mit der Zeit zu einem dicht geknüpften Netz zusammen, das weltweit einmalig ist. Die Vereine dienten in den meisten Fällen nicht zuerst der Frömmigkeit oder der gemeinsamen Pflege des Glaubens, sondern gingen ganz praktische Probleme an. So widmeten sie sich der Armenfürsorge und der Erwachsenenbildung, unterstützten die Katho-

Der Deutsche Bund 1815–1866

— Grenze des Deutschen Bundes
■ Königreich Preußen 1862
■ Kaiserreich Österreich
--- Spätere Änderungen der Grenze des Deutschen Bundes

KGR. SCHWEDEN

KGR. DÄNEMARK

Ostsee

Memel

Kopenhagen

Tilsit

Bornholm

Königsberg

Insterburg

Flensburg
Schleswig
Schleswig

Rügen

Danzig

Helgoland (brit.)

Nordsee

Kiel

Rostock

Allenstein

Hzm. Holstein (Personalunion m. Dänemark)

Lübeck

Ghzm. Mecklenburg-Schwerin

Pommern

(1848–1851 zum Deutschen Bund)

Wilhelmshaven (1854 zu Preuß.)

Hamburg

Schwerin

Stettin

Bromberg

Thorn

Oldenburg

Bremen

Neustrelitz

Weichsel

KGR. NIEDERLANDE (ab 1830)

Ghzm. Oldenburg

Kgr. Hannover

KGR. PREUSSEN

Amsterdam

Hannover

Berlin

Potsdam

Posen

Warschau

Den Haag

Braunschweig

Magdeburg

Frankfurt/Oder

Posen

KAISERREICH RUSSLAND

Münster

Göttingen

Dessau

Cottbus

Warthe

Hzm. Limburg (1839 zum Dt. Bund)

KGR. PREUSSEN

Kassel

Halle

Leipzig

Kgr. Sachsen

Dresden

Breslau

Schlesien

Kgr. Polen

Brüssel

Aachen

Köln

Kfsm. Hessen

Weimar

Rep. Krakau (1846 an Österr.)

KGR. BELGIEN (ab 1830)

Rhein

Koblenz

Gießen

Ghzm. Hessen

Thüringische Staaten

Oder

Ghzm. Lux.

Trier

Mosel

Hzm. Nassau

Frankfurt

Mainz

Ghzm. Hessen

Main

Bayreuth

Karlsbad

Prag

Königgrätz

Krakau

(1818 zum Dt. Bund)

Verdun

Metz

Speyer

Würzburg

Nürnberg

Pilsen

Kgr. Böhmen

Elbe

Kgr. Württemberg

Regensburg

Moldau

Mgft. Mähren

Straßburg

Stuttgart

Donau

Kgr. Bayern

Brünn

Ghzm. Baden

Sigmaringen

Augsburg

Linz

Wien

KAISERREICH ÖSTERREICH

KGR. FRANKREICH (1848 Rep., 1852 Kaiserreich)

Freiburg

Konstanz

München

Salzburg

Rhein

Basel

Zürich

Graz

Donau

Budapest

Besançon

Bern

SCHWEIZ

Innsbruck

Tirol

KGR. UNGARN

Genf

Savoyen (1860 an Frankreich)

Kgr. Sardinien (ab 1861 Kgr. Italien)

Bozen

Inn

Drau

Turin

Mailand

Lombardo-Venezien (ab 1866 Kgr. Italien)

Venedig

Adria

Save

Parma (1860 an Kgr. Sardinien)

Modena

Kirchen-staat

0   50   100   150 km

Der Deutsche Bund und seine Mitgliedsstaaten 1815 bis 1866.

liken in der Diaspora oder Auswanderer und Missionare. Kurz: Die deutschen Laien übernahmen Verantwortung – und gewannen dadurch Selbstbewusstsein und Eigenständigkeit in der hierarchischen Kirche. Wie sehr die Päpste in Rom auch immer mit der Moderne haderten: Die Vereine trugen entscheidend dazu bei, dass die deutschen Katholiken sich nach und nach mit der Demokratie und der Idee der Menschenrechte anfreundeten.

Deutschland, so wie wir es heute kennen, lässt überall Spuren der Katholikentage erkennen, gerade auch der frühen. Das ist umso bemerkenswerter, als die Treffen der Katholiken einer uns heute fremden Welt entstammen. Einer Welt, in der eine Reise von einem Ende Deutschlands zum anderen noch nicht ohne Kutsche möglich war und eine große körperliche Belastung bedeutete. Im Jahr 1848 verbreiteten sich Nachrichten zumeist noch nicht schneller, als Pferde reiten und Tauben fliegen konnten. Der Großteil der Bevölkerung lebte mehr schlecht als recht von der Landwirtschaft. Deutschland bestand aus einem Bund zahlloser kleinerer und größerer Staaten, in denen ein Kaiser, mehrere Könige und zahlreiche Fürsten herrschten. Diese Fürsten waren seit der Zeit Napoleons zumeist protestantisch. Und sie glaubten, die katholische Kirche in ihren kleinen Ländern genauso unter ihre Kuratel stellen und dem Staat dienstbar machen zu können, wie sie es mit den protestantischen Landeskirchen schon seit der Reformation handhaben. Die Landesherren verstanden sich in ihrem Herrschaftsbereich als summus episcopus, als oberster Bischof. Sie wollten das entscheidende Wort bei der Besetzung von Bischofsstühlen und Pfarrstellen sprechen, die Ausbildung der Kleriker kontrollieren und viele Ausdrucksformen der katholischen Volksfrömmigkeit unterdrücken, die ihnen als zurückgeblieben und abergläubisch galten.

Doch die Fürsten hatten die Rechnung ohne die deutschen Katholiken gemacht. In der Revolution des Jahres 1848 nutzten diese geschickt die neuen Freiheiten, obwohl die Päpste die Menschenrechte wiederholt scharf verurteilt hatten. Überall entstanden katholische Vereine nach bürgerlichem Recht, die zumeist ausgerechnet nach Pius IX. benannt wurden. Und auf dem Dombaufest in Köln fassten am 15. August 1848 einige Vertreter der Piusvereine den Beschluss, eine „Generalversammlung des katholischen Vereins Deutschlands" zu organisieren, die heute als erster Katholikentag gilt. Als Ort wurde Mainz gewählt. Die Stadt am Rhein war zentral gelegen und auch per Schiff erreichbar. Bis zur Säkularisation residierte dort ein Erzbischof, der als Kurfürst und Erzkanzler zu den mächtigsten Männern des Alten Reichs gehörte. Und in unmittelbarer Nähe, in Frankfurt, beriet jetzt das Parlament in der Paulskirche über die Zukunft Deutschlands; zahlreiche katholische Abgeordnete kämpften dort als Mitglieder des „Katholischen Klubs" für die Interessen ihrer Kirche. Vor allem war Mainz aber Sitz eines Kreises betont papsttreuer Katholiken, zu dem etwa Domkapitular Adam Franz Lennig und sein Neffe Christoph Moufang zählten, die bei der Einberufung der Generalversammlung federführend waren.

Die Bischöfe wurden nicht um Erlaubnis gefragt. Die Initiative der Laien gab ihnen vielmehr den Anstoß, sich ebenfalls zu organisieren: Im Oktober und November 1848 tagte in Würzburg die erste deutsche Bischofskonferenz.

**Der Mainzer Domkapitular Adam Franz Lennig:
Er war die treibende Kraft bei der Einberufung
der ersten Generalversammlung.**

Zu diesem Zeitpunkt gab es in Deutschland schon mehr als 400 katholische Vereine mit gut 100.000 Mitgliedern. Massenhaft sandten die Katholiken Petitionen an das Paulskirchen-Parlament. Es scheint, als ob sie nur auf den Startschuss gewartet hatten, sich zusammenzuschließen. Schon vorher hatte sich gezeigt, dass Katholiken Massen mobilisieren konnten, etwa als beim „Kölner Ereignis" 1837 unterschiedliche Vorgaben des staatlichen und des kirchlichen Eherechts zu einer Eskalation führten. Der Kölner Erzbischof Clemens August Droste zu Vischering weigerte sich, konfessionsverschiedene Ehen einzusegnen, wenn die Brautleute nicht ausdrücklich versprachen, ihre Kinder katholisch zu erziehen. Dafür verbrachte er anderthalb Jahre in Festungshaft. Vor allem im Münsterland kam es zu heftigen Protesten. Wenige Jahre später, 1844, pilgerte fast eine Million Menschen zum Heiligen Rock in Trier. Und auch international gab es Vorbilder, die Hoffnung machten, so die „Catholic Association", eine Massenorganisation, mit der die irischen Katholiken gegenüber der britischen Regierung für ihre Rechte kämpften.

Die Gegner der Generalversammlungen nannten deren Protagonisten bald „ultramontan", weil sie sich „ultra montes" – über die Berge, die Alpen hinweg – am Papst in Rom orientierten, obwohl sie sich zugleich auf die vom Papst verdammten Freiheiten beriefen. In den Stürmen einer Zeit voller Umbrüche und Ungewissheiten sahen viele Katholiken im Nachfolger Petri den Felsen, an dem sie sich festklammern konnten. Denn sie fühlten sich verlassen und verraten. Die Diplomaten des Wiener Kongresses hätten „die schönsten Länder" in die Hände protestantischer Machthaber gespielt, um „dieselben fortan zu protestantisieren", erklärte etwa der Münchener Geschichtsprofessor Johann Nepomuk Sepp 1850 auf der Generalversammlung. Das ursprünglich herablassend gemeinte „ultramontan" machten sich die Teilnehmer der Generalversammlungen bald stolz zu eigen.

Von Anfang an dienten die Katholikentage auch der Außenwirkung. Wilhelm Heinrich von Riehl – ein Protestant, der als Begründer der Volkskunde gilt – schrieb 1851 nach einem heftigen Streit auf einem protestantischen Kirchentag: „Ein solcher Zwischenfall ist auf einem katholischen Vereinstage bei der eigentümlichen Leitung und Organisation dieser Vereine ganz undenkbar. Man will auf den katholischen Versammlungen wesentlich nicht diskutieren, sondern für längst fertige Resultate neue Bekenner gewinnen und die alten neu begeistern. … Die Generalversammlung der katholischen Vereine ist ein wirkungsreiches Schauspiel, welches die Mitwirkenden vor allen Dingen für die Draußenstehenden aufführen."

Dass dieses Schauspiel über bald 170 Jahre hinweg schon hundert Mal aufgeführt werden konnte, ist nur durch seinen kontinuierlichen Wandel zu erklären. Die heutigen Katholikentage leben nicht zuletzt von dem, was anfangs nur Beiwerk war: den öffentlichen Veranstaltungen. In den ersten Jahren waren die Katholikentage vor allem Arbeitstagungen der Vertreter katholischer Vereine und Verbände, zu denen weitere prominente Katholiken eingeladen wurden. Seit 1872 konnte dann jeder katholische Mann Mitglied werden, der den entsprechenden Beitrag bezahlte. Neben den Mitgliedern, die in den geschlossenen Veranstaltungen abstimmungsberechtigt waren, gab es Teilnehmer, die gegen ein geringeres Entgelt nur die öffentlichen Veranstaltungen mit ihren Vorträgen besuchen durften – ein Extra, um in die gastgebenden Städte hineinzuwirken.

Seit 1928 wurden die Beschlüsse nicht mehr in den geschlossenen Versammlungen, sondern in exklusiveren Kreisen gefasst, etwa auf „Vertretertagen" oder Arbeitstagungen des Zentralkomitees mit Delegierten der Verbände und weiteren Sachverständigen. Doch diese Treffen wurden schließlich räumlich und zeitlich von den Katholikentagen getrennt. Nach 1974 formulierten die Katholikentage überhaupt keine verbindlichen Beschlüsse mehr.

Dagegen entwickelte sich das Zentralkomitee zu einem starken und eigenständigen Organ, das sich vor allem auf seinen Vollversammlungen mit Erklärungen und Stellungnahmen zu Wort meldet. 1868 wurde es erstmals von der Generalversammlung gewählt. Es sollte vor allem für mehr Kontinuität zwischen den einzelnen Veranstaltungen sorgen. Bald übernahm Karl Heinrich zu Löwenstein – kommissarisch – die Aufgaben des Gremiums, und das für fast drei Jahrzehnte. Nach seiner Neugründung 1898 wurde das Zentralkomitee mehrfach umgebildet. Heute wählt eine „Arbeitsgemeinschaft der katholischen Organisationen Deutschlands" nur noch knapp 100 der insgesamt rund 230 Mitglieder der Vollversammlung, dazu kommen Vertreter der Diözesanräte und Einzelpersönlichkeiten.

Für die Vorbereitung der Generalversammlungen waren zunächst örtliche Lokalkomitees zuständig, die gastgebenden Vereine hatten in den ersten Jahrzehnten als sogenannte Vororte die Umsetzung der Beschlüsse zu überwachen. Heute organisieren Trägervereine die einzelnen Katholikentage, in die Vertreter des Zentralkomitees und der gastgebenden Diözesen eingebunden sind.

Während die geschlossenen Versammlungen der Katholikentage an Bedeutung verloren, wurden die öffentlichen Veranstaltungen immer wichtiger, zahlreicher und größer. Gegen Ende des 19. Jahrhunderts waren auch die gewaltigsten Saalbauten Deutschlands zu klein geworden, für die Katholikentage wurden jetzt riesige Hallen aus Holz erbaut. Ausreichend Hotelzimmer gab es für die Gäste ebenfalls nicht, weswegen die eigens eingerichteten Wohnungskommissionen immer mehr Privatwohnungen vermittelten und schließlich auch Massenunterkünfte einrichteten. Denn Arbeiterumzüge und Prozessionen zogen riesige Menschenmengen an. Seit der Zeit der Weimarer Republik prägten Massenkundgebungen und Gottesdienste unter freiem Himmel die Katholikentage. Zudem wurde das Programm umfangreicher, zahlreiche Veranstaltungen fanden schließlich parallel statt. Die Katholikentage dienten immer weniger dazu, verbindliche Beschlüsse zu fassen, stattdessen traten das Gemeinschaftserlebnis, die Feier des eigenen Glaubens und die Selbstvergewisserung in einer mehr und mehr verweltlichten Umgebung in den Vordergrund.

Die Teilnehmer der Katholikentage wurden nicht nur zahlreicher, sondern auch immer vielfältiger. Am Anfang standen überschaubare Treffen gestandener Männer in gesicherter Position – schließlich hatte nicht jeder die finanziellen Möglichkeiten und die Zeit, quer durch Deutschland zu reisen. Unter den 83 Vereinsdelegierten, die 1848 in Mainz zusammenkamen, waren 33 Priester, 15 Beamte, elf Akademiker, acht Kaufleute, vier Lehrer, drei Künstler, zwei Bauern oder Winzer, drei Handwerker, ein Angehöriger des niedrigen Adels, ein Journalist und zwei, die ihren Beruf nicht angaben. Die Versammlungen glichen Treffen in vertrauter Runde, das gesellige Festmahl war fester Bestandteil des Programms, die ausgebrachten Toasts wurden in den Berichten protokolliert. Auch wenn die unteren Schichten des Volkes kaum direkt repräsentiert waren, betonten die Anwesenden ihre Verbundenheit mit ihnen und sahen sich als deren Vertreter. Und obwohl die Priester zeitweise sogar die Mehrheit der Mitglieder stellten, kamen auch sie als Vertreter bürgerlicher Vereine. Der Charakter der Generalversammlungen als Laientreffen blieb daher unstrittig. Nach und nach öffneten sich diese dann für Arbeiter, Jugendliche und Frauen.

Wenn die Mitglieder verbindliche Beschlüsse fassten und in Resolutionen Position zu drängenden Fragen bezogen, geschah das oft in Abgrenzung zu anderen gesellschaftlichen Gruppen. Mehr als ein halbes Jahrhundert lang bildete die Zentrumspartei wie selbstverständlich den politischen Arm des deutschen Katholizismus, der Katholikentag wurde zu ihrer „Heerschau". Nicht zuletzt dieser engen Verbindung war es zu verdanken, dass die Beschlüsse der Katholikentage keine reinen Absichtserklärungen und Idealvorstellungen blieben. Oft entsprachen sie dem Programm der Zentrumspartei, die sie in konkrete Politik und gesellschaftliche Veränderungen umsetzte.

Diese Verbindlichkeit und politische Durchschlagskraft haben Katholikentage heutzutage nicht mehr. Im Einsatz für Demokratie und Rechtsstaat, für Menschenrechte, soziale Gerechtigkeit und Umweltschutz treffen sich die Katholiken dafür inzwischen mit anderen gesellschaftlich engagierten Gruppen. Die schwindenden Differenzen zum Protestantismus ermöglichten die ersten Ökumenischen Kirchentage. Allgemein öffneten sich die Veranstaltungen für Nichtkatholiken. Judentum und Islam sind inzwischen nicht nur Gegenstand mehr oder weniger kluger Vorträge katholischer Gelehrter, sondern Partner im Dialog. Auch das Verhältnis zum Staat hat sich entspannt. Die Grenzen der Einflusssphären, etwa in der Wohlfahrtspflege, in den Schulen und bei den Eheschließungen, sind im Großen und Ganzen fest gezogen. Alles in allem ist das Ringen von Kirche und Staat einem wohlwollenden Miteinander gewichen.

Seitdem der Kampf gegen äußere Gegner an Bedeutung verloren hat, kommen zunehmend auch innerkirchliche Kritiker zu Wort. Auf den Katholikentagen wird inzwischen oft intensiver über die Verfasstheit der katholischen Kirche als über ihr Einwirken auf die Gesellschaft diskutiert. Die Demonstration von Einigkeit, die in schwierigen Zeiten im Vordergrund stand, ist in den Hintergrund getreten. Stattdessen präsentieren Katholikentage heute mehr und mehr das ganze Spektrum der Möglichkeiten, katholisch zu sein. Spätestens seit 1968 ist auch Kritik am Papst und an den Bischöfen nicht mehr tabu.

Die Rolle des Episkopats hat sich ebenfalls grundlegend gewandelt. Auf dem ersten Katholikentag war kein Bischof anwesend, 1849 besuchte der Ortsbischof in Regensburg immerhin den Gottesdienst, nach und nach wurde es üblich, dass die Ortsbischöfe oder der Münchener Nuntius der Versammlung den Segen spendeten. Die Mitglieder der ersten Generalversammlungen waren jedoch peinlich darauf bedacht, ganz und gar im Sinne der Kirchenleitung zu handeln und bloß keine bischöflichen Kompetenzen zu berühren. Inzwischen beehrt meistens fast der gesamte deutsche Episkopat die Katholikentage. Die Bischöfe erhalten für ihre Reden und Statements viel Aufmerksamkeit, aber das Kirchenvolk hadert auch oft mit ihnen – und verärgert sie nicht selten.

In den Staaten des Deutschen Bundes, im Deutschen Kaiserreich, in der Weimarer Republik, in der DDR und in der Bundesrepublik Deutschland: Seit 1848 haben die Katholiken Deutschlands über alle Umbrüche hinweg mit ihren regelmäßigen Treffen Geschichte geschrieben – und Geschichten gemacht. Hundert davon werden in diesem Buch erzählt. Sie gehen jeweils von zentralen Ereignissen und Themen der einzelnen Katholikentage aus. Zusammengenommen sollen sie aber ein Mosaik bilden, das zeigt, wie vielfältig der deutsche Laienkatholizismus in den vergangenen 170 Jahren gewirkt hat.

AM ANFANG WAR DIE REVOLUTION

Die Geschichte der Katholikentage beginnt mit einer ironischen Pointe: Ausgerechnet die Revolution, vom römischen Lehramt gefürchtet und immer wieder verurteilt, verhilft dem politischen und sozialen Katholizismus in Deutschland zum Durchbruch. Ohne die 1848 durchgesetzten bürgerlichen Freiheitsrechte wären der „Katholische Verein Deutschlands" und damit auch die Katholikentage nicht möglich gewesen.

Drei Ziele setzt sich der Katholische Verein auf seiner ersten Generalversammlung: den Kampf für die Freiheit der Kirche, die „geistige und sittliche Bildung des Volkes" sowie die „Hebung der herrschenden sozialen Missverhältnisse". In der Revolution der Jahre 1848 und 1849 steht das erste Ziel im Fokus. Um die Rechte der Kirche zu wahren, sind die Katholikentage politisch zu vielen Zugeständnissen bereit, sie stehen keineswegs so kompromisslos zur Monarchie, wie sie es im Nachhinein gerne darstellen, um den wieder erstarkten Königen und Kaisern zu gefallen.

Die Katholikentage finden bald jedes Jahr im Herbst statt, falls nicht Ärgernisse wie missliebige Behörden (1854, 1874), die Cholera (1855, 1873) oder Kriege (1866, 1870) es verhindern. Als die Preußische Verfassung von 1850 und das Österreichische Konkordat von 1855 die Freiheit der Kirche im Großen und Ganzen zur Zufriedenheit der meisten Katholiken festgeschrieben haben, wenden sich diese neuen Zielen zu. Vor allem widmen sie sich dem Ausbau des Vereinswesens. Von Beginn an

pflegt die Generalversammlung außerdem ihre internationalen Kontakte. Wichtig werden etwa die Katholiken-Kongresse, die seit 1863 im belgischen Mecheln tagen und zumindest vom Umfang her die deutschen Katholikentage zeitweise in den Schatten stellen.

Doch bald dreht sich das Rad der Geschichte wieder schneller. Während Deutschland zusammenwächst, schrumpft zum Entsetzen vieler Katholiken der Kirchenstaat. Und es mehren sich die Zeichen, dass auch in Deutschland neue Auseinandersetzungen mit dem modernen Staat bevorstehen.

Die Einigkeit, mit der sich die Katholiken in dieser Zeit präsentieren, beeindruckt Freunde wie Feinde. Doch sie hat ihren Preis: Innerkirchliche Gegner kommen auf den Katholikentagen kaum zu Wort. Hinter der Konsensfassade toben aber erbitterte Auseinandersetzungen, die Kontrahenten arbeiten mit Denunziationen und Bücherverboten, mit denen Existenzen vernichtet werden. Ins Hintertreffen geraten diejenigen Katholiken, die liberalere, aufgeklärtere Ideen vertreten als die Ultramontanen und bereit sind, den modernen Staaten und den modernen Wissenschaften umfassendere Zugeständnisse zu machen. Schon die nicht selten derbe Sprache und die undifferenzierte Selbstvergewisserung der Katholikentagsredner schrecken solche zumeist gebildeten Katholiken eher ab.

Mit dem Ersten Vatikanischen Konzil und der Gründung des Deutschen Reichs werden all diese Konflikte eskalieren.

Freiheit

BLINDE PASSAGIERE DES FORTSCHRITTS

„Am weitesten entfernt aber sind wir von dem Gedanken, irgendetwas gegen die von den Völkern Deutschlands verlangte und von seinen Fürsten gewährte Erweiterung und Begründung der bürgerlichen Freiheit zu unternehmen", schreibt die erste „Generalversammlung des katholischen Vereins Deutschlands" an den Papst.

Diese Sätze sind bemerkenswert. Ohne die in der Revolution von 1848 durchgesetzten Grundrechte wie das Vereins- und Versammlungsrecht wäre eine solche Generalversammlung gar nicht möglich gewesen. Aber Pius IX. und seine Vorgänger haben sehr wohl etwas gegen die bürgerlichen Freiheiten unternommen. Gregor XVI. zum Beispiel lässt in seiner Enzyklika „Mirari vos" 1832 keine Fragen offen. Die Gewissensfreiheit? Ein „Wahnsinn" und „pesthafter Irrtum"! Die „übermäßige Meinungsfreiheit", die Freiheit der Rede, die „abscheuliche Freiheit der Buchdruckerkunst"? Lauter Gefahren für das ewige Heil der Gläubigen! „Nichts ist tödlicher für die Seele als die Freiheit des Irrtums", zitiert der Papst den Kirchenvater Augustinus und fährt fort: „Unsere Aufgabe ist es, die Schafe nur auf heilsame Weideplätze zu führen, die in keiner Weise heimliche Verderbnis bergen." Da braucht es Zäune und Hütehunde, aber keine Freiheit.

Der Papst ist – noch – Herrscher im eigenen Staat. Die deutschen Katholiken dagegen werden seit der Säkularisation zu Anfang des Jahrhunderts überwiegend von protestantischen Fürsten regiert. Aber auch katholische Herrscher versuchen, die Kirche zu einem Werkzeug des Staates zu degradieren. Wallfahrten, Gesangbücher, Kerzen für den Gottesdienst: Alles bedarf der staatlichen Genehmigung. „Freiheit!", lautet daher die Parole, genauer: „Freiheit für die Kirche!" Das Verhältnis zu den Freiheitsrechten des Individuums bleibt zwiespältig. Der Katholische Verein schreibt in seiner Satzung ausdrücklich, er werde sich der Rechte der freien Versammlung, Rede und Presse bedienen. Und der Vorsitzende des Mainzer Piusvereins, Domkapitular Adam Franz Lennig, erklärt in seiner Eröffnungsrede im offenen Gegensatz zum Papst: „Wir bekämpfen nicht die Freiheit anders Glaubender, … vielmehr bieten wir ihnen, wo es gilt, ihre Freiheit gegen Beeinträchtigungen zu sichern, unsere Hilfe an." Andererseits klagen aber auch die Teilnehmer der Generalversammlung über die „jetzige Zügellosigkeit der Presse" und den „Pesthauch der falschen Meinungen".

Trotzdem: Den organisierten deutschen Katholizismus ermöglichen ebenjene Freiheitsrechte, die die Päpste verdammen – und weiter verdammen werden. Denn Pius IX., anfangs Hoffnungsträger der liberalen Katholiken, macht keine guten Erfahrungen mit der Freiheitsbewegung. Fünf Wochen

WAS NOCH?

Die Generalversammlung betont, sich nicht in die Leitung der Kirche einmischen und nicht politisch agieren zu wollen. Für die öffentlichen Reden im Akademiesaal des Schlosses werden genau 1.367 Eintrittskarten verkauft. Grüße gehen an katholische Vereine in England und Frankreich. Ein Kaplan aus Münster berichtet, aufgebrachte Katholiken hätten die Wohnung des westfälischen Oberpräsidenten Eduard von Flottwell bestürmt, weil dieser in der Nationalversammlung einen Antrag gegen den Pflichtzölibat unterzeichnet habe. Ein Toast des Kirchenhistorikers Ignaz Döllinger auf die deutsche Nationalkirche ruft Widerspruch hervor. Die Katholiken rügen – mit einigem Erfolg – die Nationalversammlung in Frankfurt, weil sie die religiöse Freiheit nicht gewährleistet habe. Reden dürfen der Geschäftsordnung zufolge nicht abgelesen werden und nicht länger als 15 Minuten dauern – wie gute katholische Predigten.

Der blinde Passagier.

nach dem ersten „Katholikentag" wird der Ministerpräsident des Kirchenstaates erschossen, Revolutionäre übernehmen die Macht in Rom, und Pius IX. flieht ins Exil nach Gaeta. Erst im Frühjahr 1850 kehrt er mithilfe französischer und spanischer Truppen nach Rom zurück. Von liberalen Reformen möchte er seitdem nichts mehr wissen. Die verbleibenden dreißig Jahre seines Pontifikats, des längsten überhaupt, prägt eine panische Angst vor der Revolution; die Freiheiten der modernen Welt fürchtet der Papst wie der Teufel das Weihwasser.

Die Generalversammlung, das uneheliche Kind der katholischen Kirche mit den verdammten revolutionären Freiheiten, findet trotzdem das Wohlwollen des Papstes. Pius IX. antwortet dem badischen Juristen Franz Joseph Buß, dem Präsidenten der ersten Generalversammlung, „dass Uns wohl gefallen hat der von Dir und andern trefflichen Männern Deutschlands gefasste Plan zur starkmütigen und eifrigen Verteidigung der Sache Gottes und der Kirche, zumal bei der so großen Umwälzung der Dinge und Zeiten".

Der jesuitische Fuchs als blinder Passagier auf dem Wagen des Fortschritts; Karikatur aus der in München erscheinenden Satirezeitung „Leuchtkugeln": „Liebe Leutchen! Was triumphiert ihr denn so? – Wir haben den Wagen des Fortschritts, der so lange festgefahren war, wieder in Gang gebracht. – Nun, da nehmt euch nur vor dem blinden Passagier in Acht, der unbemerkt hinten aufgesessen ist, dass euch der den Wagen nicht wieder zurückzieht."

Politik

IM BELAGERUNGSZUSTAND

Politik ist ein heikles Geschäft im Breslau des Frühjahrs 1849. Nach blutigen Barrikadenkämpfen steht die Stadt unter Belagerungszustand, alle politischen Versammlungen sind grundsätzlich verboten. Die Generalversammlung wird trotzdem genehmigt. „Wäre ganz Breslau ein katholischer Verein, so gäbe es keinen Belagerungszustand", heißt es aus der preußischen Militär- und Polizeibehörde.

Vor allem eine Frage bewegt die Teilnehmer: Soll ein deutscher Nationalstaat auch das katholische Österreich umfassen – das wäre die „großdeutsche" Lösung –, oder ist ein „kleindeutscher" Staat unter Führung Preußens das Gebot der Stunde? Die Mehrheit der in Breslau versammelten Katholiken hat eine klare Meinung: Sie wünscht sich ein Deutschland, in dem

WAS NOCH?

Die Generalversammlung betont die Elternrechte in der Erziehung, setzt sich für katholische Schulen ein und fördert die Verbreitung katholischer Schriften. Für die „beste Broschüre über Unterrichtsfreiheit" wird „der Preis der Ehre" ausgelobt. Mit Blick auf die „geistigen Bedürfnisse" der Amerika-Auswanderer werden die Ludwigs- und Leopoldsvereine unterstützt. Ausführlich diskutieren die Versammelten die Soziale Frage. Sie empfehlen unter anderem, weitere Vinzenzvereine für die Armenfürsorge, Heime für Kleinkinder und Volksbibliotheken zu gründen. Um kranke Arme sollen sich Frauenvereine kümmern.

Österreich eine führende Rolle spielt. Die Rheinländer zum Beispiel erhoffen sich so mehr Distanz zu den ungeliebten, protestantischen Preußen in Berlin. Als Vorkämpfer der großdeutschen Lösung profiliert sich, wie schon im Paulskirchen-Parlament, der Präsident des ersten Katholikentages, Franz Joseph Buß aus Baden. Auf einer Versammlung der Piusvereine des Rheinlands und Westfalens im April 1849 setzt er sich gegen die Fraktion der Unpolitischen und deren Wortführer Ignaz Döllinger weitgehend durch. Und wäre es nicht dumm, wenn die

Breslau beherbergt trotz blutiger Barrikadenkämpfe den zweiten Katholikentag – hier ein Blick auf die Verteidigung der Barrikade am hohen Hause in der Nicolaistraße am 7. Mai 1849.

Katholiken nicht mit der geballten Macht ihrer Vereine für die Staatsform streiten würden, die ihren Interessen entspricht? Ausgerechnet die Österreicher fordern in Breslau jedoch nachdrücklich, sich in politischen Fragen so weit wie möglich zurückzuhalten, denn das österreichische Vereinsgesetz ist sehr restriktiv gegenüber politischen Vereinen. Wenn die Generalversammlung sich zu politischen Zielen bekennen würde, müssten die österreichischen Vereine ausscheiden.

Zudem fürchtet die Generalversammlung in Breslau, sich über politische Fragen zu zerstreiten. Der Mainzer Theologe Johann Baptist Heinrich rügt den nicht anwesenden Buß, ohne ihn namentlich zu nennen, als einen um den Verein verdienten Mann, der sich „in der Kaiseridee habe befangen lassen". Die Generalversammlung beschließt: „Die korporative Beteiligung der katholischen Vereine an *rein politischen* Fragen bleibt ganz ausgeschlossen. Jedem Vereinsmitgliede muss es überlassen werden, was für eine politische Ansicht es zu der seinigen macht. Es werden somit die Einzelvereine gewarnt, auf unstatthafte Weise *politische Fragen des Tages* in den Kreis ihrer Wirksamkeit zu ziehen."

In der Einleitung zur Dokumentation der Tagung wird die Genugtuung deutlich, „eine wegen politischer Lieblingsideen Einzelner mögliche Spaltung" abgewehrt zu haben. Die katholische Politik sei identisch mit der „Verwirklichung der kirchlichen Freiheit" – und alles andere ergebe sich daraus von selbst. Papst Pius IX. unterstützt diesen Kurs. Er fordert, „jeglichen Verdacht politischen Treibens mit Abscheu" von sich zu weisen. Sein Brief ist ausgerechnet an Buß adressiert, den Präsidenten des vorangegangenen Katholikentages. Dieser schreibt später enttäuscht, es wolle ihm scheinen, „als sei die Universalität der katholischen Nation hinübergetreten in die engen Verhältnisse – eines Vereines".

Rolle der Laien

DEMOKRATIE IN DER KIRCHE? GOTT BEWAHRE!

Überraschend aktuell klingen die Vorschläge, die der Freiburger Theologe Johann Baptist von Hirscher 1849 macht: Er fordert Diözesan- und Nationalsynoden, in denen Laien und Kleriker gemeinsam an der Verwaltung der Bistümer teilhaben und über dringende Fragen diskutieren. In solchen Foren würde deutlich werden, wie „allverbreitet und dringend" Reformforderungen seien, etwa nach der Liturgie in der Landessprache und der Abschaffung des Pflichtzölibats. Das demokratische Prinzip, so Hirscher in seiner Schrift „Die kirchlichen Zustände der Gegenwart", habe „die Völker durchdrungen". Und das betreffe nicht nur den Staat, sondern auch die Kirche: Eine rein monarchische Bistumsverwaltung wäre nur noch haltbar, „wenn der gesamte intelligente Teil der Bevölkerung von der Kirche abfiele oder sich der vollsten religiösen Gleichgültigkeit hingäbe".

In Regensburg nehmen die Vertreter der katholischen Vereine zu diesen Thesen Stellung. Sind sie dem Priester Hirscher dankbar, dass er die Sache der Laien unterstützt, wo doch auch die „Generalversammlung" ohne Zutun der Bischöfe entstanden ist? Ganz und gar nicht. Der Katholische Verein protestiert ausdrücklich gegen Hirschers Thesen. Er verwahrt sich „auf das entschiedenste und nachdrücklichste gegen allen und jeden Anspruch auf Beteiligung an der Führung, oder auf Kontrolle des Kirchenregiments". Die Ideen der Mitwirkung seien unkatholisch. Und die Organisation von Synoden stelle eine „Kirche der Zukunft" in Aussicht, „vor welcher Gott das katholische Deutschland in Gnaden bewahren wolle".

Die Abneigung zwischen der Generalversammlung und Hirscher ist beiderseitig. Der Freiburger Domkapitular hat auch geschrieben: „Verlasse man sich ja nicht etwa auf kirchliche Privatvereine. Die werden uns nicht helfen. Einmal sind sie keine kirchlichen Organe, sie haben keine kirchliche Mission und Autorität. Sodann repräsentieren sie überall nur eine bestimmte Richtung und haben deshalb keinen katholischen, sondern einen partikularistischen Charakter." Hirscher wünscht sich Vereine, „bestehend aus Gläubigen, Zweiflern, Ungläubigen und Irregeleiteten, zur Besprechung aller schwunghaften religiösen Fragen", denen beratend Theologen zur Seite stehen. Selbst „Streit und Zerwürfnis" seien besser als Gleichgültigkeit.

WAS NOCH?

Die Generalversammlung diskutiert das Diakonat auch für Frauen, verabschiedet aber keine Resolution dazu, da die Frage die Autorität der Bischöfe betreffe. Der Münchener Kirchenhistoriker Ignaz Döllinger hält eine berühmte Rede zur Freiheit der Kirche. Um die Seelsorge in der Diaspora zu unterstützen, wird der Bonifatiusverein gegründet, der sich 1968 in Bonifatiuswerk umbenennt. Die Vertreter der erkennbar politischen bayerischen „Vereine für konstitutionelle Monarchie und religiöse Freiheit" dürfen nur ohne Stimmberechtigung an den Sitzungen teilnehmen.

Der Katholische Verein sieht das anders. Er bestehe zwar „vorzugsweise aus Laien, aber nur aus gläubigen, ihrer Kirche treu und warm ergebenen", betont er in seiner Protestnote. Der protestantische Volkskundler Wilhelm Heinrich Riehl urteilt 1851 deswegen: „Die katholischen Vereine sind freilich keineswegs eine wirkliche Vertretung des Laien, aber sie geben doch den Schein einer solchen. … Die Gesamtheit der katholischen Vereine sieht aus wie eine große Volkskammer – in welcher der Widerspruch geschäftsordnungsmäßig verboten ist."

Inzwischen fällt das Urteil der Historiker differenzierter aus. Die Katholikentage haben, trotz ihrer immer wieder betonten Einigkeit und ihrer engen Anlehnung an den Klerus, die Basis für einen selbstbewussten Verbands- und Laienkatholizismus geschaffen, der immer noch weltweit seinesgleichen sucht. Doch für die Thesen Hirschers ist 1849 die Zeit noch nicht reif. „Die kirchlichen Zustände der Gegenwart" landen noch im selben Jahr auf dem „Index der verbotenen Bücher".

Der Freiburger Theologe Johann Baptist Hirscher tritt für Synoden in der katholischen Kirche ein.

Kunst und Kirche

KETZEREIEN DER ARCHITEKTUR

Wie es um die Kunst in den deutschen Landen steht? Der Münchener Geschichtsprofessor Johann Nepomuk Sepp zeichnet auf dem Katholikentag in Linz ein Horrorszenario als Antwort auf diese Frage: Gotische „Musterkirchen" seien „devastiert", überall finde man den „französischen Rokoko-Stil der Zopfzeit", und Messgewänder würden aus jüdischen Fabriken bezogen. Das Volk, „welches das Bunte liebt", gebe den Geschmack an, die Herz-Jesu-und-Mariä-Bilder verletzten „den guten Geschmack auf empörende Weise". Sein Fazit: „Unsere Kirchen strotzen vor architektonischen Ketzereien." Voll des Lobes ist Sepp dagegen für einen Architekten, der in England der Neogotik zum Durchbruch verholfen hat und dessen berühmtestes Bauwerk der Uhrenturm „Big Ben" ist: Augustus Welby Pugin. Dieser habe die herrlichsten gotischen Kirchen gebaut. Allerdings sei er – leider – Protestant.

Wie Sepp hadern viele Katholiken mit der Architektur und der Kunst ihrer Zeit. Ihre Ideale finden sie in der fernen Vergangenheit: im Baustil der Gotik und in der Malerei des Mittelalters. Zuspruch erhalten Vertreter der sogenannten nazarenischen Kunst, etwa Peter von Cornelius, Friedrich Overbeck und Joseph von Führich. Auch der Tiroler Bildhauer Michael Stolz plädiert in Linz dafür, die Kunst wieder stärker an die katholische Kirche anzubinden: „Denn ihr ist die Erziehung der Menschheit übertragen, deshalb gibt es außer dem Katholizismus keine Kunst, und was sich außerhalb desselben davon vorfindet, ist entlehntes Gut, was leicht nachzuweisen wäre."

Diesen Nachweis muss Sepp für Pugin nicht erbringen. Ein Zwischenrufer klärt ihn auf, dass der englische Architekt zur katholischen Kirche „zurückgekehrt" sei. „Wenn das geschehen, so freue ich mich aus tiefster Seele, denn es liegt darin der kräftigste Beweis, dass die wahre Kunst nur von der katholischen Kirche ausgegangen, und wenn sie recht erfasst wird, wieder zu ihr zurückführen müsse", entgegnet der Münchener Historiker.

Die Mitglieder der Generalversammlung beschließen einmütig, im Folgejahr einen katholischen Kunstverein „zur Wiederbelebung der katholischen Kunst und Poesie" zu gründen, Sepp wird eines der drei Mitglieder der vorbereitenden Kommission. Schon 1852 entstehen auch Vereine für christliche Kunst in den einzelnen Diözesen. In den folgenden Jahrzehnten werden – nicht nur in katholischen Gegenden – unzählige neugotische Kirchen gebaut, die heute den Mittelpunkt vieler Städte und Dörfer bilden. In immer neuer Form – etwa Impressionismus, Symbolismus, Expressionismus – wird dagegen die Kunst der Moderne für die Katholikentage noch lange ein Ärgernis bleiben.

WAS NOCH?

Der Katholikentag kämpft weiter für die Freiheit der Kirche, distanziert sich aber von der gescheiterten Revolution. Der Präsident der Versammlung, Heinrich von Andlaw, lobt die Volksmissionen, Massenveranstaltungen zur Wiederbelebung des Glaubens in den Pfarrgemeinden, die zumeist von Jesuiten oder Franziskanern geleitet werden. Diese würden Hand in Hand mit den Vereinen die Grundlagen für eine neue Religiosität und höhere Sittlichkeit legen. Die Lage der Arbeiter wird beklagt, Sozialismus und Kommunismus werden als Lösungsmodelle aber strikt abgelehnt. Für die Verbreitung „guter Bücher" werden die Borromäusvereine, zu caritativen Zwecken die Vinzenzvereine gefördert. Unterstützung erhält auch der 1846 von der 15-jährigen Auguste von Sartorius in Aachen gegründete „Verein der heiligen Kindheit", aus dem sich später das Kindermissionswerk „Die Sternsinger" entwickelt. Der angesehene Arzt Carl Mayrhofer aus Kremsmünster erläutert die „Lehre und Wissenschaft" des „Lebensmagnetismus". Durch die „allgemeine wechselseitige innere Lebensverkettung" erklärt er unter anderem Hypnose, Schlafwandeln, Hellsehen und mystische Gotteserfahrungen. Mayrhofer möchte sie zum „Gemeingut der höheren Bildung" machen.

„Triumph der Religion in der Kunst": Das 1840 entstandene Gemälde Friedrich Overbecks versinnbildlicht das Programm der Nazarener, die von den ultramontanen Katholiken verehrt werden.

Adolph Kolping

DIE BRANDREDE

Ausgerechnet vom Feuer der Revolution spricht ein Redner aus Österreich, als es passiert: Der Brenner einer Gaslampe am Haupteingang des Festsaals springt aus seiner Fassung, die Flamme lodert kurz auf. „Feuer!" hallt es durch den voll besetzten Frankfurter Hof in Mainz. „Ruhe! Ruhe!" und „Sitzenbleiben!" halten andere dagegen. Doch die Unruhe wächst, und auf den Galerien bricht Panik aus.

Was tun? Der Regens des Mainzer Priesterseminars Christoph Moufang stimmt das Lied „Großer Gott, wir loben dich" an. Hunderte fallen in den Gesang ein, die Lage entspannt sich etwas. Der Präsident schickt – außer der Reihe – Adolph Kolping auf die Tribüne. Dem Kölner Domvikar traut er zu, für Ruhe zu sorgen, hat er sich doch am Tag zuvor als glänzender Redner erwiesen. Thema: Das Elend der Handwerksgesellen, für die er in Köln einen der ersten katholischen Gesellenvereine gegründet hat. „Seit die alten Klöster aufgehoben sind und die Gewerbfreiheit proklamiert ist, seit man diese armen Leute vergessen hat, sind ihre Herbergen zu niederen Spelunken herabgesunken. Nur in Köln, in Elberfeld ist es anders geworden", hat Kolping verkündet und gedroht: „O verwundert euch nicht, wenn die Leute heutzutage nach sechs- bis siebenjähriger Verlassenheit und Preisgebung in den Reihen der Roten stehen und das Kanonenfutter abgeben für die, welche das Heer des Teufels führen." Das Protokoll vermerkt gleich zwei Mal „ungeheuren" Beifall.

Und nun, einen Tag später, gelingt es Kolping wieder, die Aufmerksamkeit auf sich zu ziehen. Nicht ohne Pathos schildert er die Frömmigkeit der jungen Männer: „Hunderte Handwerksgesellen aus allen Gauen des Vaterlandes gingen miteinander aus freiem Willen zur heiligen Kommunion, sodass den Leuten in der Kirche die Tränen im Auge standen." Kolping lobt den Wert einer christlichen Erziehung, erzählt von seiner armen, aber glücklichen Kindheit, spricht über Selbstständigkeit, Familiengründung und die Frage, was einen Mann ausmacht. „Wenn es heißt: *es brennt!* so darf er nicht gleich den Kopf verlieren und blindlings zur Tür hinausrennen, sondern muss hübsch kaltblütig bleiben und erst sehen, ob es wahr ist. Was hätte das gegeben, wenn uns Männern auch so bang gewesen wäre wie einigen Frauen diesen Abend!"

Was Kolping nicht weiß: Es gibt Tote. Der Mainzer Bischof Wilhelm Emmanuel von Ketteler verkündet, „dass an dem ganzen Feuerlärm gar nichts gewesen ist, wir sind nun aber dadurch geschreckt worden und der Schrecken hat leider! Unglücksfälle nach sich gezogen". In der Dokumentation der Veranstaltung ist

WAS NOCH?

Die Generalversammlung beschließt, nicht nur die Gesellenvereine zu fördern, sondern empfiehlt auch dringend die Gründung marianischer Kongregationen für Junggesellen. Lehrjungen sollen „bei braven katholischen Meistern" unterkommen. Die Bischöfe werden in ihrem Bemühen unterstützt, eine Katholische Universität zu gründen. Die katholischen Vereine sollen sich verstärkt um die Seelsorge in Gefängnissen und um entlassene Sträflinge kümmern. Mit einer Denkschrift an die deutschen Regierungen setzt man sich für die Heiligung des Sonntags ein. Die „schlechte" Presse wird bekämpft, die gute soll gefördert werden.

das Geschehen in dramatischen Worten beschrieben: Die Ordner beweisen zwar „Besonnenheit, Kraft und Heldenmut wie die tapfersten Krieger in Mitte eines hitzigen Kampfes", doch die Menschen stürzen zuhauf von den Treppen. Ärzte eilen „aus allen Teilen der Stadt mit einer unglaublichen Schnelligkeit herbei, die Adern wurden geöffnet, dass das Blut in Strömen floss, alle sonstigen Rettungsversuche angewendet – bei sechs umsonst, sie waren Leichen". Vier Mädchen und zwei Frauen sind gestorben. Vor dem Frankfurter Hof marschiert das Militär in geschlossenen Reihen auf. Denn neben Hilfsbereiten und Schaulustigen eilen auch Gegner der Katholiken – Mainz ist eine Hochburg der radikalen Demokraten – zum Unglücksort: „Diese Unmenschen, in feinen und groben Kleidern, in Blusen und Moderöcken, denen gegenüber der Irokese und der Vandale gesittet genannt werden muss, ließen beim Anblicke der Leichen und der Verwundeten … unter Bravorufen Äußerungen hören, die jeden, der noch menschlich fühlt, schaudern machten."

Der Gesellenvater Adolph Kolping nutzt die Katholikentage als Forum, um für seine Idee der Gesellenvereine zu werben.

Schulen

PFARRER ÜBER LEHRER

„Nicht der Schullehrer, sondern der Pfarrer ist der eigentliche vom Heilande selbst durch seine Kirche bestellte Lehrer und Erzieher der Jugend und der ganzen Gemeinde. Der Lehrer ist nur der Gehilfe des Pfarrers, nicht der selbstständige Erzieher." Der Münsteraner Domkapitular Franz Caspar Krabbe, der lange als Schulrat gewirkt hat, findet auf dem Katholikentag in seiner Heimatstadt deutliche Worte.

Der Pfarrer steht über dem Lehrer. Dem entspricht: Die Kirche steht über dem Staat. Konfessionell gemischte Schulen seien „verderblich und verwerflich und als solche von dem apostolischen Stuhle ausdrücklich verworfen", erklärt die Generalversammlung. Diese Ansichten bergen im 19. Jahrhundert eine gewaltige Sprengkraft. Denn spätestens seit Einführung der allgemeinen Schulpflicht – in Preußen 1717 – betrachtet auch der Staat die Schulen als sein Revier. Viele Lehrer, die sich von Geistlichen bevormundet fühlen, haben insbesondere in Südwestdeutschland die Revolution von 1848 unterstützt.

Die Teilnehmer der Generalversammlung beratschlagen dagegen, wie der kirchliche Einfluss auf die Schulen noch zu steigern ist. Ein Antrag sieht vor, die Erziehung der katholischen Jugend überall Schulbrüdern und -schwestern zu übertragen. Krabbe befürchtet jedoch, diese könnten sich als Mitglieder von Kongregationen der Autorität der Pfarrer entziehen. Und der Kirchenhistoriker Friedrich Michelis gibt zu bedenken: „Dieses beständige Antragen auf Einführung des Institutes der Schulbrüder enthält im Allgemeinen ein gewisses Misstrauensvotum gegen unseren ganzen Lehrerstand und trägt sehr dazu bei, den Lehrer von dem Geistlichen zu entfremden." Schließlich stoßen auch die französischen Ursprünge der Bewegung auf Misstrauen.

Krabbe wird beauftragt, einen neu formulierten Antrag einzureichen. Die Generalversammlung spricht schließlich „den dringenden Wunsch aus, die katholischen Vereine wollen eifrigst dazu mitwirken, dass die Elementarschulen entweder Schulbrüdern und Schulschwestern oder solchen weltlichen Lehrern und Lehrerinnen übergeben werden, welche unter Leitung der kirchlichen Oberhirten eine echt religiöse Bildung und Erziehung erhalten haben".

Das Thema „Schulen" bleibt den Katholikentagen erhalten. Immer wieder kommt es zum Streit zwischen Kirche und Staat. Gesetze zur staatlichen Schulaufsicht in Baden 1864 und in Preußen 1872 verschärfen die Kulturkämpfe. Über den Streit, ob Bekenntnis- oder „Gemeinschaftsschulen" den Regelfall darstellen sollen, zerbricht 1928 die Koalition unter dem Reichskanzler Wilhelm Marx, einem Zentrumspolitiker. Und auch nach dem Zweiten Weltkrieg, vor allem im Umfeld der großen Bildungsreformen der 1960er-Jahre, flammt der Streit noch einmal heftig auf.

WAS NOCH?

Adolph Kolping setzt sich mit seinem Anliegen durch, die Gesellenvereine von den rein religiösen Marianischen Kongregationen getrennt zu halten. Statt die Gründung einer Katholischen Universität voranzutreiben, hoffen die Teilnehmer der Versammlung darauf, dass die Kirche etliche bestehende und „nach ihren Stiftungsurkunden und späteren Rechtstiteln" Katholische Universitäten für die Kirche zurückgewinnt. Für die Priesterausbildung unterstützen sie die Bischöfe in ihrem Anliegen, Knabenseminare „nach Vorschrift des Konzils von Trient" einzurichten. Das katholische Berliner Krankenhaus erhält ebenso Unterstützung wie der neu gegründete Pressverein und der schwäbische Pfarrer Eduard Ortlieb in seinem Bemühen um die Kirchenmusik. Die Generalversammlung ruft außerdem zu Spenden für den zum Katholizismus übergetretenen englischen Priester und späteren Kardinal John Henry Newman auf, dem in einem Gerichtsprozess eine hohe Geldstrafe droht.

Die Unabhängigkeit der Schule von der Kirche.

Die Teilnehmer der Generalversammlung in Münster diskutieren, wie der kirchliche Einfluss auf die Schulen noch zu steigern ist. Zu dem Thema hat die Münchener humoristische Wochenschrift „Fliegende Blätter" schon 1848 eine Karikatur gebracht. Der Kommentar dazu lautet: „Schulmeister und Pfarrer stehen in einem gleichen Verhältnisse zueinander wie der Hund zum Hirten. – Was soll nun, wenn man diese beiden voneinander trennt, aus den anvertrauten Schafen werden?"

Religion und Geschlecht

VOM LEIDEN FROMMER MÄNNER

„Mann" hat es nicht leicht als frommer Katholik. Johann Baptist Heinrich aus Mainz zitiert vor der Generalversammlung in Wien das Vorurteil der Kirchengegner, „dass es sich für einen Mann nicht zieme, fromm zu sein; dass es für den Mann eine Schwäche sei, wenn er vor Gott die Knie beugt; dass es wohl Recht sei, Religion zu haben und sie zu befördern, aber dass es nicht notwendig sei, sich Religionsübungen hinzugeben und so übertrieben fromm zu sein, wie es sich nur für Frauen, für Jungfrauen und für Mütter, aber nicht für Männer schicke".

Dieses Vorurteil, so der Dogmatikprofessor, müsse zerstört werden. Er wirbt für die Marianischen Sodalitäten, fromme Bruderschaften, die deutlich älter sind als die Vereine nach bürgerlichem Recht. „Wir dürfen uns nicht schämen …, von ganzer Seele fromm zu sein und mit größter Innigkeit uns zu Gott hinzuwenden!"

Doch die Geschlechterklischees und die Rollenvorgaben für Männer und Frauen des 19. Jahrhunderts sind mächtig. Die blühende Marienfrömmigkeit und die von den Jesuiten geförderte Verehrung des Herzen Jesu gelten vielen Zeitgenossen als süßlich und verweichlicht. Die Liberalen sprechen den Katholiken die „echte Männlichkeit" ab, in vielen Karikaturen werden katholische Männer mit weiblichen Attributen dargestellt und verspottet – eine scharfe Waffe in politischen Auseinandersetzungen, auch noch im 20. Jahrhundert. Frauen haben gefühlvoll, versöhnlich und häuslich zu sein, Männer rational, kämpferisch und gesellschaftlich engagiert. Dementsprechend wird die Religion den Frauen, die Politik den Männern zugeordnet.

Das sehen auch die Teilnehmer des Katholikentags in Wien nicht grundsätzlich anders. Ein Redner zitiert den Philosophen Friedrich Schlegel: „Der Geist des Mannes strebt hinaus; aber er wird wieder zurückkehren an den Herd des Glaubens, den ihm das Weib bewahrt hat." Gleich 1848 hat die Generalversammlung beschlossen, dass nur „Männer und Jünglinge" Mitglieder werden dürfen, da „in dem Vereine, als einem Vereine der Tat, das Frauengeschlecht seine rechte Stellung und Tätigkeit nicht finde". 1849 wurde Frauen immerhin erlaubt, „als Hörende und abgesondert von den Männern" teilzunehmen.

WAS NOCH?

Tagungsort ist die Hofburg. Kaiser Franz Joseph wird gefeiert, der entmachtete Kanzler Clemens Wenzel Lothar von Metternich nimmt als Beobachter teil. Mit Michele Viale-Prelà ist auch erstmals ein Nuntius anwesend. Die Generalversammlung richtet eine Kommission für die Amerika-Auswanderer ein. Gebetet werden soll unter anderem für die Wiedervereinigung mit den „schismatischen Griechen". Mit einer feierlichen Erklärung tritt die Generalversammlung für Katholische Universitäten ein. Der „Entwurf des Organisationsplanes und der Statuten einer katholischen Akademie" wird vorläufig angenommen. Anträge gegen eine Lotterie, Sonntagsfahrten der Bahnen, das Klatschen nach Vorträgen und unanständige Bilder in der Galerie zu Dresden finden dagegen keine Mehrheit.

So betet ein Mann: Der Tiroler Freiheitskämpfer Andreas Hofer nach der Schlacht am Berg Isel im Jahr 1809. Diese Darstellung entstand 1880.

Die Hierarchien in der Familie stellen die Katholiken keineswegs infrage. Eine der größten Gefahren, die die Gesellschaft bedrohten, sei die „zu weit getriebene Schwächung und Beeinträchtigung des Prinzips der Autorität im Hause, in der Schule, im Staate", erklärt der Präsident der Wiener Generalversammlung, Karl Zell aus Heidelberg. Abhilfe könne – selbstverständlich – die katholische Kirche schaffen. Diese erziehe den Menschen „in allen Lebensaltern und Lebenskreisen so recht dazu, sein subjektives Meinen und Wollen einer höheren Autorität und das Einzelne einer höheren Allgemeinheit stets unterzuordnen".

Obwohl in der katholischen Kirche Männer die entscheidenden Machtpositionen besetzen, prägen Frauen im 19. Jahrhundert zunehmend deren Gesicht. Sie stellen die Mehrheit der Gottesdienstbesucher, und sie sorgen für den sogenannten Ordensfrühling: In zahlreichen neu gegründeten Kongregationen kümmern sie sich um Arme, Kranke und Kinder. Viele Historiker sprechen daher von einer Feminisierung der Religion in dieser Zeit.

Krise

AM ZIEL – UND AM ENDE?

Irgendwie ist der Schwung weg. Zwei Mal ist die Generalversammlung ausgefallen, wegen der missgünstigen preußischen Behörden im Rheinland und der Cholera, jetzt tagen die Vereinsvertreter in Linz. In die Freude, dass das Treffen überhaupt zustande gekommen ist, mischt sich Ernüchterung: Prominente Vorkämpfer der katholischen Bewegung fehlen, viele Piusvereine sind kaum noch aktiv, einige haben sich schon aufgelöst. Die wichtigsten Ziele scheinen erreicht: In Preußen sichert die 1850 revidierte Verfassung der Kirche Freiheit und Besitz, mit Österreich hat der Heilige Stuhl 1855 ein Konkordat geschlossen. Für alles Weitere kämpfen jetzt die Bischöfe.

Ist die Generalversammlung am Ende? Der Optiker Ludwig Merz aus München ist jedenfalls der Meinung, dass es wie bisher nicht weitergehen kann. Er beantragt, das Treffen nur noch jedes zweite Jahr abzuhalten und „bei entstehenden Schwierigkeiten" auf die öffentlichen Versammlungen zu verzichten. Diese hätten „nur lokalen Wert" und dienten „mitunter der Eitelkeit der Redner".

Besonders der Vorschlag, nur noch alle zwei Jahre zu tagen, erhält viel Zuspruch. Doch Friedrich Michelis, Sprecher des zuständigen Ausschusses, spricht sich vehement dagegen aus. Ein entsprechender Beschluss wäre in seinen Augen „ein offenbares Misstrauensvotum, welches wir gegen die Lebensfähigkeit der Generalversammlung aussprechen". Und auch an den öffentlichen Reden möchte Michelis in jedem Fall festhalten. Diese bildeten „nicht das Wesen, aber doch eine sehr wesentliche Zugabe" der Versammlungen.

Unstrittig ist, dass sich die Aufgaben der Generalversammlung verschieben: weg vom politischen Kampf für die Kirche hin zum Caritativen, zur Mission und zur Bildung. Es gilt jetzt, wie es in einem Beschluss heißt, umso eifriger „die höheren Prinzipien und Anschauungen der katholischen Kirche nach allen Seiten hin ins Leben einzuführen". Michelis zieht aus diesen veränderten Rahmenbedingungen jedoch ganz andere Schlüsse als Merz. Er plädiert dafür, den neuen Aufgaben entsprechend nicht nur Vertreter der eher politischen Piusvereine, sondern auch aller anderen katholischen Vereine einzuladen, dazu Redakteure der Presse und andere katholische Prominente – mit Stimmrecht.

Eine der prägenden Gestalten der ersten Generalversammlungen ist der spätere Altkatholik Friedrich Michelis.

WAS NOCH?

Nach dem Abflauen der politischen Kämpfe richtet sich die Aufmerksamkeit der Redner verstärkt auf einen neuen Gegner: den Materialismus der Naturwissenschaften. Dem österreichischen Episkopat wird die „Wiederherstellung der ehemaligen Universität Salzburg" empfohlen, „Zöglinge der höheren Bildungsanstalten" sollen Gelegenheit erhalten, sich auch religiös zu bilden. Die katholische Tagespresse macht weiter Sorgen, die Generalversammlung empfiehlt zum einen die in Frankfurt am Main erscheinende Zeitung „Deutschland" und zum anderen „aufs Dringendste" die Förderung des katholisch-konservativen Pressvereins. Der Passionistenpater Ignatius, ein Sohn des Earl Spencer, bittet um das Gebet für die Rekatholisierung Englands – ein Anliegen, das sich die Generalversammlung zu eigen macht. Um die Amerika-Auswanderer soll sich der Bonifatiusverein kümmern.

Nach drei Jahren Pause findet der Katholikentag 1856 im idyllischen Linz statt. Hier eine Ansicht von 1839.

Und Michelis setzt sich durch. Die Katholikentage finden weiterhin jedes Jahr statt, und sie werden sogar von drei auf vier Tage verlängert. Aus der Generalversammlung des katholischen Vereins wird die der katholischen Vereine. Während der Niedergang der Piusvereine nicht aufzuhalten ist, blüht das Vereinswesen insgesamt weiter auf, nach wie vor angeregt und gefördert von den Katholikentagen. Und die öffentlichen Veranstaltungen, in denen auch Michelis „nur eine Zugabe, nicht die Hauptsache" sieht, werden nach und nach zum eigentlichen Kern der Generalversammlungen.

Katholiken im Orient

FÜRS ÜBERGEWICHT DER DEUTSCHEN NATION

Soll die Generalversammlung den in Österreich gegründeten „Verein der Unbefleckten Empfängnis Mariens" empfehlen? Diese Frage wird in Salzburg ausführlich diskutiert. Der neue Verein, der mit seinem Namen das 1854 vom Papst verkündete Mariendogma propagiert, unterstützt die Katholiken im Orient, „insbesonders im Gesamtgebiete des türkischen Reiches", er will dort den Priestermangel beheben und Kirchen bauen. Doch er verfolgt auch politische Ziele. Die Generalversammlung soll ihn nicht nur wegen „seines frommen und segenreichen Zweckes", sondern ausdrücklich auch wegen „der Wichtigkeit und Bedeutung dieser Länder für Deutschland und Österreich" fördern.

Der Optiker Ludwig Merz aus München ist zunächst skeptisch. Er warnt vor einer Zersplitterung der Missionsvereine, die Leute würden sich bald nicht mehr auskennen. Und tatsächlich: Da gibt es den Bonifatiusverein, zuständig vor allem für die Katholiken im protestantischen Norden, den Xaverius-Verein, einen Vorläufer des heutigen Missionswerkes „missio", einen Verein vom heiligen Grabe in Köln, einen Cyrill- und Methodius-Verein, der die orthodoxen Griechen unterstützt, und viele andere.

Friedrich Michelis, inzwischen Pfarrer in Albachten bei Münster, betont dagegen, Österreichs „von Gott ihm angewiesene Aufgabe" und eine neue welthistorische Lage erforderten einen neuen Verein. Er verweist auf die Geschichte des Byzantinischen Reiches, auf die Kreuzzüge und auf die Mission der Jesuiten. Deutschland trete wieder „in seine katholischen Rechte" ein, wenn es „jetzt recht lebhaft für den Orient wirke".

Im Jahr zuvor ist der blutige Krimkrieg zu Ende gegangen, der sich an Streitigkeiten um die Schutzherrschaft über die Christen im Heiligen Land entzündet hatte: Russland kämpfte gegen das Osmanische Reich, das sich mithilfe von Frankreich, England und dem Königreich Sardinien noch einmal behaupten konnte. Österreich mobilisierte lediglich seine Truppen, um Russland zum Rückzug aus der Walachei und Moldau zu zwingen. Doch die Donaumonarchie ging finanziell und politisch ge-

WAS NOCH?

Die 9. Generalversammlung sollte eigentlich in Köln stattfinden, wurde dort aber nicht rechtzeitig genehmigt. Auch Anfragen an andere Orte außerhalb Österreichs blieben erfolglos. Eine Frühmesse ist, einer Vorgabe von 1853 folgend, der „Wiedervereinigung Deutschlands im katholischen Glauben" gewidmet. Die Vereine sollen Marienanstalten zum Schutz weiblicher Dienstboten gründen und sich, „so viel es zwecktunlich ist", an Bruderschaften annähern. Eine Kommission in Köln soll die Gründung eines katholischen Pressvereins vorbereiten. Beim abschließenden Festkonzert werden Händel, Bach, Gluck, Haydn, Mozart, Beethoven, Spohr, Weber, Schubert und Mendelssohn Bartholdy gespielt – also nicht nur Werke katholischer Komponisten.

schwächt aus dem Krieg hervor. Der „Orient" beginnt 1857 schon in Bosnien, das ein halbes Jahrhundert später von Österreich-Ungarn annektiert werden sollte. Es gelte sicherzustellen, dass „der in Bosnien bestehende Muselmannsstamm, wenn eine Änderung vorgehe, nicht der griechischen, sondern der katholischen Kirche zufalle", erklärt der österreichische Baron Stillfried in Salzburg.

Auch Merz meldet sich noch einmal zu Wort: Er erinnere sich jetzt daran, dass „die Franzosen die Missionen in der Levante für ihre politischen Zwecke ausbeuten". Deswegen nehme er seine Bedenken zurück und unterstütze den Antrag, „damit Österreich in den Stand gesetzt werde, sein Protektorat wieder aufzunehmen, und die deutsche Nation im Orient wieder das Übergewicht bekomme".

Die Generalversammlung empfiehlt schließlich aber auch den „segensreichen" Lyoner Missionsverein „auf das wärmste", auch Gebetsvereine für das Heilige Land werden immer wieder gefördert. Der Unbefleckte-Empfängnis-Verein setzt sich bis zum Untergang der Habsburgermonarchie für die Katholiken im Orient ein. Auf Palästina richten sich weiterhin religiöse Sehnsüchte ebenso wie imperialistische Begehrlichkeiten. Nach dem Ersten Weltkrieg wird es schließlich britisches Mandatsgebiet.

Auch im Orient gibt es Christen, die bei der Generalversammlung ein Thema sind. Diese Abbildung aus dem späten 19. Jahrhundert zeigt ein Mitglied der mit Rom unierten Kirche der Maroniten (links) neben zwei weiteren Christen aus dem Libanon.

Marienfrömmigkeit

KÖLN UND SEINE HEILIGKEIT

Braucht Köln eine Mariensäule? Domkapitular Johann Jacob Broix, der als Vorsitzender des Kölner Komitees die Generalversammlung 1858 mit vorbereitet hat, lässt keinen Zweifel aufkommen: Seine Heimat sei schließlich „die Metropole des Rheinlandes, die heilige, die katholische Stadt Köln, welche bereits im Mittelalter die heilige Jungfrau als die unbefleckt Empfangene begrüßte und als solche für sich und die ganze Erzdiözese zur Patronin erwählte".

Die Marienfrömmigkeit blüht im 19. Jahrhundert wieder auf, und daran hat die Generalversammlung ihren Anteil. Schon auf ihrem zweiten Treffen 1849 in Breslau hat sie sich die Gottesmutter zur Patronin erwählt. Fünf Jahre später gab Pius IX. seiner glühenden Verehrung für die heilige Jungfrau auf eine ganz besondere Weise Ausdruck: Er erklärte die Unbefleckte Empfängnis Mariens zum Dogma. Das war ungewöhnlich, denn eigentlich wurden Glaubenssätze nur dann dogmatisiert, wenn sie massiv angegriffen wurden. Das trifft in diesem Fall ausdrücklich nicht zu. Es handelt sich vielmehr um ein Devotionsdogma, das die Gottesmutter angesichts der vielfältigen Bedrohungen von Kirche und Kirchenstaat geneigt stimmen und zum Eingreifen in dieser Welt veranlassen soll. Maria, so hat es seitdem jeder Katholik zu glauben, war vom ersten Moment ihres Lebens an frei von der Erbsünde. Marienerscheinungen erleben nach der Verkündigung des neuen Dogmas eine Hochkonjunktur. In der ersten Hälfte des Jahres 1858, also gerade erst, hat sich die Gottesmutter dem Hirtenmädchen Bernadette in Lourdes als „Unbefleckte Empfängnis" zu erkennen gegeben.

Die Kölner feierten die Verkündigung des Dogmas 1854 mit einer großen Prozession. Um die Mariensäule zu planen, gründeten sie – natürlich – einen Verein; Broix übernahm den Vorsitz. Pius IX. schenkte dem Erzbischof von Köln einen Marmorstein aus den Katakomben. 25.000 Menschen waren dabei, als dieser 1857 als Grundstein für die Säule gelegt wurde. Aber nicht alle Kölner hielten den neugotischen Bau für eine gute Idee, auch nicht alle Katholiken. Einige forderten, die Kräfte lieber zu bündeln, um den Dom fertigzustellen oder Maria durch ein Spital für unheilbar Kranke zu ehren. Doch das Bedürfnis nach einer großen Geste siegte, zumal der Bürgermeister gerade ein klassizistisches Reiterstandbild zur Erinnerung an den – protestantischen – König Friedrich Wilhelm III. plante.

Mit der Einweihung haben die Kölner bis zum Tag der liturgischen Feier der Geburt Mariens am 8. September gewartet – und bis zur Generalversammlung. Die Einweihung der Säule bildet den Höhepunkt des Programms, und die Kölner zeigen, was sie können: Sie schmücken die Straßen und Häuser mit Laubgewinden, Blumenkränzen und Wimpeln, überall läuten

WAS NOCH?

Über die modifizierte Geschäftsordnung wird ausgiebig diskutiert. Ausschüsse gibt es nach der Geschäftsordnung von 1859 für die äußeren Angelegenheiten, für das Missionswesen, für christliche Barmherzigkeit sowie für christliche Wissenschaft und Kunst. Die Versammlung empfiehlt das Collegium für Geistliche in Nordamerika im belgischen Löwen und unterstützt die katholische Kirche in Griechenland und Palästina. Der in der Schweiz geborene ungarische Abt Jacques Mislin fordert nach dem Beispiel Nordamerikas eine christliche Kolonisierung Palästinas und schließt mit der Bitte der Kreuzfahrer: „O Herr, komme dem heiligen Lande zu Hülfe, errette das heilige Grab aus den Händen der Ungläubigen!"

Die Einweihung der Mariensäule ist der Höhepunkt der zehnten Generalversammlung.

die Kirchenglocken. Den Festumzug führen die Schülerinnen der katholischen Mädchenschulen an, es folgen Frauen, Mitglieder des Gesellenvereins, ein Chor, Innungen und Gewerke, der Vorstand des Marien-Vereins, der Kölner Klerus, der Bürgermeister und Stadtverordnete, schließlich Mitglieder der Generalversammlung sowie der Vereine und Bruderschaften.

Die Säule stehe „wie heute, so den fernsten Jahrhunderten zum Zeugnisse: Köln ist die treue, römische Tochter!", jubelt Broix. Und tatsächlich, die Mariensäule steht immer noch, wenn auch etwas versetzt, weil sie einer Straßenbahntrasse im Weg war. In dem umgebenden Park neben der Kirche Sankt Gereon wird heute jeden Samstag um 17 Uhr öffentlich der Rosenkranz gebetet – „auf dass unsere Stadt Köln wieder den Titel ‚heilig' verdient", wie die Organisatoren schreiben.

Diaspora

MISSIONSLAND DEUTSCHLAND

Schreckliches passiert in der Diaspora Deutschlands: Katholiken sterben ohne die Tröstung der heiligen Sakramente, Kinder werden nicht getauft. Die schlechte seelsorgerische Versorgung gefährdet das Seelenheil der Gläubigen. Wiederholt berichtet der „Apostel Berlins", der Missionar und Kirchenblattredakteur Eduard Müller, über die „Verlassenheit" und Hilfsbedürftigkeit, aber auch die Glaubenstreue der Katholiken im Zentrum Preußens.

Und er dankt für die Hilfe, die sie bereits erhalten haben. Denn die Generalversammlung hat bereits 1849 in Regensburg einen Verein für die deutschen Diasporakatholiken gegründet. Er ist auf Vorschlag des Theologen Ignaz Döllinger nach dem heiligen Bonifatius benannt, dem „Apostel der Deutschen". Zehn Jahre nach seiner Gründung unterstützt er bereits mehr als 150 Gemeinden, er unterhält vor allem Missionsstationen, die zumeist eine kleine Kirche und eine Schule umfassen. Der Freiburger Bonifatiusverein finanziert zum Beispiel Gemeinden im Königreich Hannover, in Pommern und Sachsen, die Hälfte seiner Einnahmen verwendet er aber auf die Diaspora in Baden und in der Schweiz.

Müller ist einem Mann besonders dankbar: Joseph zu Stolberg, dem ersten Präsidenten des Vereins, der im April des Jahres verstorben ist. Er sei der „größte Wohltäter" der „armen verlassenen Katholiken" gewesen und habe „Unglaubliches" für die Mission geleistet. In Freiburg wirkt der Verstorbene weiter: Sein Vorschlag aus dem Vorjahr, die Vereine einzelner Dekanate sollten die Gründung und Unterhaltung einzelner Missionsstellen mit 300 Talern jährlich unterstützen, wird erneut eingebracht – und erhält die „ungeteilte Zustimmung" der Versammlung.

WAS NOCH?

Redner begrüßen eine Konvention Badens mit dem Heiligen Stuhl, die jedoch im Parlament abgelehnt wird, noch bevor der Bericht gedruckt ist. Katholische Zeitungen sollen durch Privatinitiative statt durch Aktiengesellschaften gegründet werden. Gleich zwei Redner widmen sich der „sittlichen Hebung der weiblichen Jugend in den Fabriken". Friedrich Michelis spürt dem „eigentümlichen Grundcharakter der deutschen Nationalität" nach. Er spricht vom „unerbitterlichen Richterstuhl des kirchlichen Lehramtes". Christoph Moufang preist die Klöster als unverzichtbar. Die Versammlung empfiehlt, beim Ziehen der Betglocke wieder den englischen Gruß zu beten, und diskutiert lange über liturgische Gewänder. Ein Männerchor singt die Pius-Hymne des englischen Kardinals Nicholas Wiseman. Zahlreiche Schaulustige säumen die Straßen, als der Münchener Nuntius Flavio Chigi unter Glockengeläut in einer Gala-Kutsche vom Bahnhof zum Dom fährt. Er bleibt nur kurz, denn er muss weiter nach Rom. Zur prekären Lage der polnischen Katholiken unter russischer Herrschaft spricht Probst Alexius von Prusinowski. Viele Gäste kommen aus der Schweiz und Frankreich. Von den 611 Teilnehmern sind 437 Geistliche.

Zum zehnjährigen Jubiläum des Vereins flammt noch einmal kurz eine Diskussion auf, die bereits seine Gründung begleitet hatte: Gibt es nicht schon zu viele Kollekten für zu viele Missionsvereine? Und welchem gebührt der Vorrang? Der Domkapitular – und spätere Freiburger Bischof – Johann Baptist Orbin spricht sich für den Bonifatiusverein aus. Wolle das deutsche Volk „nach Außen" den Glauben an Christus verbreiten, dann müsse „vor allem im eigenen Reiche" der Glaube befestigt sein. Viele Kollekten sind nach Ansicht Orbins kein Problem, denn: „Die katholische Liebe ist unermüdlich im Geben, unerschöpflich im Gutes Tun."

Unklar ist 1859 noch, ob sich der Bonifatiusverein auch der deutschen Auswanderer in Paris, London, Le Havre und New York annehmen soll. Doch für diese werden bald der Josephsund vor allem der Raphaelsverein gegründet. Dem Bonifatiusverein bleiben genug Aufgaben: Durch den Ausbau der Verkehrswege, die Industrialisierung und schließlich Flucht und Vertreibung leben immer mehr Deutsche in der Diaspora. Zudem wendet sich das Werk auch den Katholiken in Skandinavien und schließlich im Baltikum zu.

Die katholische Kirche in Deutschland hat sich seit 1827 völlig neu strukturiert. Die Einrichtung von Vikariaten, Präfekturen und Missionen im Norden und Osten Deutschlands ist der Tatsache geschuldet, dass es dort kaum Katholiken gibt.

Katholische Kirchenorganisation (seit 1827)

■ Erzbischofssitz — in einer Kirchenprovinz
○ Bischofssitz

✝ unmittelbar der Kurie unterstellter Bischofssitz

Sitz eines Apostolischen — Vikars / Präfekten

0 50 100 150 km

Nationalismus

PHANTASMA DES TEUFELS

Der italienische Nationalismus ist für Friedrich Michelis ein Unding. Seit dem Sardinischen Krieg 1859 schrumpfen Österreich-Ungarn und vor allem der Kirchenstaat, die Truppen der Einheitsbewegung sind auf dem Vormarsch. „Die Revolution bemächtigt sich in diesem Augenblicke der Gefühle der Nationalität, um sie zu einem Phantasma, zu einer Einbildung zu erheben, womit der Teufel in der Welt seine Zwecke erreicht", erklärt der Kirchenhistoriker Michelis. Anders als den Tschechen spricht er den Italienern eine eigene Nationalität rundweg ab. „Italien ist ein langer Streifen Landes, von Gott nicht zur Nationalität gestempelt, sondern es ist in allen Zeiten von verschiedenen Nationalitäten bevölkert gewesen."

Diese Ansichten teilen nicht alle Redner. Prag erscheint als der richtige Ort, um über das Verhältnis von Katholizismus und Nationalität zu diskutieren. Die Versammlung werde „an einem erhebenden Beispiele zeigen, wie das Christentum die Nationen vereinigen soll und wie unsere heilige katholische Kirche alle ihre treuen Söhne, wenn auch von verschiedenen Zungen, durch die Einheit des Glaubens und der Liebe auf der ganzen Erde verbindet", heißt es in der Einladung. Öffentliche Versammlungen finden sowohl in Deutsch als auch in Tschechisch statt.

Katholizismus und Nationalismus gehen durchaus zusammen, etwa in Irland und Polen. Doch in Deutschland ist der Nationalismus protestantisch geprägt. Die Katholiken tun sich schwer mit ihm – wegen ihrer Sympathien für den Vielvölkerstaat Österreich-Ungarn, aber auch aus grundsätzlichen Erwägungen heraus. So erinnert der Präsident der Generalversammlung, Heinrich O'Donell, an das Pfingstereignis: Christen „aus allen Stämmen" seien „wie ein Herz und ein Sinn" gewesen. „Wohl muss man zugeben, dass diese idealen Zustände in weite Ferne gerückt sind, aber sie sind ein Vorbild, ein Ziel, nach welchem wir zu streben haben."

Da die öffentlichen Sitzungen in zwei Sprachen, Deutsch und Tschechisch, viel Zeit beanspruchen, kommt es kaum zu intensiveren Diskussionen oder weitreichenden Beschlüssen. Die Entwicklung in Italien überschattet die ganze Veranstaltung, nachdrücklich empfehlen Redner die Michaelsbruderschaften, die den Papst finanziell unterstützen. Zugunsten des Kirchenstaates wurden fast 1,2 Millionen Unterschriften gesammelt. Ein Redner macht die Situation der weiblichen Dienstboten für die 12.000 bis 14.000 unehelichen Kinder verantwortlich, die jährlich in Wien zur Welt kommen. Heftig geschimpft wird auf die „Judenpresse" und ihre „Satansblätter".

„Ob ich ein Tscheche bin, ob ich ein Deutscher bin, was soll das, wenn ich nur ein wahrer Katholik bin", skandiert auch Michelis. Nationalität sei „ein Stück von unserem Fleische", erklärt er, und das ist despektierlich gemeint. „Wollt ihr die Nationalität pflegen, als wäre sie das letzte Ziel, so habt ihr euren katholischen Glauben verleugnet. Ihr braucht sie nicht totzuschlagen, aber ihr sollt sie züchtigen, damit sie sittlich gereiniget werde." Und keine Nation dürfe sich „ihrer Stellung überheben". Michelis endet mit einem Lobpreis der Soldaten des Vatikanstaats. Der folgende Redner fühlt sich dabei „mit einem empfindlichen Schmerze durchzuckt" – zwei seiner Söhne kämpfen gerade aufseiten des Kirchenstaats in der Festung Ancona.

In der geschlossenen Versammlung beantragt Michelis später, eine Denkschrift „über das Verhältnis der germanischen Völker zu den romanischen und slawischen vom katholisch-kirchlichen Standpunkte aus zu veranlassen". Der Rechtsprofessor Johann Friedrich Schulte entgegnet, er würde gerne wissen, „wer sich dem Kunststücke unterziehen werde, die nationalen Besonderheiten in Körpergestaltung, Geistesanlagen u.s.w. festzustellen". Er sehe die Gefahr, sich lächerlich zu machen. Fast einstimmig lehnen die Anwesenden den Antrag von Michelis ab.

Die italienischen Nationalisten marschieren derweil weiter in den Kirchenstaat hinein. Zwei Tage nach Ende der Generalversammlung fällt Ancona.

Italien 1843–1870

- **Habsburger Staaten** (yellow)
- **Bourbonische Staaten** (brown)
- November 1859 an Frankreich 1860 im Tausch gegen Nizza und Savoyen an Sardinien
- 1860 an Frankreich
- Kirchenstaat, 1860 an Italien
- Kirchenstaat (Patrimonium Petri), 1870 an Italien

Die italienische Einigung führt nach und nach dazu, dass der Kirchenstaat immer kleiner wird. Die Jahreszahlen bezeichnen den Anschluss der Gebiete an das Königreich Sardinien-Piemont beziehungsweise das Königreich Italien.

Protestanten

KOMMT ZURÜCK!

Spaltet die Generalversammlung schon durch ihre Existenz die deutsche Nation? Entsprechende Vorwürfe müssen sich die Delegierten offenbar häufig anhören. In München übernimmt der Frankfurter Stadtpfarrer und Domkapitular Eugen Theodor Thissen die Verteidigung. Feierlich erklärt er, dass „jedes Rütteln an dem Frieden der Konfessionen, jedes Hetzen der Konfessionen gegen einander ein Verrat ist an unserem deutschen Vaterlande". Die Versammlung antwortet mit einem lang anhaltenden und stürmischen Bravo.

Konfessionelle Polemiken sind ebenso wie politische auf den Generalversammlungen per Satzung untersagt. In einer Resolution bekundet die Münchener Versammlung außerdem, sich nicht in die „Ordnung der kirchlichen Verhältnisse der Andersgläubigen" einmischen zu wollen. Die „große religiöse Frage" der Teilung könne nur „auf dem Wege der ungehinderten Entwicklung und der freien Überzeugung gelöst werden".

Thissen betont zudem, es gebe niemanden auf der Versammlung, der die Glaubensspaltung nicht „auf das Schmerzlichste" bedauere. Die Reformation sei durch „dynastische Interessen" groß geworden, das Ausland, insbesondere Frankreich, habe sie benutzt, um die Deutschen zu entzweien. Mit der Wahrheit könne man aber nicht feilschen. „Eine Wahrheit fallen lassen, um andere zu uns herüberzuziehen, das wäre Verrat gegen sie; sie haben Anspruch auf den ganzen und vollen Besitz dessen, was wir als Wahrheit halten und bekennen." Der Stadtpfarrer glaubt, viele Protestanten hätten „das Unrichtige" ihrer Prinzipien bereits erkannt, sie würden inzwischen etwa die Freiheit des menschlichen Willens und die Bedeutung guter Werke anerkennen. Er hofft daher auf eine Wiedervereinigung der Konfessionen durch die Rückkehr der Protestanten „in das Vaterhaus, wovon sie ausgegangen sind".

Diese „Rückkehrökumene" bestimmt die katholische Lehre bis zum Zweiten Vatikanischen Konzil. Noch Papst Pius XI.

Die Versammlung erklärt ihre Treue zum Papst und sieht „die Gefährdung jeglichen Besitzes, den Umsturz allen Rechtes, das Hinsinken der Throne, das Grab der Völkerfreiheit und den Untergang der christlichen Gesellschaft" als Folge eines Endes des Kirchenstaates. Auch Ignaz von Döllinger betont dessen Notwendigkeit. Wenige Monate zuvor war er mit zwei Reden im Münchener Odeon anders verstanden worden – angeblich ein Missverständnis. Der Breslauer Stadtpfarrer Joseph Wick bezeichnet die Zivilehe als „Zivilkuppelei". Der Münchener Medizinprofessor Johann Nepomuk von Ringseis, Vorsitzender des Lokalkomitees, verteidigt den Wunderglauben gegen Kritiker. Die Versammlung unterstützt die Gründung eines Franziskanerklosters in Tiberias am See Genezareth. Die Münchener Marienanstalt für weibliche Dienstboten wird als Vorbild für weitere Gründungen empfohlen. In Kirchen sollen keine Ölfarbendrucke hängen. Paramentenvereine werden ermahnt, sich an die kirchlichen Vorschriften zu halten. Die Katholischen Vereine sollen neu belebt werden. Friedrich Michelis schlägt vor, dass diese mit den konservativen Protestanten zusammen „die Lösung der deutschen Frage im konservativen Sinne versuchen". Zu den 337 Abgeordneten der Vereine kommen weitere 1.000 Mitglieder der Generalversammlung und 10.000 Münchener, die Eintrittskarten für die öffentlichen Versammlungen im Glaspalast gekauft haben.

begründet 1928 in der Enzyklika „Mortalium animos" mit ganz ähnlichen Argumenten wie Thissen seine Ablehnung ökumenischer Konferenzen.

Was aber können die einzelnen Katholiken für die Wiedervereinigung tun, wenn die Wahrheit nicht verhandelbar ist? Thissen gibt drei Antworten: Sie müssen ihren Glauben öffentlich bezeugen, die Geschichtswissenschaft als Zeugin der Wahrheit fördern sowie vorbildlich katholisch leben und sich insbesondere „auf sozialem Gebiet" durch ihre Liebe hervortun. Die Generalversammlung weist noch einen weiteren Weg: Sie beschließt, die Gründung von Gebetsvereinen für die Rückkehr der im Glauben getrennten Christen zu unterstützen.

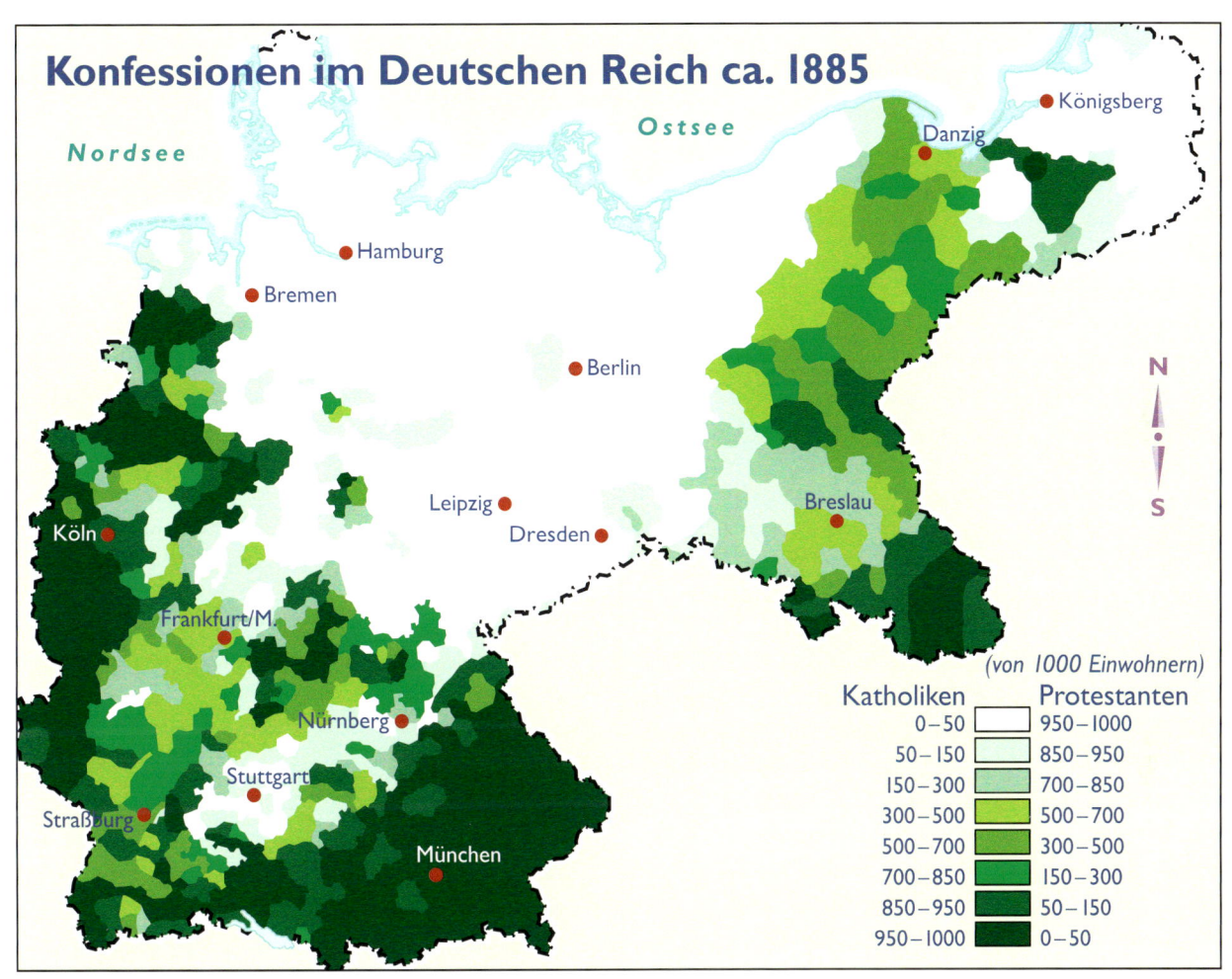

Konfessionen im Deutschen Reich ca. 1885

Nordsee

Ostsee

Königsberg

Danzig

Hamburg

Bremen

Berlin

Leipzig

Dresden

Breslau

Köln

Frankfurt/M.

Nürnberg

Stuttgart

Straßburg

München

N

S

(von 1000 Einwohnern)

Katholiken	Protestanten
0–50	950–1000
50–150	850–950
150–300	700–850
300–500	500–700
500–700	300–500
700–850	150–300
850–950	50–150
950–1000	0–50

Die Versuche der Ultramontanen, Protestanten zur „Rückkehr"
in die katholische Kirche zu bewegen, bleiben erfolglos.
Im preußisch geprägten Deutschen Reich werden die Katholiken
in der Minderheit sein, wie diese Karte zeigt.

IN BERLIN STUDIERT – UND TROTZDEM EIN MANN

„Es fehlt uns an *Männern*!", behauptet der Mainzer Domkapitular Christoph Moufang in Aachen wieder und wieder. Für den Mangel macht er mehrere Ursachen aus: den Despotismus der Fürsten, die Bürokratie und die „verweichlichende" Erziehung in Familie und Schule. „Was aber am meisten Not tut, das ist die Universitätsfrage! Großer Gott, wie liegt da Alles im Argen!" Moufang versteht nicht, dass ein katholischer Vater seinen Sohn auf eine staatliche, womöglich protestantisch geprägte Universität schickt, „wo er alle Chancen dazu hat, seinen Sohn verdorben zurückkehren zu sehen".

Tatsächlich haben die Katholiken im 19. Jahrhundert ein anderes Problem: ein Bildungsdefizit. In Preußen sind neun von zehn Universitätsprofessoren protestantisch, laut Moufang gibt es dort nur einen einzigen katholischen Medizinprofessor. Die Katholiken gelten ihren Gegnern pauschal als zurückgeblieben, ungebildet und religiös verblendet. Der Plan für eine Katholische Universität ist daher ein Dauerbrenner. Die neue Hochschule soll sich „prinzipiell in Allem", wie ein Redner es definiert, der Autorität der Kirche unterwerfen, auch in den Naturwissenschaften. Diskutiert werden vor allem die Standorte Münster und Salzburg. Doch bisher ist es bei Absichtserklärungen geblieben. Mal hofft man, dass die zu Beginn des Jahrhunderts verstaatlichten Universitäten an die katholische Kirche zurückgegeben werden, mal sieht man die Verantwortung bei den Bischöfen.

In Aachen berichtet jetzt Johannes Möller, ein deutscher Geschichtsprofessor, begeistert von der Katholischen Universität im belgischen Löwen. Diese werde einzig und allein durch Spenden unterhalten. „Was das kleine Belgien mit seinen vier Millionen Menschen zustande gebracht hat, sollte dies dem großen katholischen Deutschland unmöglich sein?", fragt er provozierend.

Die Generalversammlung ist daraufhin nicht mehr zu bremsen. Den Vorschlag, erst einmal ein Gutachten von Universitäts-

Der Mainzer Domkapitular Christoph Moufang
kämpft in Aachen für eine Katholische Universität.

WAS NOCH?

Die Versammlung fordert von allen Katholiken die „rückhaltlose Unterordnung ihrer Privatmeinungen unter die Autorität der Kirche", betont aber zugleich ihren Patriotismus. Sie verabschiedet eine Resolution gegen den Ausschluss Österreichs und bezeichnet die Zerstückelung Deutschlands als „verdammungswürdigen Frevel". Noch einmal erklärt sie, dass sich die Kirche mit jeder Staatsform vertrage. Sie sei „keine Stütze des Despotismus und keine Feindin politischer Freiheit", aber gegen Rechtsbruch und Revolution. Die Eroberungen des Königreichs Italien werden als „Andrang der Höllenpforten" verurteilt. „Inmitten einer feindlichen und widerwärtigen Welt wird Deine Herde Dir überall ein Reich, überall ein Vaterland bilden", heißt es in einem Schreiben an den Papst. Empfohlen wird die Gründung von Kasinos, von Lokalen, „wo man sich freundschaftlich versammeln, besprechen und auch zweckmäßige Blätter und Zeitschriften halten kann". Für anstellungslose weibliche Dienstboten sind Heime zu gründen. Die katholische Kirche in Deutschland soll durch eine Generalstatistik erfasst werden. Gäste berichten unter anderem über die Lage der Katholiken im Orient, in Belgien, den Niederlanden und der Schweiz.

professoren zu beantragen, lehnt sie ab. Stattdessen wählt sie sofort eine siebenköpfige Kommission, die Kontakt zu den Bischöfen und Regierungen aufnehmen soll. Alle anwesenden Geistlichen versprechen, eine Messe für die Katholische Universität zu lesen. Und vor allem wird Geld gesammelt. Am Ende der Veranstaltung sind mehr als 11.000 Taler zugesagt. Ein Redner verkündet, die Katholische Universität habe in Aachen „ihren Geburtstag gefeiert".

Doch der Jubel kommt verfrüht. Als Möller vorhersagt, das Geld werde von selbst zusammenkommen, vermerkt das Protokoll: „Stimmen: Nein! Nein!" Und der Prager Professor Johann Friedrich Schulte entgegnet Moufang: „Ich habe alle meine Universitätsstudien in Berlin gemacht, und … ich hoffe fest, ich bin trotzdem ein Mann geblieben." Ein Jahr später verteidigt der Tübinger Theologe Johannes von Kuhn, der an der Katholisch-Theologischen Fakultät einer staatlichen Universität offenbar gut zufrieden ist, die Unabhängigkeit der Wissenschaft und bezweifelt die Effizienz einer katholischen „Chemie, Physik, Astronomie, Mechanik". Pius IX. heißt das Vorhaben im selben Jahr zwar ausdrücklich gut, doch der Kölner Erzbischof Johannes Kardinal von Geissel, den der Papst mit der Umsetzung der Pläne beauftragt hat, stirbt schon ein Jahr später. Dann naht der Kulturkampf, und es bleibt wieder einmal bei Absichtserklärungen.

Erst seit 1980 gibt es in Deutschland eine Hochschule, die sich „Katholische Universität" nennt, und zwar in Eichstätt. Aber diese wird zu 85 Prozent vom Freistaat Bayern finanziert. Die ursprünglichen Pläne der Generalversammlung sind nie verwirklicht worden.

Pater Theodosius

DAS STRENGE REGIMENT DER BARMHERZIGEN SCHWESTERN

„Es müssen die Fabriken zu Klöstern werden!", ruft der Kapuzinerpater Theodosius Florentini aus dem schweizerischen Chur in Frankfurt aus – und meint es wörtlich. Im böhmischen Oberleutensdorf hat er etwa drei Jahre zuvor eine stillgelegte Tuchfabrik erworben, in der jetzt 124 Arbeiter beschäftigt sind. „Weil die Fabrikdirektoren kostspielige Leute sind, … habe ich barmherzige Schwestern hingeschickt", erläutert der Pater, der sich als „fabrikbesitzender Bettler" vorstellt.

Diese Schwestern vom Heiligen Kreuz, deren Kongregation Pater Theodosius gegründet hat, führen ein strenges Regiment. Eine hat die Oberaufsicht, die anderen leiten das Büro und überwachen die Arbeiter. Der Kündigungsschutz ist schwach ausgeprägt. „Es wird keiner behalten, der sich ein unsittliches Wort erlaubt", erklärt der Pater. Auch der Besuch der Messe am Sonntag ist Pflicht. Der Arbeitstag wird durch gemeinsame Gebete strukturiert, er dauert von 6 bis 11 und von 13 bis 19 Uhr. Für kranke Arbeiter gibt es eine kostenlose Anstalt, ein kleines Waisenhaus ist in Planung.

Damit geht es den Arbeitern in Oberleutensdorf vergleichsweise gut. Von der allgemeinen Lage der Fabrikarbeiter zeichnet Theodosius, wie andere Redner auch, ein düsteres Bild. Der Mensch werde „zur wahren Verdienstmaschine für den Fabrikherrn": Arbeit von 5 bis 21 Uhr, allenfalls eine einstündige Mittagspause, staubige, gesundheitsschädliche Luft, ein kläglicher Verdienst, keinerlei Absicherung bei Krankheit. Vor allem beklagt Theodosius aber, „welch' entsetzlichen Einfluss auf die sittlichen Zustände und auf die Familienverhältnisse die Fabriken gar oft ausüben". Die Kirche der Arbeiter, ihr Ziel am Sonntag, sei das Wirtshaus. „Also müssen wir den Fabriken entgegenarbeiten?", fragt der Pater.

WAS NOCH?

Erstmals tagt die Versammlung in einer Stadt, deren Bevölkerung überwiegend nicht katholisch ist. In Resolutionen verurteilt sie Verleumdungen in Wissenschaft und Presse. Sie betont die Pflicht, Gesetzen entgegenzutreten, die die Freiheit der Kirche beschränken, und das Recht der Kirche, über die Wissenschaft zu urteilen, soweit sie religiöse Wahrheiten berührt. Nachdrücklich verurteilt sie „Gräuel in Russisch-Polen", wo gerade ein Aufstand gegen die russische Vorherrschaft blutig niedergeschlagen wird. Die Versammlung empfiehlt das Studium der Sozialen Frage, die „nur im Geiste des Christentums" gelöst werden könne, sieht sich aber selbst noch nicht in der Lage, sich dazu zu äußern. Christoph Moufang, der seine innerkirchlichen Gegner nicht selten in Rom denunziert, ruft dazu auf, Vorurteilen durch Offenheit zu begegnen: „Wir sind eigentlich liebenswürdig!" Der 20-jährige Student Georg von Hertling wirbt als Vertreter der „Aenania" in München und der „Winfridia" in Breslau sowie des katholischen Lesevereins in Berlin für die katholischen Studentenverbindungen. Er weist auf Gefahren der akademischen Freiheiten hin und spricht sich gegen das Duell aus. „Wahrlich, Deutschland ist nicht verloren, wenn unsere Jugend solche Zierden aufweist", lobt ihn der Katholikentagspräsident Wilderich von Ketteler. Hertling wird 1917 Reichskanzler.

Die Antwort gibt er selbst: „Nein, meine Herren! Die Fabriken sind an sich keine Sünde, die Maschinen sind keine Sünde, es braucht nur, dass sie im rechten Geist und Wesen ausgebeutet und benützt werden." Der Pater ist sich sicher: Die Soziale Frage kann durch das Christentum – und nur durch das Christentum – gelöst werden.

Auch andere Redner beschäftigen sich in Frankfurt mit diesem Thema, zu dem in den Vorjahren etwa der Mainzer Bischof von Ketteler und Adolph Kolping wichtige Impulse gegeben haben. In den Anfangsjahren der Generalversammlung ging es vor allem darum, die Not der Massen durch milde Gaben zu lindern. Doch Schritt für Schritt entwickeln die deutschen Katholiken darüber hinaus eine katholische Soziallehre, die eine grundsätzlich gerechtere Gesellschaft zum Ziel hat. Pater Theodosius spricht in seiner viel beklatschten Rede zahlreiche zukunftsweisende Ideen an: Sparkassen, Genossenschaften, Vermögensbildung der Arbeiter, Beteiligung an Gewinn und Kapital. Zentral ist für ihn die „Assoziation", die Vergemeinschaftung der Fabrikarbeiter.

Stolz berichtet Theodosius schließlich, seine Fabrik habe jüngst Gewinn erwirtschaftet. Doch der Pater ist längst mehr Bettler als Fabrikbesitzer. In seinem unerschütterlichen Optimismus verhebt er sich mit seinen vielfältigen Unternehmungen. Private Geldgeber und Banken haben ihm großzügig Kredit gewährt, aber die Bilanzen sind geschönt. Als Theodosius 1865 stirbt, bricht sein Unternehmen zusammen. Was bleibt, ist die Kongregation der Barmherzigen Schwestern vom Heiligen Kreuz. Sie umfasst heute mehr als 3.000 Frauen in 19 Ländern.

16

Katholische Presse

KEIN KOT AUF DEN KLERUS

„Wer ist schuld daran, wenn ein großer Teil der Wiener Tagespresse von Juden redigiert wird, die mit dem Katholizismus begreiflicherweise nichts gemeinsam haben können?" Der Münchener Redakteur Ernst Zander, dessen ultramontane und antisemitische Haltung bekannt ist, stänkert gerne gegen die vermeintliche „Judenpresse". Aber dieses Mal hat er seine eigenen Leute auf dem Kieker. Er fährt fort: „Meine Herren, die könnten redigieren, so viel sie mögen, wenn ihr gehässiges Geschreibsel nicht gelesen würde, würde es bald ein Ende haben. Wer zahlt jene Blätter? Meine Herren, die Katholiken sind es." Selbst die Pfarrer halten laut Zander oft die „schlechten" Blätter, deren angeblich verderblichen Einfluss die Katholiken so sehr fürchten.

Die katholische Presse gehört zu den Sorgenkindern der Generalversammlung. Sie ist oft mehr katholisch als Presse, handwerklich nicht gut gemacht, schlecht informiert, eifernd oder langweilig. Die Auflagen sind bescheiden, ein überregional bedeutendes Zentralorgan fehlt. Der „Volksbote für den Bürger und Landmann", dem Zander als Herausgeber und Redakteur vorsteht, hat es in München immerhin zu einigem Einfluss gebracht. Auf den Generalversammlungen ist Zander Stammgast, er wird schon mit Applaus begrüßt. Der gebürtige Mecklenburger ist zum Katholizismus konvertiert und trifft mit seinem polemischen, radikal ultramontanen und preußenfeindlichen Stil den Geschmack vieler Zeitungsleser in seiner Wahlheimat – und vieler Teilnehmer der Katholikentage. Optimistisch berichtet er zunächst von einzelnen kleinen Blättern, die in den vergangenen Jahren neu entstanden sind.

Auch zu viel diskutierten Grundsatzfragen bezieht Zander klar Stellung. So ist er dagegen, die Anstrengungen auf ein großes Zentralorgan zu konzentrieren, sondern favorisiert „in jedem kleinen Orte ein kleines Blättchen" – im Oktavformat, was dem heutigen DIN A5 entspricht. Um große Blätter zu lesen,

WAS NOCH?

Im Deutsch-Dänischen Krieg haben Preußen und Österreicher 1864 gemeinsam das Herzogtum Schleswig erobert. Die Versammlung begrüßt „mit innigstem Dank gegen Gott die Siege der deutschen Waffen, welche einen bedrängten Stamm dem gemeinsamen Vaterland wiedergewonnen haben". Zugleich erwartet sie, dass die Bewohner die Religionsfreiheit erhalten. Beklagt wird der Streit mit dem badischen Staat. Die Katholiken sollen für den bedrängten Papst den Peterspfennig entrichten und sich an Anleihen beteiligen. Ihre Anerkennung spricht die Generalversammlung drei Grafen aus, die aus dem preußischen Heer entlassen wurden, weil sie sich, der Lehre der Kirche entsprechend, gegen das Duell aussprachen. Die anwesenden Frauen werden als „eine der schönsten Zierden unserer Versammlungen" gewürdigt. Gastredner berichten unter anderem aus Belgien, Ungarn und England. Für die Korrespondenz mit den belgischen Vereinen wird ein Komitee eingerichtet. Die Vorbereitungskomitees sollen künftig mit Eisenbahndirektionen über ermäßigte Tickets für Mitglieder des Katholikentags verhandeln.

fehlten den einfachen Leuten, so hat es Zander schon vor zwei Jahren in Aachen ausgeführt, die Zeit und das Verständnis. Der Redakteur plädiert zudem für eine unabhängige Presse, die nicht mit den katholischen Amtsträgern zu identifizieren ist. Andernfalls würde „jeder Schlag, jeder Kot, der dann geworfen wird, der wird auf den Bischof oder auf den Klerus geworfen, und dazu sind sie nicht da".

Da sich die kleinen Blätter kaum eigene Korrespondenten leisten können, bittet Zander die Teilnehmer der Generalversammlung, ihm Informationen zuzuschicken. Außerdem verwehrt er sich gegen „alle möglichen und unmöglichen Ansprüche". Man habe ihm „nicht nur Theatergeschichten, Lottonummern und Berichte über Bienenzucht u.s.w., sondern sogar Auskunft in Heiratssachen" zugemutet.

Entscheidendes für die katholische Presse bringt auch die Versammlung in Würzburg nicht. Sie gründet lediglich einen „Verein zur Verbreitung zeitgemäßer Broschüren", in der Hoffnung, dass dieser mittelfristig auch die Redaktion eines wöchentlich erscheinenden Zentralorgans übernehmen könnte.

Zander macht dagegen weiter von sich reden. 1865 sorgt er dafür, dass sein Intimfeind Richard Wagner München wegen seines Verhältnisses mit Cosima von Bülow verlassen muss. Nachdem Bayern im Bündnis mit Österreich den Deutschen Krieg von 1866 verloren hat, greift er den Herzog von Sachsen-Coburg persönlich an – und wird wegen Verleumdung zu einem halben Jahr Festungshaft verurteilt. 1872 stirbt er. „Der Volksbote" wird in den Bankrott der „Dachauer Bank" hineingezogen und eingestellt. Erst in diesen Jahren, während des Kulturkampfs, beginnt allmählich die Blütezeit der katholischen Presse im Deutschen Reich.

17

Pius IX.

VERDAMMTE MODERNE

Sollte Einwanderern in katholischen Ländern gesetzlich gestattet werden, ihren Kult frei auszuüben? Und darf man nicht wenigstens „gute Hoffnung hegen", dass auch Nichtkatholiken zur ewigen Seligkeit gelangen können? Nichts da! Am 8. Dezember 1864 holt Papst Pius IX. zum Rundumschlag gegen die Moderne aus und wendet sich dabei noch einmal in aller Deutlichkeit gegen die Religionsfreiheit. Er veröffentlicht den „Syllabus errorum", eine Liste von 80 zu verurteilenden „Zeitirrtümern". Einige davon rechtfertigen die staatliche Einmischung in kirchliche Angelegenheiten oder widersprechen der katholischen Glaubenslehre in zentralen Punkten. Doch der Zorn des Papstes trifft auch darüber hinaus fast alle „Ismen" der Moderne: Rationalismus, Materialismus, Sozialismus, Kommunismus und Liberalismus.

Für seine unversöhnliche Haltung erntet Pius IX. viel Kritik. Die obligatorische Grußadresse des Vorbereitungskomitees in Trier fällt umso loyaler aus: „Und so werden also alle jene katholischen Männer … in ihrer feierlichen Versammlung … nach ihren besten Kräften ihr Bestreben vor allem dahin richten, … dass jene finstern Irrtümer von Tag zu Tag mehr schwinden, welche Du, heiligster Vater, noch in der letzten Zeit durch Dein Rundschreiben ernstlich gerügt und in tiefster Trauer Deiner Seele beweint hast, als die ärgsten Schäden für Kirche und Staat …"

Der Mainzer Domkapitular Johann Baptist Heinrich spricht mit Blick auf den Syllabus „von der größten Tat unseres Jahrhunderts und vielleicht vieler Jahrhunderte". Er fährt fort: „Stärkende Arzneien sind oft bitter, aber eine gewaltige Medizin für das XIX. Jahrhundert ist diese Enzyklika, und wenn das XIX. Jahrhundert hinter der Menschheit liegt, wird sie erst vollkommen es würdigen, wie heilkräftig und notwendig diese Arznei gewesen."

Nicht alle Teilnehmer sind damit glücklich. Der spätere Freiburger Kirchenhistoriker Franz Xaver Kraus, frisch zum Doktor der Theologie promoviert und ein Jahr zuvor zum Priester geweiht, schreibt in sein Tagebuch: „Das Gefühl der

Die Generalversammlung stärkt den Katholiken in Baden, die nach Erlass eines neuen Schulgesetzes für die geistliche Schulaufsicht kämpfen, den Rücken. Sie protestiert gegen das Unterrichtsmonopol des Staates, bezeichnet es als eine Rechtsverletzung, wenn mit den Steuergeldern der Katholiken „unkatholische" Lehrer oder Professoren finanziert werden, und hofft auf die Hilfe der Gerichte. Sie setzt sich dafür ein, Auswanderer in den Abreise- und Ankunftshäfen besser zu betreuen sowie für Frauen und Männer getrennte Abteilungen auf den Schiffen einzurichten. Ein Redner aus Amsterdam wirbt für Anleihen des Kirchenstaats. Adlige Frauen gründen den Catharinen-Verein zugunsten der Katholischen Universität. Die Generalversammlung empfiehlt die Mäßigkeitsbruderschaften. Die traditionellen Erzgussglocken hält sie für besser als die neuen Gussstahlglocken. Sie gedenkt der Trierer Wallfahrt zum Heiligen Rock im Jahr 1844 sowie des verstorbenen Paters Theodosius. Ein Denkmal für Joseph Görres wird mit Verweis auf die „grassierende Monumentenmanie" abgelehnt. Christoph Moufang erklärt, die Deutschen könnten, wenn sie einig wären, „wieder ein großes und glückliches, und zum Wohl von Europa das erste Volk der Welt sein".

Erhebung beim Anblick einer im Glauben einigen Versammlung wurde verbittert durch die Betrachtung, wie der Strom leidenschaftlicher Erregung nur zu oft die Masse mitriss, wie die Herrschsucht der Mainzer Partei alles dadurch in den Hintergrund drängte. … Dazu der beständige Schimpf und der Hass gegen die Neuzeit mit all' ihren Früchten und Prinzipien, die beständige Verhöhnung der modernen Wissenschaft und die Selbstverhimmlung unserer Katholiken. Da fiel kein Wort der Anerkennung für das Große, was unser Jahrhundert und in specie unsere Wissenschaft doch auch hat, und als ich es wagte, in einer der Sektionssitzungen darauf hinzuweisen, dass wir Katholiken nach Ebenbürtigkeit auf dem Gebiete der Wissenschaft und Kunst streben müssten, leider aber der wissenschaftliche Drang bei den Protestanten größer sei als bei uns, – da konnte ich wohl merken, dass manche meiner Worte mit großer Erbitterung aufnahmen."

MODERN CIVILISATION

ALLOCUTION

PAPAL ALLOCUTION.—SNUFFING OUT MODERN CIVILISATION.

Papst Pius IX. versucht, das Licht der modernen Zivilisation auszulöschen;
Karikatur aus der britischen Satirezeitschrift „Punch" von 1861.

Reichseinigung

PFIAT DI, AUSTRIA!

Die Stimmung in Innsbruck schwankt zwischen Entsetzen und Trotz. Alle großdeutschen Hoffnungen sind dahin, denn das protestantische Preußen hat endgültig die Führungsrolle in Deutschland übernommen. Im Krieg von 1866 hat es das katholische Österreich-Ungarn und dessen Verbündete besiegt, darunter Bayern, Hannover, Sachsen, Baden und Württemberg. Dazu hat sich Preußen ausgerechnet mit dem revolutionären Italien zusammengetan, das den Kirchenstaat bedroht. Viele deutsche Katholiken sehen in der Niederlage des katholisch geprägten Österreichs bei Königgrätz auch eine Niederlage ihrer Kirche.

Immer wieder beschwören die Teilnehmer der Generalversammlung daher das enge Zusammengehörigkeitsgefühl der Katholiken von Schleswig-Holstein bis Tirol. Die „erschütternden Ereignisse" hätten das Bewusstsein der Zusammengehörigkeit „in den Katholiken-Vereinen deutscher Zunge" nicht getrübt, heißt es schon in der Einladung; die Einheit der Katholiken rage „weit über alle Veränderungen im politischen Leben hinaus". Und tatsächlich: Überraschend viele Teilnehmer sind aus dem Gebiet des neuen Norddeutschen Bundes gekommen, „um zu beweisen, dass es noch ein Band gibt in Deutschland, das fest eint und das man nicht zerreißen kann, – das Band der katholischen Religion", wie Joseph Lingens aus Aachen betont. Der Fürstbischof von Brixen begrüßt die Teilnehmer ausdrücklich auf „deutschem und katholischem Boden", und am Schluss wird ein Toast auf das „ganze liebe deutsche Vaterland" ausgebracht.

Mit Joseph Lingens beruft das Vorbereitungskomitee ausgerechnet einen preußischen Juristen zum Präsidenten der Versammlung. „Entsetzen Sie sich nicht!", bittet er die Teilnehmer ironisch in seiner Begrüßungsrede. Seine Sympathien für Österreich sind offensichtlich, doch ebenso der Zwiespalt, in dem die preußischen Katholiken stecken. Dem Vorwurf, sie stünden nicht loyal zu ihrem Staat, tritt Lingens entgegen, indem er die preußischen Soldaten „aus den Rheinlanden und Westfalen, edle Söhne der katholischen Kirche", für ihren Mut in der Schlacht von Königgrätz lobt. Die Versammlung im Land der Besiegten spendet ihm dafür Applaus.

Doch nach der Generalversammlung in Innsbruck zerbricht die viel beschworene Einheit der „Katholiken deutscher Zunge" schnell. Ein Drittel der ersten Katholikentage fand auf dem Gebiet Österreich-Ungarns statt. Diese Geschichte endet 1867. Zwar besuchen auch danach immer wieder einzelne Persönlichkeiten aus Österreich die deutschen Katholikentage, aber sie kommen nicht mehr als Vertreter ihrer Vereine. Ab 1877 veranstalten die Österreicher ihre eigenen Katholikentage.

WAS NOCH?

Die Generalversammlung verabschiedet Resolutionen zu den katholischen Schulen und zur Unterstützung des Kirchenstaats, fordert die Einhaltung der Konkordate und begrüßt die Ankündigung des Ersten Vatikanischen Konzils für das Jahr 1870. Außerdem solidarisiert sie sich mit den polnischen Katholiken. Eine Abordnung aus dem unabhängig gewordenen Luxemburg bietet an, für eine Katholische Universität die Gebäude zu stiften. Der Kirchenhistoriker Jacob Marx aus Trier ruft dazu auf, sich die eigentlich abwertend gemeinte Bezeichnung „ultramontan" offensiv zu eigen zu machen.

Ihnen galt die besondere Sympathie zahlreicher Katholiken im Deutschen Bund: Kaiser Franz Joseph und Kaiserin Elisabeth („Sisi") von Österreich.

Kirchenmusik

WIDERHALL VON ENGELSSTIMMEN

Es gibt kein Entkommen: „Wenn unsittliche Musik im Theater ertönt, kann ich mich davor bewahren, indem ich wegbleibe; wenn aber die unsittliche Musik in der Kirche ertönt, bin ich durch die Kirche moralisch genötigt, sie in mich aufzunehmen", hat Franz Xaver Witt bereits im Vorjahr in Innsbruck geklagt. Ein „armes verlassenes Kind" sei die Kirchenmusik, das niemand pflegen wolle. In Bamberg hat der langjährige Chorallehrer am Regensburger Priesterseminar soeben den Cäcilienverband gegründet, der schon 500 Mitglieder zählt. Die Generalversammlung soll ihn jetzt den Bischöfen, der Geistlichkeit, den Chorleitern und „sonstigen Freunden der echten katholischen Kirchenmusik" empfehlen.

Witt hat ein Ziel: Die katholische Kirchenmusik soll wieder werden, „was sie war, ein Wiederhall jenes tausendstimmigen Halleluja, das von Engelsstimmen ertönt". Es gibt einiges zu tun. Offenbar erscheint nicht nur Gegnern des Katholizismus die Kirchenmusik oft „indezent", „rein äußerlich", trivial oder sentimental. Man klagt und spottet über die Musik, die doch eigentlich zur höheren Ehre Gottes dient: Das tut weh. Zudem ist die Kirchenmusik in Witts Augen nicht nur ein verlassenes, sondern auch ein gefährliches Kind: Eine „unsittliche" Kirchenmusik sei schlimmer als unsittliche Reden, denn die „Idee der Musik" trete „meist verhüllt auf" und werde darum nicht sofort erkannt, erklärt der Priester.

Der neue Verein fördert den Choral, das „würdige" Orgelspiel und den vielstimmigen Gesang. Witt betont, kein Puritaner und nicht „katholischer als der Papst" zu sein. „Wir wollen für das feierliche Hochamt auch den feierlichen Pomp der Kirchenmusik, aber alles nur an der rechten Stelle und am rechten Platz." Auch für die Instrumentalmusik und das „echt kernige" kirchliche Volkslied gebe es Raum. Die Mitglieder des Vereins würden nicht nur für den Palestrinastil eifern, sondern

Es ist einer Reihe von Missverständnissen zu verdanken, dass ausgerechnet die heilige Cäcilia zur Patronin der Kirchenmusik wurde. Der ursprünglichen Legende zufolge wurde sie mit einem Heiden zwangsverheiratet. „Während die Hochzeitsinstrumente erklangen, sang sie in ihrem Herzen allein dem Herrn." Mit feierlicher Musik dürfte sie also keine guten Erinnerungen verbinden. Dieses Bild hat François-Joseph Navez 1824 gemalt.

Die Versammlung gründet ein Zentralkomitee, das die Beschlüsse ausführen und künftige Versammlungen vorbereiten soll. Zur Frage, ob das neue Komitee oder die Versammlung über den nächsten Tagungsort entscheidet, gibt es eine lange Diskussion. In Resolutionen verurteilt die Versammlung die Kirchenpolitik Österreichs, Badens und – mit Blick auf Polen – Russlands. Sie protestiert außerdem gegen die Entchristlichung der Schulen. Enttäuscht wird festgestellt, dass der Bonifatiusverein nur ein Viertel der Spenden seines protestantischen Gegenbildes, des Gustav-Adolph-Vereins, erhält; für Katholiken in der Diaspora werden daher weitere Maßnahmen beschlossen. Mit Blick auf Auswandererfragen bildet die Versammlung einen Ausschuss. Zur Unterstützung des Kirchenstaats sollen die Katholiken Michaelsbruderschaften und Petersvereinen beitreten. Francesco Nardi, Richter an der Römischen Rota, dem höchsten Gerichtshof der katholischen Kirche, spricht anerkennend von den Deutschen im Dienst der päpstlichen Armee. Die Versammlung diskutiert die Forderung nach einem gesetzlich fixierten Mindestlohn. Für das gesellige Beisammensein empfehlen Redner die katholischen Kasinos.

Franz Xaver Witt gründete 1867 den Cäcilienverband zur Pflege der Kirchenmusik.

vorwärts streben und auch „moderne und modernste Mittel nicht verschmähen". Witts Idol bleibt aber unverkennbar ebenjener Giovanni Pierluigi da Palestrina, der berühmte italienische Komponist des 16. Jahrhunderts, dessen bekanntestes Werk die „Missa Papae Marcelli" ist, die er seinem Förderer Marcellus II. widmete. Schon Haydn, Mozart und Beethoven sind nach Ansicht Witts für den Gottesdienst ungeeignet – eine Meinung, die, gerade in Österreich, nicht alle Katholiken teilen.

Die Generalversammlung nimmt Witts Antrag dennoch einstimmig an, 1870 bestätigt Pius IX. den Verein höchstpersönlich. Witt erhält als Komponist Anerkennung von Franz Liszt und Anton Bruckner. Einen neuen Palestrina bringt der Cäcilienverband, entgegen den Hoffnungen Witts, nicht hervor, zur Erfolgsgeschichte wird er trotzdem: Heute gehören dem Cäcilienverband in Deutschland, Österreich und der Schweiz fast 400.000 Sängerinnen und Sänger in Kirchenchören an. Und

noch immer streiten Katholiken gerne darüber, welche Musik für die Liturgie angemessen ist. Benedikt XVI. sieht, seinen gesammelten Schriften zufolge, in großen Teilen der Rock- und Popmusik einen Antikult, vergleichbar den antiken dionysischen Religionsformen, mit Erlösungspraktiken, die „dem Rauschgift verwandt und dem christlichen Erlösungsglauben von Grund auf entgegengesetzt" seien. Musik „dieses Typs" müsse daher aus der Kirche ausgeschlossen werden.

Das an die Popkultur angenäherte „neue geistliche Lied" hat sich dennoch einen festen Platz im „Gotteslob" erobert – und gibt nicht zuletzt auf den Katholikentagen heutzutage den Ton an.

Zentrumspartei

WENN DER WURM NAGT

Es dräut. In den meisten deutschen Staaten geht es 1869 vergleichsweise ruhig zu. Aber der Heidelberger Kaufmann Jakob Lindau warnt: „Seien Sie nicht so sicher in Ihren katholischen Verhältnissen. Sie haben es mit denselben Gegnern zu tun wie wir. Im Geheimen, tief im Innern zwar, aber an den Symptomen für uns schon erkennbar, nagt der Wurm, der unsern Frieden zerstört hat, bereits auch an der Pflanze, die heute noch für Sie grünt."

Am Beispiel Badens spricht Lindau über den „modernen Staat", der in seinen Augen vor allem ein Ziel hat: die Vernichtung der katholischen Kirche. In seinem Land kommt es seit Jahren zu heftigen Konflikten, es geht um den konfessionellen Charakter der Schulen, die Besetzung des Freiburger Bischofsstuhls, eine staatliche Prüfung der Geistlichen, die Zivilehe und die kirchlichen Stiftungen. Die Einladung zur Generalversammlung in Düsseldorf unterstreicht: „Wichtige Fragen treten an uns heran. Die Schulfrage berührt die heiligsten Rechte der Familie und der Kirche, die Arbeiterfrage schwebt wie eine dunkle Wolke über unseren sozialen Zuständen, eine weise Organisation zum Kampfe gegen eine irreligiöse Presse ist Bedürfnis." Und ein Redner sieht Deutschland gar „am Vorabende der sozialen Revolution, welche die gesamten gesellschaftlichen Zustände umzuwälzen droht".

Wie können sich die Katholiken für die kommenden Herausforderungen wappnen? Lindau hat eine klare Antwort: Sie sollten überall direkte und geheime Wahlen verlangen – und sich politisch organisieren. Die Katholiken müssten „energisch sich zusammenscharen und zu dem werden …, zu was sie ihre Gegner schon längst gemacht haben, zu einer großen politischen Partei". Lindau selbst hat die katholische Volkspartei in Baden mitbegründet und ist Abgeordneter in der Badischen Ständeversammlung.

Die Generalversammlung beschließt zwar nicht direkt die Gründung einer politischen Partei, fordert in einer Resolution aber nachdrücklich die „Teilnahme an den öffentlichen Angelegenheiten" – der eigentlich vorgesehene Zusatz „insbesondere an den Wahlen" wird weggelassen. Das Projekt einer neuen Partei haben sich die Katholiken aber schon länger zu eigen gemacht. Einen wichtigen Beitrag leisten seit 1864 konservative Westfalen mit den „Soester Konferenzen", auf denen sie das Pro-

WAS NOCH?

Mehrere Redner widmen sich der Kunst, der Musik und der Literatur. Die Generalversammlung richtet eine ständige Sektion für soziale Fragen ein und ruft dazu auf, Genossenschaftsbanken zu gründen. Sie wirbt dafür, „sich der arbeitenden Klassen anzunehmen und für das ökonomische und sittliche Wohl derselben zu wirken". Karl Marx schreibt daraufhin an Friedrich Engels: „Die Hunde kokettieren (zum Beispiel Bischof Ketteler in Mainz, die Pfaffen auf dem Düsseldorfer Kongress usw.), wo es passend scheint, mit der Arbeiterfrage." Er werde die „Internationale Arbeiterassoziation" mobilisieren, um gegen die Priester vorzugehen. Die Generalversammlung empfiehlt, Pressvereine zu gründen, und fordert dazu auf, keine antikatholischen Presseerzeugnisse zu halten. Die katholische Presse wird zunehmend ein Gegenstand der Selbstkritik. Die schon lange geplante Statistik über die katholischen Vereine ist endlich in Arbeit. Konfessionslose Schulen werden nachdrücklich abgelehnt. Eine Katholische Universität ist dem Kölner Erzbischof zufolge jetzt für Fulda geplant. Der Apostolische Vikar von Bombay berichtet von der Mission in Indien, ein Pfarrer aus den USA, wo die Katholiken von ihren Freiheitsrechten sehr profitieren. Schließlich ruft die Versammlung zu Spenden für den Papst auf, ein Redner hält es außerdem „für eine Ehrensache Deutschlands, viele Söhne in der päpstlichen Armee zu haben".

gramm der künftigen Partei umreißen. Im Dezember 1870 finden sich die katholischen Abgeordneten im Preußischen Abgeordnetenhaus zum Zentrum zusammen. Drei Monate später bildet sich die Zentrumsfraktion im Reichstag. Lindau ist ebenso dabei wie die ehemaligen Generalversammlungs-Präsidenten Wilderich von Ketteler, Joseph Lingens, Karl Heinrich zu Löwenstein und August Reichensperger. Auch viel bejubelte Redner wie Wilhelm Emmanuel von Ketteler und Christoph Moufang werden Reichstagsmitglieder.

Im Jahr nach dem Düsseldorfer Katholikentag bricht der Deutsch-Französische Krieg aus, der Kirchenstaat geht unter,

das Vatikanische Konzil muss auf unbestimmte Zeit vertagt werden, und die deutschen Katholiken stehen wegen des dort beschlossenen Unfehlbarkeitsdogmas vor der Spaltung. Die neue Partei kommt gerade rechtzeitig, denn Lindau sollte mit seiner Warnung recht behalten: Wenig später beginnt der Kulturkampf in Preußen und im neu gegründeten Reich. Bismarck wird das Zentrum erst richtig stark machen – indem er es bekämpft.

KULTURKAMPF

Seit 1871 trifft die Katholiken im Deutschen Reich und vor allem in Preußen ein Schlag nach dem anderen: Gesetz für Gesetz benachteiligt sie oder beschneidet ihre althergebrachten Rechte. Es geht um die grundsätzlichen Grenzziehungen zwischen Kirche und Staat: Wem gehören die Schulen, wer bestimmt über die Gültigkeit von Ehen? Die Katholiken stehen als „schwarze Internationale" im Verdacht, den Fortschritt zu behindern, nicht loyal zum protestantischen deutschen Kaiser zu stehen und ihre Befehle vom Papst aus Rom zu erhalten. Das möchten Bismarck und die Liberalen nicht dulden. Nachdem Pius IX. zwanzig Jahre lang immer wieder den Liberalismus, die Menschenrechte und den modernen Staat verurteilt hat, bringt die Erklärung der päpstlichen Unfehlbarkeit auf dem Ersten Vatikanischen Konzil das Fass zum Überlaufen. Die deutschen Liberalen erklären ihr Ringen mit dem Katholizismus zu einem Kampf um die deutsche Kultur, zum Kulturkampf – ein Ausdruck, den die Ultramontanen nur widerwillig übernehmen.

Mit Pius IX. steht nach wie vor ein Papst an der Spitze der katholischen Kirche, der alles andere als versöhnend wirkt. Konziliante Katholiken, die zwischen Staat und Kirche vermitteln möchten, werden heftig angefeindet. Auf dem Höhepunkt des Kulturkampfes sind alle preußischen Bischöfe im Exil oder in Haft, ebenso 1.800 Pfarrer und viele Publizisten. Zahlreiche Pfarrstellen sind unbesetzt, Katholiken sterben ohne die Tröstung der heiligen Sakramente, es geht ums Seelenheil – also ums Ganze. Dennoch bleiben die Katholiken friedlich und üben sich im passiven Widerstand. Selbstverständlich ist das nicht. Denn zu ähnlichen Auseinandersetzungen zwischen Staat und Kirche wie in Deutschland kommt es auch in zahlreichen anderen Ländern, etwa in Frankreich, Spanien, der Schweiz und Belgien.

In Mexiko wird ein Aufstand der Katholiken gegen den liberalen Staat, die Cristiada, noch in den 1920er-Jahren etwa 100.000 Todesopfer fordern.

So traditionell die Forderungen der Katholiken sind, so modern sind ihre Organisationsformen. „Wir verwerfen die modernen Ideen, aber nicht die Erfindungen und Errungenschaften unserer neuen Zeit", erklärt der Mainzer Domkapitular Christoph Moufang 1871. Noch heute spricht die Forschung hier von einem „Antimodernismus mit modernen Mitteln". Die katholischen Milieus differenzieren sich im Kulturkampf immer weiter aus. An die Seite der Vereine tritt die Zentrumspartei, die es schafft, unterschiedlichste Gesellschaftsschichten zu integrieren. Mit Ludwig Windthorst dominiert ab 1879 der Vorsitzende dieser Partei die Katholikentage wie niemand zuvor oder danach. Die Teilnehmerzahlen steigen deutlich. Viel Zulauf erhalten auch regionale Katholikentage, der bayerische in München zählt 1889 beispielsweise 15.000 Besucher. Die katholische Presse, bis dahin ein Sorgenkind des deutschen Katholizismus, gewinnt erheblich an Auflage und Qualität.

Als 1878 Pius IX. stirbt und ihm der konziliantere Leo XIII. nachfolgt, mehren sich die Zeichen für eine Entspannung, zumal Bismarck sich von den Liberalen abwendet und neue Bündnispartner sucht. Um die Aussöhnung nicht zu gefährden, fällt der Katholikentag in diesem Jahr aus. Die deutschen Katholiken gehen schließlich gestärkt aus dem Kulturkampf hervor. Im Sozialismus, den Bismarck ebenfalls vergeblich zu unterdrücken versucht hat, ist ihnen jedoch ein neuer Gegner erwachsen, der die Zukunft für sich reklamiert.

Im Kulturkampf erstarkt die katholische Zentrumspartei schnell. 1874 erzielt sie mit 27,9 Prozent der Stimmen ihr bestes Ergebnis aller Zeiten.

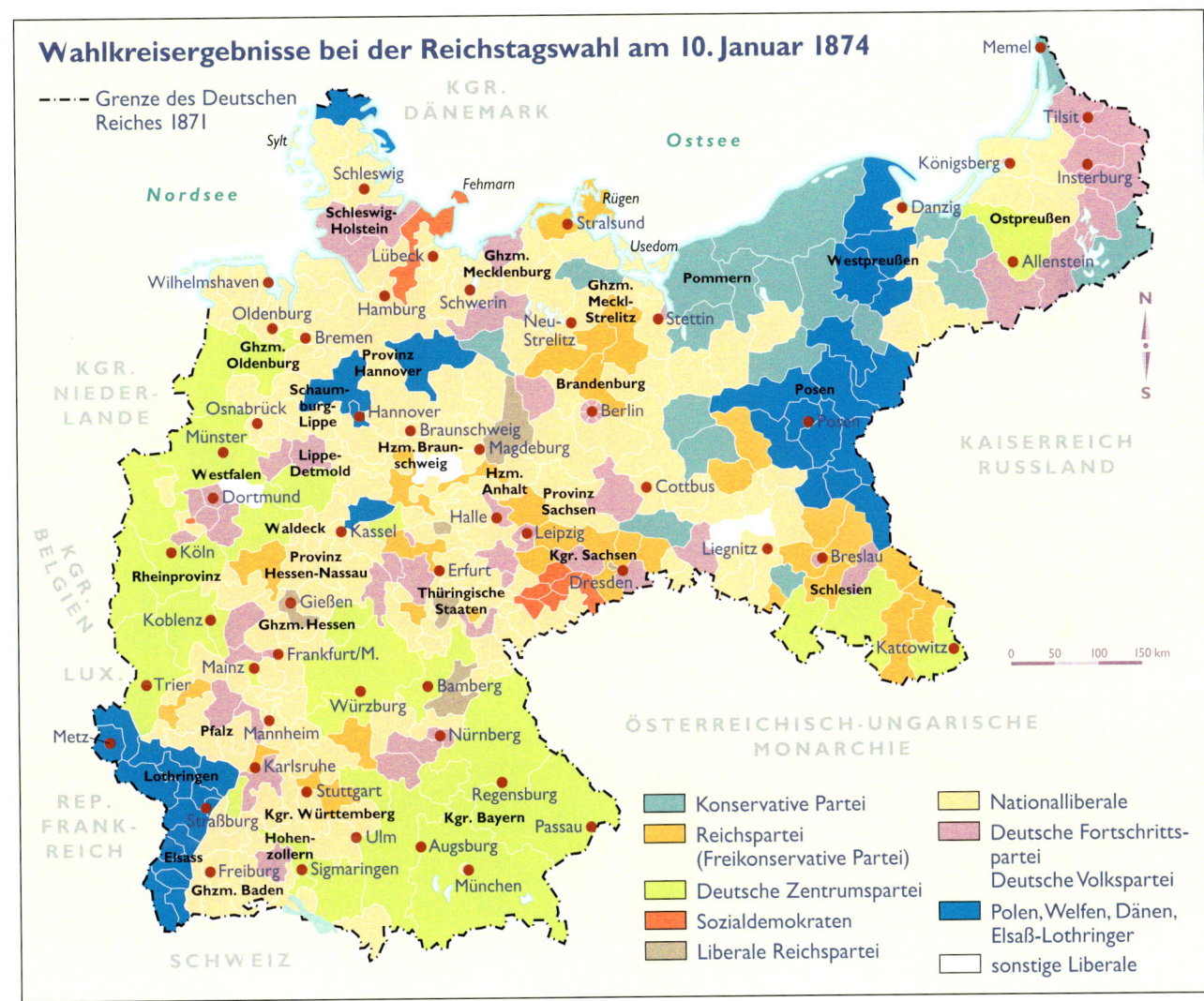

Wahlkreisergebnisse bei der Reichstagswahl am 10. Januar 1874

— · — · — Grenze des Deutschen Reiches 1871

Legende:

- Konservative Partei
- Reichspartei (Freikonservative Partei)
- Deutsche Zentrumspartei
- Sozialdemokraten
- Liberale Reichspartei
- Nationalliberale
- Deutsche Fortschrittspartei / Deutsche Volkspartei
- Polen, Welfen, Dänen, Elsaß-Lothringer
- sonstige Liberale

Beschriftungen (Orte, Regionen, Nachbarstaaten):

KGR. DÄNEMARK · Nordsee · Ostsee · Sylt · Schleswig · Fehmarn · Rügen · Memel · Tilsit · Königsberg · Insterburg · Danzig · Ostpreußen · Allenstein · Schleswig-Holstein · Lübeck · Stralsund · Usedom · Westpreußen · Ghzm. Mecklenburg · Schwerin · Ghzm. Meckl-Strelitz · Neu-Strelitz · Stettin · Pommern · Posen · Wilhelmshaven · Oldenburg · Hamburg · Bremen · Ghzm. Oldenburg · Provinz Hannover · Brandenburg · Berlin · KAISERREICH RUSSLAND · Osnabrück · Schaumburg-Lippe · Hannover · Braunschweig · Magdeburg · Münster · Lippe-Detmold · Hzm. Braunschweig · Hzm. Anhalt · Cottbus · Westfalen · Dortmund · Waldeck · Kassel · Halle · Provinz Sachsen · Leipzig · Liegnitz · Breslau · Köln · Provinz Hessen-Nassau · Erfurt · Kgr. Sachsen · Schlesien · Rheinprovinz · Gießen · Thüringische Staaten · Dresden · Koblenz · Ghzm. Hessen · Kattowitz · Trier · Mainz · Frankfurt/M. · Bamberg · ÖSTERREICHISCH-UNGARISCHE MONARCHIE · Metz · Pfalz · Mannheim · Würzburg · Nürnberg · Lothringen · Karlsruhe · Stuttgart · Regensburg · Straßburg · Kgr. Württemberg · Kgr. Bayern · Passau · Elsass · Hohenzollern · Ulm · Augsburg · Freiburg · Sigmaringen · München · Ghzm. Baden · KGR. NIEDERLANDE · KGR. BELGIEN · LUX. · REP. FRANKREICH · SCHWEIZ

0 50 100 150 km

N

59

21

Unfehlbarkeitsdogma

DIE UNGLÜCKSELIGEN

Warum die Generalversammlung schon wieder in Mainz stattfindet? Das Zentralkomitee erklärt es in einem Schreiben an den Papst: Der Klerus und die Gläubigen dort hätten „mit unverwandelbarer Festigkeit" den Verführungen widerstanden, „mit welchen gegenwärtig einige unglückselige Männer in Deutschland den Frieden der Kirche bedrohen".

Hintergrund ist der Streit um das Unfehlbarkeitsdogma, das Pius IX. 1870 auf dem Ersten Vatikanischen Konzil buchstäblich unter Blitz und Donner, während eines Gewitters, verkündet hat: „Wenn der Römische Papst in höchster Lehrgewalt spricht …, dann vermag er dies durch göttlichen Beistand … mit jener Unfehlbarkeit, mit der der göttliche Erlöser seine Kirche bei der Entscheidung einer Glaubens- oder Sittenlehre ausgestattet haben wollte. … Wenn sich jemand – was Gott verhüten möge – herausnehmen sollte, dieser unserer endgültigen Entscheidung zu widersprechen, so sei er ausgeschlossen."

Es haben viele widersprochen, und es sind einige ausgeschlossen worden. Unter den „Unglückseligen" sind prägende Gestalten der ersten Katholikentage wie Friedrich Michelis, Johann Friedrich von Schulte und allen voran Ignaz von Döllinger. Solidarität haben sie nicht zu erwarten. Die Bewegung der Ultramontanen ist schon länger gespalten. Auf der einen Seite stehen Gemäßigte, die mit den Freiheiten, wie sie in den Jahren nach 1848 erreicht wurden, zufrieden sind und sich einen Modus Vivendi mit dem Staat wünschen. Auf der anderen Seite stehen Radikale, die eine völlige Trennung von Kirche und Staat anstreben und jede Gelegenheit nutzen, vermeintliche Abweichler in Rom zu denunzieren.

Die Teilnehmer der Generalversammlung bekennen in einer Resolution ihren Glauben an die Unfehlbarkeit des Papstes, weisen jede Kritik „mit Abscheu" zurück und rügen eine „Anzahl deutscher Gelehrter" für „schwere Verirrungen" und den „Ungehorsam gegen die Autorität der Kirche". „Wir beklagen dieses tief, wenn wir die Verhandlungen von 1848 ansehen, dass gerade Einzelne, die damals durch ihre Eigenschaften hervorragten, heute nicht zu uns gehören", erklärt der Präsident der Versammlung, der Maler Friedrich Baudri. „Allein, das sind Wandlungen, die wir auch ertragen müssen. Dafür haben wir auch neuen Zuwachs erhalten."

WAS NOCH?

1870 ist der Katholikentag wegen des Französisch-Deutschen Kriegs ausgefallen, das Zentralkomitee organisierte jedoch eine Wallfahrt nach Fulda, die zur Demonstration für den Kirchenstaat wurde. Die Generalversammlung verurteilt den „Raub des Kirchenstaats" nachdrücklich. Sie betont die Verdienste der deutschen Katholiken im Krieg; mit der Reichsverfassung sind die Anwesenden aber nicht zufrieden, weil sie der katholischen Kirche keine ausreichende Autonomie garantiert. Sie empfehlen zum wiederholten Male christlich-soziale Vereine, die sich um Arbeiterkinder kümmern, Sparkassen einrichten und „gute" Literatur verbreiten. Genossenschaften sollen günstige Wohnungen schaffen. Außerdem fordert die Versammlung, eine Enquete-Kommission einzurichten, in der Arbeitgeber und -nehmer gemeinsam über ein zukünftiges Arbeitsrecht nachdenken. In jedem Bistum soll ein Pressverein eingerichtet werden. Eine Resolution wird auch gegen das „Staatsschulmonopol" verabschiedet.

Baudri behauptet, die „Prüfung" sei weniger einschneidend, als es scheine. Tatsächlich können die Intellektuellen, die das neue Dogma ablehnen und sich in der altkatholischen Kirche abspalten, die katholischen Massen nicht für sich gewinnen. Aber ursprünglich waren auch vier Fünftel der deutschen Bischöfe gegen das Unfehlbarkeitsdogma. Als sie sahen, dass sie sich nicht durchsetzen würden, reisten sie vor der Abstimmung aus Rom ab. Das Konzil sprach dem Papst dann mit der Unfehlbarkeit auch den „Universellen Jurisdiktionsprimat" zu, durch den er bis heute am Bischof vorbei in jede Diözese unmittelbar hineinregieren kann.

Einen Tag nach der Verkündigung des Dogmas erklärte Frankreich Preußen und dessen Verbündeten den Krieg und zog seine Schutztruppen aus dem Kirchenstaat ab. Daraufhin eroberten italienische Truppen Rom. Pius IX. wurde zum „Gefangenen im Vatikan". Den Verlust an weltlicher Macht hatte er durch eine spirituelle Überhöhung seines Amtes und eine nie dagewesene Autorität innerhalb der Weltkirche kompensiert. Baudri beschreibt den grundlegenden Wandel des Papstamtes so: „Und während alle Welt glaubt – wir glauben es nicht –, dass jetzt bald die ganze Herrschaft des Heiligen Vaters zu Ende gehe, ist sie so groß, so fest und gewaltig, wie sie noch niemals gewesen. … Nein, diese in ihrem innersten Wesen rein geistige Herrschaft ist eine solche, die hoch über allen Angriffen der irdischen Gewalten steht."

„Die neue Himmelfahrt": Die Anhänger Pius' IX. versuchen, den Papst durch die Unfehlbarkeitserklärung in den Himmel zu ziehen; Karikatur von Honoré Daumier aus der Pariser satirischen Zeitschrift „Le Charivari" im Jahr 1870.

22

Jesuiten

HILFE FÜR PATER FILUZIUS

Die Generalversammlung ist entsetzt; sie sieht die Freiheit der Gewissen, die staatsbürgerlichen Rechte der Katholiken und den konfessionellen Frieden „auf das Bedenklichste" gefährdet. Denn mit dem sogenannten Jesuitengesetz sind alle Niederlassungen des Ordens im Deutschen Reich aufgehoben. Jesuiten aus dem Ausland können ausgewiesen werden, deutschen Ordensmitgliedern kann der Aufenthalt an bestimmten Orten „versagt oder angewiesen" werden – ein schwerwiegender Eingriff in die Bürgerrechte, verantwortet von Parlamentariern, die sich liberal nennen.

Der Kulturkampf in Preußen und im Reich ist endgültig eskaliert. Zentrale Konfliktfelder sind die geistliche Schulaufsicht und die geplante Einführung der standesamtlichen Zivilehe. Der „Kanzelparagraf" von 1871 verbietet Geistlichen unter Androhung von Gefängnisstrafen, in Ausübung ihres Amtes zum politischen Geschehen Stellung zu nehmen.

Katholikentagspräsident Georg von und zu Franckenstein beklagt ausdrücklich die Verleumdungen der Orden, „welche so segensreich seit so vielen Jahrhunderten für uns und für alle Menschen gewirkt haben". Die Jesuiten zählen nicht zufällig zu den ersten Opfern der Auseinandersetzungen, dienen sie den Antiklerikalen doch schon lange als liebstes Feindbild. Wegen ihrer demonstrativen Papsttreue gelten sie als national unzuverlässig, und die Protestanten haben noch nicht vergessen, dass sie im 16. Jahrhundert die Gegenreformation vorangetrieben haben. In Verschwörungstheorien erscheinen sie als intrigante Einflüsterer der Mächtigen und hinterhältige Giftmischer. Karikaturisten zeichnen sie als schwarz gewandete, hagere Schatten, die Frauen nachstellen oder die Schulen unter ihre Kontrolle bringen möchten, besonders populär ist der „Pater Filuzius" von Wilhelm Busch.

Selbst an der Kurie haben die Jesuiten erbitterte Gegner, denn sie sind auch in innerkirchliche Streitigkeiten verwickelt. So vertreten sie oft eine rückwärtsgewandte Theologie, deren Monopol sie mithilfe von Denunziationen und Bücherverboten durchzu-

setzen versuchen. Franckenstein muss daher einräumen, dass „viele, die katholisch getauft und katholisch erzogen worden sind, nicht nur in den Reihen unserer Feinde kämpfen, sondern selbst an ihrer Spitze stehen". Der Kurienkardinal Gustav Adolf zu Hohenlohe-Schillingsfürst beispielsweise hat sich mit Pius IX. überworfen. Auf seine Cousine wurden in einem römischen Kloster Mordanschläge verübt; und in den Fall war tatsächlich auch der jesuitische Beichtvater Joseph Kleutgen verwickelt – ein enger Vertrauter des Papstes. Hohenlohe lässt seitdem aus Angst vor einer Vergiftung durch die Jesuiten vor jeder Messe seinen Messwein vorkosten – so berichtet es zumindest sein Bruder Chlodwig, der spätere Reichskanzler.

Dessen ungeachtet ist die Versammlung in Breslau uneingeschränkt solidarisch mit den Jesuiten, die in den katholischen Milieus wichtige Positionen einnehmen. Sie sind beispielsweise die wichtigsten Träger der Volksmissionen, Veranstaltungen mit oft massenhafter Beteiligung, die das Glaubensleben in den einzelnen Gemeinden auffrischen sollen. Ein Antrag sieht vor, die Bischöfe zu bitten, jetzt Priester aus den Gemeinden für diese Aufgabe freizustellen. In der Sache sind sich alle einig, der Antrag wird jedoch abgelehnt, weil er in die Kompetenzen der Bischöfe eingreift. Stattdessen verabschiedet die Versammlung nicht nur eine Protestresolution, sondern auch eine Beileids- und Dankadresse an den General der Jesuiten in Rom.

Die „Generalversammlung der katholischen Vereine Deutschlands" richtet sich auf stürmische Zeiten ein. Um nicht unter die Bestimmungen eines restriktiven Vereinsrechts zu fallen, gewährt sie allen zahlenden Mitgliedern Stimmrecht und benennt sich in „Generalversammlung der Katholiken Deutschlands" um. Zur politischen Mobilisierung der Massen wird 1872 der „Verein deutscher Katholiken" gegründet, mit Sitz in Mainz, also außerhalb Preußens. Er hat bald 100.000 Mitglieder, muss sich aber unter staatlichem Druck schon 1876 wieder auflösen.

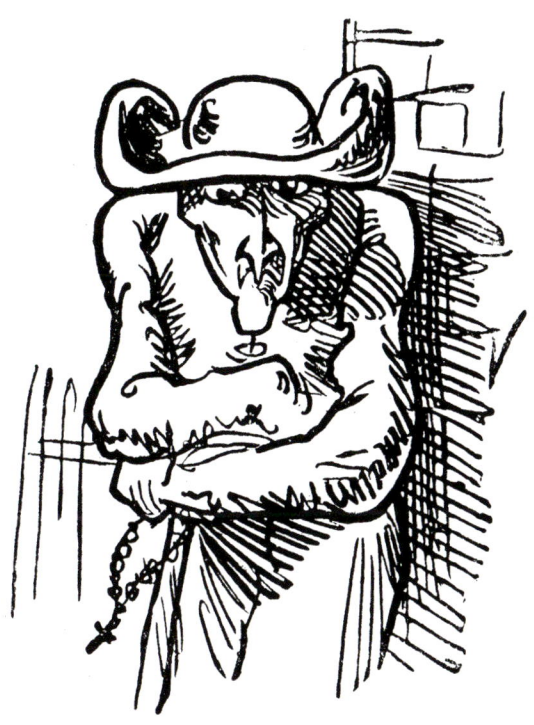

**Wilhelm Buschs „Pater Filuzius",
eine antijesuitische Karikatur aus dem Jahr 1872.**

Die Versammlung protestiert gegen das „behauptete staatliche Schulmonopol", Pläne für die Zivilehe und – vorausschauend – die Einmischung weltlicher Regierungen in die Papstwahl. In Zeiten des „zügellosesten Genusses und des krassesten Materialismus" sollen christliche Eltern das Gebetsapostolat des allerheiligsten Herzens Jesu und des unbefleckten Herzens Mariä einführen. Die Versammlung empfiehlt zudem die Mütter- und Erziehungsvereine. Zur Lösung der Sozialen Frage wird die Hilfe des Staates als unentbehrlich anerkannt. Ein selbstständiger Handwerkerstand sowie eine besitzende Landbevölkerung sollen „erhalten, gekräftigt respektive neu geschaffen" werden. Die Versammlung empfiehlt „gegen wucherische Ausbeutung die Errichtung von Pfandleih-Instituten auf der Basis der christlichen Caritas". An den Orten der Generalversammlung soll es Ausstellungen christlicher Kunst geben. Der Dresdner Hofprediger Hermann Ludger Potthoff zeichnet den Kulturkampf als Allegorie: David in Gestalt von Pius IX. schleudert dem Goliath Liberalismus den Syllabus und das Erste Vatikanum entgegen, der Altkatholizismus, „jene Missgeburt von Häresie und Schisma", entspricht König Saul, der katholische Episkopat übernimmt die Rolle des Jonathan.

Die Geschäfte des Zentralkomitees des Katholikentags übernimmt unterdessen Karl Heinrich zu Löwenstein als Kommissar. Das Verbot der „politischen Polemik" wird aus der Geschäftsordnung gestrichen. Bei der Lage der Dinge sei es fast unmöglich, alle politischen Reden und Diskussionen zu vermeiden, erklärt Löwenstein. „Es lässt sich aber auch kein Grund finden, weshalb wir uns freiwillig eine solche Beschränkung auferlegen sollten."

Fürstbischof Heinrich Förster betont, der Widerstand dürfe „kein anderer als ein duldender" sein, und spricht von einem „unblutigen Martyrium". Er schwört die Versammlung auf einen langen Kampf ein: „Die bösen Geister, die lang und frevelhaft genug aus der Tiefe heraufbeschworen worden sind – sie lassen sich durch keine menschliche Macht mehr bannen." Förster wird seinen Lebensabend im Exil verbringen.

Ein Ausführungsgesetz definiert 1873 diejenigen Ordensgemeinschaften, die dem Jesuitenorden verwandt und deswegen ebenfalls verboten sind. Dazu zählen unter anderem die Redemptoristen. Auf dem Höhepunkt des Kulturkampfes werden dann im Juni 1875 alle Klöster aufgelöst, die sich nicht auf die Krankenpflege beschränken. Die Jesuitengesetze werden erst 1917 aufgehoben, der Kanzelparagraf 1953.

23

Widerstand

STILLE DULDUNG – UND EIN SCHUSS

Am 13. Juli 1874, um halb zwei am frühen Nachmittag, läuft der katholische Böttchergeselle Eduard Kullmann auf die Kutsche Otto von Bismarcks zu, der in Bad Kissingen seit zehn Tagen zur Kur weilt. Als er nur noch ein, zwei Schritte entfernt ist, zieht er eine Pistole, richtet sie auf den Kopf des Reichskanzlers, drückt ab – und verfehlt sein Ziel knapp, die Kugel streift Bismarck nur an der Hand. Kullmann, der am Tag darauf 21 Jahre alt wird, lässt sich widerstandslos festnehmen. Als Motive für sein Attentat gibt er an: die Kirchengesetze, die Einsperrung der Bischöfe und die Darstellung „seiner" Partei, des Zentrums, im Reichstag als reichsfeindlich.

Die Zentrumspartei hat bei den Reichstagswahlen im Januar 1874 mit 27,9 Prozent der Stimmen ihr bestes Ergebnis aller Zeiten erzielt. Bismarck nutzt das Attentat geschickt als Vorwand, um den Kulturkampf weiter zu verschärfen. „Verstoßen Sie den Mann, wie Sie wollen! Er hängt sich doch an Ihre Rockschöße!", schleudert er den katholischen Abgeordneten im Reichstag entgegen. Das Protokoll vermerkt „stürmisches andauerndes Bravo links und rechts unter wiederholten Pfuirufen aus dem Zentrum". Schließlich läutet der Parlamentspräsident die Glocke und bittet um Ruhe, was im Tumult kaum zu hören ist. „Pfui" sei kein parlamentarischer Ausdruck, rügt er schließlich die Zentrumsabgeordneten, woraufhin Bismarck aufspringt und erklärt, dass „Pfui" ein Ausdruck des Ekels und der Verachtung sei. „Meine Herren, glauben Sie nicht, dass mir diese Gefühle fernliegen! Ich bin nur zu höflich, um sie auszusprechen." Der Zentrumspolitiker Franz von Ballestrem kommentiert das mit einem weiteren „Pfui!", was einen erneuten Tumult zur Folge hat.

Sosehr sich Bismarck bemüht, die Verantwortung für das Attentat der Zentrumspartei anzuhängen: Kullmann ist ein Einzeltäter, der zwar in Salzwedel einem katholischen Männerverein angehört hat, aber sonst eher durch Messerstechereien aufgefallen ist als durch religiösen Fanatismus. Auf dem Katho-

likentag in Freiburg wird das Attentat denn auch mit keinem Wort erwähnt. Eigentlich sehen sich die deutschen Katholiken ja als treue Staatsbürger. „Es gibt keine staatliche Gewalt, die nicht von Gott stammt; jede ist von Gott eingesetzt", heißt es schließlich im Römerbrief. Aber dieses Deutsche Reich, in dem ein Gesetz nach dem anderen erlassen wird, um der katholischen Kirche zu schaden? Und dieses protestantische Preußen, das die Altkatholiken fördert? Das die Ausbildung und Anstellung der Kleriker kontrollieren möchte? Das allen Bischöfen und Priestern die

WAS NOCH?

Zum letzten Mal tritt der Präsident des ersten Katholikentages, Joseph von Buß, auf. Er berichtet über die Feiern zum hundertsten Geburtstag des irischen Freiheitshelden Daniel O'Connell, den er als Vorbild empfiehlt. Der Kulturkampf hat nach seinem Eindruck den Höhepunkt schon überschritten. Die Teilnehmer beten gemeinsam am Grab des Freiburger Erzbischofs Hermann von Vicari, der 1868 im Alter von 95 Jahren verstorben ist. Er gilt als „Bekennerbischof", denn in Baden gab es schon deutlich früher als in Preußen einen Kulturkampf, in dessen Verlauf er unter Hausarrest gestellt wurde. Besonders begrüßt werden die Elsässer und Schweizer. Zahlreiche Vereine aus anderen Ländern senden Grußworte. Die Altkatholiken gehen nach Ansicht des Kirchenhistorikers Joseph Hergenröther „immer mehr der Zerstückelung und der Zerbröckelung entgegen". Die Versammlung empfiehlt, eine Vereinigung katholischer Juristen zur Verteidigung der Rechte der Kirche und der Katholiken zu gründen. Die Pressevertreter problematisieren die Abhängigkeit von „Wolffs Telegraphischem Bureau", einer regierungsnahen Presseagentur. Die Versammlung empfiehlt, katholische Privatschulen und Anstalten für Arbeiterkinder zu errichten. Fromme und talentierte Knaben sollen in Tridentinischen Seminarien erzogen werden. In allen Pfarrgemeinden sind Volks- und Jugendbibliotheken einzurichten.

staatlichen Zuschüsse verweigert, wenn sie die Kulturkampfgesetze nicht anerkennen? Dazu passt eher ein anderes Bibelzitat aus der Apostelgeschichte, das in Freiburg gerne zitiert wird: „Man muss Gott mehr gehorchen als den Menschen."

In einer Resolution erklärt die Versammlung: „Ein unbegrenzter und unbedingter Gehorsam gegen die Gesetze des Staates verstößt gegen das göttliche Sittengesetz, welches über der Ordnung und den Gesetzen des Staates steht." Die Kirche sei „ein vollkommenes Reich", unabhängig vom Staat, der Staat habe unter dem Gesetz Gottes zu stehen, die Kirche werde sich daher „niemals einer Gesetzgebung fügen, welche ihrer von Gott gegründeten Verfassung widerspricht". Wilhelm Emmanuel von Ketteler, der erstmals seit längerer Zeit wieder an einem Katholikentag teilnimmt, schimpft über den „Absolutismus unter dem Scheine der Freiheit", die Verfälschung des Rechtsstaats, die „absolute, unumschränkte" Gewalt und die Vergötterung des Staates sowie die Herrschaft der Majorität durch Gesetzmäßigkeit

statt Gerechtigkeit. Er zieht sogar Vergleiche zum Terrorregime des revolutionären Frankreichs.

Der Kulturkampf nähert sich seinem Höhepunkt. In vielen Gemeinden bricht die Sakramentenversorgung zusammen, die Gläubigen fürchten um ihr Seelenheil. Doch zur Gewalt ruft niemand auf. „Der Weg der Kirche ist allein der Kreuzweg", heißt es. Die Katholiken sehen sich in der Tradition der Märtyrer, der stillen Dulder.

Präsident Franz von Wambolt fasst in seiner Schlussrede zusammen: „Es sind durch alle Reden drei Gefühle durchgegangen und haben sich geregt: das Gefühl des Leids über die Gegenwart, das Gefühl einer gewissen Sehnsucht nach einer besseren Vergangenheit und das Gefühl des Siegesbewusstseins für die Zukunft." Im Bericht der Generalversammlung sind zahlreiche Toasts beim abschließenden Festmahl erwähnt, aber nur vier in vollem Wortlaut abgedruckt. Ein Hoch auf den Kaiser ist dieses Mal nicht darunter.

24

Überwachung

DER KOMMISSÄR GEHT UM

Balthasar Daller, Professor am Freisinger Lyzeum, sorgt sich in München um das Seelenheil Otto von Bismarcks. „Besser gar keine Schulen als Klosterschulen" und „Der Papst ist meiner Seligkeit gefährlich", habe „ein mächtiger, berühmter Mann" gesagt – allen ist klar, dass damit der Reichskanzler gemeint ist. Daller ist überzeugt, dass, wenn „der große Tag der Verantwortung für uns wie für ihn kommen wird, der liebe Gott auch ihm gegenüber keine Ausnahme machen wird, dass, wenn er nicht Buße tut und zurückkehrt, das Wort der Schrift auch an ihm ohne alle weitere Rücksicht sich erfüllen wird: Potentes potenter torquentur." Das bedeutet auf Deutsch: Die Mächtigen werden mächtig gequält.

Mit dieser Prophezeiung hat Daller eine Grenze überschritten. Die Veranstaltung wird von einem königlichen „Polizeikommissär" beobachtet, der den Redner unterbricht und den Präsidenten Friedrich von Praschma anweist, Daller das Wort zu entziehen. Praschma erklärt, er müsse der Aufforderung des Kommissars nachkommen. Daller gehorcht, verlässt die Rednerbühne – und erntet stürmische Bravorufe aus dem Publikum.

Die Anwesenheit des Kommissars ändert wenig daran, dass in der angespannten Atmosphäre des Kulturkampfes die deftigen Worte überwiegen, zumal auf dem Katholikentag der Kanzelparagraf nicht greift und damit auch Geistliche politisch werden dürfen. Der Anpassungsdruck unter den Katholiken ist enorm. Dafür sorgt der Papst höchstpersönlich. In seinem Brief an das Lokalkomitee äußert sich Pius IX. noch rabiater als sonst: Es sei ein Kampf „gleichsam auf Leben und Tod" entbrannt, zwischen „Wahrheit und Irrtum, Recht und Gewalt, Gott und Satan". Allen Versöhnungsversuchen erteilt er eine klare Absage: „Als ob Gemeinschaft bestehen könnte zwischen Licht und

WAS NOCH?

Die Versammlung weist den Vorwurf der Reichsfeindlichkeit als „ungerechte und kränkende Ehrenverletzung" zurück. Christoph Moufang ist jedoch vom Deutschen Reich enttäuscht, er bemängelt die gewaltsame Einigung, die kleindeutsche Lösung, die wirtschaftliche Krise nach dem Gründerboom und die Zerstrittenheit der Konfessionen. Der Berliner Redakteur Paul Majunke sieht den Protestantismus durch den Kulturkampf „bis in seine Grundfesten erschüttert", während der Katholizismus zu „einer ganz ungeahnten Macht" emporgewachsen sei. Der Landtagsabgeordnete Georg Ratzinger, ein Großonkel Benedikts XVI., möchte das Wucherverbot zurück, er schimpft auf den Konkurrenzkampf in der Wirtschaft und die „goldene Internationale". Die gesellschaftlichen Zustände können der Versammlung zufolge nur mit den Zehn Geboten und der christlichen Offenbarung als Richtschnur verbessert werden. Die „väterlichen und familiären" Beziehungen zwischen Arbeitgeber und Arbeitnehmer sind wiederherzustellen. Die Versammlung beklagt den Militarismus und insbesondere das Heranziehen der Geistlichen zum Dienst an der Waffe. Sie empfiehlt die neu gegründete Görres-Gesellschaft, die Regensburger Musikschule und das neue Missionshaus im niederländischen Steyl. Die Katholiken werden aufgefordert, ihre Stimme auch bei Kommunalwahlen „entschieden kirchlich gesinnten" Kandidaten zu geben.

Finsternis!" Seine Wut trifft vor allem innerkirchliche Abweichler, die einen konzilianten Kurs fahren. „Nichts Gefährlicheres,
nichts Verderblicheres lässt sich denken als diese Menschen-
gattung, welche unter dem äußeren erkünstelten Schein der
Ehrenhaftigkeit und Frömmigkeit die Streitkräfte der Kirche
innerlich spaltet und bricht, die Kühnheit der Feinde steigert
und dieselben unwillkürlich zu umso heftigerem Zorne gegen
die echten Söhne der Kirche aufreizt."

Fast etwas kleinlaut wirkt es nach dieser Tirade, dass der
Katholikentag in einer Resolution betont: „Nur dem Papste steht
es zu, die Zeit und die Bedingungen festzustellen, um den Frieden zwischen den beiden von Gott geordneten Gewalten, die
Eintracht zwischen Priestertum und Königtum zum Wohl der

1876 steht die Generalversammlung wegen des Kulturkampfes
unter polizeilicher Beobachtung. Der „Kladderadatsch"
stellt den Konflikt derweil als Schachspiel zwischen dem
deutschen Reichskanzler und dem Papst dar. Pius IX. sagt
laut Bildunterschrift: „Der letzte Zug war mir allerdings
unangenehm; aber die Partie ist deshalb noch nicht verloren.
Ich habe noch einen sehr schönen Zug in petto!" Bismarck
antwortet: „Das wird auch der letzte sein, und dann sind
Sie in wenigen Zügen matt – wenigstens für Deutschland."

Christenheit und der Welt neu zu begründen." Dieser Alleinvertretungsanspruch des Papstes wird bei der Beilegung des Kulturkampfes dem Zentrumsführer Ludwig Windthorst noch erheblich zu schaffen machen.

67

25

Auswanderer

RETTUNG VOR DER HÖLLENFAHRT

Eng, dunkel und sehr, sehr langweilig ist es auf den Zwischendecks der Auswandererschiffe – kein guter Nährboden für die katholische Sittlichkeit, zumal es keine getrennten Abteilungen für Männer und Frauen gibt. 1865 fängt der Dreimaster „William Nelson" auf dem Atlantik Feuer, als der Kapitän ihn durch Ausräuchern zu desinfizieren versucht. Das Schiff sinkt, mehr als 400 Passagiere sterben. „Doch was ist dies noch alles gegen die Gräuel des unsittlichen Lebens, die auf dem Schiffe zutage getreten!", erklärt Peter Paul Cahensly wenige Wochen später auf dem Katholikentag in Trier.

Der erst 26-jährige Kaufmann hat im französischen Le Havre die Berichte der Überlebenden gehört, sich im Hafen und auf den Schiffen umgeschaut – und sich seitdem voll und ganz dem Seelenheil der Auswanderer verschrieben. Auf seine Initiative hin hat die Generalversammlung 1868 ein Komitee für Auswandererfragen gegründet, zu dessen Unterstützung Cahensly 1871 mithilfe des Katholikentags den Raphaelsverein ins Leben gerufen hat.

In Würzburg berichtet er jetzt über das Erreichte. So hat das Komitee inzwischen Vertrauensmänner in Bremen, Hamburg, Liverpool, London, Le Havre und Antwerpen, von wo aus im 19. Jahrhundert insgesamt etwa fünf Millionen Deutsche in die USA aufbrechen. Die Mitstreiter Cahenslys empfangen katholische Auswanderer, die Empfehlungskarten vorweisen können. Sie besorgen ihnen eine Unterkunft, helfen beim Einkaufen und Geldwechseln, informieren über Gottesdienste und gute Plätze auf den Schiffen. Der Raphaelsverein sorgt außerdem für gute Lektüre und die Sakramentenversorgung auf den Schiffen. Die immer wieder geforderte Geschlechtertrennung lässt sich aber nur schwer durchsetzen. Die Betreuung der Einwanderer in den USA hat 1868 die dortige Generalversammlung der deutschen Katholiken in die Hand genommen.

Zufrieden ist Cahensly noch lange nicht. Mit der Zahl der Auswanderer sind in den vergangenen Jahren auch die Einnahmen des Raphaelsvereins zurückgegangen. Und obwohl die Generalversammlung diesen Jahr für Jahr empfiehlt, wissen viele katholische Auswanderer nichts von ihm. Theodor Meynberg, der Vertrauensmann aus Hamburg, berichtet in Würzburg traurige Geschichten von Katholiken, die Betrügern oder „Seelen-

WAS NOCH?

Die Stimmung zum 25. Jubiläum der Versammlung ist durch den Kulturkampf getrübt. Der Kirchenhistoriker Joseph Hergenröther wundert sich, dass ausgerechnet die Liberalen den Katholiken keine Glaubensfreiheit zugestehen wollen: „Oder sind wir kleine Kinder, denen man die Arznei mit Gewalt eingießt, die man auch gegen ihren Willen glücklich macht? Wollt ihr, zärtliche Katholikenfreunde, uns verhöhnen?" Der Katholikentag gedenkt des verstorbenen Bischofs Emmanuel von Ketteler. Der Kampf um die Schule gilt als wichtigste Frage der Gegenwart. Eltern sollen Petitionen und Proteste unterstützen und ihre Kinder aus dem Religionsunterricht fernhalten, sofern dieser nicht kirchlich anerkannt ist. Für auswärtige Schüler höherer Schulen sind gute Unterkünfte zu schaffen. Katholiken sollen auf Gesetze gegen Wucher hinwirken und die Barzahlung unterstützen. Die Presse soll Missstände in der Seelsorge an Bade- und Kurorten besprechen. Unterstützt werden Vereine zum Gebet für die Rückkehr der „morgenländisch-schismatischen", vor allem der russischen Kirche zur „katholischen Einheit". Eine Ausstellung ist kirchlicher Kunst gewidmet. Die Versammlung empfiehlt die Gründung eines Augustinusvereins zur Förderung der katholischen Presse und den neu entstandenen Vorläufer des „Verbandes der Katholiken in Wirtschaft und Verwaltung" (KKV), der heute etwa 8.000 Mitglieder hat.

Auf den Zwischendecks der Auswandererschiffe – hier
eine Darstellung aus der Mitte des 19. Jahrhunderts –
herrschen oft katastrophale hygienische Zustände.
Die Teilnehmer der Generalversammlung sorgen sich
aber vor allem um die Sittlichkeit der Auswanderer.

morden" zum Opfer fallen: „Es gibt in allen Häfen gewisse Logierhäuser und gewisse Schiffe, welche für den Auswanderer das Grab seiner Zucht und Sittlichkeit sind." Es sei nach wie vor viel zu tun im Sinne der christlichen Nächstenliebe.

Cahensly engagiert sich als Zentrumsmitglied daher auch politisch für Gesetze zum Schutz der Auswanderer. 1899 bis 1919 ist er Präsident des Raphaelsvereins, der sich bald auch um Seeleute und italienische Saisonarbeiter in Deutschland kümmert. Als Anwalt des „Auslandsdeutschtums" macht er sich für die Seelsorge in deutscher Sprache stark. Während Einwanderer aus anderen Nationen sich stärker integrieren, exportiert Cahensly, überspitzt gesagt, den deutschen „Ghetto-Katholizismus". Dieser „Cahenslyismus" missfällt vor allem den meist irischstämmigen Bischöfen in den USA.

In der Zeit des Nationalsozialismus ermöglicht der Raphaelsverein dann mit Unterstützung der Bischöfe „Nichtariern" die Ausreise in die USA, allerdings nur, wenn sie vor 1933 katholisch getauft worden sind. 1977 wird der Verein in „Raphaelswerk" umbenannt. Bis heute berät es Menschen, die Deutschland verlassen möchten oder müssen, etwa Flüchtlinge, deren Asylantrag abgelehnt worden ist.

26

Papst und Kaiser

BILDERSTREIT

Da stehen sie auf dem Katholikentag friedlich nebeneinander, „reichlich mit Pflanzen und Blumen geziert", in der Mitte des großen Kurhaussaals in Aachen: Papst Leo XIII. und Kaiser Wilhelm I. Genauer: ihre Büsten. Aber selbst diese sind, in den Zeiten des Kulturkampfes, nur gegen große Widerstände zusammengekommen, wie ein Blick in die Dokumente des Vatikanischen Geheimarchivs zeigt.

Wenige Tage vor Beginn des Katholikentages hat sich ein Informant direkt an das Staatssekretariat in Rom gewendet. Das Aachener Lokalkomitee habe sich geweigert, die Büste des Kaisers neben der des Heiligen Vaters aufzustellen, behauptet er. Der Münchener Nuntius Cesare Roncetti, der die diplomatisch schwierige Angelegenheit klären soll, schickt wiederum den Münchener Domkapitular Paul Kagerer vor. Dieser sendet am Tag, an dem der Katholikentag beginnt, ein Telegramm an Joseph Lingens, den Präsidenten des Lokalkomitees: „Bitte um telegrafische Mitteilung, ob wirklich aus dem Sitzungssaale die Büste einer Hohen Persönlichkeit ferngehalten wird, wie hier erzählt, aber von allen Seiten missbilligt wird."

Lingens antwortet am Tag darauf per Brief. Das Lokalkomitee habe wie üblich den Saal mit einem Kruzifix und einem Papstbildnis schmücken wollen. Ein Veteran der Katholikentage habe gefragt, ob man nicht auch ein Portrait des Kaisers ergänzen sollte. Alle Anwesenden seien sich aber einig gewesen, den Brauch beizubehalten, niemals das Bildnis eines protestantischen Fürsten aufzuhängen. Da kein geeignetes Papstbild aufzufinden gewesen sei, habe man schließlich auch darauf verzichtet. Feindliche Zeitungen hätten das Ganze aufgegriffen und falsch dargestellt. Daraufhin habe das Zentralkomitee mit Zustimmung des Lokalkomitees entschieden, Büsten sowohl des Kaisers als

WAS NOCH?

Erstmals drücken die Politiker des Zentrums der Veranstaltung ihren Stempel auf. Auf einer Abendveranstaltung, die als Treffen des Aachener Piusvereins deklariert ist und fast 4.000 Besucher hat, rechtfertigen sie sich dafür, dass sie im Interesse der Bauern für Schutzzölle auf landwirtschaftliche Produkte eintreten, die höhere Lebensmittelpreise zur Folge haben. Der Kölner Verleger Julius Bachem wettert „gegen jene sogenannte moderne Kultur, ... deren vorzügliche Vertreter in Literatur wie Presse sich als Angehörige eines Volkes gerieren, das weder deutsch noch christlich ist" – und erhält stürmischen Beifall. Ein Antrag, gläubige Christen zu ermuntern, sich auch gegenseitig im Geschäftsleben zu bevorzugen, wird nicht angenommen. Die Versammlung empfiehlt den neuen Canisiusverein für die religiöse Erziehung der Jugend und begrüßt die Gründung von Arbeiterinnenvereinen. Das Komitee zur Errichtung einer Katholischen Universität versichert, alle Spendengelder sicher angelegt zu haben. Die besten Wünsche spricht die Versammlung dem Franziskanerpater Ladislaus Schneider aus, der deutsche Katholiken für die Auswanderung nach Palästina gewinnen möchte. Die christliche Kunst soll Grundlage für den Zeichenunterricht an Schulen sein. Windthorst sagt: „Jeder Katholik ist ultramontan, und wer sich schämt, diesen Ehrentitel zu führen, ist kein wahrer Katholik."

auch des Papstes aufzustellen. Offenbar ist Roncetti so verunsichert, dass er sogar das übliche Grußwort des Papstes noch zurückhält, das vom 21. August datiert. Denn Lingens schreibt weiter an Kagerer: „Sagen Sie dem Nuntius, dass wir sehr überrascht sind, das angekündigte Schreiben noch nicht erhalten zu haben." Der Papstbrief trifft dann gerade noch rechtzeitig ein, um am 10. September zu Beginn der zweiten öffentlichen Versammlung verlesen zu werden.

Die beiden Büsten sind nicht das einzige Zeichen, das auf ein Abflauen des Kulturkampfes hindeutet. Der neue Papst Leo XIII. wünscht in seinem Grußwort, dass die Versammlung „auch erkennen möge, wenn etwas zu ändern, zu beschränken oder hinzuzufügen ist". Bismarck hat mit den Liberalen gebrochen und mehrere Gesetze mithilfe der Zentrumspartei durch den Reichstag gebracht. Deren Anführer Ludwig Windthorst, der 1879 zum ersten Mal beim Katholikentag spricht, stellt klar: „Der Kampf ist kein Kampf des Kampfes wegen, es ist ein Kampf, um zum Frieden zu gelangen." Der Mainzer Domkapitular und spätere Bischof Paul Leopold Haffner sagt: „Möge bald das Friedenswort zwischen Papst und Kaiser gesprochen werden, möge es überflüssig sein, auf der nächsten Generalversammlung die Worte des Schmerzes zu wiederholen, die heute so oft von dieser Tribüne gesprochen worden sind!" Während es 1877 in München zwar einen Toast auf den bayerischen König, aber nicht auf den Kaiser gab, verbindet der Präsident des Aachener Katholikentags Clemens Droste zu Vischering die guten Wünsche für Papst und Kaiser: „Seine Heiligkeit, Seine Majestät leben hoch, hoch, hoch!"

Und so liegt durchaus eine Verheißung im Nebeneinander der Büsten.

Der neue Papst Leo XIII. und Kaiser Wilhelm I. kommen sich 1879 langsam näher. Auf dieser zeitgenössischen „Kladderadatsch"-Karikatur fordern sie sich gegenseitig zum Fußkuss auf. „Pontifex: ‚Nun bitte, genieren Sie sich nicht!' Kanzler Bismarck: ‚Bitte gleichfalls!'", lautet die Bildunterschrift. Windthorst beäugt die Annäherung der beiden hinter den Kulissen misstrauisch.

27

Altkatholiken

HÄRETIKER IN KONSTANZ

Friedrich Michelis war einst einer der prominentesten Redner auf den ersten Katholikentagen. Als er hört, dass der Katholikentag 1880 in Konstanz stattfindet, möchte er wieder dabei sein – allerdings in einer neuen Rolle. Er schlägt Plakate an die Mauern der Stadt, mit denen er zur „Disputation" um die päpstliche Unfehlbarkeit aufruft, außerdem schreibt er einen entsprechenden Artikel im „Altkatholischen Boten". Denn Michelis hat mit der römisch-katholischen Kirche gebrochen. Nach der Verkündigung des Unfehlbarkeitsdogmas bezeichnete er Pius IX. offen als „einen Häretiker und Verwüster der Kirche", der versucht habe, das „gottlose System des Absolutismus" in die Kirche einzuführen. Dafür wurde er exkommuniziert. Inzwischen ist er einer der Wortführer der Altkatholiken und Pfarrer ihrer Gemeinde in Freiburg im Breisgau.

Konstanz empfängt die Generalversammlung sehr reserviert; die politischen Vertreter der Stadt halten sich fern. Auf Weisung des Kardinalstaatssekretärs schlägt auch der Nuntius in München die Einladung aus, um sich nicht in heikle Diskussionen hineinziehen zu lassen. In der Stadt haben der aufgeklärte und liberale Katholizismus eine lange Tradition, sie ist eine Hochburg des Altkatholizismus, Michelis selbst stand der Gemeinde kurzzeitig als Pfarrer vor. Konstanz sei eine kleine Stadt, sagt der Präsident des Lokalkomitees, Franz von Bodmann, bei der Begrüßung. „Und in dieser kleinen Stadt ist die Anzahl derer, welche sich ganz und voll zu unseren Prinzipien bekennen und den Mut haben dürfen, dies auch bei solchen Gelegenheiten zu betätigen, eine sehr kleine." Selbst gläubige Katholiken hätten sich gefragt, ob die Veranstaltung im richtigen Augenblick komme, da der Kulturkampf in Baden gerade etwas abgeflaut sei.

Bodmann klagt über Hohn, Spott und Wut der Gegner, bittet aber die Teilnehmer, „all dies einfach zu ignorieren". Einen Seitenhieb auf Michelis und dessen Mitstreiter kann er sich jedoch selbst nicht verkneifen: „Und wenn die Herren Altkatholiken meinen, wir hätten es darauf abgesehen, ihnen das letzte Fünkchen ihres Lebenslichtes auszublasen, so werden wir ihnen zeigen, dass wir uns um sie gar nicht bekümmern, dass wir sowohl ihre Maueranschläge, die zum Streit herausfordern, als auch ihre Aufrufe und Manifeste, die wohl heute in Baden-Baden verfasst werden, ganz ignorieren." In Baden-Baden findet vom 11. bis 14.

WAS NOCH?

Die Generalversammlung fordert Gesetze zur Förderung der Landwirtschaft und stützt die neue Wirtschaftspolitik des Deutschen Reichs. Sie begrüßt außerdem die Umgestaltung der Gewerbeordnung und lobt die Zentrumspartei. Eine Belastung des Religionsunterrichts sieht man darin, dass viele Schüler mit den Lehrinhalten anderer Fächer und Hausarbeiten überfordert seien. Empfohlen wird der am 20. Mai in Aachen gegründete Verein „Arbeiterwohl". Den Katholiken werden von deutschen Dominikanern gegründete Kollegien in Venlo ans Herz gelegt. Der Dirigent Johann Baptist Molitor wirbt für den gregorianischen Choral. Der Hausierhandel mit Paramenten wird als „Krebsschaden" bezeichnet, Fabrikate aus Gips, Zement oder „sogenannter Masse" seien in Kirchen „ungehörig". Die Versammlung ruft dazu auf, die Katholiken im Irak zu unterstützen, wo eine Hungersnot herrscht. 800 Teilnehmer fahren auf zwei Dampfern über den Bodensee. Als sie beim großherzoglichen Schloss auf der Mainau vorbeikommen, machen die Schiffe halt, es werden eine Huldigung und ein dreifaches Hoch auf den Großherzog und seine Gemahlin ausgesprochen, und der Chor singt „God save the king". Die meisten Gäste nehmen anschließend noch am feierlichen Umtrunk der katholischen Studentenverbindungen teil. Am folgenden Tag dankt die Großherzogin per Telegramm für die Aufmerksamkeit.

September, also fast zeitgleich, der Altkatholikenkongress statt. Dort spricht Michelis unter anderem zum Konzil von Konstanz. Diese Aufgabe übernimmt beim Katholikentag der Rottenburger Bischof Carl Joseph von Hefele. Er stellt dar, wie das Konzil, das von 1414 bis 1418 tagte, das Große Abendländische Schisma beendete, indem es die drei konkurrierenden Päpste absetzte und mit Martin V. einen allgemein anerkannten Nachfolger wählte. Dazu musste sich das Konzil aber als über den Päpsten stehend erklären. Dies galt nach Ansicht Hefeles jedoch nur für die damalige Notsituation. Das Konzil habe einen großen Fehler begangen, sie als „allgemeine Norm für alle Zeiten" aufzufassen. Doch sein unvergessliches Verdienst bleibe, die Einheit der Kirche wiederhergestellt zu haben. „Wir freuen uns der kirchlichen Einheit, und wir sind ja eben dazu hierhergekommen, um uns dieser kirchlichen Einheit zu freuen, um Zeugnis von derselben zu geben, und uns in der kirchlichen Einheit zu stärken. Das ist ja der Zweck unserer Versammlung."

Der Rottenburger Bischof hat bereits bewiesen, dass ihm die Einheit der Kirche ein hohes Gut ist. Denn um ein Haar wäre er einen ähnlichen Weg gegangen wie Michelis. Hefele zählte zu den entschiedensten Gegnern des Unfehlbarkeitsdogmas, die vorzeitig vom Ersten Vatikanischen Konzil abreisten. „Etwas, was an sich nicht wahr ist, für göttlich geoffenbart anzuerkennen, das tue, wer kann. Non possum (Ich kann es nicht)", schrieb er. Als Kirchenhistoriker wusste Hefele, dass mindestens ein Papst in einer zentralen dogmatischen Frage der Christologie geirrt hatte: Honorius I., den das dritte Konzil von Konstantinopel im Jahr 681 als Ketzer verdammte. Am Ende erkannte Hefele das neue Dogma doch an. Die Einheit der Kirche sei ein so hohes Gut, dass sie sogar das „sacrificium intellectus", das Opfer des Verstands, rechtfertige, erklärte er gegenüber dem Klerus seiner Diözese.

1880 tagt die Generalversammlung in Konstanz, einem wegen seiner Geschichte symbolträchtigen Ort: Von 1414 bis 1418 versammelte sich hier ein Konzil, das die Einheit der Kirche wiederherstellte – und, wie es diese mittelalterliche Darstellung zeigt, den böhmischen Reformator Jan Hus auf dem Scheiterhaufen verbrennen ließ.

Dieses Opfer zu bringen, waren Michelis und die anderen Altkatholiken nicht bereit. Da sie im Kulturkampf von der Regierung begünstigt werden, gelten sie den meisten Teilnehmern der Generalversammlung als Verräter und Häretiker. Die Einheit mit solchen Gegnern ist keine Opfer wert. Das war auch schon zur Zeit des Konstanzer Konzils so. Hefele erwähnt nur kurz, dass es mit der „Austilgung der hussitischen und anderer Häresien" scheiterte. Dass der böhmische Reformator Jan Hus auf dem Scheiterhaufen verbrannt wurde, sagt er indes nicht.

Zum Ort ihrer nächsten Zusammenkunft wählt die Generalversammlung Bonn, wo der einzige altkatholische Bischof in Deutschland seinen Sitz hat.

28

Kirchenvorstände

HELFER, NICHT MEISTER

Ein „großartiges und ein in gewisser Hinsicht eigenartiges Schau-spiel" bietet nach Ansicht des schlesischen Rechtsanwalts Felix Porsch die katholische Kirche 1881 in Preußen: Die Laien haben sich erhoben, um den „Wächtern des Heiligtums" zur Hilfe zu kommen. Die Worte des Glaubens werden seitdem nicht mehr allein in der Kirche, sondern auch in Parlamenten, auf Volksver-sammlungen und in Zeitungen verkündet. Der Regierung sei es zwar gelungen, den Einfluss des Klerus zu schwächen – allerdings nur durch „Radikal-Mittel": Priester sind in Haft oder im Exil, die Ausbildung des Nachwuchses wird erschwert. Das Ergebnis sei für die Gegner der Kirche enttäuschend. „Die Laienwelt hat die freundlichst dargebotene Gelegenheit, die verhasste Priesterherrschaft abzuwerfen, nicht benutzt."

WAS NOCH?

Antiklerikale haben im Juli 1881 in Rom die Prozession angegriffen, in der die Gebeine Pius' IX. in die Kirche Sankt Laurentius vor den Mauern überführt wurden. Der Leichnam wäre beinahe in den Tiber gefallen. Die Generalversammlung spricht darüber „ihre tiefste Entrüstung" aus. Die Zustände in Rom seien unhaltbar, man erwarte, dass „die christlichen Mächte nicht länger die Vergewaltigung ihrer katholischen Untertanen in ihrem geistlichen Haupte" dulden. Wäh-rend Windthorst zur Besonnenheit mahnt, schimpft Joseph Schrö-der – später der erste Rektor der Universität Münster – auf die „Judenpresse" sowie die Freimaurer und prophezeit: „Er wird kom-men der Tag der Vergeltung, der Tag der Rache!" Florian Stablewski, der zukünftige Erzbischof von Posen und Gnesen, der die Polen-partei im Preußischen Abgeordnetenhaus vertritt, spricht zur Lage der Polen in Russland. Die Versammlung unterstützt die deutschen und armenischen Katholiken in Istanbul. Für die katholische Presse soll es während der Katholikentage in Zukunft ein eigenes Büro geben. Die Bonner Bevölkerung beteiligt sich stark an den Veran-staltungen. Windthorst spricht sich dagegen aus, neben der Trunk-auch die Vergnügungssucht zu verurteilen, weil er sonst die Rhein-fahrt nicht mehr „mit Anstand" mitmachen könne. „Das wollen wir denn doch nicht", entgegnet Nicola Racke und zieht seinen Antrag zurück.

Der schlesische Rechtsanwalt Felix Porsch wird kurz nach dem Katholikentag von Bonn den Sozialdemokraten einen Reichstagswahlkreis abnehmen – und bis in die Weimarer Zeit hinein die Katholikentage und die Politik der Zentrumspartei entscheidend mitbestimmen.

Die katholischen Laien sind stolz auf das Erreichte. Doch Porsch mahnt sie zur Bescheidenheit. Er ist erst 28 Jahre alt, aber schon ein alter Bekannter auf den Katholikentagen: Als 19-Jähriger hat er 1872 über die katholischen Studentenverbindungen berichtet, 1880 hat er in Breslau mit großem Erfolg einen regionalen Katholikentag organisiert. Gut einen Monat nach der Bonner Generalversammlung erobert er bei den Reichstagswahlen einen schlesischen Wahlkreis von der SPD und zieht als jüngster Abgeordneter in den Reichstag ein. Er wird den deutschen Katholizismus bis weit in die Zeit der Weimarer Republik hinein prägen.

In Bonn betont er das Vorübergehende der starken Stellung der Laien: „Wir sind nicht zu Meistern berufen, sondern zu Helfern." Besonders den Mitgliedern der „Gemeindevertretungen" spricht der Rechtsanwalt ins Gewissen, den Kirchenvorständen, die je nach Region und Zeit auch als Pfarrverwaltungsräte, Kirchenausschüsse oder Kirchenverwaltungen bezeichnet werden. 1881 sind sie noch eine ganz neue Einrichtung – und nicht in kirchlicher Regie entstanden, sondern in staatlicher. Preußen hat sie mit dem 1875 erlassenen „Gesetz über die Vermögensverwaltung in den katholischen Kirchengemeinden" eingeführt.

Felix Porsch sieht diese staatlich durchgesetzte Mitverantwortung als Teil einer Strategie, Laien und Kleriker gegeneinander auszuspielen. Erstere sollen sich seiner Meinung nach vor Augen halten, dass ihnen die Verwaltung des kirchlichen Gutes nur nach dem staatlichen Gesetz zustehe, nicht nach dem Recht der Kirche. Die Laien sollen, wie Porsch es formuliert, nur so lange am Heiligtum wachen, bis diese Aufgabe „wieder vollauf übergehen kann in die Hände derjenigen, die Gott dazu berufen hat": die Bischöfe und Priester.

Doch die Kirchenvorstände überstehen das Ende des Kulturkampfes – und werden nach dem Zweiten Vatikanischen Konzil sogar noch durch die Pfarrgemeinderäte ergänzt. Der protestantische Staat hat dem selbstbewussten deutschen Laienkatholizismus in die Hände gespielt.

29

Priestermangel

ZU WENIG FROHLOCKEN UND SINGEN

„Die Mutter, die einen Sohn dem Herrn geben kann, sollte frohlocken und ein Magnifikat singen." Johann Baptist Heinrich, inzwischen Generalvikar in Mainz, spricht in Frankfurt zu einem Thema, das schon den Versammlungen der Vorjahre am Herzen lag: dem Priestermangel. Er muss einräumen, dass viele Eltern nicht wie gewünscht auf die Berufung eines Sohnes reagieren. So weiß er von einem tiefgläubigen Katholiken, der seinen Sohn als Händler nach Amerika geschickt hat, nur um ihn von dem Gedanken abzubringen, Priester zu werden.

Eigentlich ist die Priesterausbildung, wie sie die katholische Kirche in Deutschland nach der Französischen Revolution und der Säkularisation neu organisiert hat, ein Erfolgsmodell. Während die protestantischen Pfarrersfamilien im Wesentlichen nur die schmale Schicht des Bildungsbürgertums widerspiegeln, ermöglicht die katholische Kirche mit Stipendien und weiteren Vergünstigungen auch Söhnen von armen Landwirten und Arbeitern eine geistliche Karriere. Daraus resultiert eine große Volksnähe des Klerus, von der die Kirche im Kulturkampf sehr profitiert.

Inzwischen leidet die Priesterausbildung jedoch sehr unter der staatlichen Unterdrückung. In Preußen sind seit dem „Gesetz über die Vorbildung und Anstellung der Geistlichen" von Mai 1873 nicht nur das Reifezeugnis und das Studium an einer deutschen Universität Bedingung für eine Anstellung als Pfarrer, die Priesteramtskandidaten sollen außerdem ein staatliches „Kulturexamen" in den Fächern Philosophie, Geschichte und Literatur ablegen. Die Bischöfe ignorieren das ebenso wie die neue Anzeigepflicht bei Stellenbesetzungen. Ein extra eingerichteter „Königlicher Gerichtshof für kirchliche Angelegenheiten" hat deswegen zahlreiche Bischöfe und Priester für abgesetzt erklärt, die preußischen Seminare sind geschlossen.

Die Ausbildung des Nachwuchses außerhalb Preußens oder sogar des Deutschen Reichs, etwa bei den Jesuiten in Innsbruck oder in Rom, verspricht allenfalls mittelfristig eine Linderung des Problems. Die Frankfurter Versammlung fordert daher in einer Resolution entschieden das Ende der „Unterdrückung der kirchlichen Erziehungsanstalten". Außerdem sollen Priesteramtskandidaten nicht mehr zum Militärdienst herangezogen werden. Und alle Katholiken sind aufgefordert, zum geistlichen

WAS NOCH?

Der Katholikentag beginnt mit einer Wallfahrt nach Fulda, für die der Papst einen vollkommenen Ablass gewährt. Franz Hitze klagt als Generalsekretär des Verbandes „Arbeiterwohl", der Arbeiterstand sei zu einer Ware herabgesunken und wirtschaftliche Freiheit bedeute „Kampf des Stärkeren gegen den Schwächeren". Er plädiert für eine Schutzgesetzgebung, verpflichtende Sozialversicherungen und Gesetze zugunsten höherer Löhne. Pater Albert Maria Weiß aus Graz sucht die Ursachen der Sozialen Frage dagegen nicht zuletzt in der Berufstätigkeit von Frauen. Die Versammlung fordert Gesetze gegen die „missbräuchliche Ausnutzung" von Landwirten und Handwerkern durch den Zwischenhandel. Sie empfiehlt die Gründung von Bauernvereinen, die sich jedoch nicht zentral organisieren und nicht mit politischen und religiösen Streitfragen befassen sollen. Es wird beklagt, dass die Schulen bei Mädchen zur „Vielwisserei auf Kosten der Bildung des Geistes und Herzens" führten. Paul Haffner erklärt den Darwinismus für tot. Laut Windthorst ist die gesamte Geschichte Deutschlands gefälscht. In seiner Schlussrede plädiert er für Toleranz. Beeindruckt hat ihn ein Bericht über die rasante Entwicklung der katholischen Kirche in den USA, wo Kirche und Staat streng getrennt sind. Er kann sich vorstellen, dass die Kirche als Frau und der Staat als Mann auch in Deutschland eine Weile die Trennung von Tisch und Bett leben, bis der Staat „ausgerast" hat.

Stand berufene Kinder zu unterstützen und den Bischöfen die notwendigen Geldmittel zu gewähren.

Die Ursachen für den Priestermangel liegen aber nicht nur im Kulturkampf. Das weiß auch der Mainzer Domkapitular und spätere Bischof Paul Haffner, Berichterstatter einer Kommission zum Priestermangel, die der vorangegangene Katholikentag eingesetzt hat. Er weist darauf hin, dass es in bayerischen Bistümern, wo der Kulturkampf keine große Rolle spielt, ebenfalls zu wenig Priester gibt. Nur die Diözesen Eichstätt und vor allem Rottenburg haben demnach ausreichend geistlichen Nachwuchs.

Selbstverständlich liegt die Ausbildung des Priesternachwuchses in der Kompetenz der Bischöfe, aber Haffner hat bereits im Mai des Jahres dem Bayerischen Nuntius erläutert, dass die Hilfe der Laien bei dieser wichtigen Aufgabe notwendig sei. Seine Kommission ist zu dem Ergebnis gekommen, dass es nicht reicht, um Berufungen zu beten. Der Priesterberuf muss auch durch materielle Anreize und soziale Anerkennung attraktiver

gemacht werden, schließlich gibt es inzwischen auch für arme Bauernjungen Möglichkeiten zum sozialen Aufstieg außerhalb der Kirche. Haffner beklagt daher, dass Seelsorger zu lange auf eine gute Stellung und angemessene Besoldung warten müssten. Die Presse, die Vereine und alle anderen sollten immer wieder „die Erhabenheit der Gnade des priesterlichen Standes" in Erinnerung rufen.

Heinrich ist überdies der Meinung, dass Kinder nicht zu weichlich erzogen werden dürfen: „Ein Knabe, der ... wenig entbehren gelernt hat, wird schwerlich den Ruf zum Priestertum vernehmen und ihm folgen. O, gebt uns wahrhaft christliche Familien, und ihr sollt sehen, wie zahlreiche Priester, und worauf alles ankommt, gute Priester daraus hervorsprießen."

30

Soziale Frage

VON ADLIGEN SOZIALISTEN UND WESTFÄLISCHEN STÄNKERN

In Düsseldorf herrscht Nervosität. Wird es gelingen, zumindest nach außen hin Einigkeit zu demonstrieren? Zweifel sind angebracht, denn um die Lösung der Sozialen Frage ist ein heftiger Streit entbrannt, der durch persönliche Attacken zu eskalieren droht. Die Kontrahenten beschimpfen sich gegenseitig als „Staatssozialisten", „westfälische Stänker" und „rheinische Manchester-Egoisten". Die Gegner des Katholizismus hoffen unverhohlen auf eine Spaltung der katholischen Bewegung.

Auf der einen Seite stehen vor allem konservative Adlige und Kleriker aus Süddeutschland und Österreich, etwa Karl Freiherr von Vogelsang und der Dominikanerpater Albert Maria Weiß. Sie halten die kapitalistische Wirtschaft grundsätzlich für unchristlich; aus Industriebetrieben möchten sie Produktionsgenossenschaften machen. Nicht nur begrifflich orientieren sie sich an ständischen Gesellschaftsordnungen vergangener Zeiten. Weiß erinnert an das Zinsverbot, wie es Papst Benedikt XIV. noch Mitte des 18. Jahrhunderts bekräftigt hat; Vogelsang verknüpft seine vermeintlich „christlich-germanischen" Sozialprinzipien mit einem ausgeprägten Antisemitismus. Doch so rückwärtsgewandt ihre Forderungen teilweise sind, verbindet sie doch einiges mit den Sozialisten: Sie brauchen einen starken Staat, und sie lehnen die bestehenden Verhältnisse grundsätzlich ab.

Auf der anderen Seite finden sich vorrangig als „liberal" titulierte Zentrumspolitiker und Verbandsfunktionäre aus dem Rheinland und Westfalen, die im Kulturkampf ein tiefes Misstrauen gegenüber dem Staat entwickelt haben. Zu ihnen zählen der spätere Reichskanzler Georg von Hertling, der Jesuit Augustin Lehmkuhl und Christoph Moufang, derzeit Administrator der Diözese Mainz. Sie halten die Forderungen der Konservativen für völlig unrealistisch. Staatliche Eingriffe wollen sie auf das Minimum beschränken, das notwendig ist, um soziale Miss-

WAS NOCH?

Die Versammlung missbilligt die Folgen der Ordensverbote, insbesondere die Aufhebung von Pflegeanstalten für arme schulpflichtige Kinder. Empfohlen werden die Errichtung von Anstalten für „unglückliche Idioten", ein Werk zur Unterstützung hilfsbedürftiger Priesteramtskandidaten sowie die Gründung von Vereinen, die sich um entlassene Häftlinge und „Vagabunden" kümmern, solange die Orden nicht zugelassen sind. Die Versammlung unterstützt den Bau von katholischen Kirchen in Basel, Berlin und Hamburg und mahnt zur Sorgfalt bei der Restauration vorhandener Kirchen. Tanzvergnügungen bezeichnet sie als „großes soziales Übel". Im Kampf gegen die Trunksucht sollen Anstalten gegründet werden, die „insbesondere den Arbeitern unschädliche Getränke als Ersatz für den Branntwein zu billigen Preisen liefern". Da Tee und Schokolade Dinge seien, die „bei aller Wohlfeilheit wahrscheinlich den Arbeitern niemals zuteil" würden, werden die empfohlenen Getränke nicht beim Namen genannt. Ein Kasseler Verein hat für „Wasserständchen auf Märkten und Plätzen" sowie Kaffeebuden nur wenig Zuspruch geerntet. In Erinnerung an den Sieg über die Türken vor Wien vor 200 Jahren fordert die Generalversammlung die deutschen Katholiken auf, der „noch unter dem Joch des Islam schmachtenden Kirche des Orients ... zur Freiheit und zum Siege" zu verhelfen. Windthorst schlägt vor, einen Gebetsverein zur Überwindung der Glaubensspaltung in Deutschland zu gründen – und zwar unter dem Datum des 10. Novembers 1883, des 400. Geburtstags Luthers.

stände zu bekämpfen. Grundsätzlich glauben sie daran, dass die kapitalistische Konkurrenzwirtschaft mit dem christlichen Sittengesetz zu vereinbaren ist.

Um die Grundsatzfragen zu klären, hat die Generalversammlung in Frankfurt 1882 ein „sozialpolitisches Komitee" eingesetzt. Die liberalen Katholiken sind aber von Anfang an skeptisch und sagen ihre Teilnahme ab. Am Ende sind die konservativen Adligen und Kleriker fast unter sich, als sie die „Haider Thesen" verabschieden, benannt nach einem der Tagungsorte, dem Schloss Löwensteins im böhmischen Haid. Diese Thesen verschärfen die Diskussion, statt sie zu beenden.

Löwenstein, inhaltlich den Konservativen zugeneigt, bemüht sich auf der Generalversammlung um eine Vermittlung. Er beantragt eine Resolution, die Kompromissformeln findet: Die Soziale Frage ist demnach nicht nur eine wirtschaftliche, sondern an erster Stelle eine „religiös-sittliche", die Staat und Kirche nur gemeinsam lösen können. Notwendig sei „auf dem Wege der Gesetzgebung eine den heutigen Verhältnissen angepasste korporative Organisation der produktiven Arbeit mit Ausschluss aller bürokratischen Bevormundung".

Die Diskussionen in Düsseldorf drehen sich danach vor allem um die vergleichsweise harmlose Frage, ob Handwerker freiwillig oder verpflichtend Mitglied in Innungen werden sollen. Der Münchener Nuntius Angelo Di Pietro schreibt zwar nach Rom, bei den sozialen und agrarischen Resolutionen seien die Uneinigkeiten nur übertüncht worden, aber alles in allem hat Löwenstein Erfolg. Der Zentrumsführer Ludwig Windthorst zieht mit Blick auf Bismarcks „Hauspostille" das Fazit: „Also, meine Herren von der Norddeutschen Allgemeinen Zeitung, wir sind einig, und Euer Wunsch, uns zu zertrümmern, geht für diesmal nicht in Erfüllung!"

Das sozialpolitische Komitee legt seine Ergebnisse erst 1884 in Amberg vor, wo sie kaum noch für Unruhe sorgen. In der Folge setzt sich die Linie des Zentrums weitgehend durch, das

Viele Arbeiter leben auch am Ende des 19. Jahrhunderts immer noch im Elend: Dieses Zimmer mit 29 Quadratmetern müssen sich zwölf Personen teilen. Die Frage, wie den Arbeitern zu helfen ist, spaltet die Generalversammlung.

allerdings auch nicht immer einer Meinung ist: 1883 und 1884 erwirkt die Fraktion im Reichstag Änderungen an den Gesetzen zur Kranken- und Unfallversicherung; 1889 stimmt ihre Mehrheit aber gegen das Gesetz zur Alters- und Invaliditätsversicherung, vor allem wegen der vorgesehenen Staatszuschüsse.

31

Freimaurerei

DEN WOLF WOLF NENNEN

Wer trägt die Schuld an den Angriffen auf die katholische Kirche? Reichskanzler Bismarck, liberale Politiker oder die Protestanten? Die Zeitumstände oder vielleicht doch die Kirche selbst? Nein, die Antwort ist ganz einfach: Es sind die Freimaurer, zumindest, wenn man Felix von Loë Glauben schenkt. Der Zentrumspolitiker und ehemalige Vorsitzende des „Mainzer Vereins" hat auf dem Höhepunkt des Kulturkampfes ein halbes Jahr in Festungshaft verbracht. Die Katholiken müssen sich seiner Ansicht nach von geheimen Gesellschaften unbedingt fernhalten – „auch von jenen Ausläufern, die unter schön klingenden Namen von ihr in die Welt herausgeschickt werden" – und gegen sie kämpfen: „Unsere Pflicht ist es, den Wolf überall Wolf zu nennen."

Das ist gar nicht so einfach, denn, so erläutert es der Salzburger Fürsterzbischof Franz Albert Eder: „Das, was die Freimaurer nach außen kundgeben, ist nichts anderes als der Schafpelz, welcher den Wolf verbergen soll." Der Kirchenfürst hält für die Freimaurerei ein ganzes Bündel an Verunglimpfungen bereit: Sie sei „das Geheimnis der Bosheit, das im Dunkeln herumschleichende Geschäft, … im Gegensatze zur Kirche Christi die Kirche des Teufels". Die „geheime Gesellschaft der Loge" sei auch in Deutschland zu einer Macht herangewachsen, die „herausfordernd und fast siegestrunken" der Kirche entgegentrete. Die Freimaurerei bedroht in den Augen Eders außerdem den Staat, in ihren demokratischen Grundsätzen sieht er die Ursache für die Revolutionen. Und auch die Katholiken laufen Gefahr, sich zum Bösen verführen zu lassen: Die Freimaurer, so stellt es Eder dar, geben sich erst harmlos, flößen ihren neuen Mitgliedern dann aber „das Gift des Unglaubens und die Bosheit" ein. Schließlich kämen „jene schrecklichen Eide, mit denen sie unter Verpfändung ihres Lebens versprechen müssen, nicht nur die anvertrauten Geheimnisse zu bewahren, sondern auch jeden Befehl … auszuführen". Ab diesem Punkt gibt es laut Eder kein Zurück mehr. „Es ist mehr als ein Fall bekannt, in welchem an solchen, die von Gewissensvorwürfen getrieben, dem Freimaurerbunde entsagten, mit entsetzlicher Verwegenheit das Todesurteil vollstreckt wurde."

Der Katholikentag beschäftigt sich so eingehend mit den Freimaurern, weil Leo XIII. sie im April des Jahres mit der Enzyklika „Humanum genus" noch einmal als Anhänger Satans gebrandmarkt und verboten hat. Der Versammlung liegt ein Antrag vor, dem Papst dafür zu danken. Loë berichtet über die Beratungen im zuständigen Ausschuss, danach wird die entsprechende Resolution ohne Abstimmung angenommen. Der Kommissar der Katholikentage soll sie „zu den Füßen des heiligen Vaters niederlegen".

Die ultramontanen Katholiken teilen die Angst vor den Freimaurern mit vielen Konservativen – und Antisemiten. Denn oft werden Freimaurer und Juden, später auch Kommunisten, in einem Atemzug genannt. Verhängnisvolle Phantastereien von einer jüdisch-freimaurerisch-bolschewistischen Weltverschwörung finden nicht zuletzt in katholischen Kreisen ihre Anhänger.

Das Verdikt „Freimaurer" verwendet das römische Lehramt dabei sehr großzügig. Der Vatikan bezeichnet so zunächst revolutionäre Geheimbünde wie die Carbonari, die tatsächlich auf politischen Umsturz sinnen. Dann gelten aber auch Rotarier als Freimaurer, ja selbst katholische Gewerkschafter in den USA, nur weil sie sich aus Angst vor möglichen Sanktionen der Arbeitgeber geheim treffen.

Etliche Staatsmänner und politische Vordenker sind seit dem 18. Jahrhundert Freimaurer, unter ihnen auch viele Kirchenkritiker. Sie tun sich jedoch oft durch ihren Einsatz für die Menschenrechte hervor; für die in Amberg vertretenen Verschwörungstheorien gibt es keinerlei Beleg. Doch als der ehemalige Freimaurer Leo Taxil die wildesten Geschichten über Orgien und Dämonen in den Logen erfindet, glauben auch hochrangige Kirchenfürsten ihm nur zu gerne. 1896 kommen allein 30 Bi-

„Gott erwählte das Kleine, um das Große zu beschämen": Mit diesem Zitat aus dem Ersten Korintherbrief begründet das Lokalkomitee die Wahl des Tagungsorts. Mehr als 10.000 Menschen pilgern auf den Mariahilfberg. Anschließend gibt es zum Frühstück Bratwürstchen im Lindenwald. Windthorst lässt die Frauen dafür hochleben, dass sie ihre Männer anspornen, das Zentrum zu wählen. Die Versammlung beklagt die Verschuldung der Bauern. Sie „anerkennt das Bedürfnis", dass vor allem für Kinder von Fabrikarbeitern „Bewahranstalten" errichtet werden. Die kaufmännischen Vereine sollen sich auch der Lehrlinge annehmen. Die deutschen Katholiken beteiligen sich an einem vom Papst initiierten ununterbrochenen Sühnegebet, für das die Nationen der Welt in sieben Gruppen eingeteilt werden: Deutschland, Österreich-Ungarn und Griechenland sind für den Montag zuständig. Die Malteser- und Georgsritter sollen nach Rom und Jerusalem pilgern. Die Versammlung unterstützt die Kapuziner, die Leo XIII. in den Orient geschickt hat. Katholiken, „welche notorisch in ihrem öffentlichen Wirken und Auftreten eine akatholische Gesinnung an den Tag legen", haben keinen Anspruch auf eine Teilnahme am Katholikentag, sie sollen gegebenenfalls das Geld für die Eintrittskarte zurückerhalten.

schöfe zu einem großen antifreimaurerischen Kongress nach Trient, den Karl Heinrich zu Löwenstein als Präsident leitet und der sich intensiv mit den Machwerken Taxils beschäftigt. Der vier Wochen vorher stattfindende Katholikentag empfiehlt die Teilnahme, obwohl es erste Warnungen vor gefälschten Berichten über Freimaurer gibt. Für Taxils Anhänger bedeutet es eine große Blamage, als ausgerechnet die katholische „Kölnische Volkszeitung" unter dem Chefredakteur Hermann Cardauns ihn noch im selben Jahr als Schwindler enttarnt.

Die Gegnerschaft der katholischen Kirche zu den Freimaurern besteht fort, allen Annäherungsversuchen nach dem Zweiten Vatikanischen Konzil zum Trotz. Joseph Kardinal Ratzinger hat 1983 als Präfekt der Glaubenskongregation klargestellt, dass die Mitgliedschaft nach wie vor verboten sei, katholische Freimaurer sich „im Stand der schweren Sünde" befänden und sie nicht die Kommunion empfangen könnten.

Auf dem Katholikentag kursieren die wildesten Gerüchte über die Freimaurerei. Gabriel Antoine Jogand-Pagès, der unter dem Namen „Leo Taxil" schreibt, beliefert die Ultramontanen in den folgenden Jahren mit hanebüchenen Geschichten. Diese Illustration aus einem seiner Bände zeigt, wie Freimaurer den Götzen Baphomet verehren – alles frei erfunden, wie sich später herausstellt.

32

Veranstaltungsräume

GANZ GROSSER ZIRKUS

Der Katholikentag in Münster, da sind sich alle einig, muss etwas Besonderes werden, ein großes Fest – und zugleich eine Demonstration der Macht und des Durchhaltewillens. Im Vorjahr ist der Münsteraner Bischof im Triumphzug aus dem niederländischen Exil zurückgekehrt. Ein Ende des Kulturkampfs ist absehbar, verzögert sich aber immer wieder. Die Katholiken möchten zeigen, dass sie sich nicht einschläfern lassen, die Generalversammlung in Münster soll größer werden als alle vorangegangenen. Es gibt nur ein Problem: Die geplante Inszenierung braucht eine passende Bühne. Wohin mit all den Menschen?

„Freilich erfüllt uns wohl eine gewisse Besorgnis, die Verhältnisse unserer Stadt möchten nicht ausreichen, alles Erforderliche nach Wunsch zu beschaffen und die Versammlung mit dem Glanze zu umgeben, den ihre hohe Aufgabe und Bedeutung wohl erheischt", schreibt das Lokalkomitee an den Papst. Für die ersten geschlossenen Veranstaltungen ist der Rathaussaal vorgesehen, für die Sitzungen der Kommissionen und Vereine das Realgymnasium und das Gesellenhaus, für das Gartenfest der Schützenhof. Aber einen großen Tagungssaal für die öffentlichen Veranstaltungen gibt es in Münster nicht. Zunächst ist geplant, sie in der städtischen Dominikanerkirche stattfinden zu lassen. Die Behörden willigen ein, aber schon bald wird klar, dass die Kirche zu klein sein wird.

Da kommt dem Lokalkomitee eine „glückliche Fügung" entgegen: Auf dem Neuen Platz, dem heutigen Schlossplatz, steht seit dem Frühjahr eine riesige Bretterbude in Form eines Zelts, in dem der Zirkus Carré unter anderem Pferdedressuren aufführt. Das Lokalkomitee mietet das grob gezimmerte Gebäude, das eigentlich nur wenige Wochen stehen soll, und lässt es umgestalten. Schließlich bietet es fast 5.000 Sitzplätze. Ein „Damen-Komitee" flicht 1.500 Meter Kranz zur Dekoration, riesige Vorhänge gliedern den Raum. Um das Holzzelt entsteht eine italienische Landschaft mit farbigen Lampions und subtropischen Pflanzen.

WAS NOCH?

Die Versammlung fordert eine Beschränkung oder ein Verbot der Frauen- und Kinderarbeit. Paul Haffner warnt vor einer neuen Revolution; er fordert, die „atheistischen Hochschulen" zu schließen und „die Pilze, die den Tod in sich tragen, aus dem sozialen Körper" zu entfernen. Caritative Vereine sollen für vermögenslose Witwen und Waisen gute Vormünder gewinnen. Für Knaben und Lehrlinge werden Asyle nach dem Vorbild Don Boscos empfohlen. Ein neuer Palästina-Verein vertritt, stärker als der alte „Verein vom Heiligen Grabe", auch nationale Interessen, ein Vertreter spricht von einem „Kreuzzug im friedlichen Sinne, um das zu vollenden, was im Mittelalter begonnen hat". Auch Windthorst wird Mitglied. Beide Vereine werden sich 1895 zum „Deutschen Verein vom Heiligen Lande" zusammenschließen. Empfohlen werden auch die Missionen in den deutschen Kolonien und in China. Die Versammlung dankt den Katholiken der Niederlande für die Gastfreundschaft gegenüber den Exilierten. Erstmals begrüßt ein Oberbürgermeister die Versammlung. Die Studentenverbindung „Germania" führt „lebende Bilder" zur Geschichte Münsters auf. Der Reichstagsabgeordnete Ferdinand von Galen, Vater des späteren Bischofs Clemens August, spricht über das Rosenkranzgebet, ein Herzensanliegen Leos XIII. Zu Windthorsts Ehren singen die Teilnehmer des abschließenden Festmahls das „Lied von der kleinen Exzellenz".

entgegen dem Klischee herrscht in Münster auch noch bestes Spätsommerwetter. Und so erfüllt die Veranstaltung ihren Zweck vollkommen. Präsident Ernst Lieber, der spätere Vorsitzende der Zentrumspartei, stellt zufrieden fest, die Generalversammlungen seien zu einer „Heerschau" und einem „hell leuchtenden Fanal" geworden, zu den „glanzvollsten Kundgebungen katholischen Bewusstseins, katholischer Treue und katholischen Mutes nach außen", auf die „Freund und Feind, nicht nur im deutschen Vaterlande, nein! in der weiten Welt" ihre Augen richten würden. Und Ludwig Windthorst ruft aus: „Nein, wir gehen nicht in den Sumpf! Wir lassen nicht so allmählich die Dinge einschlafen, wir sind recht wach."

Es gibt nur einen Wermutstropfen: Der riesige Festsaal ist schon am Begrüßungsabend hoffnungslos überfüllt, zahlreiche Besucher müssen sich mit Stehplätzen begnügen oder in den Vorräumen bleiben, viele Angereiste können keine Tageskarten mehr erwerben. Vor der ersten öffentlichen Versammlung verlangt die Polizei, die für die Feuerwehr reservierte Galerie und den Mittelgang zu räumen. Selbst Mitglieder und Teilnehmer, die bereits ihre Karten bezahlt haben, finden keinen Einlass mehr. Und schließlich muss der Präsident die letzte geschlossene Veranstaltung, die in den Festsaal verlegt wurde, auf Bitten der Polizei sogar vorzeitig abbrechen. Denn am Eingang drängeln sich Tausende, die an der nachfolgenden öffentlichen Abschlussveranstaltung teilnehmen möchten. Lieber warnt, dass die Unruhe von Minute zu Minute anschwelle und die größte Gefahr drohe, wenn die Tore nicht sofort geöffnet würden. Der große Zirkus: Für die Generalversammlung ist er noch zu klein.

Die Münsteraner lassen sich auch sonst nicht lumpen. Bis in die Vororte schmücken sie die Stadt mit Girlanden, Wimpeln und Flaggen. Auch viele, die nicht katholisch sind, machen mit. Die Versammlung zählt 2.600 stimmberechtigte Mitglieder und weitere 2.400 Teilnehmer, die nur die öffentlichen Veranstaltungen besuchen dürfen. Dazu werden 7.000 Karten für einzelne Veranstaltungen verkauft. In der Dominikanerkirche findet letztlich eine Kunstausstellung statt, die weitere 9.000 Besucher anzieht, zum Gartenfest kommen sogar fast 15.000 Gäste. Ganz

33

Psychisch Kranke

IM HAUS DES DR. GUDDEN

Jede Stufe und jede Art des menschlichen Elends habe auf den Generalversammlungen Berücksichtigung gefunden, sagt der Seelsorger Josef Franz Knab in Breslau. Nur eine „Gattung armer, kranker Leute" sei bisher vernachlässigt worden: die „Geisteskranken". Knab beklagt, die Öffentlichkeit habe oft „eigenartige Anschauungen" über psychische Krankheiten. Die Romane „lüsterner" Schriftsteller würden ganz und gar nicht aufklärend wirken, sondern das Geheimnisvolle missbrauchen, das jedes „Irrenhaus" im Interesse der Kranken und ihrer Angehörigen umgebe.

Knab weiß es besser. Mehrere Jahre lang war er Seelsorger in der Münchener Irrenanstalt unter dem „nunmehr verewigten Dr. von Gudden". Durch das Publikum geht ein Raunen, als Knab diesen Namen erwähnt. Denn Bernhard von Gudden ist eine Berühmtheit. Nicht, weil er die Psychiatrie reformierte, indem er

WAS NOCH?

Über den Büsten des Papstes und des Kaisers schwebt ein vergoldeter Engel, der als Symbol des neuen Friedens zwischen Kirche und Staat einen Palmzweig trägt. Windthorst aber warnt vor Illusionen. Als letzte Gegner des Friedens gelten ihm Professoren und andere „Schichten ungläubiger Natur". Im Fokus steht die Forderung nach Wiederzulassung der Orden, deren Unterdrückung als Ursache der sozialen Probleme dargestellt wird. Die Versammlung wirbt um Unterstützung für katholische Gemeinden in Bulgarien. Sie empfiehlt den „Verein zur Verbreitung des Glaubens" und den „Verein von der heiligen Kindheit Jesu". Alte katholische Friedhöfe sollen möglichst erhalten werden. „Hört, hört", raunt das Publikum, als ein Trappistenpater aus Afrika berichtet, die „schwarzen Knaben" an seiner Schule seien zumeist talentierter als die weißen. Windthorst erklärt, der Kirchenstaat sei nicht Eigentum des Papstes allein, sondern der ganzen katholischen Welt. Für seine Rede wird er vom Papst belobigt. Angesichts des Dreibundes zwischen dem Deutschen Reich, Österreich-Ungarn und Italien ist es politisch aber nicht mehr opportun, die Wiederherstellung des Kirchenstaates zu fordern. Im folgenden Jahr wird Windthorst eine Kompromissformel durchsetzen, in der nur noch von der Notwendigkeit der „territorialen Souveränität" des Heiligen Stuhls die Rede ist.

Wenige Wochen vor dem Katholikentag sind der Bayerische „Märchenkönig" Ludwig II. und der Psychiater Bernhard von Gudden im Starnberger See ertrunken – vermutlich nach einem Kampf, wie ihn dieses später weit verbreitete Postkartenmotiv zeigt. Auf dem Katholikentag spricht ein Bekannter von Guddens.

konsequent auf Zwangsmaßnahmen verzichtete, sondern weil er als Gutachter dem bayerischen „Märchenkönig" Ludwig II. Paranoia attestierte – und im Juni 1886 gemeinsam mit ihm unter mysteriösen Umständen im Starnberger See ertrank.

Knab räumt ein, die Psychiatrie als Wissenschaft stehe noch ganz am Anfang. Doch die Zahl der Kranken steigt dramatisch, zumindest die Zahl derer, die in Anstalten eingewiesen wird. „Es ist, als wollte Gott, der Herr, der rastlos einer sogenannten Aufklärung nachstrebenden Menschheit zeigen, dass, wer ihn meidet, wer das wahre Licht und die strahlende Wahrheit meidet, der geistigen Umnachtung anheimfällt", erklärt der Seelsorger unter dem Beifall des Publikums.

Doch Knab kommt nicht zum Jammern, sondern mit konkreten Forderungen. So sollte es seiner Meinung nach in allen Anstalten ständige Seelsorger geben. Als deren Aufgabe betrachtet er es, den Kranken Beruhigung, Linderung und Heilung zu verschaffen – und gegebenenfalls auch religiösem Übereifer Einhalt zu gebieten. Allgemein müssten die Bedingungen in den Anstalten für Kranke nicht nur den Ergebnissen der wissenschaftlichen Forschung entsprechen, sondern vor allem „der Achtung vor ihrer Menschenwürde und den Forderungen der menschlichen Liebe und Barmherzigkeit". Falsche Sparsamkeit sei niemals angebracht. Auf keinen Fall dürfe man die Kranken als eine Last betrachten, die „man vernachlässigen und die man beiseite stehen lassen kann". Und auch Alkoholkranken seien ihre „Exzesse" nicht in Rechnung zu stellen. „Eine Irrenanstalt, meine Herren, darf nie als ein Asyl für Büßer, sie muss immer als eine Krankenanstalt betrachtet werden." Zudem müsse auch viel stärker zwischen den vielfältigen Krankheiten unterschieden werden. So gehe es nicht an, kranke Kinder gemeinsam mit Alkoholkranken unterzubringen, die oft die „Gewohnheiten der Schnapsbude" mitbrächten.

Während Knab von den Ärzten beeindruckt ist, die er bisher kennengelernt hat, fällt sein Urteil über das häufig wechselnde Pflegepersonal negativ aus. Er fordert „eiserne Strenge in Verbindung mit guter Bezahlung", besser aber noch die Pflege durch religiöse Genossenschaften, die „Engel christlicher Liebe". Der Seelsorger macht seinem Publikum deutlich, dass sein Thema jeden betrifft: Niemand habe die Gewissheit, nicht selbst irgendwann krank zu werden. Besonders hilfsbedürftig seien ausgerechnet die Priester, die im Alter ohne Verwandte und Nahestehende krank würden. Gudden habe es für wünschenswert gehalten, für sie ein eigenes Asyl zu bauen.

Da die Sorge um die Kranken 1886 schon lange nicht mehr allein Sache der Kirche, sondern auch des Staates ist, bittet Knab am Schluss seiner Rede die anwesenden Parlamentarier, seine Anliegen zu unterstützen. Die Versammlung spendet ihm lebhaften Beifall.

34

Ende des Kulturkampfs

VOR DER FRONT ERSCHOSSEN

„Seine Heiligkeit Papst Leo XIII. und Seine Majestät der Deutsche Kaiser, König Wilhelm von Preußen, sie leben hoch! hoch! hoch!" Gleich zwei Mal lässt Ludwig Windthorst in Trier Papst und Kaiser dreifach hochleben. Dabei dürfte er insgeheim mit den Zähnen geknirscht haben. Denn die Zentrumspartei hat gerade die schlimmste Krise ihrer Geschichte durchgemacht – und schuld daran ist Leo XIII.

Ironie der Geschichte: Den Politikern, die Bismarck immer wieder als national unzuverlässige Befehlsempfänger des Papstes verunglimpft hat, ist ebendieser Papst in den Rücken gefallen – auf Betreiben des Reichskanzlers.

Was ist passiert? Leo XIII. will Anfang 1887 unbedingt die Aussöhnung mit dem Deutschen Reich. Deswegen verhandelt er hinter dem Rücken des Zentrums mit Bismarck. Schließlich glaubt er, sich auf einen heiklen Deal einlassen zu können: Er weist das Zentrum an, im Reichstag dem sogenannten Septennat zuzustimmen, dem Militärhaushalt über sieben Jahre. Im Gegenzug soll Bismarck endgültig den Kulturkampf beenden.

Für Ludwig Windthorst bedeutet das eine Katastrophe. „Erschossen! Vor der Front erschossen! Vom Rücken her erschossen! Ich gehe nach Hause!", ruft er aus. Der Zentrumsführer kann nicht zulassen, dass der Papst ihm in rein politischen Fragen Anweisungen erteilt. Und das gilt ganz besonders in der Septennatsfrage. Mit seinem Anliegen macht sich der Papst zum Anwalt des preußischen Militarismus, der unkontrollierten Aufrüstung. Das kann Windthorst seinen Wählern ebenso wenig vermitteln wie der Partei der Freisinnigen, mit der er im Reichstag zusammenarbeitet.

Der Zentrumsführer sorgt deswegen dafür, dass das Zentrum das Septennat entgegen der Weisung des Papstes ablehnt. Der verärgerte Reichskanzler löst daraufhin den Reichstag auf, schwadroniert von einem Präventivkrieg gegen Frankreich und löst so eine regelrechte Hysterie aus. Nur mit großer Mühe kann Windthorst das Zentrum zusammenhalten.

Dann, in der heißen Phase des Wahlkampfs, kommt die nächste Demütigung: Bismarck veröffentlicht, mit Billigung des Papstes, eine der Noten, mit der Leo XIII. dem Zentrum Weisungen erteilt hat. Windthorst ist gerade unterwegs zu einem Vortrag in der Kölner Gürzenich-Halle, als er davon in der Zeitung liest. Zunächst ist er am Boden zerstört. Doch dann rafft er sich auf, betritt wie geplant die Rednertribüne und hält die vielleicht

WAS NOCH?

Für die Versammlung wird eine hölzerne Basilika gezimmert. Dass vier Bischöfe teilnehmen, gilt als außergewöhnlich. Präsident Franz von Ballestrem betont, man werde auch nach Ende des Kulturkampfes an den Katholikentagen festhalten. Ausdrücklich wird dem Zentrum gedankt. Die Hoffnung wächst, mithilfe der deutschen Regierung dem Papst wieder zur territorialen Unabhängigkeit verhelfen zu können. Empfohlen werden Anstalten für die Erziehung „idiotischer Kinder" sowie Zufluchtsanstalten für „gefährdete" weibliche Jugendliche. Eine internationale Vereinbarung zum Arbeiterschutz gilt als „notwendig zu erstrebendes Ziel". Der dritte Orden des heiligen Franziskus wird als „vorzügliches Heilmittel" gegen die „Großmanns-, Geld- und Genusssucht" empfohlen. Franz Hülskamp ist besorgt, dass Frauen über die Lektüre von Romanen ihre Pflichten vergessen: „Zu viel lesen ist einfach eine Krankheit." Der Bischof von Luxemburg bittet seinen Trierer Amtsbruder, den Heiligen Rock wieder auszustellen, was 1891 geschieht. Großen Aufwand betreiben die deutschen Katholiken, um die Feiern zum 50. Priesterjubiläum Leos XIII. vorzubereiten. Die nächste Versammlung soll auf Wunsch Löwensteins im niederbayerischen Deggendorf stattfinden, die zuständige Kommission ist jedoch skeptisch, dass es dort angemessene Lokalitäten gibt.

Windthorst in Trier.

Nach dem überstandenen Kulturkampf lässt sich Windthorst in Trier feiern. Vor allem die Frauen bejubeln ihn, was der „Kladderadatsch" gewohnt spöttisch kommentiert.

wichtigste Rede seines Lebens. Ohne Umschweife geht er auf die Note ein – aber nicht auf die Weisung des Papstes. Stattdessen betont er, was Leo XIII. nur nebenbei gesagt hat: Der Papst wünsche sich den Fortbestand des Zentrums, und die Zentrumspartei sei eigentlich in Fragen weltlicher Natur völlig frei. „Diesen Grundsatz müssen wir unter allen Umständen unverbrüchlich festhalten", verlangt Windthorst. Der Papst habe zwar die Zustimmung zum Septennat gewünscht, aber: „Unmögliches kann niemand leisten." Falls das Zentrum den Höllenkampf nicht überstehe, sollte man ihm einen Stein zum Andenken stiften, mit dem Spruch: „Von den Feinden nie besiegt, aber von den Freunden verlassen." Der kleine, blinde Greis, der an so vielen Fronten kämpft, begeistert einmal mehr sein Publikum. „Niemals! Niemals!", ruft die Menge.

„Da habe ich mich mit Gottes Hilfe wieder einmal wacker durchgelogen!", sagt Windthorst anschließend zu einem engen Freund. Das Zentrum verteidigt seine Mandate in den Reichstagswahlen. Da die Bismarckanhänger gewinnen, wird das Septennat dennoch bewilligt, der Großteil des Zentrums enthält sich schließlich der Stimme. Die Friedensgesetze kommen trotzdem, aber Windthorst ist mit ihnen nicht zufrieden. Er hat immer dafür gekämpft, den „status quo ante", den Zustand vor dem Kulturkampf, wiederherzustellen, während Leo XIII. sich mit viel weniger zufriedengibt. Aber in dieser Frage, die eindeutig kirchliche Interessen betrifft, kann sich das Zentrum dem Willen des Papstes nicht widersetzen.

Trotz allem wird das Ende des Kulturkampfes als großer Erfolg gesehen. In Trier lässt sich Windthorst dafür feiern. Wo er auch auftaucht, wird er mit Beifallsstürmen begrüßt. Auch was den Kult um seine Person angeht, kann es die „Perle von Meppen" inzwischen mit Bismarck aufnehmen. Vor allem die Frauen jubeln ihm zu. Gut gelaunt spricht Windthorst einen Toast auf die Damen aus, ohne die man den Kulturkampf seiner Meinung nach nie bestanden hätte, und trinkt auf das Wohl seiner Frau und aller Frauen. Die Damen erwidern die Sympathien, es gibt sogar Hinweise, dass die „kleine Exzellenz", 50 Jahren Ehe zum Trotz, gerade frisch verliebt ist.

Gegenüber Leo XIII. wahrt Windthorst die Fassade. Er betont jedoch das Vorläufige des Friedens, beschwört weiter den „status quo ante" als Ziel und ruft zum Weiterkämpfen auf. Als er die Zuhörer anspornt, immer dem Willen des Papstes zu folgen, schränkt er jedoch ein: „auf kirchlichem Gebiete". Auf Initiative seines Mitstreiters Ernst Lieber verabschiedet der Katholikentag eine Resolution: „Das katholische Volk Deutschlands hat das Recht und die Pflicht, nicht zu ruhen, bis alle Überbleibsel und Folgen der Kulturkampfgesetze … beseitigt sind."

Dieses Ziel bleibt unerreichbar. Das Jesuitengesetz wird 1917, der Kanzelparagraf 1953, die verpflichtende Zivilehe 2009 aufgehoben. Andere Folgen des Kulturkampfes wie die staatliche Schulaufsicht bestehen aber bis heute weiter.

IM KAISERREICH ANGEKOMMEN

Mit dem Ende des Kulturkampfes treten die Katholikentage in eine neue Epoche ein. Es kommt außerdem zu einem Generationenwechsel: In den Jahren 1890 und 1891 sterben Ludwig Windthorst, Johann Baptist Heinrich, Christoph Moufang und Joseph Hergenröther, allesamt prägende Gestalten der bisherigen Generalversammlungen.

Die Katholiken kommen jetzt endgültig im Deutschen Kaiserreich an und überwinden zusehends ihre Ghettomentalität. Das Zentrum bringt sich engagiert in die Gesetzgebung der Zeit ein und gewinnt zeitweise eine sehr starke Stellung. Der neue Vorsitzende Ernst Lieber fährt einen nationalistischen Kurs und wird nicht selten als „Reichsregent" bezeichnet. Doch die Außenseiter-Erfahrungen des Kulturkampfes prägen auch die folgenden Jahrzehnte. „Verzeihen, aber nicht vergessen", lautet die Devise. Manchmal scheint es, als ob die Katholiken ihren vermeintlichen Mangel an Patriotismus etwas überkompensieren. Sie geben sich jetzt als begeisterte Anhänger des Kaisers, als Stütze von Altar und Thron, wie es immer wieder heißt, und zeigen mehr und mehr Bereitschaft, auf allen Gebieten mit dem Staat zusammenzuarbeiten.

Wichtigster Gegner der Katholiken sind die aufstrebenden Sozialdemokraten. Als neue politische Kraft ziehen die Antisemiten in den Reichstag ein, welche „die Juden" für alle Probleme der Zeit verantwortlich machen. Obwohl sie im gesamten Kaiserreich nie über fünf Prozent der Stimmen erhalten, gewinnen sie vor allem in Hessen und Sachsen mehrere Wahlkreise. Einige katholische Politiker erwägen eine Zusammenarbeit mit den Judenfeinden, aber Windthorst gelingt es, sie im Zaum zu halten. Da sich Katholiken wie Juden im protestantisch geprägten Kaiserreich in der Minderheit befinden, gibt es auch viele gemeinsame Interessen.

Die dominierende Stellung der Zentrumspartei auf den Katholikentagen bleibt unangefochten, die immer wieder befürchteten großen Spaltungen werden vermieden. Die Generalversammlungen haben oft den Charakter von Parteitagen, was auch gar nicht verhehlt wird. So erklärt Friedrich von Praschma, Präsident des Katholikentages im Jahr 1900: „Das Zentrum in den Parlamenten ist gewissermaßen unser stehendes Heer; das katholische Volk aber und alle kirchlichen und politischen Gesinnungsgenossen bilden die Reserve, über die wir auf den General-Versammlungen Heerschau halten und dabei alljährlich unser Verhalten für die Friedenszeit und eine etwa notwendige Mobilmachung beraten." Immer häufiger nehmen jetzt neben dem Ortsbischof weitere Vertreter des deutschen Episkopats die Einladung zum Katholikentag an oder treten sogar als Redner auf.

Die Zahl der Teilnehmer wächst allmählich auf mehr als 10.000, dazu kommen um die Jahrhundertwende Umzüge der Arbeiter-, Gesellen- und schließlich auch Jugendvereine mit zigtausenden Teilnehmern, die sich anschließend auf zahlreiche Hallen und Säle verteilen. Immer mehr Vereine halten in den sogenannten Nebenveranstaltungen des Katholikentages ihre eigenen Treffen ab.

Innerkatholische Konkurrenz wird jedoch nach wie vor unterdrückt: Die sogenannten Reformkatholiken werden nicht zu den Katholikentagen zugelassen. Mit seinem Kampf gegen innerkirchliche Abweichler und vermeintliche Irrlehren, die er unter dem Schlagwort „Modernismus" zusammenfasst, brüskiert Pius X. aber auch immer mehr eigentlich papsttreue Teilnehmer der Katholikentage, was zu schweren Verwerfungen führt.

Die Idee der Generalversammlung zieht unterdessen Kreise. Ähnliche Veranstaltungen, allerdings oft von den Bischöfen gesteuert, finden in der Schweiz, in Österreich, Italien, Frankreich,

Spanien und Portugal statt, und auch die deutschen Katholiken in den USA kommen regelmäßig zusammen. Neue Horizonte zeigt die Idee eines Katholiken-Weltkongresses auf. Doch der Erste Weltkrieg zerstört alle Hoffnungen auf eine vom Katholizismus geprägte oder zumindest mitgetragene Friedensordnung in Europa.

Mit prächtigen Umzügen, wie hier während des Katholikentags 1911 in Mainz, erobern die Katholiken im Kaiserreich den öffentlichen Raum.

35

Sklaverei

EIN NEUER KREUZZUG

Der Kampf gegen die Sklaverei in Afrika ist für den Comboni-Missionar Franz Xaver Geyer zu einem Kampf gegen den Islam geworden. In stundenlangen Diskussionen habe er versucht, einflussreiche Scheichs und Kadis im Sudan davon zu überzeugen, dass „der Neger" eine Seele habe, berichtet er in Freiburg. Sein Misserfolg hat ihn pessimistisch werden lassen: „Ich möchte fast die Behauptung aufstellen, dass, solange es den Islam gibt, auch die Sklaverei existieren wird; denn die Sklaverei ist für den Muselmann ein Stück seiner Religion."

Pater Geyer hat im Sudan den ersten erfolgreichen Aufstand von Afrikanern gegen den europäischen Kolonialismus miterlebt. Der Anführer der Rebellion, Muhammad Ahmad, galt seinen Anhängern als Mahdi, als endzeitlicher Erlöser. Unter seinem Nachfolger, der sich als Kalif bezeichnet, hat der Sklavenhandel tatsächlich wieder zugenommen. Geyer sieht im Islam mit seinem „höllischen Einfluss" daher die „größte Gefahr für die schwarze Rasse".

Mit diesen Befürchtungen steht der junge Pater, der später Missionsbischof wird, nicht alleine. Im Mai des Jahres hat Papst Leo XIII. den Sklavenhandel in Afrika in seiner Enzyklika „In plurimis" verurteilt und dafür ebenfalls Muslime verantwortlich gemacht. Kardinal Charles Martial Lavigerie, Gründer der Missionsorden der „Weißen Väter" und der „Weißen Schwestern", ist seitdem in Europa auf Vortragsreise, um für einen „neuen Kreuzzug" gegen den Islam zu werben. Eigentlich soll er auch in Freiburg sprechen, doch er hat ermüdet abgesagt. Die Generalversammlung lässt ihn dennoch stürmisch hochleben und berichtet ihm telegrafisch von ihrer Resolution gegen die Sklaverei in Afrika: Es sei für die Katholiken Deutschlands eine „Ehrensache", das „menschenfreundliche und zivilisatorische Werk" des Kardinals zu unterstützen. Die Versammlung drückt außerdem ihre Hoffnung aus, dass die europäischen Regierungen in ihren Herrschaftsgebieten den Sklavenhandel unterdrücken, wie sie es mehrfach angekündigt haben.

Gewohnt launig äußert sich Ludwig Windthorst. Er berichtet von zwei afrikanischen Patenkindern, die auf seinen Namen getauft wurden – „vielleicht auch ein sehr zweifelhaftes Geschenk" –, und schlägt vor, den nächsten Knaben „Löwenstein" zu nennen. Die Kolonialmächte könnten nach seiner Ansicht dem Sklavenhandel schnell ein Ende machen. Und außerdem: „Wenn die Missionäre die Neger endlich zum Christentum bringen, dann wird das Sklaventum von selbst eingeengt werden."

KARL MAY

DER MAHDI

Leo XIII. ermahnt erstmals alle deutschen Katholiken, zur Generalversammlung zu kommen, wenn sie es sich leisten können. Der katholische Juristenverein macht auf den Entwurf für das Bürgerliche Gesetzbuch aufmerksam, insbesondere auf das Eherecht. Der Schweizer Nationalrat Caspar Decurtins wirbt für internationale Standards bei Gesetzen zum Arbeiterschutz, und der Moraltheologe Josef Scheicher aus Sankt Pölten behauptet: „Eine Wirtschaftsordnung, die den oberen Zehntausend alle Genüsse und den unteren allen Mangel gibt, die ist nicht von Gott." Der Freiburger Katholikentag tauscht Telegramme mit der Generalversammlung der deutschen Katholiken in Amerika aus, die zeitgleich in Cincinnati stattfindet. Dort spricht der Zentrumspolitiker Ernst Lieber. Empfohlen werden ein Gebetsverein für Soldaten und, als Mittel gegen den Priestermangel, der 1884 gegründete Sankt-Leo-Verein, der begabte Gymnasiasten unterstützt. Windthorsts Vorschlag, die nächste Versammlung in Berlin abzuhalten, sorgt für Heiterkeit. Die Freiburger Versammlung ist in seinen Augen die „eminent wichtigste", sogar Kardinalstaatssekretär Mariano Rampolla bezeichnet sie als die „bisher prächtigste".

Geyer drängt dagegen auf eine militärische Aktion gegen den Sklavenhandel. „Der Islam ist eine Religion des Schwertes, und durch das Schwert muss er umkommen." Einen europäischen Sieg gegen den Mahdi kann er kaum erwarten. „An jenem Tage … werden uns die Neger entgegenkommen mit dem Rufe: Gegrüßt, ihr Befreier! Alle Freiheit kommt uns vom Christentum!"

Mit keinem Wort wird in Freiburg erwähnt, dass diese Freiheit auch in christlichen Ländern noch eine sehr neue Errungenschaft ist. Dabei ist die Enzyklika „In plurimis" weder an die Kolonialmächte adressiert noch an die afrikanischen Missionare, sondern an die Bischöfe Brasiliens. Am 13. Mai 1888 hat die „Lei Áurea", das „Goldene Gesetz", den etwa eine Million Sklaven in diesem durch und durch katholischen Land die Freiheit gebracht.

Gleich drei Bände seiner Reiseerzählungen lässt Karl May „Im Lande des Mahdi" spielen. Auf diesem Bucheinband von 1952 wird der Aufständische klischeehaft als muslimischer Bösewicht dargestellt.

Und erst als diese Entscheidung schon gefallen ist, meldet sich Leo XIII. zu Wort, lobt die Brasilianer und verurteilt bei dieser Gelegenheit quasi nebenbei auch den afrikanischen Sklavenhandel.

Nachdem sich auch noch der junge Kaiser Wilhelm II. das Anliegen zu eigen gemacht hat, bringt Windthorst am 14. Dezember 1888 höchstpersönlich einen Antrag „zur Bekämpfung des Negerhandels und der Sklavenjagden in Afrika" in den Reichstag ein. Der SPD-Abgeordnete Paul Singer lehnt ihn ab, er erklärt, er wolle der Regierung keinen Blankoscheck für „koloniale Abenteuer" geben. Windthorst ist eigentlich ähnlicher Meinung, aber nach dem Freiburger Katholikentag und der Gründung eines „Afrikavereins deutscher Katholiken" in Köln hat er beschlossen, sich an die Spitze der Bewegung zu stellen, die er nicht aufhalten kann. Der Kampf gegen die Sklaverei wird so zum Hebel, mit dem die Kolonialpolitiker die Katholiken auf ihre Linie bringen. Eine große Mehrheit des Reichstags stimmt Windthorsts Antrag zu.

Wenig später schlägt das Deutsche Reich einen Aufstand in Ostafrika, an dem auch Sklavenhändler beteiligt sind, gewaltsam nieder. So gehen die Bekämpfung der Sklaverei und die erneute, koloniale Unterwerfung der Bevölkerung Hand in Hand. Selbst der belgische König Leopold II. nutzt diesen Vorwand für seine brutale Ausbeutung der Menschen im Kongo, die Millionen Tote fordert.

Und auch Geyers Hoffnungen auf ein Eingreifen der Kolonialmächte im Sudan erfüllen sich. Der Kalif stirbt 1899 mit zahlreichen Anhängern im Kugelhagel britischer Maschinengewehre. Gut hundert Jahre später ist die Sklaverei, entgegen den Prophezeiungen Geyers, auch in den meisten Staaten mit mehrheitlich muslimischer Bevölkerung geächtet; ausgerechnet im bürgerkriegsgeplagten Sudan werden aber bis in die Gegenwart Menschen versklavt. Die Weißen Väter reden inzwischen jedoch nicht mehr von Kreuzzügen, sondern engagieren sich stark im islamisch-christlichen Dialog – 1992 moderiert das Ordensmitglied Werner Wanzura das erste Forum zum islamisch-christlichen Dialog auf einem Katholikentag.

36

Arbeiterschutz

KONSERVATIVE ELEMENTE IM POTT

Ausgerechnet Bochum … Erstmals tagt die Generalversammlung in einer landschaftlich wenig reizvollen Industriestadt, was nicht überall Begeisterung auslöst. „Der fremde Ort, die unbekannte Umgebung, die mir angesonnene Aufgabe … machten mich ängstlich", schreibt Georg von Hertling, Präsident der Veranstaltung, in seinen Memoiren. Auch der Paderborner Bischof Franz Kaspar Drobe ist angesichts des ersten Katholikentages in seiner Diözese nervös, zumal im Frühjahr 1889 der erste große Bergarbeiterstreik im Ruhrgebiet ausgerechnet von der Bochumer Zeche „Präsident" ausgegangen ist. „Da haben Sie sicher gedacht, wenn Sie des Abends von der Versammlung kämen, würde Ihnen eine verlumpte Sozialdemokratengestalt auflauern, mit einem halbangezündeten Bergmannslicht in der Hand und mit einer Hacke auf dem Rücken, um Sie gleich niederzuschlagen als konservatives Element", scherzt der Werdener Fabrikant Matthias Wiese beim abschließenden Festmahl.

Tatsächlich drohen die Katholiken gegenüber den Sozialdemokraten ins Hintertreffen zu geraten. Die – vom Zentrum abgelehnten – Sozialistengesetze, mit denen Bismarck seit 1878 die Sozialisten zu unterdrücken versucht, verfehlen ihr Ziel, ihr Ende ist absehbar. Franz Hitze, Reichstagsabgeordneter und Generalsekretär des Verbandes „Arbeiterwohl", kann in Bochum zwar verkünden, dass es inzwischen 282 katholische Arbeitervereine mit weit über 50.000 Mitgliedern gibt, aber: „Was wollen sie bedeuten gegenüber den 750.000 sozialdemokratischen Stimmen, die bei den letzten Reichstagswahlen abgegeben wurden …?"

Im Ruhrgebiet hat die Sozialdemokratie allerdings weniger Einfluss als etwa in Berlin, das Zentrum dagegen ist stark. Im fernen London beobachtet Friedrich Engels die Entwicklungen. Die Bergarbeiter im Ruhrgebiet seien bisher gute Untertanen gewesen, „patriotisch, gehorsam und religiös", sie hätten die besten Soldaten für die Infanterie des 7. Armeekorps gestellt, schreibt er. Doch jetzt sei ihr Glauben an den Kaiser und an den Pfarrer erschüttert. Der Streik, an dem sich schließlich 90 Prozent der Kumpel im Ruhrgebiet beteiligten, wurde aber noch nicht zentral von den Gewerkschaften organisiert. Und die Arbeiter waren durchaus bereit, die Spielregeln der konstitutionellen Monarchie zu beachten. Eine Delegation wurde sogar zum jungen Kaiser Wilhelm II. vorgelassen, der sich einige ihrer Anliegen zu eigen machte – gegen den Widerstand des sowieso schon geschwächten Reichskanzlers Otto von Bismarck.

Und wie steht die Zentrumspartei zum Streik? Ludwig Windthorst windet sich, verweist auf die laufenden Untersuchungen, die der Kaiser angeordnet hat, und wirbt mit unverbindlichem Pathos für Frieden und Liebe zwischen Arbeitnehmern und Arbeitgebern. Befriedigt stellt er fest: „Die Bevölkerung des Kohlebezirks … steht an Loyalität vor dem Gesetz, an Anhänglichkeit an die Kirche, an Gehorsam und Untertanenliebe zu dem Kaiser hinter keinem Teile Deutschlands zurück." Das bedeutet allerdings noch keine Kritik an den Streikenden, zumal der offizielle Bericht über den Katholikentag ihr „durchaus gesetzmäßiges" Verhalten betont. Viele Redner lassen Sympathien für ihre Anliegen erkennen. Matthias Wiese, führendes Mitglied im Verband „Arbeiterwohl", weist in seiner Rede darauf hin, dass die Arbeiter in erster Linie keine Lohnerhöhungen, sondern einen besseren Arbeitsschutz gefordert haben. Er möchte sich kein Urteil darüber erlauben, ob die Forderung nach einem Acht-Stunden-Tag umzusetzen ist, hofft aber, dass „die Betonung des Wunsches nach vermehrtem Arbeiterschutz" in Berlin nicht vergessen werde.

Ferdinand von Galen, der 1877 den ersten sozialpolitischen Antrag des Zentrums in den Reichstag eingebracht hat, gibt in seiner Rede einen Überblick über die Sozialpolitik seiner Partei. Die Ziele ähneln in vielem denen der Streikenden. Allerdings

WAS NOCH?

Freimaurer haben auf dem Campo de'Fiori eine Statue des Philosophen Giordano Bruno aufgestellt, der dort im Jahr 1600 als Ketzer verbrannt wurde. Sie blickt in Richtung Vatikan. Die Generalversammlung ist empört über diese „Beleidigung des Oberhauptes der Christenheit". Der Zentrumspolitiker Julius Bachem kritisiert, dass die deutschen Katholiken in Ministerien und Behörden, in der Justiz und an den Universitäten stark unterrepräsentiert sind. Alle Lehrbücher an katholischen Schulen sollen dem konfessionellen Charakter gerecht werden. Am Rande der Versammlung gründet sich der Verband katholischer Lehrer. Spenden werden für die „beraubten Klosterfrauen Italiens" und die Katholiken in Berlin erbeten. Der Katholikentag empfiehlt Volksmissionen und unterstützt Diözesan- und Provinzialkatholikentage. Auf Zustimmung stoßen auch die deutschen Missionen in der Südsee und die Gründung des „Afrika-Vereins deutscher Katholiken". Der gebürtige Syrer und Titularerzbischof von Edessa Ephrem Rahmani fordert die deutschen Katholiken zum Ausharren auf, damit es ihnen nicht ergehe wie den Christen im Orient. Pfarrer Wilhelm Tappert aus Covington in Kentucky lädt Windthorst in die USA ein. Grüße werden mit Katholiken in Italien, den USA, Spanien, Österreich-Ungarn, der Schweiz und Frankreich ausgetauscht. Georg von Hertling sieht in der Versammlung eine Manifestation der „völkerumfassenden Universalität der katholischen Kirche".

macht der Graf aus Dinklage traditionell den „Schutz des sittlich-religiösen Lebens in der ganzen Arbeiterbevölkerung" zum Ausgangspunkt seiner Argumentation. Das hat offenbar schon 1877 die Vertreter der anderen Fraktionen im Reichstag befremdet. Jedenfalls behauptet Galen selbst, sein Antrag sei nicht wegen der konkreten Forderungen gescheitert, sondern wegen der zugrundeliegenden Prinzipien.

Die Resolutionen des Bochumer Katholikentages bringen wenig Neues, außer der Empfehlung, dass Vereine und Organisationen Rechtsberatungen für Arbeiter anbieten sollen. Die Konservativen werden mit einem Appell zum „Festhalten an Standesbewusstsein und Familientraditionen" zufriedengestellt, das Zentrum wird für seine Arbeit gelobt und zum weiteren Kampf aufgefordert. Am 8. Mai 1891 ist es dann endlich so weit: Der Reichstag verabschiedet mit großer Mehrheit eine Änderung der Gewerbeordnung, das sogenannte Arbeiterschutzgesetz. Das bleibt zwar weit hinter den Forderungen der streikenden Kumpel zurück, bringt aber doch viele Verbesserungen, zum Beispiel das Ende der Sonntagsarbeit in der Industrie und erhebliche Einschränkungen der Kinder- und Frauenarbeit. Für die Einhaltung der Schutzmaßnahmen sorgt eine staatliche Gewerbeaufsicht. Das entspricht Forderungen, die das Zentrum und mit ihm die Katholikentage immer wieder erhoben haben.

37

Aufrüstung

WINDTHORST UND DER WELTFRIEDEN

In Koblenz vertritt die „kleine Exzellenz" noch einmal eine große Idee: Der Papst soll nach Ansicht von Ludwig Windthorst in Zukunft internationale Streitigkeiten schlichten. Das Thema hat gerade Konjunktur, denn das Wettrüsten verschlingt Unsummen an staatlichen Mitteln, die dann anderswo fehlen. Wenige Wochen zuvor haben sich in London der zweite Weltfriedenskongress und die „Interparlamentarische Union für internationale Schiedsgerichtsbarkeit" getroffen, und auch der ehemalige italienische Bildungsminister Ruggero Bonghi macht sich Gedanken über ein internationales Schiedsgericht.

Dass Windthorst den Papst ins Spiel bringt, ist auch mit Blick auf die Römische Frage geschickt. Denn um als unabhängiger Schiedsrichter auftreten zu können, bräuchte der Papst mehr denn je territoriale Souveränität. Die übliche Resolution zum Kirchenstaat wird daher auf Antrag Windthorsts ergänzt: Die Generalversammlung drückt ihre Überzeugung aus, dass die neue Weltstellung des Papstes „zur Aufrechterhaltung des Friedens, sowie zur Vermittlung der widerstreitenden Interessen der Völker und der Gesellschaftsklassen dasjenige leisten werde, was weltliche Macht nicht vermag".

Tatsächlich hat Papst Leo XIII. bereits einmal Erfolg gehabt: 1885 beendete sein Schiedsspruch den Konflikt des Deutschen Reiches mit Spanien über die Inselgruppe der Karolinen in der Südsee – also „in einem allerdings nicht gerade in großer Bedeutung sich darstellenden Falle", wie Windthorst distanziert anmerkt. Er hat gute Gründe, die Friedensmission nicht allzu sehr zu loben, war sie doch Teil von Bismarcks Plan, sich über Windthorsts Kopf hinweg mit dem Papst zu verständigen, um den Kulturkampf beizulegen.

Mit dem „Eisernen Kanzler" muss sich Windthorst inzwischen nicht mehr herumplagen. Dazu hat – Ironie der Geschichte – ausgerechnet ein versöhnliches Treffen der beiden im Frühjahr 1890 beigetragen. Bismarck gab offen zu, dass er Hilfe brauche, und stellte weitreichende Zugeständnisse in Aussicht, Windthorst gab gute Ratschläge. Die alten Intimfeinde schieden in gegenseitiger Hochachtung voneinander. Bismarck eröffnet Vertrauten, Windthorst sei privat ganz anders als im Reichstag. Und dieser erklärt mitfühlend: „Ich komme vom politischen Sterbebette eines großen Mannes." Als der Kaiser von dem Treffen erfährt, das Gerüchten zufolge ein jüdischer Bankier vermittelt hat, wittert er „ein Zusammengehen der Jesuiten mit den reichen Juden". Er stellt Bismarck in aller Frühe zur Rede, die

WAS NOCH?

Der Katholikentag sollte eigentlich in München stattfinden, wird aber wegen neuer Spannungen zwischen Staat und Kirche verlegt. Präsident Georg von Hertling erinnert an den Koblenzer Joseph von Görres. Die Versammlung erklärt, dass Lehrern die Mitgliedschaft in konfessionellen Vereinen nicht erschwert werden dürfe. Kinder sollen unterrichtsfrei bekommen, wenn sie zur Beichte gehen. Unterstützt werden Vereine für Jugendliche und für katholische Arbeiter-Kolonien, in denen Obdachlose und Haftentlassene unterkommen können. Die Versammlung empfiehlt die Teilnahme am internationalen katholischen wissenschaftlichen Kongress in Paris. Paramentenvereine sollen Arbeiterseelsorger an der Baustelle des Nordostseekanals mit liturgischen Gewändern versorgen. Ein Gesandter des Erzbischofs von Saragossa berichtet von der zweiten Katholikenversammlung in Spanien: Die Geistlichen hätten ein ¡Viva! auf Windthorst ausgebracht und dabei ihre Hüte hoch in die Luft geworfen, allerdings Probleme mit der Aussprache seines Namens gehabt. Eine Fahrt auf dem Rhein mit großem Feuerwerk fällt wegen eines heftigen Gewitters aus. Die rund 6.000 Menschen im aus Brettern gebauten Versammlungssaal haben Angst, bleiben aber ruhig.

beiden streiten heftig – und drei Tage später unterzeichnet der Kaiser das Entlassungsgesuch des Kanzlers.

Mit Bismarcks Nachfolger Leo von Caprivi möchte sich Windthorst von Anfang an gut stellen. Nicht zuletzt aus diesem Grund stimmt er im Reichstag Plänen der Regierung zur Aufrüstung des Deutschen Reichs zu – eine radikale Kehrtwende, opponiert das Zentrum doch sonst so oft es geht gegen den preußischen Militarismus. Der Sozialist August Bebel wirft der Partei den Bruch von Wahlversprechen vor.

Vor diesem Hintergrund wirkt die Idee des päpstlichen Schiedsgerichts wie eine Kompensation für die Rüstungspolitik des Zentrums. Internationale Friedenspläne und nationale Aufrüstung, wie geht das zusammen? In Koblenz muss Windthorst sich rechtfertigen: „Wenn es gilt, den Boden des Vaterlandes zu verteidigen und unsern schönen Rhein, so gibt es keine Parteien in Deutschland", erklärt er schon bei der Begrüßung. Jede Rüstungsausgabe sei ein Malheur – aber dennoch oft notwendig. „Solange die Großmächte, die rund um uns sind, gerüstet dastehen, auf den Moment wartend, wo sie uns zweckmäßig überfallen können, kann von einer solchen Abrüstung kaum die Rede

sein." Der greise Windthorst schließt seine Rede mit dem Wunsch, ihm ein freundliches Andenken zu bewahren und für ihn zu beten, falls er nicht wiederkäme. Ein halbes Jahr später stirbt er im Alter von 79 Jahren.

Am Ende des Jahrhunderts wird Karl Heinrich zu Löwenstein Windthorsts Idee vom Papst als Schiedsrichter noch einmal aufgreifen. Doch Windthorsts Nachfolger Ernst Lieber unterstützt den Flottenbau des Kaisers, das Wettrüsten nimmt immer mehr an Fahrt auf und führt schließlich zur Katastrophe des Ersten Weltkrieges. Jetzt zeigt sich, dass die Idee eines friedensstiftenden Papstes gar nicht so weltfremd ist, wie es Vielen scheint: Die Friedensinitiative Benedikts XV. im Jahr 1917 bringt dem Heiligen Stuhl zwar eine diplomatische Niederlage ein, steigert aber das Ansehen des Papsttums erheblich.

38

Minderheiten

DEUTSCHLANDS POLNISCHE KATHOLIKEN

Was sollen die knapp drei Millionen Polen im Deutschen Kaiserreich vom „Volksverein für das katholische Deutschland" halten, der dem Kampf gegen die Sozialdemokratie eine Massenbasis verschaffen soll? Danzig ist der richtige Ort, um diese Frage zu diskutieren. Die Bevölkerung der Stadt selbst ist zwar überwiegend deutschsprachig, aber das Umland ist stark polnisch und kaschubisch geprägt. Der neue Verein sei auch für die polnischen Landesteile bestimmt, betont dessen zweiter Vorsitzender Karl Trimborn. Man plane bereits die Herausgabe polnischer Flugschriften. Und ganz selbstverständlich betrachte man es als Anstandspflicht, sich „jedweder Germanisierungsbestrebungen" zu enthalten. Alles andere wäre „unzweckmäßig und unwürdig".

Otto von Bismarck ist da anderer Meinung. Er hat alles getan, um die ehemals polnischen Gebiete im Deutschen Reich zu „germanisieren". So ließ er Deutsche ansiedeln und den Schulunterricht in polnischer Sprache verbieten. Mitte der 1880er-Jahre wurden zigtausende zugezogene Polen vertrieben – Windthorst versuchte damals vergeblich, Leo XIII. zu einem Protest zu bewegen. Bismarck gelang es sogar, die polnischen Diözesen bei der Beilegung des Kulturkampfes zu benachteiligen. Der Erzbischof von Posen und Gnesen Mieczysław Halka Ledóchowski wurde aus dem Amt gedrängt und durch einen deutschen Nachfolger ersetzt. Seit dessen Tod im Mai 1890 ist der Bischofsstuhl vakant, wie der württembergische Katholikentagspräsident Otto von Rechberg kritisch anmerkt.

In der Zentrumspartei hat die Polnische Fraktion des Reichstages einen engen Verbündeten gefunden. Auch die Organisatoren des Danziger Katholikentages bemühen sich, den polnischen Teilnehmern gerecht zu werden. So gibt es eine fünfte öffentliche Versammlung in polnischer Sprache, und zu einem der Vizepräsidenten wird Hektor von Kwilecki bestimmt, Mitglied der Polnischen Fraktion im Reichstag. Zum wiederholten Male fordert die Versammlung, dass der Religionsunterricht in der Muttersprache zu erteilen ist. Nach langem Abwägen wird darauf verzichtet, allgemein muttersprachlichen Unterricht an Volksschulen zu fordern, vor allem, damit der Beschluss der Versammlung mit einem Antrag des polnischen Abgeordneten Florian von Stablewski in der Schulkommission des preußischen Landtages übereinstimmt. Stablewski wird kurz darauf neuer Erzbischof von Posen und Gnesen.

Wie viel Feingefühl im Umgang mit der polnischen Minderheit erforderlich ist, zeigt sich, als die Empfehlung des Volks-

WAS NOCH?

Auf der Bühne stehen drei Büsten: wie immer Papst und Kaiser, in der Mitte aber dieses Mal die „kleine Exzellenz". Die Katholiken sollen für die von Windthorst geförderte Marienkirche in Hannover und sein Denkmal im emsländischen Meppen spenden, wo er seinen Wahlkreis hatte. Die Gedächtnisrede auf den Verstorbenen hält der neue Zentrumsvorsitzende Ernst Lieber. Die Versammlung dankt Leo XIII. für die Sozialenzyklika „Rerum novarum" und Wilhelm II. für die Arbeiterschutzgesetze, unterstützt den Bau gesunder und billiger Arbeiterwohnungen und warnt vor den Gefahren der „Sachsengängerei", der Saisonarbeit vor allem von Polen. Studenten sollen zum 400. Todestag des heiligen Aloysius nach Rom pilgern. Erstmals begrüßt mit Karl Baumbach von der Deutsch-Freisinnigen Partei ein Oberbürgermeister die Versammlung, der nicht dem Zentrum angehört. Er wird mit stürmischem Beifall begrüßt. Der seit fast zwanzig Jahren abgesetzte preußische Militärbischof Franz Adolf Namszanowski schimpft heftig auf liberale und aufgeklärte Katholiken, bevor er den Schlusssegen erteilt. Die beiden Tagungsorte, das Wilhelm-Theater und das Schützenhaus, sind durch eine Pferdebahn miteinander verbunden. Zum Rahmenprogramm zählen eine Dampferfahrt und ein Ausflug zur Marienburg.

Sprachliche Minderheiten im Deutschen Reich

Abstimmungsgebiete 1920–1922 (rot gestrichelt)
1918–1922 abgetreten (schwarze Linie)
Saargebiet unter Verwaltung des Völkerbundes (von 1920–1935)

Polnisch (3 086 489)
70–100%
50–69,9%
10–49,9%
5–9,9%

Masurisch (142 049)
30–49,9%
10–29,9%

Französisch (211 679)
50–69,9%
10–29,9%
5–9,9%

Dänisch (141 061)
70–100%
30–49,9%
5–9,9%

Tschechisch und Mährisch (107 398)
5–9,9%

Litauisch (106 305)
50–69,9%
30–49,9%
5–9,9%

Kaschubisch (100 213)
50–69,9%
30–49,9%
5–9,9%

Wendisch (Sorbisch) (93 032)
50–69,9%
30–49,9%
5–9,9%

Holländisch (80 361)
5–9,9%

Italienisch (65 930)
5–9,9%

Friesisch (20 677)
10–29,9%

Wallonisch (11 872)
10–29,9%

vereins diskutiert wird. Dessen „Unterstützung und Förderung" sei eine „dringliche Pflicht der deutschen Katholiken", heißt es ursprünglich. Doch dann wird darauf hingewiesen, dass es immer schwierig sei, in den großen deutschen Vereinen die Bedürfnisse der polnischen Bevölkerung zu berücksichtigen. Der Ausschuss möchte daher den Polen die Möglichkeit einräumen, die Ziele des Volksvereins auf anderen Wegen zu verfolgen. Im

Das Deutsche Kaiserreich umfasst viele Minderheiten, die eine andere Sprache als Deutsch sprechen. Nach dem Ersten Weltkrieg werden viele der entsprechenden Gebiete vom Reich abgetrennt, wie diese Karte zeigt.

Beschluss ist schließlich unverbindlicher von der Unterstützung und Förderung der *Bestrebungen* des Volksvereins die Rede – und von *allen* Katholiken statt nur den deutschen.

97

Handwerker

DER GEREIZTE STAND

Mit der Gewerbefreiheit, die spätestens seit der Reichsgründung überall in Deutschland eingeführt worden ist, haben sich die meisten Handwerker nicht angefreundet. Ludwig Pleß aus Mühlheim, Besitzer einer Buchdruckerei, behauptet in Mainz, das Wesen dieser Freiheit sei das „Vorrecht des Starken, den Schwachen um die Ecke zu bringen". Sie sporne dazu an, nur an sich zu denken und sich nicht mit seinem Lebensunterhalt zufriedenzugeben, sondern reich werden zu wollen. In der Folge gebe es einige Glückliche, aber allgemein herrsche Unzufriedenheit, Bitterkeit und Gereiztheit.

Die industrielle Massenproduktion, die vielen Handwerkern die Preise verdirbt, ist nicht aufzuhalten. Umso mehr wächst die Sehnsucht nach den Zünften des Mittelalters und der Frühen Neuzeit. Seit den Zeiten Adolph Kolpings bilden die Handwerker eine wichtige Basis des sozialen und politischen Katholizismus. Das droht sich jetzt zu ändern: Die Sozialdemokraten sind auf dem Vormarsch.

Zwei Forderungen erheben die Handwerker immer wieder: die verpflichtende Mitgliedschaft in Innungen und ein Befähigungsnachweis, der zumindest Voraussetzung sein soll, um Lehrlinge und Gesellen auszubilden. Die Zentrumsfraktion im Reichstag hat sich diese Anliegen zu eigen gemacht und mit den Konservativen eine Mehrheit im Reichstag zusammengebracht. Die Vertreter der deutschen Regierungen im Bundesrat, die dem Gesetzentwurf zustimmen müssen, lehnen ihn jedoch ab. Das erklärt ihr Bevollmächtigter Karl Heinrich von Boetticher auf eine Anfrage des katholischen Sozialpolitikers und Reichstagsabgeordneten Franz Hitze.

Die Generalversammlung in Mainz, auf der Hitze die Kommission für die Soziale Frage leitet, bedauert diese Abfuhr ausdrücklich. Sie betont noch einmal die Dringlichkeit, Lehrlings-, Gesellen- und Meisterprüfungen gesetzlich zu regeln

WAS NOCH?

Mehrere Redner kritisieren heftig, dass in Preußen ein vom Zentrum unterstützter Entwurf für ein Schulgesetz am Widerstand des Königs gescheitert ist. Burghard von Schorlemer-Alst verlangt „in allem den christlich-germanischen Staat". Die Spekulation mit Lebensmitteln soll verboten werden. Die Versammlung empfiehlt, weitere „Vereine christlicher Mütter" sowie Vereine für Lehrlinge und Gehilfen im Handel ins Leben zu rufen, und beschließt die Gründung der „Gesellschaft für christliche Kunst". Ein Komitee soll gegen die „schreiende Kirchen- und Seelsorgnot Berlins" kämpfen. Beklagt wird die „antichristliche Weltanschauung" an den Hochschulen. „Die Christenheit betrachtet es seit den Tagen Julians als eine grausame Verfolgung, wenn den Söhnen christlicher Eltern der Zugang zur höheren Bildung nur um den Preis ihres Glaubens ermöglicht ist", heißt es in einem Beschluss. Unterstützt werden Trappisten, die sich in Bosnien niedergelassen und für Siedler aus Deutschland Kolonien namens Ober-, Mittel- und Unterwindthorst gegründet haben. Der Volksverein wird als Windthorsts „Testament an das katholische Volk" bezeichnet – tatsächlich hat die „Perle von Meppen" Pläne konservativer Katholiken vereitelt, den Verein zu einer Waffe im Kampf gegen die Protestanten zu machen. Die Teilnehmer des Katholikentags unternehmen eine Rheinfahrt und eine Wallfahrt auf den Bingener Rochusberg. Zum 50. Jubiläum der Bischofsweihe Leos XIII. 1893 sind Spendensammlungen, Pilgerfahrten und Feste geplant.

und das Handwerk körperschaftlich zu organisieren. „Wir dürfen nicht nachlassen, wir müssen als Handwerker wohl bedenken, dass eine Eiche nicht auf den ersten Streich fällt, sondern dass es vieler Mühen bedarf, um doch endlich das Ziel zu erreichen", fordert der Schreinermeister Jakob Euler aus Bensberg.

Tatsächlich zahlt sich der lange Atem der Handwerker aus. Ab 1897 werden nach einer Änderung der Gewerbeordnung die Handwerkskammern gegründet, die Mitgliedschaft in ihnen ist – anders als in den Innungen – Pflicht. 1908 kommt der „Kleine Befähigungsnachweis", seitdem dürfen nur noch Meister Lehrlinge ausbilden; 1935 führen die Nationalsozialisten den „Großen Befähigungsnachweis" ein, was bedeutet, dass nur noch

War das Handwerkerdasein einmal so idyllisch? „Die fleißige Tischlerfamilie", Gemälde von Johann Baptist Reiter aus den Jahren um 1835. Viele Handwerker sehnen sich nach den alten Zeiten zurück und kämpfen auf den Generalversammlungen für ihre Interessen.

Meister einen Betrieb führen dürfen. Bis heute sind die meisten Handwerke zulassungspflichtig. Und wie ehemals das Zentrum geben sich jetzt CDU und CSU als ihre Anwälte: 2003 beschneiden die unionsgeführten Länder im Bundesrat die Pläne der rot-grünen Regierungskoalition, den „Meisterzwang" zu lockern.

VOM PAPST GEKIDNAPPT

1893 tritt auf dem Katholikentag in Würzburg ein Mann auf, der im Zentrum des größten Skandals im Kirchenstaat des 19. Jahrhunderts stand: Edgardo Mortara. Als Säugling ist er, ein Kind jüdischer Eltern in Bologna, 1852 insgeheim notgetauft worden, von einer christlichen Magd, die ihn für lebensbedrohlich erkrankt hielt. Da eine Taufe nach katholischem Kirchenrecht zwingend eine katholische Erziehung verlangt, lässt der Papst ihn als Sechsjährigen aus seiner Familie entführen. Edgardo Mortara wächst von nun an in einem römischen Kolleg auf. Die verzweifelten Eltern ziehen vor Gericht, die internationale Presse schäumt, Napoleon III. protestiert. Doch Pius IX. bleibt hart, selbst gegen den Rat seines Kardinalstaatssekretärs, und nimmt sich persönlich des Heranwachsenden an. Nicht zuletzt wegen dieses Skandals werden noch im Jahr 2000 viele Juden, aber auch Christen gegen seine Seligsprechung protestieren.

Und wie steht der erwachsene Mortara zu seiner Geschichte? Wird er zum Papsthasser, der mit den Liberalen für das Ende des Kirchenstaates kämpft? Ganz im Gegenteil. 1870 nehmen die italienischen Truppen Rom ein und lösen das dortige Ghetto auf – das letzte in Europa. Mortara aber flieht ins Ausland, wird Augustiner-Chorherr, empfängt die Priesterweihe und widmet sich nicht zuletzt der Missionierung von Juden. „Er ist auf ganz sonderbare Weise mein Vater geworden", sagt er in Würzburg über Pius IX. Mortara lobt den deutschen Katholizismus über alle Maßen für seine Einheit und seine Großzügigkeit und bittet die „kolossale Versammlung" um Spenden für seinen Orden. Vehement widerspricht er der Ansicht, er sei ein Märtyrer, ein Opfer der Jesuiten. „Durch die Gnade Gottes bin ich, was ich bin", sagt er. „Der Betonung dieses übernatürlichen Rechts der Kirche, wie es Pius IX. so hervorhebt, habe ich es zu verdanken, dass ich heute ein Christ, ein Katholik bin, dass ich der katholi-schen Kirche angehöre." Die Versammlung spendet ihm stürmischen Beifall.

Außerhalb Würzburgs sorgt der Auftritt dagegen für Kopfschütteln. Im Katholizismus gibt es nicht nur einen religiös argumentierenden Antisemitismus, der die Juden als Gottesmörder verunglimpft. Viele katholische Antisemiten verachten gerade die liberalen, wenig religiösen Juden als vermeintliche Anstifter des Kulturkampfs und Profiteure der neuen wirtschaftlichen Ordnung. Damit wird Politik gemacht. Ludwig Windthorst hat sich aber wiederholt für die Rechte der Juden in Deutschland eingesetzt. Der Auftritt Mortaras wäre kaum in seinem Sinne

WAS NOCH?

Erstmals schickt die Generalversammlung nicht nur ein Huldigungstelegramm an den Papst, sondern auch an Kaiser Wilhelm II., das dieser freundlich beantworten lässt. Der Würzburger Theologe Hermann Schell wendet sich gegen den Pantheismus in den Geisteswissenschaften. Die Versammlung empfiehlt Bauernvereine und „Arbeiterinnenvereine zugleich mit Handarbeits- und Haushaltungsunterricht". Auch Heer und Marine haben die Sonntagsruhe einzuhalten. Katholische Vereine dürfen die „farblose", überparteiliche Presse nicht durch Anzeigen unterstützen. Neue Vereinigungen sollen mit „allen erlaubten Mitteln" der Unsittlichkeit im Theater, von Auslagen und in Publikationen entgegentreten. Die Versammlung fordert katholische Parität an Schulen und im Beamtentum. Empfohlen werden die Oblaten im niederländischen Valkenburg und die Mission der Pallottiner in Kamerun. Der Kirchenhistoriker Albert Ehrhard gibt anlässlich des Eucharistischen Kongresses in Jerusalem einen Überblick über die Kirchen im Osten. Pater Alois Schoch, Apostolischer Präfekt in Transvaal, berichtet aus Südafrika, wo die „Kaffern" die Fremden „nicht gern im Lande haben".

gewesen. Das kirchenkritische Satireblatt „Kladderadatsch" lässt ihn den Würzburger Katholikentag daher aus dem Jenseits kommentieren: „Wie kann man sich nur so ungeschickt / Benehmen! Immer bunter / Geht es in meinem Zentrum zu, / O dürft ich wieder hinunter!"

Die Entführung des kleinen Edgardo Mortara im Auftrag des Papstes sorgte weltweit für Empörung. Der jüdische Maler Moritz Daniel Oppenheim griff das Ereignis 1862 mit diesem Gemälde auf. In Würzburg stellt der inzwischen zum Priester geweihte Mortara 1893 seine Sicht der Dinge dar.

41

Metropolen

STADT DER LIEBE? STADT DER SÜNDE!

Paris, ein Sehnsuchtsort? Nicht für Pater Stephan Dosenbach, Leiter der dortigen Sankt-Joseph-Mission für Deutsche. An der Seine, so der Jesuit, stehe „allem Bösen Tür und Tor offen", es sei dort so gut wie unmöglich, der Verführung auszuweichen. „Glauben Sie ja nicht, verehrteste Herren, dass ich übertreibe, wenn ich sage, dass die Mehrzahl der jungen Leute, die nach Paris gehen, dem verlorenen Sohne folgt, dass das Laster mit der

WAS NOCH?

Das Lokalkomitee hat vorab eine sozialpolitische Kommission gebildet, um ein Bündel von Anträgen zur Sozialen Frage vorzubereiten. Paul Haffner, inzwischen Bischof in Mainz, berichtet dem Münchener Nuntius besorgt von Differenzen unter den katholischen Sozialpolitikern. Er schlägt vor, dass der Papst an den Katholikentag schreibt, er sorge sich seit dem Tod Windthorsts um die Einheit des Zentrums. In dem üblichen Schreiben ans Lokalkomitee belässt Leo XIII. es aber bei einer nachdrücklichen Ermahnung zur Einigkeit. Die Anträge zur Sozialen Frage werden schließlich unter stürmischem Beifall einstimmig angenommen. Neben Altbekanntem fordern sie Vieles, was zum Teil erst Jahrzehnte später umgesetzt wird: eine Absicherung gegen Arbeitslosigkeit, eine berufsgenossenschaftliche Organisation der Landwirtschaft, ein Gesetz zur Bekämpfung unlauteren Wettbewerbs und Arbeiter-Ausschüsse in größeren Fabriken. Begrüßt wird auch die Einrichtung von Fachabteilungen in Gesellen- und Arbeitervereinigungen. Theodor Kochmeyer, Präses der Gesellenvereine der Diözese Münster, spricht sich in einem Vortrag aber für überkonfessionelle Gewerkschaften aus. Die Versammlung fordert die Zulassung bischöflicher höherer Schulen. Erstmals weist sie auf die „Missionsgesellschaft für das heidnische Indien" hin. Der „Bekennerbischof" Clemens August Droste zu Vischering soll ein Denkmal im Dom erhalten. Es werden fast 3.500 Mitgliederkarten verkauft.

**Sieht so ein anständiges katholisches Mädchen aus?
Der Maler Henri de Toulouse-Lautrec hat mit dieser Zeichnung im Jahr 1894 die gefeierte Sängerin Yvette Guilbert verewigt.**

In den Augen vieler deutscher
Katholiken die Hauptstadt der Sünde: Paris,
hier in einer Stadtansicht um 1890.

Unerfahrenheit und Sorglosigkeit von Tausend und Tausend Mädchen mittleren und niedrigen Standes, die jährlich in Paris Dienst suchen, ein leichtes Spiel hat."

Dosenbach hat diese Warnung 1868 auf dem Katholikentag in Bamberg ausgesprochen. Jetzt ist er gestorben, und der Lazaristen-Pater Hubert Kreutzer, Leiter der zweiten deutschsprachigen Pariser Gemeinde Sankt Elisabeth, ist nach Köln gekommen, um an ihn zu erinnern und sein Werk fortzuführen. Die Generalversammlung kommt ihm gerne entgegen. Sie warnt „deutsche Jünglinge und Jungfrauen", nicht ohne Aussicht auf einen guten Verdienst in ausländische Großstädte zu reisen, vor allem nicht nach Paris. Falls sie es doch tun, sollen sie sofort mit der Josephs- oder Elisabeths-Mission in Verbindung treten und sich bei der Suche nach einer Unterkunft helfen lassen. „Die Unterlassung dieser Punkte hatte und hat gewöhnlich viel Schaden und Elend an Leib und Seele der Betreffenden zur Folge", heißt es in dem Beschluss.

Die Zahl der deutschsprachigen Katholiken in Paris, einschließlich der Elsässer und Lothringer, wurde 1868 auf bis zu 200.000 geschätzt. Rund 30.000 von ihnen engagierten sich in den „Missionen", die im Grunde Gemeinden für die deutschen Katholiken darstellen, mit Kirchen, Schulen und Vereinen. Es geht darum, den Glauben der Zugezogenen zu bewahren, ihnen materielle Hilfe zu leisten und sie vor der „Unsittlichkeit" zu bewahren, womit insbesondere die Prostitution gemeint ist, die auf den Katholikentagen bisher zumeist nur in ängstlichen Umschreibungen Erwähnung findet.

Schon 1851 waren die deutschen Katholiken in Paris Thema auf dem Katholikentag. 1862 gründete die Generalversammlung zur Unterstützung der Deutschen in Großstädten des Auslands den Aachener Sankt-Joseph-Verein, der den Gläubigen seitdem fast jedes Jahr anempfohlen wird. Dieser widmet sich auch den Deutschen in London und im Auswandererhafen Le Havre, später zudem in Lyon, Marseille, Brüssel, Lüttich, Verviers, Konstantinopel und San Remo.

Millionenstädte wie Paris und London gab es Mitte des 19. Jahrhunderts in Deutschland noch nicht. Doch inzwischen lauern die Gefahren der Großstadt auch in den rasant wachsenden Metropolen des Reichs. Die Versammlung in Köln diskutiert daher, die Jugendlichen auch vor Berlin zu warnen. Schließlich verabschiedet sie noch einen zweiten, allgemein gehaltenen Beschluss mit Blick auf die katholischen Mädchen, die Jahr für Jahr vom Land in die Großstädte strömen. 1895 entsteht in München ein Mädchenschutzverein, und 1898 empfiehlt die Generalversammlung erstmals den Internationalen katholischen Mädchenschutzverband. Im 19. Jahrhundert erhalten schließlich Fürsorgevereine großen Zulauf, die sich um bereits „gefallene" Mädchen und Frauen kümmern, die vor der Ehe ihre Jungfräulichkeit verloren haben. Dem Kampf gegen die Prostitution widmet sich die Generalversammlung erstmals 1910 ausdrücklich.

42

Alkohol

ABSTINENZLER IM BRAUHAUS

Anton Hauser sorgt in München für Heiterkeit. In einer der geschlossenen Versammlungen bittet er um Mitleid, denn die von ihm beantragte Resolution sei schwer zu vertreten „in einer Stadt, die am Bierstrome liegt". Der Geistliche Rat aus Augsburg möchte, dass die Generalversammlung die Mäßigkeitsbewegung unterstützt, die vor allem den Konsum von zu viel Alkohol bekämpft. Sie soll außerdem die „immer mehr überhandnehmende Genusssucht" sowie die „allzu häufige Veranstaltung von Festlichkeiten" als „schwere Schädigung des Familienlebens im Volke und deshalb eine große soziale Gefahr" verurteilen. Zudem seien die katholischen Vereine selbst zu ermahnen, „allem Übermaß im Vergnügungsleben beharrlich entgegenzutreten und bei eigenen Festlichkeiten eines allzu großen Aufwands sich zu enthalten".

Hauser wendet sich nicht nur gegen den Schnaps-, sondern auch gegen den übermäßigen Bierkonsum. Er sieht in der Mäßigkeitsbewegung eine Frage des Gewissens, die „von entscheidender Bedeutung über Sein oder Nichtsein eines Volkes" sei. Die Unmäßigkeit fülle Armen-, Kranken-, Leichen-, Irren- und vor allem Zuchthäuser, führt er aus. Sein Antrag wird ohne weitere Diskussion angenommen. Der Ausschuss bittet Hauser sogar, auf dem kommenden Katholikentag in öffentlicher Versammlung über die Mäßigkeitsbewegung zu sprechen.

Das Thema ist tatsächlich brisant: Im 19. Jahrhundert sind das Elend groß und das Hochprozentige billig; Alkoholkonsum gehört zum Alltag, die Abhängigkeit ist weit verbreitet. Einige „Sozialhygieniker", die mit ihrem zynischen Sozialdarwinismus im ausgehenden 19. Jahrhundert die Medizin prägen, halten den Alkoholismus für nützlich, da er die „Minderwertigen ausmerze". Andere fürchten, dass auch das Erbgut der „Hochwertigen" durch Alkoholmissbrauch Schaden nehmen könnte.

Währenddessen haben sich im Kampf gegen den Alkoholismus in den USA schon 1851 die Guttempler organisiert, das Deutsche Reich hat angesichts der „Branntweinpest" 1887 die Steuern auf Spirituosen deutlich erhöht, und die deutschen Protestanten haben 1892 das „Blaue Kreuz" gegründet. Auch die Katholiken stehen nicht abseits. In Nordwestdeutschland kämpft etwa Kaplan Johannes Mathias Seling, ein alter Freund Windthorsts, früh gegen den übermäßigen Alkoholkonsum, und 1865 empfiehlt die Generalversammlung erstmals Mäßigkeitsbruderschaften. 1896 wird der Priester Josef Neumann in Aachen dann den

WAS NOCH?

Die Versammlung fordert Gesetze gegen den „Wucher mit Grund und Boden". Junge Arbeiter auf dem Land sollen nicht in die Stadt ziehen. Karl Bachem thematisiert anlässlich des Todes von Friedrich Engels den Kampf zwischen Christentum und Sozialismus, der sich nach seiner Ansicht „auf deutscher Erde" entscheiden wird. Der Gymnasialdirektor Georg Orterer verurteilt die Betonung von Gemeinsamkeiten zwischen Mensch und Tier und die Übertragung des Darwinismus auf die Soziologie. Die Versammlung fordert den Bau von Wohnungen für Arbeiter und „Volksbüros", die eine Rechtsberatung für Arbeiter bieten. Sie beklagt Versuche, die „leider oft mit Erfolg" darauf zielen, Lehrer und Geistliche zu entzweien, und protestiert gegen Volksschullesebücher, die für alle Konfessionen gedacht sind. Gefordert werden bischöfliche Schulen, die den staatlichen gleichgestellt sind. Geistliche Schulinspektoren sollen regelmäßig zu Konferenzen zusammenkommen. Junge Katholiken werden aufgefordert, verstärkt im Handel zu arbeiten. Obdachlosen in Asylen soll es ermöglicht werden, ihre religiösen Pflichten zu erfüllen. Die eigene Zeitung des Katholikentags erscheint in neun Nummern mit einer Auflage von jeweils mindestens 3.000 Exemplaren.

„Katholischen Verein gegen den Missbrauch geistiger Getränke" gründen, aus dem sich der Kreuzbund entwickelt.

Als sein Antrag angenommen ist, lobt Hauser die Klugheit des Lokalkomitees, in München noch keine öffentliche Rede über die Mäßigkeitsbewegung ins Programm aufzunehmen. Eine solche hätte auch unfreiwillig komisch gewirkt, denn die Versammlungen finden ausgerechnet in der großen Halle des Bürgerbräuhauses statt. Abend für Abend stehen gesellige Zusammenkünfte im Kellersaal oder im Garten auf dem Programm, die Trinksprüche beim abschließenden Festmahl sind Tradition. Und schon die Ausführungen Hausers in geschlosse-

ner Versammlung bieten dem Satireblatt „Kladderadatsch" genügend Angriffspunkte für ein langes Spottgedicht. Es endet: „Und es hob ein Pokulieren / Unter all den Frommen an. / Hauser, ohne sich zu zieren, / Trank als wie ein deutscher Mann. / Merkt es: Sitzt beim vollen Fass er, / Treibt's der Prediger wie wir. / Nur die Predigt schmeckt nach Wasser, / Doch ihm selber schmeckt das Bier!"

43

Arbeiterfamilien

WO DIE GIFTBLUMEN WUCHERN

Ach, diese Jugendlichen! Sie respektieren die Autorität der Eltern nicht, lösen sich immer früher von ihren Familien, opfern ihr Geld der Vergnügungssucht und neigen zu leichtsinnigen Heiraten mit all ihren „sittlichen und wirtschaftlichen Folgen". Die Generalversammlung in Dortmund glaubt, die Ursachen erkannt zu haben: Das Problem sei die zu frühe wirtschaftliche Unabhängigkeit durch uneingeschränkte Verfügung über den verdienten Lohn, heißt es in einem Beschluss.

Im Mittelpunkt des Dortmunder Katholikentages steht einmal mehr die Soziale Frage, „ganz der Zeit und dem Orte entsprechend", wie es schon in der Einladung heißt. Gleichzeitig geht es um die Rettung der traditionellen christlichen Familie nach der industriellen Revolution. „Woher stammt denn die große, namentlich bei der heranwachsenden Generation immer mehr zunehmende Schar der sozialen Untugenden: die Unbotmäßigkeit und Missachtung der Autorität, die Selbstsucht und Pietätlosigkeit, die Abneigung gegen Überwindung und Anstrengung, die Unverträglichkeit, die Vergnügungs- und Genusssucht?", fragt der Fabrikbesitzer August Vogeno aus Haaren bei Aachen und gibt auch gleich die Antwort: „Sie alle sind Giftblumen, die in den meisten Fällen emporwuchern aus dem faulen Boden eines zerrütteten Familienlebens." Die verwahrlosten Kinder würden „erst eine Plage der Eltern und der Schule und dann eine Plage der Gesellschaft".

Die Maßnahmen, die der Arbeitgeber Vogeno empfiehlt, sind vielfältig: Er möchte kürzere Arbeitszeiten für Arbeiter, damit diesen Zeit für die Kindererziehung bleibt, und insbesondere ein strenges Verbot der Sonntagsarbeit. Die Löhne sollen so weit steigen, dass sie für die Ernährung einer Familie ausreichen. Im Gegenzug möchte Vogeno Müttern die Fabrikarbeit verbieten. Die Frau soll ihrem „wahren Wirkungskreise, den Gott und die Natur ihr angewiesen, dem Hause", wiedergegeben werden.

WAS NOCH?

Der Dortmunder Katholikentag markiert einen weiteren Meilenstein auf dem Weg hin zur Massenveranstaltung. Eingeleitet wird er durch das 16. Verbandsfest der örtlichen katholischen Vereine mit 25.000 Teilnehmern. Der Fredenbaum, einer der größten Säle Deutschlands, ist zu klein. Die Redner der dritten öffentlichen Versammlung sprechen daher abwechselnd auch noch auf einer Parallelveranstaltung in der Hobertsburg. „Abscheu und Entrüstung" rufen die Massaker an Armeniern im Osmanischen Reich hervor, denen wahrscheinlich Hunderttausende zum Opfer gefallen sind. Nach einem Machtwort des Papstes soll der deutsche Zweig des Kindheit-Jesu-Vereins sich nicht von der Zentrale in Paris abspalten. Erstmals erwähnt die Versammlung den Windthorstbund, aus dem sich die Nachwuchsorganisation des Zentrums entwickelt, den Schutzengel-Verein zur Rettung verwahrloster deutscher Kinder und den Düsseldorfer Verein zur Verbreitung religiöser Bilder. Empfohlen wird die Gründung von Rektoratsschulen, die die unteren Klassen des Gymnasiums umfassen. Gesetzänderungen zur Eheschließung und -trennung sind der Versammlung zufolge nicht ohne Zustimmung der katholischen Kirche möglich. Ein Antrag, den „übertriebenen widerlichen Hochzeitsfeiern in den Sonntag hinein Einhalt zu tun", wird zurückgezogen. In einem Bericht an den Nuntius in München bedauert der Zentrumspolitiker Karl Bachem, dass meistens nur die Ortsbischöfe an den Katholikentagen teilnehmen. Das schade der Schlagkraft der Katholiken in Deutschland.

Die durchschnittlichen Jahresverdienste von Arbeitnehmern in Industrie, Handel und Verkehr

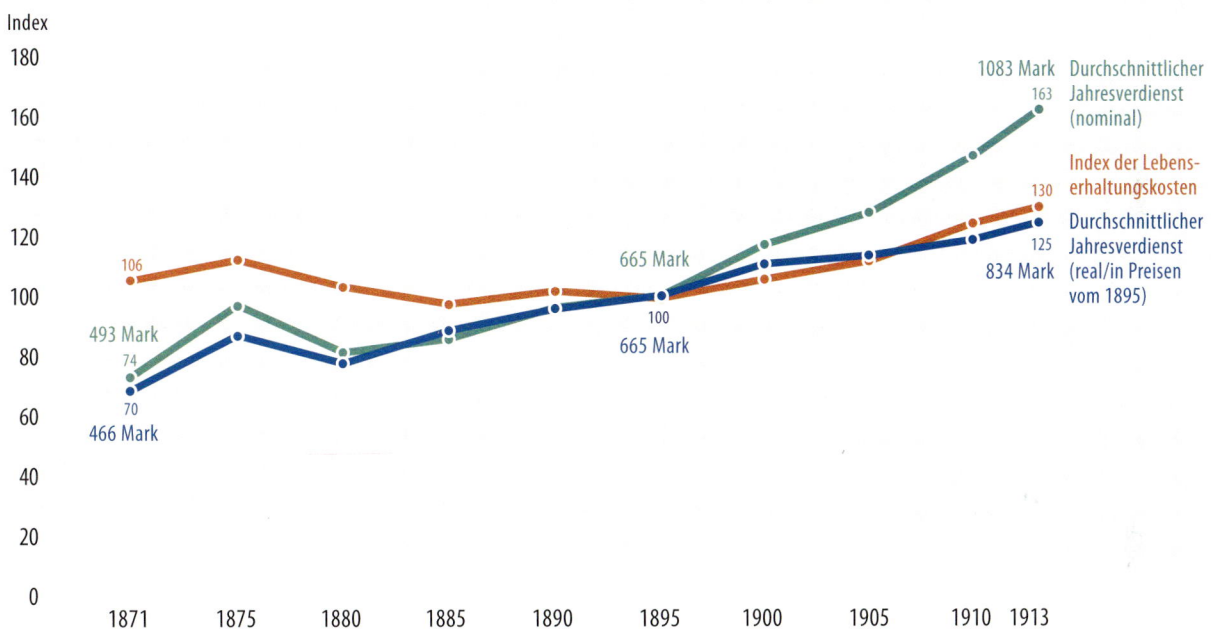

Damit liegt Vogeno ganz auf der Linie der Generalversammlung. Diese verabschiedet allein 22 Beschlüsse zur Sozialen Frage, von denen allerdings die meisten Altbekanntes enthalten. Neu für die Katholiken ist jedoch der Vorschlag, wie die Autorität des Arbeiters gegenüber seinen Kindern gestärkt werden kann: Minderjährige sollen ihre Löhne nur noch ausbezahlt bekommen, wenn die Erziehungsberechtigten den Empfang des Vor-

monatslohns in einem Lohnbuch quittiert haben. Es gehe um den Schutz des vierten Gebotes, mahnt Franz Hitze. Seit 1891 die Gewerbeordnung geändert wurde, haben die Kommunen die Möglichkeit, entsprechende Bestimmungen einzuführen. Sie machen davon allerdings nur selten Gebrauch. Trotzdem entfällt der einschlägige Absatz des Paragrafen 119a der Gewerbeordnung erst 2003.

44

Bauern

LOHNKNECHTE DES KAPITALISMUS

Pfarrer Liborius Gerstenberger ruft in Landshut dazu auf, sich alle Mühe zu geben, um dem „wirklich bedrängten Bauernstand" zur Hilfe zu kommen. Sein Ziel: „Dass auch er aus der Schuldknechtschaft und Sklaverei des Kapitalismus befreit werde, dass er bewahrt werde von dem Abfall vom christlichen Glauben zu den modernen Irrlehren des Materialismus, zu den Irrlehren der einseitigsten Interessenvertretung mit Nebenaussetzung aller höheren idealen Gesichtspunkte."

Der Katholikentag hat einen guten Grund, sich in die bayerische Provinz zu begeben: Es gilt, den Quertreibern unter den Bayern, den Bauern und vor allem den bayerischen Bauern entgegenzutreten. Gerstenberger sitzt für die Zentrumspartei im bayerischen Landtag und im Reichstag, außerdem ist er Generalsekretär des Bayerischen Christlichen Bauernvereins. Wem er „einseitigste Interessenvertretung" vorwirft, ist allen im Saal klar:

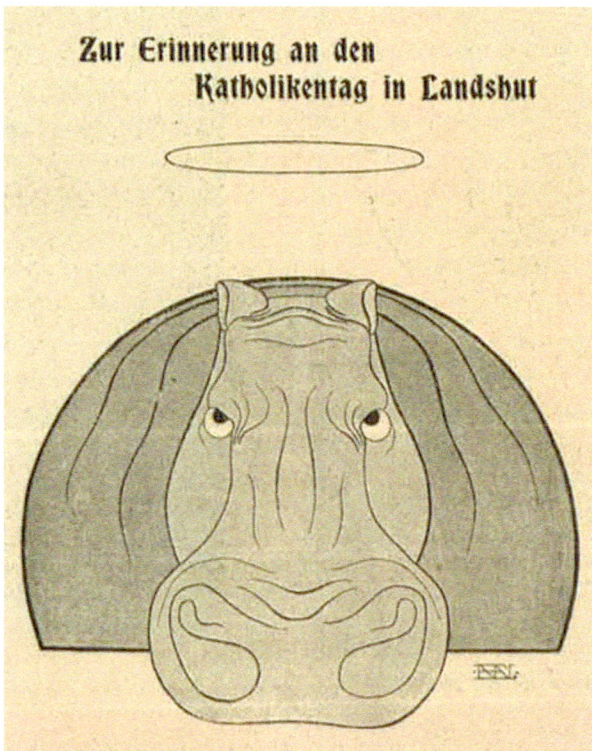

WAS NOCH?

Georg von Hertling betont, dass auch der Darwinismus den Anfang des Lebens nicht erklären könne und zwischen Mensch und Tier eine große Kluft bestehe. Die Versammlung wünscht sich, dass der Papst deutschsprachige Pfarrgemeinden in den USA unterstützt. Sie fördert damit die wenig integrationswillige Fraktion unter den katholischen Auswanderern, die der Moderne und der Demokratie distanziert gegenübersteht. Die Veranstaltung steht im Zeichen des 300. Todestages von Petrus Canisius, einem Jesuiten und Vorkämpfer gegen die Reformation. 39 der 40 Landshuter Gemeindevertreter gehören zum Lokalkomitee, der 40. ist Protestant und hat „unter der Hand" mitgeholfen. Wie schon im Vorjahr wird die Seelsorge an italienischen Gastarbeitern unterstützt. Gottesdienstzeiten sollen in Adressbüchern, durch Anschlag am Hauptportal der Kirchen, durch Aushang in Hotels und die katholische Presse bekannt gemacht werden. Dem Kommissar der Generalversammlung werden tausend Mark jährlich für einen ständigen Sekretär zugestanden. Einem Monsignore, der eine Geschichte des Katholikentags schreiben sollte, ist laut Karl Heinrich zu Löwenstein das Material über den Kopf gewachsen.

1893 hat sich der „Bayerische Bauernbund" gegründet – als Partei. Mit seinem liberalen, auf Distanz zum Klerus bedachten Kurs gewinnt er sogar Mandate bei den Reichstagswahlen. Diese Konkurrenz ist ein Ärgernis für die Zentrumspartei und die christlichen Bauernvereine. Gleich mehrere Redner mahnen deswegen in Landshut zur Einigkeit und warnen vor Agitatoren, übertriebenen Forderungen oder der „Verhetzung anderer Stände".

Assoziationen zum ländlichen Katholizismus – Karikatur aus der in München erscheinenden Satirezeitschrift „Simplicissimus".

1897 arbeiten im Deutschen Reich immer noch etwa 40 Prozent der Beschäftigten in der Landwirtschaft, und die Katholiken sind in ländlichen Gebieten überrepräsentiert. Löhne und Arbeitsbedingungen sind hier oft deutlich schlechter als in der Industrie, und die Grundbesitzer klagen über „Leutemangel". Doch auf den Generalversammlungen spielen Bauern oder gar Landarbeiter kaum eine Rolle. Ihr Anteil an den Mitgliedern ist, auch in Landshut, verschwindend gering, und im Gegensatz zu Handwerkern, Arbeitern und Studenten sind sie noch nie als Redner aufgetreten. Die Interessen der Landwirte haben auf den Katholikentagen allenfalls die Adligen vertreten, allen voran der 1895 verstorbene Burghard von Schorlemer-Alst. Dieser gründete 1862 im münsterländischen Wettringen mit 36 weiteren Bauern den ersten deutschen Bauernverein. Als „westfälischer Bauernkönig" spielte er zu Windthorsts Zeiten eine führende Rolle in der Zentrumspartei.

Die Vertreter des politischen Katholizismus haben es nicht leicht, die widerstrebenden Interessen der unterschiedlichen gesellschaftlichen Gruppen unter einen Hut zu bekommen. Doch im Großen und Ganzen gelingt der Spagat. Der Landshuter Katholikentag wiederholt schließlich einen Beschluss, der drei Jahre zuvor schon in Köln verabschiedet wurde. Er bauchpinselt den „Stand der Grundbesitzer" als „Stütze christlichen Geistes, gesellschaftlicher und staatlicher Ordnung" und fordert Maßnahmen gegen die zunehmende Verschuldung der Bauern sowie ein „der Stammessitte entsprechendes" Erbrecht – dieses ist in Deutschland sehr unterschiedlich geregelt. Die Versammlung empfiehlt außerdem, für die Landwirte eine gesetzlich geordnete berufsgenossenschaftliche Organisation zu schaffen. Anders als die Landwirtschaftskammern, die zur gleichen Zeit entstehen, sollen diese aber auf christlichen Grundlagen beruhen. Zudem sind dem Landshuter Katholikentag zufolge Bauernvereine „nachdrücklichst anzustreben", ebenso Genossenschaften und Darlehenskassen.

Dieser Strategie ist Erfolg beschieden. Die „Vereinigung der deutschen Bauernvereine" wird 1920 rund 450.000 Mitglieder zählen – und zentrumsnah ausgerichtet sein.

45

Gleich drei Mitglieder der Familie Löwenstein
waren Vorsitzende beziehungsweise Präsidenten
des Zentralkomitees: Karl Heinrich, ...

Adel

DIE LÖWENSTEINS

Mit dem Katholikentag in Krefeld endet eine Ära: 30 Jahre lang hat der fränkisch-schwäbische Adlige Karl Heinrich Fürst zu Löwenstein-Wertheim-Rosenberg die Katholikentage organisiert. 1868 wurde er der erste Präsident des Zentralkomitees, und als dieses 1872 unter politischem Druck aufgelöst werden musste, leitete er die Geschäfte der Generalversammlungen kommissarisch weiter. In vielerlei Hinsicht entspricht „Seine Durchlaucht" dem Katholizismus der Zeit: Einerseits ist er den Idealen des Alten Reichs verbunden, andererseits hat er dazu beigetragen, den Katholizismus zu einer Macht in der modernen Gesellschaft zu machen. Jetzt übergibt er seine Aufgaben wieder an ein neu zu gründendes Zentralkomitee. Dessen erster Vorsitzender wird ein Graf aus Westfalen: Clemens Heidenreich Droste zu Vischering.

Auf den Generalversammlungen bilden die Adligen nur eine Minderheit. Aber für ein aufwändiges Ehrenamt fehlen den meisten Nichtadligen die finanziellen und zeitlichen Ressourcen. Die meisten Katholikentags-Präsidenten – dieses Amt ist bis 1970 von dem des Präsidenten des Zentralkomitees getrennt – sind bis ins 20. Jahrhundert hinein ebenfalls Freiherren oder Grafen. Allerdings verliert der Adel an anderen Stellen auch im Katholizismus schon sehr viel früher an Einfluss. So nimmt der Anteil der Adligen an den Reichstagsabgeordneten der Zentrumspartei, der anfangs bei mehr als 40 Prozent liegt, schnell ab. Das wird in der Weimarer Republik die Annäherung vieler konservativer katholischer Adliger an die rechte Deutschnationale Volkspartei begünstigen.

Karl Heinrich zu Löwenstein tritt nach dem Tod seiner Frau 1907 als Frater Raymundus Maria in das Dominikanerkloster Venlo ein. Doch seine Familie prägt den deutschen Katholizismus bis heute. Als Karl Heinrich 1921 stirbt, ist ihm bereits, ein Jahr zuvor, sein Sohn Alois in das Amt des Präsidenten des Zentralkomitees nachgefolgt. In der Zeit der Weimarer Republik ver-

tritt dieser eine eher pragmatische, unpolitische Linie. 1948 übergibt er seine Aufgaben direkt an seinen Sohn Karl, der die Arbeit des Zentralkomitees in den folgenden zwanzig Jahren mit seinem bedingungslosen Engagement für Kirche und Papst prägt.

1967 kommt es jedoch zu einem Skandal: Als Papst Paul VI. Löwenstein zum Mitglied im Weltlaienrat ernennt, spielen Kritiker des Fürsten dem WDR-Journalisten Leo Waltermann belastendes Material zu: Es belegt, dass Löwenstein Mitglied der SA war und seinen Cousin Hubertus zu Löwenstein, der als

WAS NOCH?

Zum 50-jährigen Jubiläum eröffnet ein Festumzug der Arbeitervereine die Versammlung. Erstmals ist ein Leitgedanke für alle Reden vorgegeben: „Wir sind nicht inferior, wir verlangen gegenüber gleichen Leistungen gleiche Rechte." Die Versammlung begrüßt die Gründung des Caritasverbandes im Jahr zuvor. Der „Hang nach öffentlicher Vergnügung in der Frauenwelt" wird beklagt. Es sollen Berufsvereine für Kellner und Hotelangestellte sowie Baugenossenschaften gegründet werden. Im Naturalismus und im Symbolismus sieht die Versammlung „gefährliche Verirrungen" der Kunst. Die katholische Presse soll weniger über Verbrechen berichten und sich um eine attraktivere Aufmachung kümmern. Das Reichstagsmitglied Hermann Roeren spricht sich gegen Nationalitätenhass, Chauvinismus und Servilismus aus. „Wem Vaterlandsliebe gleichbedeutend ist mit diesen traurigen Auswüchsen derselben, der mag getrost gegen uns den Vorwurf erheben, dass wir diese Art Vaterlandsliebe nicht besitzen, denn, Gott sei Dank, er hat Recht." Der Kladderadatsch spöttelt: „Dieselben Männer erscheinen stets, / Sie halten immer wieder / Dieselben Reden und stimmen an / Die alten Klagelieder. / Den einzigen Unterschied dabei macht / immer nur das Eine: / Im frommen Bayern tagt man beim Bier, / Am frommen Rhein beim Weine."

... und Karl.

... Alois ...

Zentrumspolitiker und überzeugter Republikaner ins Exil gegangen war, bei den Nazis denunzierte. Das Präsidium des Zentralkomitees weist die Enthüllungen zurück, Waltermann verliert seinen Posten – und wird rehabilitiert, als er seine Aussagen belegen kann. Wie er es schon 1962 angekündigt hat, kandidiert Löwenstein, der auch wegen seines autoritären Führungsstils umstritten ist, 1968 nicht erneut für das Amt des Präsidenten. Die Reformer gewinnen die Oberhand im Präsidium, und mit dem Münsteraner Oberbürgermeister Albrecht Beckel wird erstmals ein „Bürgerlicher" Präsident des Zentralkomitees.

Das Engagement der Familie Löwenstein für den Katholizismus dauert bis in die Gegenwart an: Karl Heinrichs Urenkel Alois Konstantin ist Kuratoriumsmitglied des Forums Deutscher Katholiken und leitet dessen Kongresse. In diesem Verein spielen Adlige nach wie vor eine führende Rolle. Indem sie sich betont papsttreu und traditionalistisch geben, grenzen sie sich deutlich von den Katholikentagen in ihrer gewandelten, aktuellen Form und vom Zentralkomitee ab.

46

Spiritualität

GEBET AM OFFENEN HERZEN

Um die Jahrhundertwende rüstet sich die ganze katholische Welt, um dem Gekreuzigten „einen ganz besonderen Triumph zu bereiten". So beschreibt es zumindest der Breslauer Fürstbischof Georg von Kopp auf dem Katholikentag im schlesischen Neisse. Der Triumph besteht darin, dass Papst Leo XIII. mit der Enzyklika „Annum sacrum" die gesamte Menschheit zum Heiligen Jahr 1900 dem Herzen Jesu geweiht hat. Die Katholiken sollen, so Kopp, zum Herzen Jesu flehen, es möge „die Fülle der göttlichen Barmherzigkeit ihm entströmen, um die kranke Welt zu heilen und alles an sich zu ziehen".

Die Verehrung des Heiligen Herzens Jesu erreicht um die Jahrhundertwende einen Höhepunkt. Zahlreiche Orden und Kirchen werden nach ihm benannt, auf dem Montmatre in Paris entsteht die wuchtige Basilika „Sacré-Cœur", in vielen Wohnungen hängen knallbunte, preisgünstige Farbdrucke, auf denen Christus sein Herz entblößt. Schon 1864 hat die Generalversammlung erstmals den in Frankreich gegründeten „Verein des Gebetsapostolates zur Verehrung des Herzens Jesu" empfohlen. Auch in Deutschland beziehen 1899 bereits zigtausende Abonnenten dessen monatlich erscheinendes Vereinsorgan „Sendbote des Herzens Jesu".

Pius IX. und Leo XIII. fördern den Kult, den katholische Aufklärer zuvor unterdrückt hatten. Seine rasante Ausbreitung lässt sich aber nur dadurch erklären, dass er den Stimmungen und Bedürfnissen der katholischen Massen entgegenkommt. Der Anblick des leidenden, sich selbst zum Opfer bringenden, aber letztlich doch siegreichen Christus hilft ihnen, ihren passiven Widerstand im Kulturkampf und eigene Leiderfahrungen mit Sinn zu versehen. Vor allem Frauen pflegen die Herz-Jesu-Frömmigkeit, die mit ihrer Emotionalität, Eindringlichkeit und Sentimentalität den Klischees von Weiblichkeit entspricht.

In bürgerlichen Kreisen und unter Arbeitern ist die gegen die Moderne gerichtete Verehrung weniger populär. Dennoch eint sie große Teile des ultramontanen katholischen Milieus – und trägt zu ihrer Abgrenzung nach außen bei, denn die Nichtkatholiken haben meistens nur Unverständnis und Spott für den Kult übrig, der oft mit einem naiven Glauben an Gebetserhörungen und andere Wunder verbunden ist und den die verhassten Jesuiten aus dem Land des Erbfeindes verbreiten. Während das Interesse der Mediziner und Biologen schon lange dem Hirn gilt, sehen viele Katholiken nach wie vor im Herzen das Zentralorgan des leiblichen ebenso wie des sittlichen Lebens. Der „Deutsche

WAS NOCH?

In der obligatorischen Resolution zur Römischen Frage fordert der Katholikentag nicht mehr ausdrücklich einen souveränen Kirchenstaat, sondern nur noch die „notwendige Unabhängigkeit und die wahre und wirkliche Freiheit" des Papsttums. Zu den Aufgaben des Caritasverbandes zählt dessen erster Präsident Lorenz Werthmann, „die hochgehenden Wogen der sozialen Unzufriedenheit zu glätten" und „Pfadfinderin zu sein für staatliche und gesetzliche Maßnahmen". Der Reichstagsabgeordnete Adolf Langer sagt über das Zentrum: „Wir sind weder Sozialdemokraten noch Kapitalisten, wir sind von einem echten christlichen Sozialismus durchdrungen." Franz Dittrich, ein Theologe aus Braunsberg, lobt die Kreuzzügler und die Orientreise Kaiser Wilhelms II. Die dritte öffentliche Versammlung dient zugleich als Generalversammlung des Volksvereins, der inzwischen fast 190.000 Mitglieder hat. Die Versammlung empfiehlt, Haushaltungsschulen für Landwirtstöchter, öffentliche Lesehallen sowie Vereine für landwirtschaftliche Arbeiter und Dienstboten zu gründen. Erstmals erwähnt sie ausdrücklich die Raiffeisen'schen Darlehenskassen. Sie unterstützt den Bau einer Kirche am Grab Don Boscos bei Turin. Bedauert wird, dass der Staat ausgerechnet an Sonntagen billige Sonderzüge anbietet. Der Bonifatiusverein feiert sein 50-jähriges Bestehen. Über einen Katholikentag in Berlin wird jetzt ernsthaft diskutiert.

Die Herz-Jesu-Frömmigkeit spielt auf den General-versammlungen eine wichtige Rolle. So wird der „Sendbote" empfohlen, die Zeitschrift des „Vereins des Gebetsapostolates", in der 1899 diese Abbildung erscheint: Das Herz Jesu erleuchtet den Petersdom.

Merkur", das Organ der Reformkatholiken, spottet daher: „Dem Herzen Jesu weihst Du mich, / Herr Papst, das ist doch wunderlich. / Du scheinst mir nicht auf rechter Spur, / das Herz ist eine Muskel nur."

Um die Jahrhundertwende wandelt sich die Herz-Jesu-Frömmigkeit und erinnert schon in vielem an die spätere Christ-König-Verehrung. Immer deutlicher ist mit ihr jetzt auch ein Machtanspruch verbunden. Der Katholizismus hat neues Selbstbewusstsein gewonnen. So betont Peter Spahn, Präsident der Versammlung in Neisse, dass die „ihrer weltlichen Macht beraubte Kirche" an geistiger Macht gewonnen habe. Und Fürstbischof Kopp skandiert in Anlehnung an einen liturgischen Christusruf: „Christus lebt, Christus siegt, Christus herrscht." Der Katholikentag betont in einer Resolution, die königliche Herrschaft Jesu Christi über die Menschen sei „von Neuem allgemein anzuerkennen und zu fördern". Das „vom Kreuze überragte und im Glanze der Liebesflammen erstrahlende" Herz Jesu solle das Zeichen sein, unter dem die Katholiken kämpfen und von dem sie sich „Rettung und Sieg" erhoffen – so wie einst das Kreuz für Kaiser Konstantin vor der Schlacht an der Milvischen Brücke. Der „immer engere Anschluss" an Christus diene nicht nur dem Wohl des Einzelnen, sondern auch dem der Familie und des Staates sowie dem wahren Frieden unter den Völkern.

Eine friedliche Welt unter der Herrschaft Christi: Dieser Vision entspricht es, dass der Katholikentag in Neisse erstmals seit Windthorsts Zeiten die Resolution zur Römischen Frage ändert. Ausdrücklich wird jetzt behauptet, der Heilige Stuhl sei berufen, Schiedsrichter „bei jedem Interessenstreite der Völker und Staaten zu sein, wie er es seit den Zeiten Attilas an oft erfolgreich gewesen ist".

Leider sieht die politische Realität ganz anders aus. Im Frühjahr und Sommer 1899 hat eine vom Zaren angeregte Friedenskonferenz in Den Haag den bis heute bestehenden „Stän-digen Schiedshof" zur Beilegung internationaler Streitigkeiten eingesetzt. Der Papst war jedoch nicht eingeladen. Zur Enzyklika „Annum sacrum" schreibt daher der „Kladderadatsch": „Das ist ein schwerer Schlag für die Friedensfreunde, die in himmlischer Verzückung nach dem diplomatischen Mysterium im Haag hinstarren. Kaum glaubten sie glücklich am Segen des heiligen Vaters vorbeigekommen zu sein, da trifft er sie unvorbereitet mit dem ‚heiligen Jahr'."

47

Sexualität

PFUI!

Entrüstet berichtet der Kölner Reichstagsabgeordnete Hermann Roeren auf dem Bonner Katholikentag über Protestversammlungen in Berlin und München. Dort hätten doch tatsächlich Redner behauptet, das Höchste in der Kunst sei der nackte Mensch, und es sei ganz einerlei, ob ein Mensch bekleidet sei oder nackt. „Pfui!", ruft das Publikum der Generalversammlung.

Der Kampf gegen die Unsittlichkeit nimmt auf den Katholikentagen immer breiteren Raum ein. Um die Jahrhundertwende bahnen sich große gesellschaftliche Umbrüche an, etwa die Emanzipation der Arbeiter und der Frauen. Das stellt traditionelle bürgerliche Lebensentwürfe infrage und löst Ängste vor dem Chaos entfesselter Triebe und spätrömischer Dekadenz aus. Die Tugendwächter wenden sich nicht zuletzt gegen die Kultur der modernen Großstadt, die ihnen fremd und bedrohlich erscheint.

Von rheinländischer Gelassenheit ist daher in Bonn wenig zu spüren. Roeren warnt vor der „moralischen Verseuchung unseres ganzen Volkslebens" und berichtet von Sittlichkeitsverbrechern, die allein durch unzüchtige Bilder und Literatur auf die schiefe Bahn geraten seien. Die Auslagen in den Schaufenstern der Großstädte hält er für so gefährlich, dass man Kinder kaum noch durch die Straßen schicken könne, ohne sich zu sorgen, dass sie „vergiftet" würden. Besondere Freiheiten für die Kunst lehnt Roeren ab, auch sie sei den allgemeinen Sittengesetzen unterworfen.

Die Vorgaben aus Rom sind klar: 1897 hat Leo XIII. mit der Konstitution „Officiorum ac munerum" den „Index der verbotenen Bücher" reformiert, der 1900 in neuer Ausgabe erscheint. Bei dieser Gelegenheit hat der Papst noch einmal Bücher, die laszive oder obszöne Gegenstände behandeln, für „absolut" verboten erklärt. Der Katholikentag in Landshut forderte daraufhin

„Gipfel der Züchtigkeit": Als Sittenwächter war Hermann Roeren ein beliebtes Opfer der Karikatur, hier des „Kladderadatsch". „Der Abgeordnete Roeren war noch ein ganz kleines Kind, da sollte er die Brust bekommen, wie das so bei kleinen Kindern üblich ist. Als ihn aber die Amme anlegen wollte, wehrte er laut schreiend und unter Zeichen der heftigsten sittlichen Entrüstung ab. Da half nichts, man musste zur Flasche greifen", lautet der Text dazu.

WAS NOCH?

Für den Katholikentag wird eine Festhalle mit 7.500 Plätzen gebaut, die zuständige Kommission gibt knapp 40.000 Mark aus, was heute gut 250.000 Euro entsprechen würde. Die Versammlung fordert das Recht auf freie Religionsausübung in allen Bundesstaaten – in Mecklenburg dürfen Katholiken noch immer keine Kirchen mit Türmen bauen oder öffentlich Gottesdienst feiern. Beklagt wird der Tod vieler Christen durch den Boxeraufstand in China. Felix Porsch berichtet vom Pilgerzug nach Rom anlässlich des großen Ablasses im Heiligen Jahr 1900. Die Versammlung fordert, vermehrt katholische Real- und Fachschulen zu gründen, warnt aber auch vor einer „Verrealschulung" des Gymnasiums. Sie begrüßt, dass der Caritasverband ehrenamtliche Krankenbesucherinnen ausbildet, um die Pflege in kleinen Orten zu verbessern. Im Kampf gegen die Verwahrlosung der Jugend unterstützt sie die Behörden. Erstmals empfohlen werden Sankt-Regis-Vereinigungen, die armen, in „wilder Ehe" lebenden Paaren bei der Legitimierung ihrer Beziehung helfen, der 1898 in Trier gegründete Albertus-Magnus-Verein zur Unterstützung katholischer Studenten und die Werke des vor 300 Jahren geborenen spanischen Dramatikers Pedro Calderón. Neu in den Blick gerät die Seelsorge an Seeleuten. Eine „Zentral-Auskunftsstelle der katholischen Presse" soll Verleumdungen entgegenwirken. Höhere Schutzzölle auf landwirtschaftliche Produkte werden unterstützt. Mit Johannes Blum aus Krefeld spricht erstmals ein Landwirt auf einer Generalversammlung. Zum Abschluss gibt es eine prunkvoll inszenierte Rheinfahrt.

alle Väter nachdrücklich auf, die Unterhaltungslektüre ihrer Familienangehörigen streng zu überwachen.

Doch im Kampf gegen die Unsittlichkeit sehen die ultramontanen Katholiken auch den Staat in der Pflicht, ihr Schamgefühl soll zum Maßstab der Gesetzgebung werden. Mit der 1900 verabschiedeten „Lex Heinze", benannt nach einem Berliner Zuhälter, kommen sie ihrem Ziel einen großen Schritt näher. Nach öffentlichen Protesten werden allerdings die zwei strengsten und umstrittensten Abschnitte des Gesetzes ersatzlos gestrichen. Es bleiben Paragrafen gegen die Zuhälterei sowie gegen Schriften und Bilder, die unzüchtig, also pornografisch, sind. Die harmloseren, lediglich als „schamlos" klassifizierten Schriften und Bilder dürfen, anders als vom Zentrum gefordert, an Kunden über 16 Jahre weiter verkauft werden.

Roeren stellt das Gesetz dennoch als großen Erfolg seiner Partei dar. Er mahnt aber, dass Paragrafen allein das Problem nicht lösen könnten. Deswegen hat er in Köln zwei Jahre zuvor den „Verein zur Bekämpfung der öffentlichen Unsittlichkeit" gegründet, dessen Mitglieder die öffentliche Meinung zu beeinflussen versuchen, Verstöße gegen die Sittlichkeitsgesetze den Behörden melden und Geschäfte mit anstößigen Schaufenstern boykottieren. Die Generalversammlung empfiehlt diesen Verein, verteidigt die katholischen Moralvorstellungen gegen Angriffe und dankt der Zentrumsfraktion im Reichstag für ihren Einsatz bei den Verhandlungen der „Lex Heinze".

Der Kampf um die Sittlichkeit, das Argumentieren mit Moral, eignet sich hervorragend, um vereint den politischen Gegner abzuwerten. Er verleiht den politischen Auseinandersetzungen der Folgezeit oft einen aggressiven Tonfall. Die Liberalen und Sozialisten kontern mit Spott und Humor. So schüttelreimt „Die Jugend" 1906: „O lieber Roeren, tu' di net / So fürchten vor der Nudität!" Und für den „Simplicissimus" dichtet Edgar Steiger: „Im Reichstag wiehert schon Herr Roeren, / Der Sittlichkeit gewalt'ger Hengst. / Man braucht ihm gar nicht zuzuhören; / Man kennt die große Rede längst." Den Sittenwächtern bleibt meist der Eifer, manchmal auch der Geifer. Doch mehr und mehr ist die rigide Sexualmoral auch innerkirchlich umstritten, und in der zweiten Hälfte des 20. Jahrhunderts werden sich an ihr heftige Konflikte zwischen der Kirchenleitung und den Laien entzünden.

48

Ökumene

PROTESTANTEN PROTESTIEREN

Das wichtigste Ziel des Katholikentags in Osnabrück ist: kein Ärger. Zwei Drittel der Bevölkerung der Stadt sind Protestanten. Das Lokalkomitee betont deswegen schon in seinem Schreiben an den Papst, dass verletzende Äußerungen über Andersgläubige auf der Generalversammlung verboten sind. Und der Präsident des Katholikentages Karl Trimborn versichert in seinen Begrüßungsworten, die Versammlung werde niemals den konfessionellen Frieden stören oder sich mit Angelegenheiten anderer befassen.

Osnabrück, die Stadt des Westfälischen Friedens, wäre der geeignete Ort für eine Annäherung der Konfessionen, denn das Hochstift Osnabrück blieb bis zur Säkularisation gemischtkonfessionell, Protestanten und Katholiken wechselten sich als Fürstbischöfe ab – eine Ausnahme im Alten Reich, in dem sonst der Grundsatz „cuius regio, eius religio" galt, der Herrscher also die Religion seiner Untertanen bestimmte.

Anfangs verläuft die Generalversammlung tatsächlich sehr harmonisch: Viele Protestanten helfen, die Stadt zu schmücken, die katholischen Redner zeigen sich beeindruckt und bekunden wieder und wieder ihren Friedenswillen. Der evangelische Oberbürgermeister Julius Rißmüller begrüßt die Gäste mit freundlichen Worten und erhält stürmischen Applaus.

Doch die Rahmenbedingungen sind ungünstig. Vor dem Gesetz sind die Katholiken immer noch nicht in allen Bundesstaaten des Deutschen Reichs gleichberechtigt. Die Zentrums-

Schon im Jahr 1901 ging es auf dem Katholikentag auch darum, etwas zu erleben – zumindest legt diese Karikatur des „Simplicissimus" das nahe. Die Unterschrift lautet: „Na Edith, biste wieder zurück, wie war's denn den Sommer über?" – „Faule Kiste, mit die Seebäder war's nischt, mit die Ausstellungen och nich, nur aufn Osnabrücker Katholikentag war noch Leben in die Bude."

fraktion im Reichstag hat gerade zum ersten Mal ihren Toleranzantrag eingebracht, der den Katholiken überall die freie Religionsausübung garantieren soll – er wird immer wieder scheitern. In Österreich wirbt unterdessen die großdeutsch-nationalistische Los-von-Rom-Bewegung offensiv für die Konversion von Katholiken zum Protestantismus oder Altkatholizismus. Dabei unterstützt sie der „Evangelische Bund", den deutsche Protestanten 1886 gegründet haben, um ihre Interessen gegenüber dem erstarkten Katholizismus zu vertreten. Der Bund wächst rasant, 1914 wird er eine halbe Million Mitglieder haben. Ursprünglich sollte der katholische Volksverein sein Pendant werden, bis es Windthorst gelang, dessen Stoßrichtung gegen den Sozialismus umzulenken.

Trotzdem glauben sich um die Jahrhundertwende Anhänger beider Konfessionen in der Defensive, was nicht zu einem feinfühligen Umgangston beiträgt. Karl Trimborn und Karl Bachem, beide Abgeordnete des Zentrums im Reichstag, sehen gar einen neuen Kulturkampf aufziehen. Dessen Vorkämpfer seien aber nicht mehr die Regierungen, sondern die protestantischen Massenvereine, die alles Katholische verleumden und verächtlich machen würden. Trimborn betont daher ausdrücklich, dass „notwendige Feststellungen und etwa erforderliche Abwehr" vollkommen berechtigt seien.

Das Notwendige und Erforderliche definieren die Katholiken dabei großzügig. Mehrere Redner sind der Meinung, mit der Reformation habe der Niedergang Deutschlands, ja des Abendlandes begonnen. Und dabei handele es sich nicht um eine Beleidigung der Protestanten, sondern um eine Tatsachenbehauptung; schließlich hätten sich auch die Päpste wiederholt in diesem Sinne geäußert.

Für Unfrieden sorgt vor allem der württembergische Zentrumspolitiker Adolf Gröber. Es gebe nur eine einzige heilige, katholische und apostolische Kirche, betont er. Gerne würde er die Protestanten als Bundesgenossen im Kampf gegen den Atheismus gewinnen, aber, so klagt er, „einzelne Angehörige anderer Konfessionen" fielen den Katholiken in den Rücken, sodass diese zu einem Zweifrontenkampf gezwungen seien. Auch diese militaristische Rhetorik halten protestantische Beobachter der Veranstaltung für unangebracht.

Karl Bachem klagt über eine Jugend, die „nichts Höheres kennt als Jagen und Radeln und Fotografieren und Skat spielen, und Kneipen". Begrüßt werden neue Gesetze, die es ermöglichen, „verwahrloste oder sittlich gefährdete" Kinder auch gegen den Willen ihrer Eltern in Anstalten oder fremden Familien unterzubringen. Jungen Frauen aus Arbeiterfamilien werden Haushaltungsschulen angeraten. Die Versammlung empfiehlt Heime zum Schutz von deutschen Dienstmädchen in italienischen Großstädten und von Lehrerinnen in Paris. Landarbeiter sollen durch Abgabe von Bauplätzen sesshaft gemacht werden. Dass Leo XIII. in einer neuen Enzyklika von „christlicher Demokratie" gesprochen hat, beunruhigt einige Rechtskatholiken, Ernst Lieber versucht ihr „Unbehagen" zu mildern. Anwesend sind auch die Apostolischen Vikare für Dänemark und Schweden. Das übliche Schreiben des Papstes ans Lokalkomitee kommt zu spät, angeblich wegen der italienischen Post. Die Wallfahrten nach Rom und Jerusalem im Jahr 1900 sind gut verlaufen. Karl Bachem zufolge ist der Islam ein „matter und schlaffer Greis, der froh ist, wenn er noch eine kurze Zeit das Dasein fristet". Der Quakenbrücker Pfarrer August Grauert erinnert an den Mäßigkeitsapostel Johannes Mathias Seling, der im Kampf gegen den Branntwein lustige Loblieder aufs Bier dichtete. Zum Abschluss einiger Reden fallen Böllerschüsse.

Kaum ist die Generalversammlung vorbei, verfassen daher die Kirchenvorstände der drei evangelischen Gemeinden Osnabrücks eine Protestresolution, die am 8. September in den Gottesdiensten verlesen wird. Darin weisen sie „Angriffe und Verunglimpfungen" entschieden zurück. Der streitbare liberale protestantische Pfarrer August Pfannkuche äußert zudem in einem anonym erscheinenden Artikel der „Osnabrücker Zeitung" sein Unverständnis darüber, dass auch viele Protestanten ihre Häuser mit päpstlichen Wimpeln geschmückt haben und der Oberbürgermeister noch am abschließenden Festmahl teilgenommen hat. Am 10. September strömen rund tausend evangelische Christen zu einer Protestversammlung, auf der Pfannkuche seine Vorwürfe näher erläutert. Wegen des großen Andrangs wird die Veranstaltung einen Tag später wiederholt.

Duell

EINE FRAGE DER EHRE

An einem Tag im Januar 1902 bricht die Welt Adolf von Bennigsens zusammen. Seit zwölf Jahren ist der 41-jährige Landrat aus Springe mit seiner elf Jahre jüngeren Frau Elisabeth verheiratet, fünf Kinder haben die beiden. Doch jetzt eröffnen ihm die Mitglieder des örtlichen Honoratioren-Klubs, Elisabeth habe eine Affäre mit Oswald Falkenhagen, dem 27-jährigen Pächter eines königlichen Landguts. Bennigsen stellt seine Frau zur Rede, die sofort zu ihrer Schwester in Leipzig abreist. Dann schickt er einen Oberförster, um Falkenhagen die Aufforderung zum Duell zu überbringen. Die Kontrahenten vereinbaren, so lange aufeinander zu schießen, bis einer kampfunfähig ist. Im Morgengrauen des 16. Januar treffen sie sich mit ihren Sekundanten, einem Unparteiischen und einem Arzt im Wildgehege „Saupark". Sie gehen 15 Schritte auseinander, drehen sich um und schießen auf das Kommando des Unparteiischen. Zweimal verfehlen sie einander, dann trifft Falkenhagen Bennigsen in den Bauch. Der Landrat, Sohn des führenden liberalen Politikers Rudolf von Bennigsen, verblutet am folgenden Tag im Krankenhaus.

Es sind Geschichten wie diese, die Georg Antoni, Oberbürgermeister in Fulda, fassungslos sein lassen. Auf dem Katholikentag in Mannheim hält er deshalb eine lange Rede gegen Duelle, spricht von „geadeltem Mord" und einem „Bazillus des falschen Ehrbegriffs". „Man fasst sich an die Stirn und fragt sich: Wie oft ist es noch möglich, dass in unserer Zeit, die man so gern als die Zeit der Aufklärung und des Fortschritts bezeichnet, eine solche mittelalterliche, an die Zeit des Faustrechts erinnernde Institution sich erhalten könnte? Wie ist es möglich, dass ganze Gesellschaftsklassen unter dem Banne eines Blutkodex stehen und sich nicht davon befreien können oder wollen?"

Schon mehrfach hat die Generalversammlung nicht nur ein Ende der Pistolenduelle um Leben und Tod, sondern auch der Fechtkämpfe schlagender Studentenverbindungen gefordert. Die katholische Kirche verurteilt das Duell schon seit dem Konzil von Trient im 16. Jahrhundert als Verstoß gegen das Tötungsverbot und damit als Todsünde, was auch Leo XIII. noch einmal bekräftigt hat. Die staatlichen Gesetze verbieten das Duell ebenfalls. Dennoch macht es das traditionelle Ehrverständnis gehobener, „satisfaktionsfähiger" Kreise insbesondere adligen Männern im Militär sehr schwer, eine Forderung abzulehnen. So haben entschiedene Gegner des Duells laut Antoni keine Chance auf eine Offizierslaufbahn. Zudem werden Duellanten aufgrund

WAS NOCH?

Am fünf Kilometer langen Festzug nehmen 20.000 Arbeiter teil. Anschließend finden parallel vier Veranstaltungen in den größten Sälen der Stadt statt. Präsident ist der Kölner Journalist Hermann Cardauns, bekannt durch die Aufdeckung des Taxil-Skandals und seine Fehde mit Karl May. Die Arbeiterschutz-Gesetze sollen auf die Hausindustrie und außerhalb der Fabriken beschäftigte Kinder ausgedehnt werden, kürzere Arbeitszeiten und Arbeitsbeschaffungsmaßnahmen der Arbeitslosigkeit entgegenwirken. Die Versammlung empfiehlt katholische Techniker-Vereine sowie Sekretariate zur Fortbildung und Organisation der Arbeiter. Handwerker sollen sich durch Meisterkurse und Maschinen-Ausstellungen weiterbilden. Die einheimischen Frauen in den Kolonien sind aus der Unterdrückung zu befreien. Als „tieftraurige Erscheinung" und „Schandfleck" bezeichnet die Versammlung den Mädchenhandel „zu unsittlichen Zwecken". Sie begrüßt, dass auf Veranlassung Wilhelms II. griechische Mönche zu Gefängnisstrafen verurteilt wurden, weil sie vor der Jerusalemer Grabeskirche Franziskaner verprügelt hatten. Karl Bachem mahnt: „Ein geistreicher Mann hat gesagt, dass der Nationalismus auf politischem Gebiet in seiner Übertreibung die größte Ketzerei unseres Jahrhunderts sein werde. Er scheint Recht bekommen zu sollen."

eines speziellen Abschnittes zum Zweikampf im deutschen Strafgesetzbuch (Paragrafen 201 bis 210) sehr milde bestraft. Antoni spricht einen zweiten Fall an: Ein Oberleutnant, der 1901 von einem betrunkenen und übermüdeten Leutnant beleidigt wurde und diesen dann im Duell erschoss, wurde nur zu zwei Jahren Festungshaft verurteilt – einer besonders milden, als ehrenvoll geltenden Form des Freiheitsentzugs. Als Kaiser Wilhelm II. ihn schließlich nach sieben Monaten begnadigte, geleiteten ihn seine Kameraden im Triumphzug nach Hause.

Dahinter steht ein Ehrbegriff, den Antoni grundsätzlich infrage stellt. Er fordert für die Teilnahme an Duellen dieselben Strafen wie bei Mord, Totschlag und Körperverletzung. Für entscheidend hält er die „innere Ehre", den Wert des Menschen vor Gott, dem Beleidigungen nichts anhaben können. Und die äußere Ehre, „das, was wir in den Augen der Mitwelt zu sein scheinen", ist nach seinen Worten durch „Gesundschießen" auch nicht wiederherzustellen. Besonders lobt er die anwesenden Studenten, weil deren katholische Verbindungen das Duell ablehnen. „Sie wussten, dass Sie deshalb angefeindet und vielleicht als Feiglinge verschrien würden; allein mehr als die Überzeugung von Ihrem Mute galt Ihnen der Mut Ihrer Überzeugung."

Der Tod Bennigsens rüttelt nicht nur die Katholiken auf. Vertreter unterschiedlicher Parteien und Konfessionen gründen eine Anti-Duell-Liga. Die Leitung übernimmt Karl Heinrich zu Löwenstein, der bis 1898 kommissarisch die Aufgaben des Zentralkomitees der Generalversammlung wahrgenommen hat. Der Mannheimer Katholikentag unterstützt die Initiative nachdrücklich.

Falkenhagen wird unterdessen zu einer sechsjährigen Haftstrafe verurteilt – und nicht begnadigt. Am meisten hat Elisabeth Bennigsen unter den Ehrbegriffen ihres Umfelds zu leiden. Sie wird von ihrer eigenen Familie und der ihres Mannes verstoßen, arbeitet zunächst in einem Sanatorium für ansteckende Kranke und hält sich dann als Klavierlehrerin über Wasser. Ihre Kinder darf sie erst wiedersehen, als diese volljährig sind.

Bis 1969 wird das deutsche Strafgesetzbuch die Tötung im Duell als Sondertatbestand behandeln.

Reliquien

HEILIGER HALSWIRBEL

Etwas verjährt und auf dem Rechtsweg nicht mehr durchzusetzen seien seine Ansprüche, erklärt Andrea Carlo Kardinal Ferrari vor der Generalversammlung in Köln, die er als „ein Muster und ein Beispiel für alle Nationen" lobt. Der Mailänder Erzbischof hat gute Gründe, den Kölnern zu schmeicheln: Er ist an den Rhein gekommen, um einige Reliquien der Heiligen Drei Könige nach Mailand zurückzubringen. Dort hat sie Kaiser Friedrich Barbarossa vor mehr als 700 Jahren geraubt: Er schenkte sie 1164 seinem Kanzler, dem Kölner Erzbischof Rainald von Dassel, nachdem er das aufständische Mailand brutal unterworfen und vollständig zerstört hatte. Ferrari erhält jetzt ein Schienbein und ein Wadenbein des ältesten, ein Schienbein des mittelalten und einen Halswirbel des jüngsten Königs.

Viele Menschen lehnen die Reliquienverehrung als seltsam morbiden Aberglauben ab, auch die katholischen Aufklärer haben sie zu unterdrücken versucht. Doch die katholischen Massen ficht das nicht an, sie pilgern zahlreich wie nie zu den körperlichen Überresten der Heiligen und den Gegenständen, die diese berührt haben. Die Wallfahrt zum Heiligen Rock in Trier, 1844 eine machtvolle Demonstration des erwachenden Katholizis-

Die 50. Generalversammlung feiert sich selbst und richtet eine Grußadresse an den neu gewählten Papst Pius X. Als Veteran von 1848 ist Johannes Falk dabei, der als Metzger „wie Bismarck mit Eisen und Blut gearbeitet" hat. Die eigens gebaute Festhalle bietet 8.000 Menschen Platz, sie umfasst zudem einen Raum für Geistliche zum Brevierbeten und eine Telegramm-Annahmestelle mit Fernsprecher. Die Versammlung lobt den Kampf gegen die „entartete Kunst" und fordert zur „Erhaltung der Volkskraft" Gesetze gegen Schauderromane. Dem „Evangelischen Bund" wirft sie vor, auf den Bundesrat „Terrorismus" auszuüben, um eine Aufhebung des Jesuitengesetzes zu verhindern. Der Katholikentag unterstützt die „Missionsvereinigung deutscher Frauen und Jungfrauen", den „Verband der katholischen kaufmännischen Gehilfinnen", Jugendfürsorgevereine, die ländliche Wohlfahrtspflege, den Kreuzbund, Heilstätten für Alkoholkranke sowie Heime für Waisen und körperlich behinderte Kinder. Weitere Ziele sind Arbeitskammern, kommunale Wohnungsämter und eine vereinfachende Reform der Sozialversicherungen, mit einer eigenen Regelung für Angestellte. Zum Schutz des Handwerks sollen Großwarenhäuser und Filialgeschäfte stärker besteuert werden. Studenten aller Fächer sollen auch in Philosophie und Logik geprüft werden. Sie sind zudem aufgefordert, den Trinkzwang zu bekämpfen und bei der Beschränkung von Festlichkeiten mit gutem Beispiel voranzugehen.

mus, ist zuletzt 1891 mit großem Erfolg wiederholt worden. Im Rahmen der alle sieben Jahre stattfindenden Aachener Heiligtumsfahrt werden 1902 gleich vier Reliquien ausgestellt: das Kleid Marias aus Jesu Geburtsnacht, die Windeln Jesu, das Tuch, in dem der Kopf des enthaupteten Täufers Johannes geborgen wurde, und das Lendentuch, das Jesus bei der Kreuzigung trug. Die Tatsache, dass andere Städte für sich beanspruchen, im Besitz derselben Reliquien zu sein, bestärkt auch unter Katho-

Foto der Kölner Festhalle.

Für den katholischen Reliquienkult hat der „Simplicissimus“ nur Spott übrig: „Nach dem glänzenden Verlaufe des Parteitages übergab der Erzbischof dem Mailänder Kardinal Ferrari die Gebeine der heiligen drei Könige, der Präsident Ritter von Orterer aber erhielt für seine Verdienste die Haut des Ochsen des Evangelisten Lukas", lautet die Bildunterschrift.

liken die Zweifel an deren Echtheit. Der „Kladderadatsch" spottet: „Und wüssten wir, dass man entnommen / Sie gestern einem Warenhaus, / Wir hängten doch zum Heil der Frommen / Die hohen Heiligtümer aus."

Köln war im Mittelalter ein Zentrum des Handels mit Reliquien, nicht zuletzt dank eines Gräberfelds aus römischer Zeit. Die hier gefundenen menschlichen Überreste schrieb man den 11.000 Jungfrauen zu, die der Legende nach mit der heiligen Ursula in Köln das Martyrium erlitten hatten. Die Pilgerströme zu den Dreikönigsreliquien trugen entscheidend zum wirtschaftlichen Aufstieg der Stadt bei – und führten zum Bau des neuen Doms.

Während des Katholikentags zeigen die Kölner jetzt, was sie haben: In einer feierlichen Prozession führen sie, untermalt vom Gesang des Domchors, ihre Heiligen zwei Mal durch die Kathedrale. Priester in roten Messgewändern, begleitet von Fackel- und Rauchfassträgern, tragen den Schrein der heiligen Ursula, Diakone in Prachtgewändern die „niedlichen Schreine" der Märtyrer Hippolytus und Aetherius. Die Geistlichen der Gemeinde Sankt Gereon folgen mit den Reliquien ihres Pfarrpatrons, die Dominikaner mit dem Schrein ihres Ordensbruders Albertus Magnus. Außerdem sind der heilige Ewald sowie die Kölner Erzbischöfe Kunibert, Agilolf und Engelbert vertreten. Den Abschluss bilden die Reliquien der Heiligen Drei Könige.

Neben den Erzbischöfen von Köln und Mailand nehmen fünf weitere Bischöfe an der Prozession teil. Der Dom ist überfüllt, mehr als 10.000 Menschen warten draußen. Der Kölner Erzbischof Antonius Kardinal Fischer erklärt zum Abschluss des Katholikentags: „Die Gebeine der lieben Heiligen müssten selber in ihren Truhen vor Jubel sich erhoben haben bei solch herrlicher festlicher Kundgebung."

Caritasverband

SÄTZE DER MENSCHENLIEBE

Im Kampf gegen das menschliche Elend hat Lorenz Werthmann, erster Präsident des 1897 gegründeten Deutschen Caritasverbandes, überraschend einen neuen Freund ausgemacht: den Staat. In diesem sieht er jetzt seinen „mächtigsten Bundesgenossen", mit dem ein „einträchtiges Zusammenwirken" anzustreben sei.

Das ist nicht selbstverständlich. Denn die Verstaatlichung kirchlichen Eigentums durch die Säkularisation zu Beginn des 19. Jahrhunderts bedeutete für die tätige Nächstenliebe der Katholiken einen schweren Rückschlag. Vielerorts blieb ein tiefes Misstrauen gegenüber dem Staat zurück. Für zahlreiche soziale Aufgaben sind inzwischen die Kommunen und Provinzen zuständig. Diese greifen aber oft auf kirchliche Einrichtungen zurück und unterstützen sie auch finanziell. So bildet sich allmählich das für Deutschland typische „duale System" in der Wohlfahrtspflege heraus: Neben kommunalen und staatlichen Einrichtungen gibt es solche in freier, zumeist kirchlicher Trägerschaft, die staatlich mitfinanziert werden.

Insgesamt erlebt die Armen- und Krankenfürsorge seit der Mitte des 19. Jahrhunderts einen rasanten Aufschwung, der sich um die Wende zum 20. Jahrhundert noch einmal beschleunigt. Das Gesicht der katholischen Nächstenliebe prägen jetzt neue, vor allem weibliche Ordensgemeinschaften, die nach dem Vorbild der ursprünglich aus Frankreich stammenden Barmherzigen Schwestern gegründet wurden. Sie erhalten auch deswegen regen Zulauf, weil sie Frauen ein vergleichsweise selbstbestimmtes und hochgeachtetes Leben jenseits von Ehe und Familie ermöglichen. Im Jahr 1900 sind in Deutschland 41.000 Menschen in der Pflege beschäftigt, darunter 24.000 Barmherzige Schwestern, 1.300 Barmherzige Brüder, 12.700 evangelische Diakonissen, 1.700 Diakone und 2.000 Rot-Kreuz-Schwestern.

Eine weitere Stütze der katholischen Wohlfahrt sind die Ehrenamtlichen, die sich in zahlreichen Vereinen der Barmherzigkeit widmen. So verteilen Mitglieder der Vinzenz- und Elisa-bethvereine in den Pfarreien Almosen. Es sei eine „Ehren- und Gewissenspflicht", sie zu unterstützen, betont die Regensburger Generalversammlung, die außerdem die Ausbildung von Krankenpflegerinnen in abgelegenen Dörfern durch den Caritasverband fördert.

Einen Gründungsboom erleben schließlich die katholischen Anstalten und andere Einrichtungen für Hilfsbedürftige. Die Zahl der Krankenhäuser im Deutschen Reich hat sich in nur 25 Jahren verdoppelt. Auch wohlhabende Patienten lassen sich wegen des Fortschritts in der Medizin nicht mehr zu Hause, sondern stationär behandeln. Daneben entstehen zahlreiche Heime für Arme, Behinderte, Waisen, „verwahrloste" Kinder und Jugendliche.

Werthmanns Caritasverband möchte jetzt all diese Aktivitäten im Katholizismus bündeln. Akzente setzt er zunächst in der Weiterbildung und in der Öffentlichkeitsarbeit; die meisten der knapp 50 Mitarbeiter sind in der Druckerei beschäftigt. Die Kräf-

Lorenz Werthmann stellt 1904 auf der Generalversammlung den von ihm gegründeten Caritasverband vor.

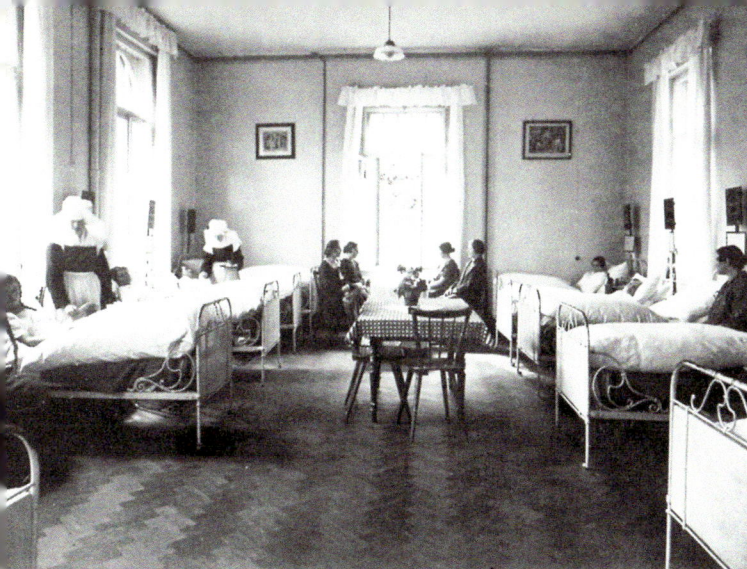

te der katholischen Wohlfahrtspflege auch in den Kommunen und den Diözesen zu sammeln, wie es die Katholikentage wiederholt fordern, gelingt jedoch in der Kaiserzeit zumeist noch nicht. Zu sehr fürchten Bischöfe und andere Beteiligte um ihre Eigenständigkeit. Das ändert sich erst während der Weimarer Republik. Der Priester Heinrich Brauns, Arbeitsminister von 1920 bis 1928, fördert die großen Wohlfahrtsverbände massiv. Neben dem Deutschen Caritasverband profitieren davon auch das Evangelische Werk für Diakonie, die Zentralwohlfahrtsstelle der Juden in Deutschland, die Arbeiterwohlfahrt, der Paritätische Wohlfahrtsverband und das Rote Kreuz. Das Vorgehen Brauns entspricht dem katholischen Sozialprinzip der Subsidiarität, wonach Aufgaben möglichst von kleinen Einheiten übernommen werden sollen, denen jeweils die nächstgrößere Einheit unterstützend zur Seite steht.

Die starke Stellung der Wohlfahrtsverbände trägt außerdem der Ansicht Werthmanns Rechnung, die Hand des Staates sei „zu rau, um Not der Seelen zu lindern, um Wunden des Herzens zu heilen, selbst um den kranken Leib zu pflegen". Sein Ideal der selbstlosen Nächstenliebe verkörpern nach wie vor die Barmherzigen Schwestern, denen er die Worte in den Mund legt: „Die Kranken und Schwachen, … das sind unsere Lieblinge, erster Satz unserer Menschenliebe, wir verehren in ihnen das Abbild unseres Erlösers, wir geben unser Leben für sie hin, aus Liebe zu dem, der da gesagt hat: Was ihr den Geringsten meiner Brüder getan, das habt ihr mir getan."

Damit greift Werthmann ein Zitat des im Jahr 1900 verstorbenen Philosophen Friedrich Nietzsche auf, der im Rahmen seiner „Umwertung aller Werte" das Mitleiden, die Hilfe für Schwache und das Christentum diffamiert hat: „Die Schwachen und Missratenen sollen zu Grunde gehen: erster Satz unserer Menschenliebe. Und man soll ihnen noch dazu verhelfen." Noch handelt es sich bei solchen Überlegungen, wie sie in ähnlicher Weise etwa auch der englische Sozialdarwinist Herbert Spencer angestellt hat, um abstrakte Gedankenspiele. Dabei wird es aber nicht bleiben.

WAS NOCH?

Die Katholiken des Borkumer Strandklubs senden „die ergebensten Grüße mit dem Wunsche erfolgreicher Arbeit". Anders als geplant wird auch dieser Katholikentag zu einer Massenveranstaltung. Die Festhalle wird erstmals von einer Zelthallenfabrik gemietet. Am Sonntag kommen fast 30.000 Gäste, denen 2.000 Quartiere in Wohnungen und Massenunterkünfte in Schulen zur Verfügung stehen. Dem Adel wird viel gehuldigt. Albert von Thurn und Taxis übernimmt das sonst nicht übliche Amt eines „Protektors" des Lokalkomitees, bei seinem Schloss Sankt Emmeram findet eine Reliquienprozession statt. Begrüßt werden die Jugendschriftenkommissionen der Lehrervereine, die Verzeichnisse empfohlener Bücher erstellen. Erstmals unterstützt die Versammlung die Afrikamissionarinnen der 1894 in Österreich gegründeten Sankt-Petrus-Claver-Sodalität. Für die Jugend auf dem Land werden landwirtschaftliche und Haushalts-Schulen mit Mustergütern empfohlen – „unter besonderer Rücksichtnahme auf Erziehung zu einer einfachen, dem künftigen Stande angemessenen Lebenshaltung". Begrüßt wird die Gründung von kaufmännischen Vereinigungen im Ausland. Adolf Gröber bekräftigt, dass Laien „unmöglich" zur Kontrolle des Kirchenregiments berufen sein können. Wilhelm II. antwortet erstmals persönlich auf die Huldigungsadresse. Die Teilnehmer des Festmahls lassen ihn hochleben und singen die Nationalhymne. Den Abschluss bildet eine Festfahrt zur Walhalla.

Deutsch-Südwestafrika

MISSION IN ZEITEN DES VÖLKERMORDS

Der Missionar August Nachtwey berichtet in Straßburg aus einem Gebiet, wo deutsche Kolonialtruppen soeben den ersten Völkermord des 20. Jahrhunderts verübt haben. Als Apostolischer Präfekt leitet er den noch nicht zum Bistum erhobenen Missionssprengel in Deutsch-Südwestafrika, dem heutigen Namibia. Die Truppen des Deutschen Reichs unter dem skrupellosen Oberbefehlshaber Lothar von Trotha haben dort Aufständische aus dem Volk der Herero in einer blutigen Schlacht besiegt. Die Überlebenden mit ihren Frauen und Kindern haben sie in die Wüste getrieben und verdursten lassen. Von den etwa 80.000 bis 100.000 Herero überleben nur etwa 15.000.

Nachtwey hat den Kriegszug der Deutschen als Militärgeistlicher begleitet. In Straßburg erklärt er sich zum Verteidiger der Herero. Aber was ist das für ein Anwalt? Die „ganze Bevölkerung Deutschlands" halte die „Eingeborenen" für „rohe, grausame Menschen" – und das zu Recht, erklärt er. Mit keinem Wort erwähnt er die Gründe für den Aufstand, die Ausbeutung und Verdrängung der Herero von ihrem Land. Er sagt nicht, dass der Anführer der Aufständischen, Samuel Maharero, seine Truppen ausdrücklich angewiesen hat, Frauen und Kinder zu verschonen, während von Trotha seinen Vernichtungsfeldzug gegen das gesamte Volk führt. Und er verschweigt, dass sich ehemalige Verbündete der Deutschen, von deren Grausamkeit abgeschreckt, jetzt einem Aufstand der Nama angeschlossen haben, die von den Deutschen abfällig Hottentotten genannt werden.

Als Opfer bezeichnet Nachtwey nur die ermordeten deutschen Siedler. Zugunsten der Herero führt er lediglich an, dass die meisten nicht gewusst hätten, was sie mit ihrem Aufstand anrichten würden, und dass „auch die Schwarzen" von Christus erlöst werden könnten. Sein Ziel ist es nicht, den Völkermord anzuklagen, sondern die katholische Mission in Südwestafrika zu stärken. Und dafür muss er sich mit dem Kaiser und der deutschen Kolonialverwaltung gut stellen. Bisher haben die Protestan-

ten das Monopol auf die Mission in Südwestafrika, vor dem Aufstand gab es dort laut Nachtwey nur 850 „weiße" und 630 „schwarze" Katholiken. Jetzt sieht der Oblatenpater seine Chance gekommen. Denn während sich viele protestantische Herero und Nama dem Aufstand anschlossen, kämpften die Katholiken laut Nachtwey aufseiten der Deutschen. Um die Afrikaner zu „wahren Untertanen, zu wahren Christen und zu wahren Menschen" zu erziehen, würden Peitschen und Kanonen eben nicht reichen, dazu bedürfe es vielmehr des „von der katholischen Kirche ausgeübten" Christentums, erklärt er unter Beifall. „Wir werden da-

WAS NOCH?

Die mehr als 35.000 Teilnehmer des Festumzugs huldigen dreieinhalb Stunden lang dem Bischof von Straßburg durch Hochrufe und Hutschwenken. Die Studenten fahren in einer Droschkenprozession durch die Stadt. Abends zeigt sich Straßburg in Festbeleuchtung. Im Münster werden täglich 200 Messen gelesen. Zum Nebenprogramm gehören Veranstaltungen in französischer Sprache. Der Reichstagsabgeordnete Hermann de Witt bekennt sich zum modernen Rechtsstaat und zum „Urrecht" des Menschen auf Gewissens- und Religionsfreiheit. Begrüßt wird die Gründung der ersten katholischen Ausbildungsanstalten für körperlich Behinderte, des Sankt-Nikolaus-Schiffer-Verbandes und vor allem des Katholischen Frauenbundes. Erstmals empfiehlt die Versammlung auch das Seraphische Liebeswerk, das sich um arme deutsche Kinder kümmert. Zum wiederholten Mal bittet man die Katholiken, den Papst durch den Peterspfennig zu unterstützen. Katholische Studentenkorporationen sollen sich nicht abschotten. Um Streiks und Aussperrungen zu verhindern, werden Arbeitskammern als Schiedsgerichte zwischen Arbeitnehmern und -gebern gefordert und Tarifverträge empfohlen. Die katholischen Mädchenschutzvereine sollen mit denen anderer Konfessionen international zusammenarbeiten. Erstmals ermöglicht die Generalversammlung eine ständige Mitgliedschaft durch jährliche Beitragszahlungen.

rum fortfahren, in diesem Geiste echt deutschen und treuen Katholizismus weiter zu arbeiten für Gott und die Seelen im Schutzgebiete, sobald der Frieden eingekehrt sein wird."

Auch der Reichstag beschäftigt sich immer häufiger mit den Kolonien. Neben der SPD und einigen Linksliberalen kritisiert der ehrgeizige und umtriebige junge Zentrumsabgeordnete Matthias Erzberger – auf dem Kölner Katholikentag war er Schriftführer – immer wieder die Kolonialpolitik der Regierung. Sein Verständnis von Kolonialismus beschreibt er mit einem 20 Jahre alten Zitat Ludwig Windthorsts, der Mission zur Voraussetzung einer „vernünftigen" Kolonisation erklärt hat: „Denn wir werden doch nicht die Eingeborenen, unter denen wir uns niederlassen, nach dem Beispiel anderer Völker niederschießen und ausrotten; wir werden sie zivilisieren, wir werden sie zu uns heranziehen und sie zu wirklichen Menschen erziehen wollen."

Tatsächlich kritisiert Erzberger, oft unterstützt von seinem Fraktionskollegen Hermann Roeren, vor allem einzelne Fälle von Gewalt, sexuellem Missbrauch und Korruption, nicht aber die Kolonialkriege, die seit Sommer 1905 auch in Deutsch-Ostafrika toben. Noch im Dezember 1905 verteidigt er sogar von Trotha, der inzwischen nicht zuletzt wegen kritischer Berichte protestantischer Missionare selbst beim Kaiser in Ungnade gefallen ist.

Verglichen mit den nationalliberalen und konservativen Parteien nimmt das Zentrum aber noch eine gemäßigte Position ein. Weil die Kolonien ständig für Skandale sorgen und immer teurer werden, verweigert eine Mehrheit aus Zentrum und SPD im August 1906 im Reichstag einen Nachtragshaushalt zur Finanzierung des Krieges in Deutsch-Südwestafrika. Daraufhin wird der Reichstag aufgelöst. Bei den „Hottentottenwahlen" im Januar 1907 gewinnt das Zentrum zwar noch Sitze hinzu, es findet sich aber trotzdem in der Opposition wieder. Denn die verbündeten Konservativen und Liberalen treten mit nationalistischem Getöse an, treffen untereinander Wahlabsprachen und nehmen so der SPD etliche Mandate ab.

In Südwestafrika sterben unterdessen noch tausende Gefangene in Konzentrationslagern, erst Anfang 1909 beenden die Nama ihren Guerillakrieg endgültig. Nachtweys Kalkül geht auf: Nach dem Aufstand dürfen die Katholiken unter denselben Bedingungen Mission treiben wie die Protestanten, unter anderem auch durch die Betreuung der Gefangenen in den Lagern. Heute sind gut 15 Prozent der Namibier katholisch.

53

Reformkatholiken

BAUSTELLE KONSENSFASSADE

Die Katholikentage bieten ein Bild „der Einheit, des glaubensfrohen Denkens und Handelns", wie es „kein anderes Land der Erde zu bieten vermag". Niemand bezweifelt diese Worte Franz Laarmanns, der dem Essener Lokalkomitee vorsteht. Doch darüber, wie das Bild der Einheit zustande kommt, ist seit der Generalversammlung im Vorjahr heftig gestritten worden. Beruht die Geschlossenheit der Katholiken etwa auf einer unzulässigen Ausgrenzung Andersdenkender?

Verantwortlich für den Aufruhr sind die sogenannten Reformkatholiken, die sich in der Münchener Kraus-Gesellschaft „zur Pflege für religiösen und kulturellen Fortschritt" zusammengefunden haben, benannt nach ebenjenem 1901 verstorbenen Kirchenhistoriker Franz Xaver Kraus, der gegenüber dem modernen Staat und der Wissenschaft aufgeschlossen war und die Generalversammlung schon 1865 mit einem Kopfschütteln bedachte. Ihnen missfällt, dass die Zentrumspartei die Katholiken exklusiv für sich in Anspruch nimmt und katholische Priester für sie werben. In Straßburg beantragen die Reformkatholiken, die Versammlung solle Bestrebungen begrüßen, gegen die daraus resultierenden „Gefahren" vorzugehen. Wenn ein Seelsorger für eine politische Partei eintrete, werde er parteiisch, und das führe zu Verstimmungen in der Gemeinde und zu einer Diskreditierung der heiligen Handlungen, heißt es zur Begründung. Damit stehen die Reformkatholiken tatsächlich in der Tradition von Kraus. Dieser hat einen „religiösen Katholizismus" gefordert, der sich auf den Glaubensvollzug und dessen Reflexion konzentriert. Das politische Engagement der ultramontanen katholischen Massen und insbesondere deren Bindung an die Zentrumspartei hat er dagegen entschieden abgelehnt.

Für die Generalversammlung, die aus ihrer engen Symbiose mit der Zentrumspartei keinen Hehl macht, stellt der Antrag der Reformkatholiken eine ungeheure Provokation dar. Immer schon hat sie innerkirchliche Kritik abgeblockt, den kritischen Dialog vermieden und den wahren Katholizismus für sich allein beansprucht. Die Satzung ermöglicht es, missliebige Mitglieder auszuschließen. Während für die ersten Katholikentage noch häufiger skurrile Anträge und inhaltliche Diskussionen in den geschlossenen Veranstaltungen dokumentiert sind, nicken die Mitglieder inzwischen fast nur noch Anträge ab, die Experten der zuständigen Vereine im Vorfeld ausgefeilt formuliert und abgestimmt haben. Die diplomatisch höchst heiklen Resolutionen zur „Römischen Frage" werden sogar mit dem Nuntius in München und den Bischöfen abgesprochen. Dass solche Anträge nach der Beratung in den Ausschüssen noch geändert oder gar abgelehnt werden, ist nicht vorgesehen. 1903 muss Karl Heinrich zu Löwenstein höchstpersönlich den Mitgliedern in Erinnerung rufen, dass die Satzung es durchaus gestattet, in der geschlossenen Versammlung Änderungen von Anträgen vorzuschlagen.

Eine andere Bestimmung der Satzung wurde 1904 geändert. Seitdem haben das Lokal- und das Zentralkomitee ausdrücklich die Aufgabe, darüber zu entscheiden, ob sich die Anträge „nach Inhalt und Form zur Beratung auf der Generalversammlung eignen". Die Urheber abgelehnter Anträge können sich danach nur noch direkt an das Präsidium der Generalversammlung wenden. Und so wird auch der Antrag der Reformkatholiken in Straßburg mit Stillschweigen übergangen.

Formal ist das völlig korrekt. Doch die kritische Presse hat ein grundsätzliches Problem mit diesem Vorgehen: Es entspreche nicht den parlamentarischen Traditionen und nicht den Interessen der Gesamtheit der Katholiken Deutschlands, sondern sichere einer kleinen ultramontanen Clique im Zentralkomitee die Alleinherrschaft, lautet der Vorwurf.

Adolf Gröber, Präsident des Katholikentages in Essen, sieht sich daher zu einer ausführlichen Rechtfertigung genötigt: Bei den Generalversammlungen handele es sich nicht um politische Veranstaltungen, ihre Aufgabe sei es, die Einigkeit der Katho-

WAS NOCH?

Die Firma Krupp, Europas größte Waffenschmiede, stellt für die Festhalle ein Grundstück zur Verfügung. Das Lokalkomitee besichtigt die
Gussstahlfabrik. Zum Umzug dürfen Vereine von außerhalb des
Ruhrgebiets nur mit kleinen Delegationen antreten, trotzdem hat er
42.000 Teilnehmer. Erstmals gibt es einen „Volksunterhaltungsabend"
mit 11.000 Gästen, bei dem Gedichte und Lieder Joseph von Eichen-
dorffs vorgetragen werden. Die Versammlung empfiehlt die Gründung von Seemannsheimen, die Einführung des achtstündigen
Arbeitstages in der Eisenindustrie und Gesetze zum Schutz der
Heimarbeiter. Angesichts einer „zunehmenden Vergnügungssucht"
und einem „Hang zu Naschereien" rät sie Schulsparkassen für Kinder an. Laien sollen Seelsorgern bei ihrer Tätigkeit helfen. Vermehrt
möchte man sich um die Wehrpflichtigen kümmern. Der Jesuitenpater Julius Seiler glaubt, dass nur die Kirche den „Rassenkampf"
überwinden könne. Als Gesandter des Papstes sorgt Vincenzo Kardinal
Vannutelli für Irritationen: Er lobt die deutschen Katholiken
dafür, dem Willen der Bischöfe und des Papstes auch in bürgerlichen
und sozialen Fragen zu folgen, also auf Gebieten, in denen die Laien
auf ihre Eigenständigkeit pochen. Seine Einschränkung, „sofern die
Religion dadurch berührt wird", fehlt in den ersten Presseberichten.
Nach Protesten aus Deutschland betont Pius X. in einem Breve an
Antonius Kardinal Fischer deswegen die „volle und uneingeschränkte" Freiheit der Laien „in den Angelegenheiten, welche die Religion
nicht berühren". Der Kölner Erzbischof bittet die Protestanten, mit
den Katholiken gemeinsam Front zu machen gegen die „unheimlichen Mächte der Finsternis". Der Evangelische Bund sieht darin nur
den „geschickten Versuch, die Macht der die römischen Interessen in
erster Linie vertretenden Zentrumspartei zu stärken".

liken zu stärken und ihre Glaubensfestigkeit zu erhöhen. „Und
daraus folgt, dass wir alle Kontroversen … aus den Beratungs-
gegenständen der Generalversammlung ausscheiden. Wir verhandeln die Fragen, von denen wir im Voraus ungefähr annehmen können, dass sie der Auffassung der Gesamtheit der Katholiken Deutschlands entsprechen." Die Beschlüsse müssten
außerdem immer die Zustimmung der Bischöfe finden. Gefährliche Ideen sollten am besten gar nicht erst ausgesprochen werden: „Die bloße Beratung, ja die bloße Verteilung mancher Anträge kann nach gemachter Erfahrung Nachteile mit sich bringen, die besser vermieden werden."

Und so scheint es auch Laarmann letztlich egal zu sein, wie
die Konsensfassade des Katholikentags zustande kommt: „Gewiss, es fehlen einige Unzufriedene, es fehlen auch die Lauen und
Gleichgültigen. Aber kann das etwas an der Geschlossenheit
dieses Bildes ändern? Sicherlich nicht!" Die Frage, wie mit innerkirchlichen Abweichlern umzugehen ist, bleibt indes brisant.
Gleiches gilt für die politische Betätigung von Priestern, die das
1933 geschlossene – und bis heute gültige – Reichskonkordat
verboten wird.

54

Katholischer Frauenbund

VERLACHT, UND DOCH GEMACHT

Emy von Gordon würde gerne etwas sagen. Die Mitglieder der geschlossenen Versammlung des Würzburger Katholikentags diskutieren gerade über eine erneute Empfehlung des Katholischen Frauenbundes, den sie 1903 mitgegründet hat. Doch es gibt ein Problem: Frauen haben auf der Generalversammlung kein Rederecht.

Diese Bestimmung erscheint zunehmend anachronistisch. Seit der Jahrhundertwende beschäftigt nach der Römischen und der Sozialen eine neue Frage die Katholikentage: die Frauenfrage. In den Reden dazu – die selbstverständlich immer Männer halten – geht es nicht mehr nur um Familie und Fürsorge, sondern auch um die soziale, rechtliche und politische Stellung der Frau. In Australien und Finnland haben Frauen bereits das Wahlrecht, die sozialistische und teilweise auch die bürgerliche Frauenbewegung setzten die Katholiken unter Zugzwang. Der Frauenbund, als Dachorganisation der verschiedensten Vereine, soll die Bewegung in ruhigere Bahnen lenken und möglichst unter die Kontrolle des Klerus bringen.

Das Verhältnis zur allgemeinen Frauenbewegung ist daher zwiespältig. Auf dem Katholikentag von 1905 hat der Kapuzinerpater Benno Auracher beispielsweise die sozialistischen und liberalen Frauenbewegungen heftig kritisiert, zugleich aber höhere Löhne und eine bessere Bildung für Frauen gefordert. Als er sich gar zu der Aussage verstieg, das Frauenwahlrecht verstoße gegen kein Dogma, hatte der Präsident schon die Hand an der Glocke, um ihn zu unterbrechen.

In Würzburg prescht jetzt der Regensburger Landtagsabgeordnete Georg Heim vor, der für mitreißende, volkstümliche Reden berühmt und für judenfeindliche Ausfälle berüchtigt ist. Er stehe, so beginnt er, auf einem „sehr extremen Standpunkte": Durch die Berufstätigkeit der Frau habe sich „ihr Verhältnis zur ganzen menschlichen Gesellschaft total verändert". Er trete deswegen für das Frauenstimmrecht ein. Zu Angriffen aus dem eigenen Lager sagt er: „Das macht nichts! Man muss abwarten. Es wird oft etwas verlacht, später wird es doch gemacht." „Sehr richtig!", kommentiert das ein Zwischenrufer.

In einer anderen Sitzung wirbt der spätere Münchener Erzbischof und Kardinal Michael Faulhaber für das Recht von Frauen, zu studieren, und für den Hildegardis-Verein, der Studentinnen unterstützt. Diese sind bisher nur an acht deutschen Universitäten zugelassen, und nur jede neunte von ihnen ist katholisch. „Wer jetzt am Anfang dieser Frauenbildungsbewe-

WAS NOCH?

Die Versammlung beklagt die schlechte Lage der Dienstmädchen und empfiehlt ihnen, sich in Vereinen zusammenzuschließen und gegen die teilweise entwürdigenden Bestimmungen der Gesinde-Ordnungen zu kämpfen. Dieser Beschluss bleibt deutlich hinter anderen Vorschlägen in der Diskussion zurück, etwa nach Gewerkschaften für alle Dienstboten, auch die Knechte. Mit Blick auf die sexuelle Ausbeutung von Dienstmädchen wünscht sich der Arbeitersekretär Johannes Giesberts „einen etwas geringeren Begriff von der Autorität der Herrschaft". Präsident ist der spätere Reichskanzler Constantin Fehrenbach. Zur Männerprozession auf das Käppele kommen 6.000 Teilnehmer und zehntausende Schaulustige. In größeren Betrieben sollen Arbeiterausschüsse, Vorläufer der Betriebsräte, „mit nicht zu eng bemessenen Befugnissen" eingerichtet werden. Der Geistliche Rat Theodor Wacker verurteilt das „vaterlandslose Weltbürgertum" auf der einen und den „überspannten Begriff der Nationalität" auf der anderen Seite. Der Zentrumspolitiker Martin Spahn erklärt: „Jetzt regt sich in unserem Volke nach all der Zerfahrenheit der philosophischen und staatsrechtlichen Anschauungen und nach der Öde der materialistischen Denkweise wieder das Sehnen nach einer einheitlichen Weltanschauung." Er wird 1921 zur Deutschnationalen Volkspartei und 1933 zu den Nationalsozialisten überlaufen.

gung nicht mitarbeitet, hat später kein Recht, uns wieder lange Jeremiaden über katholisches Bildungsdefizit vorzujammern", erklärt Faulhaber.

Schließlich kommt doch noch Emy von Gordon zu Wort. Der Osnabrücker Amtsgerichtsrat Karl Engelen, der die Verhandlungen führt, verweist auf einen Präzedenzfall im Vorjahr: Die für den Volksverein tätige Barbara Graß durfte dort zu Arbeiterinnenvereinen sprechen. Daher räumt Engelen auch Gordon das Recht ein, sich gutachterlich zu äußern. Sie beklagt, den katholischen Frauen sei „zu spät gelehrt worden, dass auch sie soziale Pflichten zu erfüllen haben". Vor allem fordert sie eine umfassendere Bildung für Frauen und eine enge Zusammenarbeit der Geistlichen mit den Laien. Die Versammlung spendet ihr ein „lebhaftes Bravo".

Für mehr ist die Zeit noch nicht reif. Der Würzburger Bischof Ferdinand von Schlör weist den Frauenbund in seine Grenzen: Er habe den Zweck, die bestehenden Frauenrechte zu sichern, nicht neue Rechte zu erwerben. Ohne Unterstützung des Klerus ist der Spielraum der katholischen Frauenbewegung begrenzt. Auf dem folgenden Katholikentag in Düsseldorf werden die Mitglieder des Zentralkomitees den Entwurf für eine neue Satzung einbringen, der Frauen das Stimmrecht auf den Generalversammlungen gewährt. Doch die zuständige Kommission hält die Entscheidung „noch nicht für spruchreif" und setzt durch, sie vorerst zu vertagen. Weitere Vorstöße in den Folgejahren bleiben ebenfalls erfolglos. Die Hintergründe verrät der Generalsekretär des Zentralkomitees Adolf Donders der Generalsekretärin des Frauenbundes Isabella von Carnap 1911: Einige Bischöfe hätten gedroht, den Katholikentag zu boykottieren, wenn Frauen Zugeständnisse gemacht würden.

Heute hat der Katholische Deutsche Frauenbund (KDFB) etwa 200.000 Mitglieder. Noch größer ist die Katholische Frauengemeinschaft Deutschlands (kfd) mit etwa 500.000 Mitgliedern. Sie ist aus den christlichen Müttervereinen hervorgegangen, die sich dem Frauenbund nicht anschlossen und sich erst 1928 zu einem Zentralverband zusammenfanden.

Modernismuskrise

KETZERRIECHEREI UND PFAFFENKOLLER

Ein Jahr nach dem Erscheinen der Enzyklika „Pascendi", mit der Pius X. den sogenannten Modernismus feierlich verdammte, gibt es eigentlich nichts zu beschönigen. „Die päpstliche Kundgebung wurde überall als Kampfruf und Strafgericht verstanden. Und in der Tat trug sie diesen Charakter", räumt der Münsteraner Moraltheologe Joseph Mausbach in Düsseldorf ein.

Pius X. hat mit dem Rundschreiben zum Rundumschlag ausgeholt. Unter „Modernismus" versteht er die „Zusammenfassung aller Irrlehren". Es geht gegen alle, die ihren Glauben nur auf eigene Erfahrungen stützen, am Wortlaut der Dogmen zweifeln, heilige Texte mithilfe der historisch-kritischen Methode interpretieren, die geschichtliche Entwicklung der Kirche aufzeigen oder sie sogar reformieren möchten.

Schon 1905 hat sich der Reichstagsabgeordnete Hermann de Witt auf dem Straßburger Katholikentag gegen katholische Eiferer gewendet, die sich das Mittelalter zurücksehnen. „Pfaffenkoller und Ketzerriecherei verfallen zu Recht Spott und Satire", erklärte er. Mit „Pascendi" erhält ebendiese Ketzerriecherei jetzt aber die Rückendeckung des Papstes. Die schlimmsten Feinde wittert Pius X. „am Busen und im Schoße der Kirche" selbst, diese seien umso gefährlicher, je weniger man sie kenne.

Solche Ausführungen über Krypto-Modernisten schaffen Raum für aggressive Paranoiker, die bald überall Zwietracht säen. In den Blick der Eiferer geraten zunächst die Theologen, die den alten Glauben mit der modernen Zeit versöhnen möchten, dann aber auch die Zentrumspartei sowie Vereine, die auf ihre Unabhängigkeit vom kirchlichen Lehramt in politischen und sozialen Angelegenheiten beharren und für eine Zusammenarbeit mit Protestanten und anderen vom Papst verurteilten gesellschaftlichen Gruppen offen sind. In der Gewissheit ihrer hehren Ziele arbeiten die Antimodernisten mit den Mitteln der Denunziation und Rufschädigung. In Deutschland stehen sie in der Minderheit, aber sie haben mächtige Bündnispartner. Dazu

zählt der Kurienmitarbeiter Umberto Benigni im päpstlichen Staatssekretariat, der das „Sodalitium pianum" gründet, eine antidemokratische und antisemitische geheime Spitzelorganisation, die sich ganz und gar dem Kampf gegen den Antimodernismus verschreibt.

Pius X. fordert auch vom Katholikentag ausdrücklich Gehorsam ein. Die Versammlung in Düsseldorf bekennt sich in einer Resolution zu „Pascendi" und stellt zum 50-jährigen Priesterjubiläum Pius' X. alle Reden unter das Leitmotiv „Huldigung an den Jubelpriester auf Petri Thron". Doch die Konflikte der Modernismuskrise lassen auch die Katholikentage nicht unberührt. Der Reichstagsabgeordnete Hans Georg Oppersdorff scheitert mit seiner Kandidatur zum Präsidenten des Düsseldorfer Katholikentags, obwohl er in Neisse bereits Vizepräsident war und seit 1904 dem Zentralkomitee angehört. Er verprellt das Gremium, indem er auf eigene Faust mit dem Nuntius Kontakt aufnimmt, um eine Verschärfung der Resolution zur Römischen Frage durchzusetzen. Oppersdorff schließt sich daraufhin dem „Sodalitium pianum" an. Er drangsaliert Parteikollegen wie Martin Spahn und Felix Porsch so nachhaltig, dass er 1912 aus dem Zentralkomitee gewählt und aus der Zentrumspartei ausgeschlossen wird. Das „Sodalitium" nimmt derweil unter anderem auch Julius Bachem und Hermann Cardauns ins Visier. Georg von Hertling hat sich schon 1907 in die Nesseln gesetzt, als er sich mit einer Münsteraner „Anti-Index-Liga" für eine Milderung der kirchlichen Zensur eingesetzt hat. Er wird so heftig angegriffen, dass er einen Rückzug von allen Ämtern erwägt.

Mausbach versucht trotz allem, Verständnis für „Pascendi" zu wecken. So nimmt er das Bild vom Hirten auf, das Pius X. mit den Anfangsworten der Enzyklika entwirft: „Die echte Hirtenliebe muss nicht bloß helfen und trösten, sie muss auch kämpfen und strafen können." Als Modernismus beschreibt er vor allem die Betonung des inneren Erlebens, den „verwirrenden

Die Düsseldorfer Festhalle wurde in frühbyzantinischem Stil errichtet.

Gefühlskultus", der zu Nervenschwäche und seelischer Haltlosigkeit führe. Die deutschen Theologen seien durch „Pascendi" keineswegs in eine peinliche Lage gebracht, sondern bestätigt worden, weil es in Deutschland gar keine Modernisten gebe. Es gehe auch nicht um „kleinliche Bevormundung und engherzige Freiheitsbeschränkung", zitiert er die deutschen Bischöfe.

Doch auch Mausbach selbst macht bald Bekanntschaft mit den Methoden der Antimodernisten: 1911 wird sein Buch „Die katholische Moral und ihre Gegner" bei der Indexkongregation in Rom angezeigt. Er leugne die indirekte Autorität der Kirche in politischen, sozialen und wirtschaftlichen Fragen, lautet der Vorwurf. Mausbach wird verurteilt, ohne dass das Dekret veröffentlicht wird. Er rettet sich, indem er sich allen Anordnungen aus Rom unterwirft.

Erst der Tod Pius' X. und die Umwälzungen des Ersten Weltkriegs beenden die Modernismuskrise. Der neue Papst Benedikt XV. versucht zu versöhnen, er stoppt die Modernistenverfolgung und entmachtet Benigni, der sich schließlich dem Faschismus zuwendet. Im deutschen Katholizismus bleiben tiefe Narben zurück.

Der Festumzug hat mehr als 60.000 Teilnehmer, die in 80 Sonderzügen anreisen und sich später auf 28 Säle verteilen. Während der ersten öffentlichen Versammlung gewittert es so heftig, dass die Reden unterbrochen werden. Die 12.000 Besucher spannen in der Halle die Regenschirme auf und singen Kirchenlieder zur Überbrückung. Erstmals warnt der Katholikentag vor „kinematografischen Darstellungen". Dienstboten sollen mit Hausfrauen gemeinsame Ausschüsse bilden, statt Gewerkschaften zu gründen. Gefängnisse sollen nach Konfession getrennt eingerichtet werden. Unterstützt wird eine katholische Schule bei Nagasaki. Die meisten Mitglieder der dortigen Gemeinde, der größten in Japan, werden 1945 durch die Atombombe ums Leben kommen. Die überarbeitete Satzung sichert dem Zentralkomitee Einfluss auf die Vorbereitung der Katholikentage und ermöglicht es auch Vereinen, die Mitgliedschaft zu erwerben. Ein Pfarrer aus den Niederlanden erzählt, wie sich dort Calvinisten und Katholiken zum „monsterverbond" zusammengefunden haben, um gemeinsame Interessen durchzusetzen. Katholikentagspräsident Hans von Praschma warnt dagegen, über den Wunsch nach konfessionellem Frieden den Frieden zwischen den katholischen Glaubensgenossen nicht zu vernachlässigen. Der ehemalige Offizier fordert dazu auf, Elitetruppe zu sein: „Die Katholiken in Deutschland voran, die deutschen Katholiken in der Welt voran!"

Jugendliche

SEELEN IN GEFAHR

Die Jugend ist eine gefährliche Zeit für die Seele eines Katholiken. In den Familien und an den konfessionellen Schulen können die Kinder behütet aufwachsen. Aber dann müssen sie hinaus in die Welt, wo das Böse lauert – etwa in Gestalt der Sozialdemokraten und ihrer Propaganda. Der Breslauer Fürstbischof Georg Kardinal von Kopp beschwört solche Gefahren vor 1.600 Jugendlichen eindringlich: „Ihr seht da so vieles, was dem widerspricht, was ihr bisher getan habt. Ihr höret so vieles, was dem widerspricht, was ihr bisher gehört habt. … Wenn ihr nicht wachsam seid, wird das Schlechte das Gute verdrängen und eure ganze

Die Studenten des „Cartell-Verbandes der katholischen deutschen Studenten-Verbindungen" huldigen während des Katholikentags Kaiser Wilhelm I. an dessen Denkmal.

Seele mit Schlechtem erfüllen." Aber selbstverständlich weiß der Bischof auch guten Rat: „Seid dankbar eurer heiligen Kirche, die euch in den Gefahren der Jugend euren Verein zum sichtbaren Schutzengel gibt", ruft er seinen Zuhörern zu.

Nachdem es in Düsseldorf schon eine große Versammlung der katholischen Jünglingsvereinigungen gab, dürfen die männlichen Jugendlichen in Breslau zum ersten Mal im Festzug des

Katholikentags mitmarschieren und anschließend eine eigene Veranstaltung besuchen. Seit einigen Jahren ist die „schulentlassene Jugend" zu einem bevorzugten Gegenstand der katholischen Fürsorge geworden. 1896 wurde der Vorläufer des „Verbandes der katholischen Jugend- und Jungmännervereine Deutschlands" gegründet, dem sich die süddeutschen Diözesanverbände aber noch nicht angeschlossen haben. Er wird in der Zeit der Weimarer Republik zum größten Jugendverband Deutschlands mit rund 375.000 Mitgliedern anwachsen. Weniger Aufmerksamkeit erhalten die Vereine und Kongregationen für junge Frauen, die sich erst 1915 zum „Zentralverband der katholischen Jungfrauenvereine Deutschlands" zusammenschließen.

Die starke Stellung der Präsides, der geistlichen Begleiter der Jugendverbände, sichert den klerikalen Einfluss. In Breslau sprechen die Jugendlichen daher noch nicht für sich selbst. Stattdessen legen Männer, die um die 60 Jahre alt sind, ihre Erziehungsideale dar. Der erste Generalpräses des Jungmännerverbandes, Josef Drammer aus Aachen, verwehrt sich gegen Vorwürfe, die katholische Jugendfürsorge wolle die Jugend ans Gängelband nehmen und ihr die Freiheit rauben. Er preist jedoch die Übung in der Selbstzucht: „Gut ist es dem Manne, wenn er das Joch des Herrn getragen von seiner Jugend auf." Der Landtagsabgeordnete und Rektor Hermogenes Ziesché aus Breslau gesteht Jugendlichen einen „Anspruch auf Fröhlichkeit und Heiterkeit" zu, spornt sie aber nicht nur zu einer guten Berufsausbildung, politischer Bildung und guter Lektüre an, sondern auch zur „körperlichen Ausbildung". Diese sei nicht zuletzt für das Militär von Bedeutung. „Denn dass es der Stolz jedes einzelnen von Ihnen sein wird – soweit sich keine Hindernisse geltend machen –, den Rock des Königs anzuziehen und Soldat zu werden, das ist ja selbstredend. Ein jeder, bei dem es anders wäre, würde hier in diesen Saal, in diese unsere Gesellschaft nicht passen."

Die katholische Erziehung, das wird deutlich, soll nicht nur dem Heil der Seelen und der Kirche, sondern auch dem Staat zugutekommen. Die erste Versammlung der Jugendvereine auf einem Katholikentag gelobt Kirche und Thron die Treue, lässt Papst und Kaiser gemeinsam hochleben. Und zum Abschluss singen die Anwesenden kein Kirchenlied, sondern die Kaiserhymne „Heil dir im Siegerkranz".

WAS NOCH?

Im Festzug marschieren Rübezahl- und Gnomfiguren mit. 630 Ordner und 50 Radfahrer sorgen für einen geregelten Ablauf. Die Polizei verbietet eine Versammlung für polnischsprachige Arbeiter. Felix Porsch kündigt an, die Debatte darüber ins Parlament zu tragen. Anträge zu Tarifverträgen werden zurückgezogen, um Streit zu vermeiden. Den Caritas-Einrichtungen wird angeraten, sich stärker mit den Kommunen auszutauschen, um den Missbrauch von Hilfeleistungen zu vermeiden. Die atheistischen Freidenker sollen energisch bekämpft werden. Die Versammlung fordert, den Einfluss der katholischen Kirche auf die Schulaufsicht gesetzlich zu verankern. Dem Zentralkomitee wird nahegelegt, eine Kommission zum bisher wenig beachteten Thema „Prostitution" zu bilden. In Afrika gilt der Islam als „furchtbare Konkurrenz" für die christliche Mission. Mit Johannes Mumbauer kommt ein Autor der Zeitschrift „Hochland" zu Wort, die im sogenannten Literaturstreit eine progressive Richtung vertritt. Er fordert von den Katholiken, „gleichberechtigt und gleichbefähigt einzutreten in das volle nationale Kulturschaffen der Zeit". August Rumpf aus München erklärt, auch die christliche Kunst müsse moderne Kunst sein. Zu einem Volksfest im Schießwerder Garten kommen 12.000 Gäste.

Bibliotheken

GUTE TEXTE, SCHLECHTE TEXTE

Die Wirkung guter Literatur ist nicht zu unterschätzen. In Osnabrück sind nach der Einrichtung einer Bibliothek die Ausgaben für die Armenfürsorge zurückgegangen, weiß während des Augsburger Katholikentags ein Kaplan auf der Versammlung des Borromäusvereins zu berichten. Mehr Bücher führten zu weniger Wirtshausbesuchen und weniger Alkoholismus, lautet die Erklärung.

Um die Jahrhundertwende ist die Erwachsenenbildung in den Fokus der Katholikentage gerückt. Das Angebot an Vorträgen und Fortbildungsabenden wird zunehmend über die jeweiligen Vereinsmitglieder hinaus auf die Allgemeinheit ausgedehnt und zentral koordiniert. Im Kampf gegen Schmutz und Schund setzt sich die Einsicht durch, dass Verbote und Boykotte allein nicht reichen, sondern die Katholiken dem Verfemten etwas Eigenes entgegensetzen müssen. Besondere Verdienste erwirbt sich der Volksverein, der inzwischen fast 700.000 Mitglieder hat. Er kümmert sich nicht nur um Vorträge zur sozialen und politischen Bildung, sondern auch um die Kolportage, den Haustürverkauf „guter" Bücher. Der Bayerische Pressverein unterhält Bibliotheken.

Zur Verbreitung guter Bücher hat die Generalversammlung aber vor allem einen Verein wiederentdeckt, der älter ist als sie selbst: den 1845 gegründeten Borromäusverein. Die 200.000 Mitglieder betreiben mehr als 3.800 „Volksbüchereien". Zu ihrem Patron haben sie den Mailänder Erzbischof Carlo Borromeo erwählt, der sich im 16. Jahrhundert im Kampf gegen den Protestantismus hervorgetan hat.

In Deutschland ist dieser Name gerade in aller Munde, denn Pius X. hat zum 300. Jahrestag der Heiligsprechung Borromeos eine Enzyklika verfasst. Darin bezeichnet er die Reformatoren als „hochmütige und aufrührerische Männer", „Feinde des Kreuzes Christi" und „Menschen von irdischer Gesinnung, deren Gott der Bauch ist". Sie hätten „nach dem Belieben gerade der vor-kommensten Fürsten oder Völker" die Lehre der Kirche untergraben. Der Kaiser ist beleidigt, empörte Protestanten beschweren sich in den Parlamenten, und auch Katholiken sind peinlich berührt, sodass der Kardinalstaatssekretär wieder ein-

WAS NOCH?

Erstmals wendet sich ein Beschluss eines Katholikentages ausdrücklich gegen die „Seuche der Prostitution". Ein Apotheker aus Bonn weist auf die hohen Kosten hin, die Geschlechtskrankheiten verursachen – nach „sehr zuverlässigen Mitteilungen" nicht zuletzt den Universitäts-Krankenkassen. In Köln und anderen Städten richte der Karneval „furchtbare Verheerungen auf sittlichem Gebiete" an. Die Prostituierten seien aber „Kinder unseres deutschen Volkes und oft Kinder guter, braver Eltern". Es sei „eine der schönsten Aufgaben der christlichen Caritas", für sie einzutreten. Das Zentralkomitee hat einen Missionsausschuss eingerichtet, um im Einvernehmen mit den Bischöfen die Verbreitung des Glaubens zu fördern. Karl Bachem erklärt, in Japan müssten die Jesuiten die Überlegenheit des Katholizismus auch in Kultur und Wissenschaft demonstrieren, um sich gegen die Protestanten durchzusetzen. Laienpflegerinnen sollen den Barmherzigen Schwestern zur Seite springen. Empfohlen werden katholische Jugendheime mit Unterkunftsmöglichkeiten und Freizeitangeboten. Aus „religiösen, nationalen, kulturellen und caritativen Gründen" soll die Verbindung mit Deutschstämmigen in Übersee und Russland ausgebaut werden. Zehn Nummern des Festblatts werden in jeweils bis zu 15.000 Exemplaren gedruckt. Wilhelm Marx bezeichnet Wilhelm II. als „Fürst des Friedens".

mal erklären muss, der Papst habe es gar nicht so gemeint und vor allem nicht die deutschen Protestanten treffen wollen.

Wilhelm Marx, Präsident des Katholikentags, zeigt Verständnis für die Empörung über die Borromäus-Enzyklika, führt sie aber auf Missverständnisse zurück und erklärt die Angelegenheit für erledigt. Doch Pius X. hat offenbar nichts gelernt. In seinem Schreiben an das Augsburger Lokalkomitee verwendet der Papst erneut Formulierungen, die für deutsche Protestanten verletzend klingen: Er setzt den Protestantismus mit Verfall und Niedergang gleich, Rettung könne nur die Rückkehr zum Papst bringen. Hinter den Kulissen setzen sich Lokal- und Zentralkomitee sowie der Münchener Nuntius Andreas Frühwirth verzweifelt für Korrekturen ein, aber letztlich wird das päpstliche Schreiben auf dem Katholikentag und in der Dokumentation einfach nicht erwähnt.

Der Borromäusverein hat unterdessen ganz andere Probleme: Die Konkurrenz durch öffentliche und privat geförderte Bibliotheken ist groß, das eigene Angebot eher bescheiden: Durchschnittlich haben die katholischen Bibliotheken nur etwa 650 Bücher. Sie beschränken sich zwar nicht auf ausgewiesen katholische Autoren, aber Klassiker von Immanuel Kant, Voltaire,

Heinrich Heine, Émile Zola oder Victor Hugo suchen die bildungshungrigen Katholiken in ihren Bibliotheken vergebens, denn diese stehen auf dem „Index der verbotenen Bücher", der erst 1965 abgeschafft wird. Katholische Schriftsteller, die mit Gerhart Hauptmann, Thomas Mann oder Frank Wedekind mithalten könnten, gibt es kaum. Die Zeitschrift „Das Hochland", die das ändern möchte, gerät sofort ins Visier der Antimodernisten und der römischen Zensur.

Die Büchereien, denen der Borromäusverein und der Sankt Michaelsbund, der Nachfolger des Bayerischen Pressvereins, zur Seite stehen, behaupten sich trotzdem. 35.000 Ehrenamtliche sorgen heute dafür, dass den mehr als eine Million Besuchern der 3.400 Büchereien 16,5 Millionen Bände zur Verfügung stehen.

58

Religion und Wissenschaft

GEFANGENE DES LEHRAMTS

„Einzigartig, unermesslich, o Kirche, sind deine Ansprüche! Das Opfer, das du von uns verlangst, ist das höchste, das ein Mensch bringen kann: die Gefangennahme seines Verstandes unter den Gehorsam Christi und seiner Kirche. Dieses Opfer, meine Herren, bringen wir nur als freie Denker: frei und auf vernünftige Gründe hin!" Mit viel Pathos behandelt Prälat Anton Gisler, Professor am Priesterseminar im schweizerischen Chur und einer der entschiedensten deutschsprachigen Antimodernisten, sein Thema „Kirchlichkeit und Wissenschaft". Er muss sich sehr winden, um zu erklären, warum er die Freiheit der Wissenschaft nicht einmal durch den sogenannten Antimodernisteneid eingeschränkt sieht. Diesen müssen Geistliche seit 1910 – und bis 1967 – schwören. Nur für Theologieprofessoren in Deutschland, die nicht in der Seelsorge arbeiten, wird schließlich eine Ausnahme gemacht, obwohl der Eid ursprünglich für eben diese gedacht gewesen ist. Er umfasst unter anderem das Bekenntnis, dass die Kirche „durch den wahren und geschichtlichen Christus selbst, während seines Lebens unter uns, unmittelbar und direkt eingesetzt" worden sei. Eine Entwicklung der Glaubenssätze und die historisch-kritische Auslegung der Heiligen Schrift werden dagegen strikt verworfen. Gott ist, so haben Priester außerdem zu glauben, mit den Mitteln der Vernunft sicher zu erfassen, Wunder und Prophezeiungen sind „ganz sichere Zeichen des göttlichen Ursprungs der christlichen Religion".

„O Wissenschaft, kann dir ein höheres Ehrenamt zu Lehen fallen, als dieses: Vorläuferin, Wegbahnerin der Kirche zu sein?", fragt Gisler weiter – und muss eingestehen, dass viele Wissenschaftler diese Frage bejahen würden und in der Antimodernismus-Kampagne des Papstes eine „beispiellose Vergewaltigung der Wissenschaft" sehen.

Gisler gibt sich alle Mühe, gebildet zu wirken, seine Rede strotzt vor Metaphern aus der griechischen Mythologie und lateinischen Zitaten. Sein Thema ist brisant. Zwar muss kein Wissenschaftler mehr fürchten, als Ketzer auf dem Scheiterhaufen zu enden; Theologen sind aber auf die Missio canonica, den kirchlichen Lehrauftrag, angewiesen, Urteile des Heiligen Offiziums oder der Indexkongregation können ihre Karrieren zerstören. Es ist Wunschdenken, wenn Gisler behauptet, die „echte" Wissenschaft und die unfehlbare Lehre Roms hätten sich nie widersprochen, da sie doch „Kinder des gleichen allwissenden Vaters" seien. Und es entspricht nicht der Wahrheit, wenn er behauptet: „Der Physiker, der Mathematiker, der Philosoph, der Historiker, kurz alle Vertreter der Wissenschaft bleiben vollkommen frei, jene Grundsätze, Methoden, Hilfsmittel anzuwenden, die ihrer Wissenschaft eigentümlich sind." Keinesfalls dürfen Kirchenhistoriker etwa zu dem Ergebnis kommen, dass Päpste geirrt haben oder der Primat des römischen Bischofs nicht von Anfang an bestand. Gisler rechtfertigt das auch: „Rom ist die gottgesetzte Hüterin der Offenbarung, und es sollte sich darin ergeben, durch die Pfeile einer falschen Wissenschaft ein Dogma nach dem anderen fallen zu sehen – wehrlos – wie einst Niobe ihre Kinder?"

Fast wirkt es, als ob das römische Lehramt die Theologie umso rigider kontrollieren möchte, je mehr es sich aus anderen Bereichen der Wissenschaft zurückzieht. Denn auf einigen Gebieten nähert sich die katholische Kirche langsam, aber stetig den modernen Wissenschaften an, auch den Naturwissenschaften, die sie zunächst als „materialistisch" abgelehnt hat. Zu offensichtlich sind die Nachteile, die den Katholiken durch die Distanz zu den modernen Wissenschaften entstehen. Georg von Hertling behandelte 1897 auf dem Katholikentag den Darwinismus, betonte jedoch vorsichtig, dass dieser die Entstehung des Lebens nicht erklären könne und zwischen Mensch und Tier eine unüberbrückbare Kluft bestehe. Darwins Werke landen

zwar nie auf dem Index der verbotenen Bücher, noch in den 1890er-Jahren wurde aber der amerikanische Geistliche John Zahm in Rom angezeigt, weil er sich um eine Vermittlung zwischen Darwinismus und katholischem Glauben bemühte, die sich erst ein Vierteljahrhundert später durchsetzt.

Naturwissenschaftler, die sich in Glaubensfragen einmischen, können erst recht nicht auf Schonung rechnen. Liebster Gegner vieler Redner auf den Katholikentagen ist der Biologe Ernst Haeckel. Dieser propagiert den Monismus, die Einheit von Materie und Geist, mit pantheistischen Anklängen. In Opposition zu Nietzsche vertritt er zumeist eine humanistische, pazifistische, die Nächstenliebe wertschätzende Ethik. Er befürchtet allerdings auch, die Medizin werde die natürliche Selektion ausschalten und zur Degeneration führen, und gilt als Wegbereiter der „Rassenhygiene". Auch hier setzt die katholische Lehre Grenzen, indem sie die Einheit des Menschengeschlechts und, etwa mit Blick auf Zwangssterilisationen, die prinzipielle Unverletzbarkeit des menschlichen Körpers vertritt.

WAS NOCH?

Hochgelobt wird Michael Faulhaber, der als Bischof von Speyer „Laienapostolat, aber kein Laienregiment" fordert. Der Mainzer Bischof Heinrich Maria Kirstein erklärt, er habe keine andere Aufgabe, als ein treues Mitglied der Versammlung zu sein und ihr den Segen zu spenden. Für 300 Mark – was 200 Tageskarten und nach heutiger Kaufkraft etwa 1.500 Euro entspricht – ist jetzt eine lebenslange Mitgliedschaft möglich. Katholiken sollen darauf achten, in Jugendämtern vertreten zu sein. Die Versammlung macht auf ausländische Arbeiter in Deutschland aufmerksam, etwa Polen, Weißrussen und Ungarn. Sie ruft dazu auf, den Mittelstand durch Aufträge und Einkäufe zu unterstützen. Umstritten ist, ob sie dabei an die christliche Nächstenliebe appellieren soll. Das würde den Eindruck erwecken, das Handwerk pfeife aus dem letzten Loch, erklärt der Gewerkschaftsvertreter Adam Stegerwald. „Ist doch bald so!", ruft jemand. Die Abstimmung per Hammelsprung endet mit 198 gegen 96 Stimmen für die Erwähnung der Nächstenliebe. Zum Umzug kommen 60.000 Teilnehmer und ebenso viele Zuschauer, ihm fahren zwei Autos und eine Radfahrerabteilung voran. Wegen der Hitze werden die Straßen besprengt. Die Sanitäter verfügen über vier „Kranken-Automobile", drei bespannte Krankenwagen, zwei Ambulanzwagen sowie „sämtliche Handkrankenwagen der Polizeibezirke".

Gewerkschaftsstreit

WIRRE WEGE FÜHREN NACH ROM

Meinungsverschiedenheiten sind unter Katholiken kein Problem. Zumindest behauptet das der Mainzer Justizrat Josef Schmitt, Präsident der Aachener Generalversammlung. Unter stürmischem Beifall erklärt er: „Sind wir aber einmal von dem rechten Wege abgekommen, nun, meine Damen und Herren, dann schwenken wir auf den Ruf unserer Bischöfe ein wie eine Kompanie Soldaten auf dem Exerzierplatz!" Es gelte der Satz: „Alle Wege führen nach Rom, einerlei, ob sie von Berlin oder Köln, Trier oder Gladbach ausgehen."

Tatsächlich herrscht jedoch gerade eine große Verwirrung über die Frage, wie katholische Arbeiter ihre wirtschaftlichen Interessen vertreten sollen. Eine Entscheidung ist überfällig, denn die katholische Kirche droht die Arbeiter endgültig an die Sozialdemokratie zu verlieren. Doch die deutschen Bischöfe sind sich selbst nicht einig. Auf der einen Seite stehen Michael Felix Korum, Bischof von Trier, und vor allem Georg Kardinal von Kopp, Fürstbischof von Breslau. Die Arbeitervereine, die ihren Vorstellungen folgen, haben ihren Sitz in Berlin, weswegen oft von der „Berliner Richtung" die Rede ist. Diese Vereine erheben den Anspruch, in nach Berufsgruppen getrennten Fachabteilungen auch die wirtschaftlichen Interessen ihrer Mitglieder zu vertreten, und zwar in enger Anbindung an die geistlichen Präsides und die Bischöfe. Streiks lehnen sie als sittenwidrig ab. Arbeitgeber und Arbeitnehmer sollen sich nicht im Klassenkampf gegenüberstehen, sondern sich als Stände in der Volksgemeinschaft friedlich einigen. Das ist nah an hehren Idealen der katholischen Soziallehre. In der Praxis sind diese Fachabteilungen aber keine ernstzunehmende Konkurrenz für die schlagkräftigen sozialistischen Gewerkschaften.

Die Mehrheit der Bischöfe, die Zentrumspartei und der Volksverein unterstützten daher die „Kölner Richtung". Sie stellen die Arbeitervereine nicht infrage, setzen aber zur Vertretung wirtschaftlicher Interessen zusätzlich auf straff organisierte christliche Gewerkschaften, in denen Katholiken und Protestanten seit Mitte der 1890er-Jahre ihre Kräfte bündeln. Inzwischen haben die christlichen Gewerkschaften immerhin 350.000 Mitglieder. Mit dem Kölner Erzbischof Antonius Kardinal Fischer ist ihr mächtigster Förderer am 30. Juli 1912 verstorben. Das Gedenken an den beliebten Bischof nutzen seine Anhänger, um in Aachen die Gewerkschaften als sein besonderes Anliegen zu würdigen. Im Münchener Nuntius Andreas Frühwirth haben sie

WAS NOCH?

Caritasdirektor Werthmann berichtet, die drei Priester an Bord der Titanic hätten bis zum letzten Augenblick Absolutionen erteilt und Messen gelesen. Das werfe „einen versöhnenden und beglückenden Strahl auf dieses furchtbare Ereignis". Angesichts von Unglaube und Sittenlosigkeit ruft der Jesuitenpater Otto Cohausz aus: „Ja, auch wir sinken! Europa ist abgelaufen. ... Sinkendes Europa, lerne vom sinkenden Titanic!" Die Versammlung bittet die Schiffsgesellschaften, Messfeiern auf den Passagierdampfern zu fördern. Die Stadt Aachen subventioniert den Festschmuck mit 2.800 Mark. Zusätzliche Einnahmen bringen die Eintrittsgelder für Chorproben und die Besichtigung der leeren Halle. Eine neue Kommission kümmert sich um den Empfang der Ausländer. In größeren Orten sollen die Vereine gemeinsame Ausschüsse bilden, um die Katholikentagsbeschlüsse umzusetzen. Die Versammlung begrüßt die Gründung der „Freien Vereinigung für das katholische Deutschtum im Auslande", der „Fürsorgevereine für die gefährdete männliche Jugend" und des „Zentralverbandes katholischer Kinderhorte". Sie empfiehlt zudem die „Vereinigung für katholische caritative Erziehungstätigkeit". Erstmals tagen die neue „Schulorganisation" und eine Missionsversammlung während des Katholikentags. Die Gleichstellung des Islams in den Kolonien wird abgelehnt. Der Reichstagsabgeordnete Wilhelm Mayer ruft zu mehr Offenheit für Neuerungen im Wirtschaftsleben auf.

Eine neue ultramontan-militärische Charge: Der Bischof-Unteroffizier
auf dem Aachener Exerzierplatz
(Nach Justizrat Schmitt)

— So, Kerls, ich werde jetzt „Marsch!" kommandieren, welche „Richtung" ihr einschlagt —

soll mir ganz wurscht sein,

aber — den soll der Teufel holen,
der nicht nach — Rom kommt!

einen einflussreichen Fürsprecher gefunden. Er setzt sich im Vorfeld des Katholikentages dafür ein, dass wie in den Vorjahren Karl Bachem – und damit ein Repräsentant der „Kölner Richtung" – die Resolution zur Römischen Frage verliest, was dieser jedoch ablehnt, um den Konflikt nicht weiter anzuheizen.

Aber wäre der Katholikentag nicht das richtige Forum, um die strittigen Fragen ein für alle Mal offen auszudiskutieren? Nichts läge dem Selbstverständnis der Versammlung ferner. Adolf Gröber erklärt, sie sei keine „Behörde" zum Entscheiden von Streitfragen, kein „Gerichtshof für katholische Angelegenheiten", sondern ganz der Einheit der Katholiken verpflichtet. Das Zentralkomitee ändert deswegen sogar die Satzung, sodass umstrittene Anträge noch leichter ignoriert oder abgelehnt werden können.

Die Entscheidung der Gewerkschaftsfrage muss also von anderer Stelle kommen. „Wir wollen Gott bitten, dass er uns bald den richtigen Weg zum Ausgleich der noch bestehenden Meinungsverschiedenheiten zeigt", sagt Schmitt. Wenige Wochen später schickt der Papst das Rundschreiben „Singulari quadam" an die deutschen Bischöfe, das einen typisch römischen Kompromiss darstellt. Es favorisiert zwar eindeutig die „Berliner Richtung", erlaubt den Bischöfen aber, notfalls christliche Gewerkschaften zu dulden. Das erhoffte oder befürchtete Verbot bleibt aus; auch zur Frage, ob Streiks erlaubt sind, schweigt Pius X. Beide Richtungen können sich auf den Papst berufen.

Die christlichen Gewerkschaften sind nicht ausdrücklich verurteilt, aber geschwächt. Wegen der Querelen können sie sich an einigen großen Streiks nicht beteiligen, die Mitglieder wandern verstärkt zu den sozialdemokratischen Organisationen ab. Alois zu Löwenstein erklärt als Präsident des folgenden Katholikentages 1913 den Gewerkschaftsstreit für beendet, ruft den „Frieden von Metz" aus und mahnt energisch ein Ende der Feindseligkeiten an. „Jetzt ist auch der Moment gekommen, wo die Generalversammlung ihre Autorität einsetzen darf." Trotzdem versuchen die Hardliner der „Berliner Richtung" weiter, die führenden Männer der „Kölner Richtung" zu verketzern, was allerdings immer mehr auf Unverständnis stößt – zumindest außerhalb der vatikanischen Mauern.

In der Weimarer Republik gewinnen die christlichen Gewerkschaften noch einmal beträchtlichen Einfluss, vor allem im Ruhrgebiet. In der Bundesrepublik wird der Deutsche Gewerkschaftsbund (DGB) 1949 ausdrücklich als politisch neutrale Einheitsgewerkschaft gegründet. Aus den Arbeitervereinen der verschiedenen Richtungen geht die Katholische Arbeiterbewegung (KAB) mit derzeit etwa 125.000 Mitgliedern hervor.

Erster Weltkrieg

DER FÜRST UND DER FRANZÖSLING

Ehrendomherr Henri Collin, der in Metz die Veranstaltungen in französischer Sprache leitet, spricht kaum Deutsch. Mit dem Präsidenten des Katholikentages, Alois zu Löwenstein, versteht er sich dennoch blendend. Der Fürst sei „ritterlich und unsagbar sympathisch", er habe sich die lothringische Sache mit „wundervollem Taktgefühl" und „gewinnender Herzlichkeit" zu seiner eigenen gemacht, verkündet Collin und lässt Löwenstein hochleben. So viel Harmonie weckt das Misstrauen der deutschen Nationalisten. Löwenstein habe zu wenig patriotischen Geist gezeigt, urteilt etwa der ehemalige Reichskanzler Bernhard von Bülow, nach dessen Worten Collin ein „eingefleischter Französling" ist.

Doch ungeachtet der kriegsschwangeren Atmosphäre feiern die Katholiken Deutschlands in der Festungsstadt Metz noch einmal, dass ihre Religion Menschen über die Grenzen der Sprachen und Nationen hinweg verbinden kann. Die Organisatoren geben sich alle Mühe, die Französisch sprechenden Lothringer einzubinden, die mit der Generalversammlung zunächst wenig anfangen können. Metz gehört erst seit 1871 zum Deutschen Reich, im Umland spricht immer noch die Mehrheit der Bevölkerung Französisch. Die Stadt hat sich durch die Ausrichtung des internationalen Eucharistischen Kongresses im Jahr 1907 als Veranstaltungsort empfohlen. Trotzdem könnte es als Provokation gesehen werden, dass sich die deutschen Katholiken ausgerechnet in Lothringen

Nur ein Jahr vor Ausbruch des Ersten Weltkriegs tagt die Generalversammlung ausgerechnet im lothringischen Metz, das bald zu Frankreich gehören wird. Der Festzug führt durch die Moselanlage.

treffen. Um dem entgegenzuwirken, werden die Französischsprachigen schon bei der Besetzung des vorbereitenden Lokalkomitees berücksichtigt. Drei öffentliche Versammlungen mit sechs Reden finden auf Französisch statt, und das Festblatt erscheint zehn Mal auf Deutsch, aber auch fünf Mal auf Französisch. Im Festumzug setzen die Einheimischen bunte Akzente: „Die Lothringer haben Farbensinn und Geschmack, es steckt Schick in den Uniformen der Jugendvereine und Schneid in den jungen Burschen, die, meist weiß gekleidet, mit hellblauen Schärpen um die Hüften und mit der kecken Baskenmütze auf dem Kopfe vorüberziehen", heißt es im Bericht.

Löwenstein verwehrt sich ausdrücklich gegen den Vorwurf, es mangele ihm an Patriotismus. Es heiße schließlich nicht „Deutscher Katholikentag", sondern „Generalversammlung der Katholiken Deutschlands", und Lothringen sei „unzertrennlicher Teil des deutschen Vaterlandes". Es geht dem Fürsten also nicht darum, die Zugehörigkeit Lothringens zum Deutschen Reich infrage zu stellen, sondern die Französisch sprechenden Lothringer durch eine Charmeoffensive zu vereinnahmen. Löwenstein unterstellt ihnen, treu zu ihrem Vaterland – dem Deutschen Reich – zu halten. Daher gehörten sie „mit allen ihren Stammeseigentümlichkeiten" als vollberechtigte Mitglieder zur Versammlung.

Die Anzeichen, dass ein großer Krieg bevorsteht, kann aber auch Löwenstein nicht ignorieren. 1912 und 1913 haben mehrere südosteuropäische Staaten, hinter denen verschiedene europäische Schutzmächte stehen, zunächst gemeinsam die Osmanische Herrschaft auf dem Balkan beendet, um sich dann gegenseitig zu bekriegen. An manchen Tagen habe er befürchtet, dass die Balkankriege ganz Europa in Brand stecken könnten, erklärt Löwenstein. „Und dann hätte die Friedensarbeit unserer Tagung dem blutigen Ernst des Krieges weichen müssen." Dass es dazu noch nicht gekommen ist, führt Löwenstein auf die Bemühungen Wilhelms II. zurück – und auf die Gnade Gottes. In der fran

Michael von Faulhaber fordert zum Jubiläum des sogenannten Mailänder Toleranzedikts, das im Jahr 313 die freie Religionsausübung im Römischen Reich gewährleistete, die vollständige Freiheit der katholischen Kirche in Deutschland. Insbesondere das Jesuitengesetz sorgt nach wie vor für Empörung. In Unterordnung unter die ordentliche Seelsorge sollen Laien unter anderem Säuglinge betreuen, Kinder auf die Erstkommunion vorbereiten, Ferienkolonien für Jugendliche leiten, Vormundschaften übernehmen, in der Jugendgerichtshilfe mitwirken, Ehegatten aussöhnen, Kranke besuchen und Begräbnisse regeln. Die Versammlung wendet sich der Fürsorge für Obdachlose zu, in der bisher die evangelische „Innere Mission" führend ist. Katholische Zentralstellen in den Städten sollen sich die Adressen Zugezogener von den Meldeämtern übermitteln lassen. Im Postamt der Festhalle werden an einem Tag 10.000 Karten aufgegeben. Die eigens für den Katholikentag verfasste umfangreiche Festschrift beschreibt „Lothringen und seine Hauptstadt". Engagiertes Mitglied im Lokalkomitee ist der junge Anwalt Robert Schuman, der schon 1905 in Straßburg als Student am Katholikentag teilgenommen hat. Als französischer Staatsmann wird er nach dem Zweiten Weltkrieg zu einem Vorreiter der Europäischen Einigung. Seit 2004 läuft sein Seligsprechungsprozess.

zösischsprachigen Versammlung ruft der Fürst in Anspielung auf das Eucharistische Hochgebet enthusiastisch aus: „In Ihm und für Ihn haben wir uns zusammengefunden, in Ihm bleiben wir geeint, und in Ihm treffen wir uns wieder, so Gott will, auf dem nächsten Metzer Katholikentag!"

Daraus wird nichts. Ein Jahr später bricht der Erste Weltkrieg aus. Collin flieht nach Frankreich. Löwenstein kritisiert die deutschen Pläne zur Annexion großer Gebiete, meldet sich aber als Freiwilliger. 1931 wird der protestantisch getaufte Jude und Freimaurer Kurt Tucholsky an die Katholikin Marierose Fuchs schreiben: „Wie sieht die Geschichte der christlichen, der allerchristlichsten Staaten aus? Bluttriefend. Also? Also ist es nichts, nützt nichts, hilft nichts – nach so einem Krieg wollt ihr noch was erzählen? … Wer so versagt hat, hat zu schweigen."

141

ZWISCHEN DEN WELTKRIEGEN

Ähnlich wie 1848 profitieren die deutschen Katholiken nach 1918 von einer politischen Situation, die sie sich weder gewünscht noch herbeigeführt haben. Anders als der eng mit dem Staat verbundene Protestantismus gehen die katholische Kirche und ihre Organisationen unbeschadet aus der Revolution hervor. Nach dem Ende der Monarchie befürchten sie trotzdem das Schlimmste für ihre Interessen, insbesondere für die konfessionellen Schulen. Doch die mächtigen Sozialdemokraten erweisen sich als ausgesprochen umgänglich – und koalitionstauglich. Die katholische Kirche hat in der Weimarer Republik schließlich so viele Freiheiten wie nie zuvor.

Vertreter der katholischen Vereine treffen sich bereits 1916 in Frankfurt und 1920 in Würzburg in kleinerem Kreis zu Delegiertentagungen. Im Grunde ist das eine Rückkehr zu den Anfängen der Generalversammlungen, aber als „richtiger" Katholikentag werden diese Treffen jetzt nicht mehr gezählt. 1919 und 1920 finden die ersten regionalen Katholikentage statt. Seit 1921 gibt es dann wieder Jahr für Jahr große Katholikentage. Nur in den Wirren des Jahres 1923 wird der in Köln geplante Katholikentag von der Alliierten Rheinlandkommission nicht genehmigt – was allerdings ganz im Sinne des Erzbischofs Karl Joseph Schulte ist, der seinerseits das Zentralkomitee und den Heiligen Stuhl zu einer Absage gedrängt hat, weil er befürchtet, die Veranstaltung nicht kontrollieren zu können.

Nach dem Ende der Monarchien muss sich der deutsche Katholizismus neu zur Republik positionieren – und zerstreitet sich darüber. In guten Momenten wirken die amtskirchliche Hierarchie, die Verbände und die Zentrumspartei noch wie in alten Zeiten zusammen; und die bestens organisierten Katholikentage stellen immer noch eine Machtdemonstration des Katholizismus dar. Doch das Zentrum bröckelt, in Bayern spaltet sich die Bayerische Volkspartei ab, der rechte Flügel, dem viele Adlige angehören, liebäugelt mehr und mehr mit der Deutsch-

nationalen Volkspartei, die eigens einen Katholikenausschuss bildet. Auf den Katholikentagen prallen die verschiedenen Fraktionen aufeinander. Um dennoch Einigkeit zu demonstrieren, bieten sich der Rückzug auf religiöse und kulturpolitische Themen sowie vor allem das Engagement gegen die Unsittlichkeit an.

Unter der politischen Zurückhaltung leidet der Kampf gegen den Nationalsozialismus. Einerseits verurteilen die Redner auf den Katholikentagen immer wieder den „übersteigerten Nationalismus", den Rassismus und vor allem die Kirchenfeindlichkeit der Hitlerpartei. Andererseits ist der grassierende Antisemitismus kein zentrales Thema auf den Katholikentagen; und nicht nur die DNVP, sondern auch Teile des Zentrums erwägen schließlich ernsthaft eine Koalition mit den Nationalsozialisten.

Gegenüber den Beschlüssen und deren Diskussion gewinnen die Reden an Bedeutung, die oft unter einem gemeinsamen Leitgedanken stehen. Ab 1932 erhält jeder Katholikentag dann ein offizielles Motto. In vorher nicht bekanntem Umfang dominieren in der Zeit der Weimarer Republik die Bischöfe und vor allem Nuntius Eugenio Pacelli, der spätere Papst Pius XII., die Veranstaltungen. Mit seinem Konzept der „Katholischen Aktion" forciert Papst Pius XI. die strikte Unterordnung des Laienkatholizismus unter den Klerus.

Die Katholikentage ziehen solche Massen an, dass die Teilnehmer nur noch unter freiem Himmel zusammenkommen können. Das gilt auch für regionale Katholikentage, etwa im Saarland oder in Berlin. Aber die Zeiten sind ernst, und die Katholikentage sind es auch. Auf die festlichen Essen mit Trinksprüchen und auf die Gartenfeste wird verzichtet. Von der geschliffenen Ironie und der launigen Heiterkeit eines Ludwig Windthorst ist nichts mehr zu spüren. Die Sprache der Katholiken in der Weimarer Republik ist ernsthaft, teils nüchtern, teils pathetisch, manchmal auch moralisch eifernd.

1933 kapituliert der politische und soziale Katholizismus

letztlich ohne großen Widerstand vor dem Nationalsozialismus. Einen für 1934 im schlesischen Gleiwitz geplanten Katholikentag sagt der Vorsitzende des Zentralkomitees Alois zu Löwenstein ab, als die Nationalsozialisten Treuebekundungen verlangen. Den stattdessen in Wien „großdeutsch" geplanten Katholikentag können die meisten Katholiken aus dem Reich nicht besuchen, weil die Nationalsozialisten die Ausreise mit hohen Sondersteuern belasten. Nur einige regionale Katholikentage können noch stattfinden – am bekanntesten ist der 32. Märkische Katholikentag mit 60.000 Teilnehmern im Berliner Hoppegarten 1934.

Dessen Organisator Erich Klausener gehört eine Woche später zu den Opfern der Morde des 30. Juni 1934. Es folgt die längste Unterbrechung in der Geschichte der deutschen Katholikentage, die bis 1948 dauern wird.

Frauen

GEKOMMEN, UM ZU BLEIBEN

Und plötzlich sind sie da: die katholischen Frauen. Dabei schien es, als ob sie Angst vor ihrer eigenen Courage hätten. Hedwig Dransfeld, seit 1912 Vorsitzende des Katholischen Frauenbundes, ist zwar für das Frauenwahlrecht, weiß die katholischen Frauen aber nicht geschlossen hinter sich und vertritt selbst sonst auch eher konservative Rollenvorstellungen und Familienmodelle. So erklärt sie noch Anfang 1918, ihr Verband gedenke zum Frauenwahlrecht „zur Zeit unbedingt Neutralität zu wahren". Doch andere schaffen Fakten: Im November 1918 verkündete der sozialdemokratisch besetzte Rat der Volksbeauftragten das allgemeine Frauenwahlrecht, aktiv und passiv.

Jetzt steht auch Hedwig Dransfeld bereit, eine begnadete Rednerin, die seit ihrer Kindheit zu kämpfen versteht: Sie wuchs im Waisenhaus auf und verlor später durch die Knochentuberkulose einen Arm. Für das Zentrum wird sie in die Weimarer Nationalversammlung gewählt, gemeinsam mit fünf weiteren Politikerinnen: Agnes Neuhaus, Christine Teusch, Marie Zettler, Helene Weber und Maria Schmitz. Dransfeld, Neuhaus und Teusch schaffen es auch in den ersten Reichstag der Weimarer Republik.

„Die neue Zeit hat die Frau mitten ins öffentliche Leben gestellt als vollberechtigten Träger aller Staatsbürgerrechte", umschreibt der Katholikentagspräsident Heinrich Held, der spätere bayerische Ministerpräsident, die Entwicklung. Das klingt eher schicksalsergeben als begeistert. Doch offenbar erscheint es unter diesen Umständen auch auf den Katholikentagen nicht mehr zeitgemäß, Frauen auszuschließen. Landgerichtsrat Franz Servatius, Präsident des Lokalkomitees, verkündet daher eine „frohe Botschaft": „Frankfurt, dessen Name in der politischen Geschichte mit dem Ringen um Freiheit und Gleichberechtigung in Deutschland so eng verbunden ist, soll nunmehr in der Ge-

schichte der Katholikentage sich rühmen dürfen, die Frauen als gleichberechtigte Mitglieder aufgenommen zu haben." Der entsprechende Antrag ist zwar noch gar nicht angenommen, aber die Zustimmung „erscheint gesichert". Alles andere wäre auch peinlich, war doch schon die Einladung ausdrücklich an Männer und Frauen gerichtet. „Edles, heiliges Frauentum, entsprossen der urchristlichen Mutterscholle der katholischen Familie, soll unserm Ringen um die Freiheit der Kirche und die Wohlfahrt des deutschen Volkes neue Impulse geben und neue Kraft zuführen", ruft Servatius aus. Schließlich gelangen Frauen sogar in Führungspositionen: Hedwig Dransfeld wird Vizepräsidentin des Katholikentages, Marie Zettler Schriftführerin.

Auch einen der Vorträge in Frankfurt hält eine Frau: Marie von Gebsattel behandelt das Thema „Familie und Schule als Pflanzstätten des Volksgemeinschaftsgeistes" und trifft damit den Tenor des gesamten Katholikentages, der ganz im Schatten der schwierigen wirtschaftlichen und politischen Lage steht. Gebsattel beschwört die Opferbereitschaft und das Zusammengehörigkeitsgefühl beim Ausbruch des Ersten Weltkriegs, das sogenannte Augusterlebnis. Bei den Schulen endet allerdings der Gemeinschaftsgeist: Einen konfessionsübergreifenden Unterricht lehnt Gebsattel, ganz in der Tradition der Katholikentage, entschieden ab.

Präsident Heinrich Held ist weniger pathetisch als Servatius. Er richtet zunächst Grüße von seiner Gattin aus, die bei ihren fünf Kindern zu Hause bleiben musste, um dann zu betonen, dass der „Schwerpunkt der Frauentätigkeit aus natürlichen Gründen" weiter in der Familie liegen werde. „Nicht die ‚Ausfrau', sondern die ‚Hausfrau' wird immer das charakteristische Merkmal der deutschen und vor allem der christlichen Frau sein", zitiert er ein Wortspiel, das auf den Katholikentagen schon häufiger zu hören

WAS NOCH?

Mit „Entsetzen und Abscheu" reagiert der Präsident Heinrich Held auf die Nachricht, dass der prominente Zentrumspolitiker Matthias Erzberger nur einen Tag vor Beginn des Katholikentags ermordet worden ist. Die Versammlung steht noch ganz im Zeichen des Ersten Weltkriegs und der Revolution. Das Programm ist reduziert, und auch der Bericht beschränkt sich wegen der Papierknappheit weitgehend auf die Vorträge. Nuntius Eugenio Pacelli ist dennoch absolut hingerissen von seinem ersten Katholikentag, hofft auf ein Reichskonkordat und will den jungen Stadtpfarrer Jakob Herr aus Dank für seine Gastfreundschaft sofort zum Monsignore machen, wie er in einem Bericht nach Rom schreibt. Papst Benedikt XV. erntet Dank für seine Friedensinitiative. Mehrere Redner vergleichen das deutsche Volk mit einem kranken Organismus und beklagen die Sitten- und Glaubenslosigkeit sowie die „skrupellose Erwerbsgier". Erstmals nimmt mit Joseph Wirth ein Reichskanzler am Katholikentag teil. Held diagnostiziert „zwei Zeitkrankheiten: die Zerklüftung unseres eigenen Volkes und die Zwietracht unter den Völkern". Er spricht sich gegen den „unchristlichen nationalistischen Geist" aus, verweigert aber den „Glaubensbrüdern in Frankreich, Belgien und den Ententestaaten" wegen des harten Friedens von Versailles die bis dato üblichen „warmen Grüße". Die Sehnsucht nach Einigkeit zieht sich durch viele Vorträge. Oft fällt der Begriff „Volksgemeinschaft", den bald die Nationalsozialisten okkupieren werden, in deren Weltanschauung jedoch für Nächsten- oder gar Feindesliebe und Völkerfrieden – ebenfalls häufige Schlagworte in Frankfurt – kein Platz ist.

war. In dieser Auffassung, so Held, wisse er sich mit den katholischen Frauenorganisationen einig. Das ist nicht ganz falsch: Auch Hedwig Dransfeld hat im Organ der Frauengemeinschaft, der „Christlichen Frau" geschrieben, dass der „natürlichste Frauenberuf, Gattin und Mutter zu sein, durch die Betätigung im öffentlichen Leben" keinen Schaden nehmen dürfe.

Dennoch bringen sich die Frauen in immer größerem Umfang in die Katholikentage ein, und ihre Verbände gewinnen an Einfluss. Unter Hedwig Dransfeld steigt bis 1925 die Zahl der Mitglieder des Katholischen Frauenbundes von 36.000 auf 240.000. Und die Zentrumspartei profitiert sehr vom Wahlrecht für die Frauen, die den größeren Teil ihrer Wähler stellen.

62

Republik

ADENAUER GEGEN FAULHABER

Am Ende steht ein Eklat. Mit zornesrotem Kopf beschimpft der Münchener Erzbischof Michael Kardinal von Faulhaber den Katholikentagspräsidenten Konrad Adenauer nach dessen Schlussrede: „Wenn Sie als Vertreter der deutschen Katholiken hier so reden, dann bedaure ich die deutschen Katholiken." Adenauer entgegnet ihm spöttisch: „Wenn diese Ihre Leute die deutschen Katholiken sind, dann bedaure ich den Heiligen Vater."

Was ist passiert? Eigentlich sollte der Katholikentag unpolitisch und versöhnlich werden. Doch dann macht Faulhaber gleich in seiner ersten Predigt deutlich, was er von der neuen Zeit hält: nichts. „Brüder, werdet stark im Herrn! Legt die Rüstung Gottes an am Tage der Bosheit!", zitiert er den Epheserbrief. Vor 100.000 Menschen auf dem Münchener Königsplatz holt er dann zu einem Rundumschlag gegen die Republik aus: „Wehe dem Staate, der seine Rechtsordnung und Gesetzgebung nicht auf den Boden der Zehn Gebote Gottes stellt, der eine Verfassung schafft ohne den Namen Gottes, der die Rechte der Eltern in seinem Schulgesetz nicht anerkennt, der die Theaterseuche und die Kinoseuche nicht fernhält von seinem Volke, der durch neue Gesetze die Ehescheidung immer noch mehr erleichtert und die uneheliche Mutterschaft in Schutz nimmt."

Der Kardinal räumt ein, dass der Umsturz ein paar Erfolge gebracht habe und es jetzt mehr Katholiken in hohen Staatsämtern gebe. Doch er widerspricht allen, die eine Verwandtschaft zwischen Katholiken und Sozialisten sehen. Kompromisse seien unvermeidlich, aber es gebe eine Grenze. Vor allem sieht er die Republik durch die Umstände ihrer Entstehung diskreditiert: „Die Revolution war Meineid und Hochverrat und bleibt in der Geschichte erblich belastet und mit dem Kainsmal gezeichnet."

Umfassender könnte der Erzbischof die Politik der Zentrumspartei, ihre Mitarbeit an der Verfassung und das Zusammengehen mit der SPD, kaum verurteilen. In Bayern hat sich 1918 die verfassungskritischere Bayerische Volkspartei vom Zentrum abgespalten. Den Reichskanzler Joseph Wirth, der dem linken Zentrumsflügel angehört, kann Faulhaber nicht ausstehen, seine Teilnahme am Katholikentag hat er im Vorfeld verhindert. Der Kanzler ist verärgert, hält die Stimmung in Bayern aber auch für „in solchem Maße verhetzt", dass bei seiner Teilnahme ein Attentat zu befürchten sei.

Für die Wittelsbacher sind in München die besten Plätze reserviert, während die Reichsflagge nur widerwillig oder gar

WAS NOCH?

Der Versailler Friedensvertrag wird einhellig abgelehnt. Adam Stegerwald, der im Vorjahr preußischer Ministerpräsident war, behauptet, der Volksverein habe die Idee der Volksgemeinschaft schon vor dem Krieg formuliert. Der Priester und Dichter Peter Dörfler definiert Volkstum als „das Bekenntnis der Gemeinschaft des Blutes, der Sprache und des Schicksals". Beim Kommers des Kartellverbands der Studentenvereine ist Erich Ludendorff anwesend. Faulhaber warnt angesichts der zahlreichen Bekenntnisse zu Volk und Vaterland vor einem „überspannten Nationalismus". Den französischen Katholiken wirft er vor, dass ausgerechnet in die katholische Rheinprovinz „Heiden und Muhammedaner" als Besatzer gekommen seien. Die Redner gedenken des verstorbenen Papstes Benedikt XV. In der „Römischen Frage" wird der Ton versöhnlicher. Konrad Adenauer macht auf die Altersarmut infolge der Inflation aufmerksam. Ein Kapuzinerpater bezeichnet die Anthroposophie als geistreichen Unsinn, beklagt die „radikale Unbelehrbarkeit" der Adventisten und sieht im Okkultismus Satan am Werk. Eine Ausstellung mit einer expressionistischen Modellkirche der Kölner Dombauhütte wird nach heftigen Protesten für die Zeit des Katholikentags geschlossen. Adenauer flachst, die Bayern seien nur halb so schlimm, wie man am Rhein von ihnen spreche, was Faulhaber nicht lustig findet. Eine Rede endet mit der Aufforderung an die Jugend, wie die Biene Maja zu fliegen: „Heil dir, Biene Maja! Heil dir, katholische Jugendbewegung!"

nicht aufgehängt wird. Faulhaber hält während des Katholikentags insgesamt 23 Reden und Ansprachen, genießt den Applaus und dominiert das Laientreffen so ungeniert wie kaum ein gastgebender Bischof zuvor. Doch der Moraltheologe Joseph Mausbach, der an den Verhandlungen über die Weimarer Verfassung beteiligt war, verteidigt sich: Gott habe die Entstehung und die Rechtsform der Einzelstaaten der „geschichtlichen Entwicklung und der freien Entschließung der Völker" anheimgegeben, auch die Lehre der Kirche habe immer verschiedene Staatsformen zugelassen. Revolutionen seien zwar nicht erlaubt, aber Papst Leo XIII. höchstpersönlich habe 1892, aus Gründen des Gemeinwohls und der öffentlichen Ruhe, die Katholiken Frankreichs aufgefordert, sich „mit voller Loyalität" der aus Revolutionen entstandenen Republik anzuschließen.

In diesem Sinne plädiert auch Konrad Adenauer für die Zusammenarbeit mit den Protestanten, aber auch mit erklärten Gegnern des Christentums. Dadurch könne man Vorurteile abbauen und Schlimmeres verhindern. In seinem Schlusswort widerspricht er dem Kardinal schließlich unverblümt: „Es sind hie und da Äußerungen gefallen, die man sich aus Verhältnissen örtlicher Natur erklären kann, hinter denen aber die Gesamtheit der deutschen Katholiken nicht steht. Unsere Einigkeit in der Einschätzung und Bewertung mancher Dinge leidet unter der Verschiedenheit unserer Beurteilung der gegenwärtigen staatlichen Verhältnisse." Er hoffe, dass Mausbachs „kristallklarer Vortrag" reinigend gewirkt habe. Wenn der Sturm Äste und Bäume breche, dann seien diese sowieso alt und morsch. Nötig sei jetzt die „kühle und klare Erkenntnis der Dinge und Möglichkeiten".

Die Stimmung im Saal ist eisig, der sonst übliche Applaus bleibt aus. Während der Rede ruft der BVP-Gründer Georg Heim: „Schmeißt den Kerl doch einfach raus!" Faulhaber möchte den Saal demonstrativ verlassen, findet jedoch seinen Hut nicht – Augenzeugen zufolge hat ihn jemand bewusst versteckt. Das gibt Adenauer die Chance, schnell zum Schluss zu kommen und den Erzbischof um den Schlusssegen zu bitten, den dieser nicht verweigern kann. Dadurch wird der Bruch nicht ganz so offensichtlich.

Später leistet Alois zu Löwenstein als Präsident des Zentralkomitees bei Faulhaber Abbitte wegen der „im höchsten Maße ungehörigen" Rede Adenauers, der auf die sonst übliche päpstliche Auszeichnung für seine Präsidentschaft verzichten muss. Dem Kardinal lässt Pius XI. dagegen für seine Rede danken, er sei „beeindruckt von den rhetorischen Feinheiten, der Weisheit und dem Eifer". Doch die Worte Faulhabers gefallen noch ganz anderen: Adolf Hitler führt sie mehrfach als Beleg für seine Behauptung an, dass die Demokratie auf „Lüge, Verrat und Meineid" aufgebaut sei.

Mitte der zwanziger Jahre ist es nur dem Vermittlungsgeschick des Nuntius Eugenio Pacelli zu verdanken, dass Pius XI. die Koalition des Zentrums mit der SPD nicht ausdrücklich verurteilt. Die zwiespältige Haltung vieler Katholiken zur Republik wird sie im Kampf mit den Nationalsozialisten schwächen.

63

Kranke und Behinderte

GEGEN DIE „MORAL DER KRAFT"

Kriegsversehrte Männer im Schwimmbad. Auf dem Katholikentag sorgt es für Empörung, dass radikale Sozialdarwinisten ihnen das Lebensrecht absprechen.

„Selbstmord ist die einzige Heldentat, die Kränklingen und Schwächlingen übrig bleibt." Voller Entsetzen zitiert Joachim Heinrich Auer, seit 1913 Bibliothekar des Caritasverbandes, solche und ähnliche Thesen des völkischen Schriftstellers Gerhard Hoffmann. Dieser hat unter dem Pseudonym „Ernst Mann" 1920 ein Buch mit dem Titel „Moral der Kraft" veröffentlicht, in dem er die Ermordung von Behinderten und Kranken in der Nazi-Zeit vorwegnimmt. „Wahre Barmherzigkeit ist es, dem unheilbar Kranken einen möglichst schnellen Gnadentod zu ge-

ben", behauptet Hoffmann beispielsweise. Und auch mit Kriegsversehrten kennt der „Sozialhygieniker" kein Erbarmen: „War er tapfer genug, seine Gesundheit, sein Leben im Kampfe aufs Spiel zu setzen, so soll er auch die letzte Tapferkeit besitzen, den wertlosen Rest seines Lebens selbst zu enden."

Gerhard Hoffmann ist kein verwirrter Einzelkämpfer, er formuliert nur mit am radikalsten, was viele Menschen denken. So hat Paul Felisch, Abteilungschef im Reichsmarineamt, schon 1918 gefordert, die „barmherzige Menschenliebe" nicht mehr „über den Umfang des Deutschen Reiches hinaus" zu vergießen. Auer schlägt Alarm: Solche Äußerungen gebe es nicht nur vereinzelt, sie drängen vielmehr „in immer weitere Wohlfahrtskreise" vor. Der Caritasdirektor berichtet auch von einem anerkannten Medizinalrat, der sich unwidersprochen auf einer Wohlfahrtstagung zu einer neuen „Ethik" bekannt hat: „Was man in anderen Versammlungen mit Rücksicht auf das zarte Empfinden der Damen besser unterdrückt, das ist die Tatsache, dass Säuglingsfürsorge und überhaupt Sozialhygiene nicht betrieben wird, um schwache Menschen zu schützen."

„Solche Gedanken sind der Tod aller Caritasgesinnung, sind der Tod aller tieferen inneren Kultur", warnt Auer. Man dürfe das christliche Liebesgebot nicht zu „seichter, nationalistischer Wohlfahrtsmoral" abschwächen. Er bekennt sich zur Feindesliebe, wirbt für „jene Liebe, die nicht an das Ihre denkt", wie es im Ersten Korintherbrief heißt. Nur durch diese könne Deutschland gerettet werden. „Wir brauchen die Stabilisierung unserer rapid sinkenden Liebeskraft mindestens ebenso sehr wie die Stabilisierung der Mark."

Das Horrorszenario, das Auer fürchtet, wird 15 Jahre später bittere Realität: Bis 1941 werden in Deutschland mehr als 70.000 Menschen in der „Aktion T4" ermordet. Auch tausende Insassen katholischer Heil- und Pflegeeinrichtungen werden in Tötungsanstalten verlegt und vergast – bald ist es ein offenes Geheimnis, was mit ihnen passiert. Die Bischofskonferenz zaudert, doch am 3. August 1941 legt der Münsteraner Bischof Clemens August von Galen mit einer Predigt in der Lambertikirche das Vorgehen der Behörden offen und verurteilt die „Euthanasie" in drastischen Worten als das, was sie ist: Mord.

Die führenden Nationalsozialisten schäumen vor Wut, einige erwägen ernsthaft, den Bischof am Turm der Lambertikirche aufhängen zu lassen. Doch sie haben Angst vor Unruhen im Münsterland, daher verschieben sie die große Abrechnung mit der katholischen Kirche auf die Zeit nach dem Krieg und beenden die „Aktion T4" in ihrer bisherigen Form. Viele Helfer, die Galens Predigt vervielfältigen, werden aber verhaftet. Auer kommt am 1. Dezember 1942 ins Konzentrationslager Dachau, überlebt und nimmt noch 1945 seine Arbeit als Bibliothekar des Caritasverbandes wieder auf.

WAS NOCH?

Erstmals findet der Katholikentag tief in der Diaspora statt. Alle Katholiken sollen sich ein Beispiel an den Geistlichen und Lehrern nehmen, die zugunsten der Diaspora auf zehn Prozent ihres Gehaltes verzichten. Die Generalversammlung fordert zudem mehr Verbundenheit mit dem „Weltdeutschtum", ausdrücklich grüßt sie die katholischen Deutschen in Brasilien. Die Zentrumsabgeordneten erhalten Rückhalt für ihre Schulpolitik. Katholiken sollen sich verstärkt in Elternvereinigungen engagieren. Studenten werden aufgefordert, „Weltanschauungsvorlesungen" an den theologischen Fakultäten zu hören. Die Versammlung unterstützt die Salesianer und den neu gegründeten Winfriedbund, der eine Union aller Christen in der katholischen Kirche anstrebt. Mit Resolutionen setzt sich der Katholikentag für die Seligsprechungen Pius' X. und Clara Feys, der Gründerin der „Kongregation der Schwestern vom armen Kinde Jesus", sowie für die Heiligsprechung von Petrus Canisius ein, der überdies zum Kirchenlehrer erklärt werden soll. Gustav Raps, Generalsekretär des Zentralkomitees, schlägt Nuntius Eugenio Pacelli im Vorfeld vor, den Gruß des Papstes nicht per Telegraf, sondern als Rundfunkansprache zu übermitteln. Es würde einen ungemein „erhebenden Eindruck" hervorrufen, wenn der Heilige Vater „in eine norddeutsche Diasporastadt hinein zu seinen Getreuen Worte spräche, die zu gleicher Zeit von der ganzen Welt vernommen werden könnten". Die Idee wird aber noch nicht umgesetzt.

64

Sport

HEIDNISCHE ÜBERSCHÄTZUNG DES KÖRPERS

Sport – ein harmloses Freizeitvergnügen? Die Redner des Katholikentages in Stuttgart sehen das anders. Man habe es mit einer „planmäßig angelegten großen antichristlichen Strömung zu tun", erklärt der Leipziger Justizrat Heinrich Schrömbgenz. Ihn empört, dass Männer und Frauen gemeinsam turnen und sogar baden. Diese „Nacktkultur vor allem in den sogenannten rhythmischen Schulen" – vermutlich sind unter anderem die Schulen des Tanztheoretikers Rudolf von Laban gemeint – hält er für einen „Faustschlag in das Gesicht altbewährter, von Gott gesetzter, von den Aposteln und ihren Nachfolgern verkündeter christlicher Sittlichkeitsauffassung".

Doch die Sportbegeisterung hat auch viele Katholiken ergriffen. 1920 haben sie den Sportverband „Deutsche Jugendkraft" (DJK) gegründet. Im Januar 1925 behandelt die Fuldaer Bischofskonferenz das Thema mit „Katholischen Leitsätzen und Weisungen zu verschiedenen modernen Sittlichkeitsfragen". Eine „gesunde Körperpflege", heißt es, sei „nicht nur mit den Lehren des Christentums vereinbar, sondern geradezu geboten". Aber sie dürfe nicht zu einem Körperkult oder zur „heidnischen Überschätzung des Körpers" werden, die Grenzen der Schamhaftigkeit und Sittlichkeit seien zu berücksichtigen. Die Erbsünde habe die Harmonie zwischen Leib und Seele zerstört, der Mensch müsse deswegen in lebenslänglichem Kampfe die „Neigung zur bösen Lust" bekämpfen.

Daraus leiten die Bischöfe „praktische Regeln" ab: Katholiken sollen nur nach Geschlechtern getrennt wandern, turnen oder baden, die Kleidung der Frauen darf dabei das Schamgefühl nicht verletzen und die Körperformen nicht „aufdringlich" betonen. Turnen in der Öffentlichkeit ist für Frauen ebenso tabu wie die Teilnahme an Wettkämpfen – diese „wecken zumeist ganz unweibliche Art", behaupten die Bischöfe. Nicht zuletzt dürfe der Besuch des Sonntagsgottesdienstes durch Sport nicht gefährdet werden. In der Entsittlichung kündigt sich nach Ansicht der Bischöfe ein „schmachvoller Niedergang des deutschen Volkes an". Die Versammlung der Katholischen Schulorganisation erklärt in diesem Sinne in Stuttgart: „Eine gesunde Körperkultur ist durchaus zu begrüßen, aber sie darf niemals die Kultur der Seele gefährden und im Widerspruch stehen zu der katholischen Glaubens- und Sittenlehre."

WAS NOCH?

Die Generalversammlung steht im Zeichen des 25-jährigen Bischofsjubiläums des Rottenburger Oberhirten Paul Wilhelm von Keppler. Das Leitmotiv lautet: „Die christliche Liebe und die Schäden der Zeit." Viele Redner diagnostizieren einen Niedergang des deutschen Volkes, dessen Ursache sie in einer Entchristlichung und zunehmenden Unsittlichkeit sehen. Der Katholikentag gelobt, für die Wiedervereinigung der Christen und den „Völkerfrieden" zu beten. Der österreichische Bundeskanzler Ignaz Seipel stellt fest, dass sich nur ein Wahnsinniger einen neuen Krieg wünschen könne. „Selbst wenn ein neuer Krieg manches ausbessern könnte, was der frühere Krieg verdorben hat und was auszubessern den Staatsverträgen nicht gelungen ist, der Preis wäre dennoch zu groß." Der Zentrumsmann Wilhelm Marx, bei der Wahl zum Reichspräsidenten gerade knapp an Paul von Hindenburg gescheitert, tritt zwei Mal auf. Die Versammlung der Katholischen Schulorganisation kämpft für die Bekenntnisschulen und den Religionsunterricht an Berufsschulen. An den Papst richtet der Katholikentag die Bitte, die stigmatisierte Seherin Anna Katharina von Emmerick schnell seligzusprechen.

Von den Bischöfen nicht gern gesehen: Frauensport in der Weimarer Republik.

Gegen ein bisschen Sport haben aber auch die Redner des Katholikentags nichts einzuwenden. Pius XI. sei selbst ein „Anhänger des alpinen Bergsportes", merkt Schrömbgenz an. Und der Jesuitenpater Martin Manuwald führt aus, Sport könne der Jugend nicht nur einen schönen Körper, sondern auch „starke Nerven" schaffen. Offensichtlich eine Notwendigkeit, denn, so Manuwald: „Was heute vielfach herumläuft, sind keine starken, reinen Jungen mehr, keine Siegfriednaturen, sind Hampelmänner, Schmachtlappen, Wachsfiguren mit gebogenem Rückgrat, weichen Gesichtslinien und langen Haaren!!! Was heute herumläuft, sind oft keine feinen deutschen, seelisch tiefen Mädchen mehr, sind bunte Schmetterlinge, oberflächliche Zierpuppen,

plappernd über Mode und Herren, oder – o Kulturschrecken der Gegenwart! – neuzeitliche Amazonen!" Auch der Jesuit warnt eindringlich vor einer Vergötzung des Körpers sowie einer „Vermädelung unserer Buben, Verbubung unserer Mädchen".

Der Sportbegeisterung auch unter den Katholikinnen tut das keinen Abbruch: 1928 finden sich diese im „Reichsverband für Frauenturnen" zusammen. Der DJK-Sportverband, zu dem seit 1970 auch die Frauenvereine gehören, zählt heute noch rund 500.000 Mitglieder.

Jugendschutz

WIE EIN ROHES EI

Schmutz und Schund sind zu einer Flut angeschwollen, die weiter wächst, einer giftigen Flut, die Geist und Herz angreift: Mit dramatischen Bildern beschwört der Breslauer Katholikentag die Gefahren „schlechter" Literatur. Jetzt, da der Zentrumspolitiker Wilhelm Marx wieder Reichskanzler ist, soll ein Gesetz „zum Schutze der Jugend und zum Wohl des Volkes" das Abendland vor dem Ertrinken retten. Das Reichsministerium des Inneren hat bereits einen Entwurf ausgearbeitet; der Katholikentag fordert die baldige Verabschiedung durch den Reichstag.

„Christus, der König", lautet das Leitwort in Breslau, und entsprechend selbstbewusst sind die Vorgaben, die Pius XI. der Versammlung macht: Er lobt „das Bestreben, alle zum Gehorsam gegen das christliche Gesetz zu bringen", und die „vielfältigen Bemühungen, endlich einmal den Menschen unserer Zeit, die in heidnische Sitten zurücksinken, Zügel anzulegen". Erneut ruft der Katholikentag daher zur „energischen Bekämpfung der

Nuntius Eugenio Pacelli reist mit Reichskanzler Wilhelm Marx per Flugzeug an und ist trotz Flugangst begeistert. Zum ersten Mal leitet mit Hans Herschel der Bürgermeister der gastgebenden Stadt das Lokalkomitee. Der Aachener Sanitätsrat Martin Winands wirbt nachdrücklich für die Pläne des Papstes, in den Missionsgebieten einen einheimischen Klerus heranzubilden, und kritisiert die gewaltsamen Missionierungen der Vergangenheit. Der Katholikentag empfiehlt die stark gewachsene Exerzitienbewegung und erneut den Raphaelsverein, der ein eigenes Heim in Hamburg gebaut und deutsche Schiffe mit Altären ausgerüstet hat. Das Zentralkomitee wird nicht mehr jährlich gewählt, sondern auf fünf Jahre, während derer es sich nach Bedarf durch Zuwahl selbst ergänzen darf. Der Schlussgottesdienst hat 80.000 Teilnehmer. Die Versammlung erklärt ihre Solidarität mit den Katholiken in Mexiko, wo nach religionsfeindlichen Maßnahmen der Regierung ein blutiger Bürgerkrieg ausgebrochen ist.

öffentlichen Unsittlichkeit" auf, empfiehlt den entsprechenden Verband und dessen Publikation „Der Volkswart". Auch auf das Kino sollen die christlichen Organisationen mehr Einfluss gewinnen.

Vier Monate nach dem Katholikentag, am 16. Dezember 1926, wird das „Gesetz zur Bewahrung der Jugend vor Schund- und Schmutzschriften" erlassen. In Berlin und München entstehen Prüfstellen, indizierte Werke dürfen nur noch „unter der Ladentheke" an Volljährige verkauft werden. Aber nicht alle Deutschen lassen sich gerne Zügel anlegen. Die Befürchtungen sind groß, dass mithilfe des neuen Gesetzes früher oder später

Für die Reise zum Breslauer Katholikentag besteigt der päpstliche Nuntius Eugenio Pacelli zum ersten Mal ein Flugzeug. Das Bild zeigt ihn kurz vor dem Start der Lufthansa-Maschine.

auch politische Gegner mundtot gemacht werden. Kurt Tucholsky schreibt: „Die gescheite und nützliche Außenpolitik, für die man dem Zentrum jahrelang hat dankbar sein müssen, ist auf Kredit geliefert worden, und jetzt wird die Rechnung, über Raten lautend, präsentiert. … Langsam, sehr langsam, bezieht das Zentrum eine Offensivfront." Die Partei rücke unmerklich nach rechts, und es zeige sich immer mehr, dass „in allen Kulturfragen für einen fortschrittlich gesinnten Menschen mit dieser sonst so gescheiten Partei kein Paktieren möglich" sei.

Gut zwei Jahre später schreibt der Satiriker in einem offenen Brief an eine Katholikin: „Die Kirche rollt durch die neue Zeit dahin wie ein rohes Ei. So etwas von Empfindlichkeit war überhaupt noch nicht da. Ein scharfes Wort, und ein ganzes Geheul bricht über unsereinen herein: Wir sind verletzt! Wehe! Sakrileg! Unsre religiösen Empfindungen … Und die unsern –? Halten Sie es für richtig, wenn fortgesetzt eine breite Schicht des deutschen Volkes als ‚sittenlos', ‚angefressen', ‚lasterhaft', ‚heidnisch' hingestellt und mit Vokabeln gebrandmarkt wird, die nur deshalb nicht treffen, weil sie einer vergangenen Zeit entlehnt sind?" Die Durchsetzung des „Schund-Gesetzes" stellt in seinen Augen eine Zeit- und Geldverschwendung dar. „Die Lebensverhältnisse der Kinder zu verbessern und sie geistig gegen minderwertige Produktion zu immunisieren. Das allein wäre Jugenderziehung."

Allen Protesten zum Trotz: Die Zensur im Dienste – und teilweise unter dem Vorwand – des Jugendschutzes bleibt. Aus den Prüfstellen für Schmutz und Schund wird die Bundesprüfstelle für jugendgefährdende Medien, aus dem „Verband zur Bekämpfung der öffentlichen Unsittlichkeit" entsteht 1927 der Volkswartbund. Dieser erlebt seine Blütezeit in der frühen Bundesrepublik, in der er Vladimir Nabokov und Beate Uhse das Leben ebenso schwer macht wie Homosexuellen und Nacktbadern.

Schulpolitik

EINHEITSPAROLEN UND QUERTREIBER

Und wenn sie über alles andere streiten, in einem sind sich die Katholiken einig: „Katholische Schulen für katholische Kinder", lautet die Parole, die auch der Dortmunder Katholikentag vertritt. Die Versammlung formuliert eine „eindringliche Mahnung" an alle katholischen Mitglieder des Reichstages: Sie sollen in den bevorstehenden Verhandlungen über ein Reichsschulgesetz keiner Lösung zustimmen, die nicht die volle Gleichberechtigung der Bekenntnisschule gewährleistet.

Nach der Weimarer Verfassung von 1919 sind konfessionelle Schulen nur auf Antrag der Erziehungsberechtigten einzurichten, solange dadurch ein „geordneter Schulbetrieb" nicht beeinträchtigt wird. Im Umkehrschluss sind damit die Gemeinschaftsschulen Standard. Ein Schulgesetz, das die weiteren Grundsätze klären soll, kommt nie zustande. Dabei ist Wilhelm Marx, der am längsten amtierende Kanzler der Weimarer Republik, ein ausgewiesener Kultuspolitiker. Der Sohn eines Volksschullehrers hat die Katholische Schulorganisation gegründet und ist seit 1911 ihr Vorsitzender, seit 1922 führt er auch den Volksverein. In seine aktuelle Koalition hat er nicht nur die nationalliberale Deutsche Volkspartei (DVP) und die katholische Bayerische Volkspartei (BVP) eingebunden, sondern auch die rechtskonservative Deutschnationale Volkspartei (DNVP), die sich wegen ihrer stark protestantischen Prägung als Bündnispartnerin für ein Schulgesetz anbietet. Den aktuellen Entwurf hat der deutschnationale Innenminister Walter von Keudell ausgearbeitet.

Mehrere Redner mahnen in Dortmund zur Einheit. Ludwig Kaas, der Marx 1928 als Zentrumsvorsitzender nachfolgen wird, hebt die Konfessionsschule in die „sakrale Stellung einer Grundsatzfrage". Keinem „auch noch so beachtbaren Personenkreise innerhalb des eigenen Lagers" gesteht er das Recht zu, die „bisher lückenlose Grundsatzfront der katholisch-deutschen Kultur- und Schulpolitik" zu durchbrechen. Diese Klarstellung wäre un-

nötig, wenn es nicht doch Abweichler gäbe: Der ehemalige Reichskanzler Joseph Wirth, der als Vertreter des linken Zentrumsflügels die Koalition mit der DNVP ablehnt, hat sich öffentlich gegen den Gesetzentwurf ausgesprochen, der seiner Meinung nach die Verfassung diskreditiert und die Glaubensspaltung vertieft. Abgesehen von solchen „verschwindenden Ausnahmen" stehen die Katholiken Deutschlands jedoch nach wie vor zur Konfessionsschule, wie Marx in Dortmund wahrheitsgemäß betont.

Der Reichskanzler und Zentrumspolitiker Wilhelm Marx ist auch auf den Katholikentagen sehr umtriebig, etwa als Vorsitzender der Schulorganisation und des Volksvereins.

Der Katholikentag ist dem Andenken des vor 50 Jahren gestorbenen Bischofs Wilhelm Emmanuel von Ketteler gewidmet. Die Versammlung wirbt für ein neues Verständnis der Arbeit „als etwas Vornehmes, Hohes und Heiliges". Sie fordert preiswerte Wohnungen für kinderreiche Familien und unterstützt die Bahnhofsmission sowie Studienheime für Spätberufene. Dass die Zahl der gemischtkonfessionellen Ehen stark zunimmt, ist Anlass für „schmerzliche Sorge". Die Pflege der „Kriegergräber" im Ausland wird als „religiöse und vaterländische Pflicht" bezeichnet. Der Kunsthistoriker Georg Lill fordert vorsichtig mehr Offenheit gegenüber neuen Stilrichtungen und mehr Freiheit für Künstler. In seiner Rede zum „Auslandsdeutschtum" wirbt der Kirchenhistoriker Georg Schreiber für die Völkerversöhnung; die Idee der Menschenrechte bezeichnet er als „christliches Erzeugnis". Der Missionar Joseph Fräßle macht Kannibalenwitzchen über seinen Namen, nimmt die Afrikaner aber auch gegen Vorurteile in Schutz. Der beliebte Berliner Seelsorger Carl Sonnenschein erinnert daran, dass Christus die Nächstenliebe „übervölkisch" formuliert. Zum Festgottesdienst im Stadion „Rote Erde" kommen etwa 120.000 Menschen, zur Jugendkundgebung 40.000, zur Arbeiterkundgebung in der Westfalenhalle 15.000. Besonders laut gesungen werden „Fest soll mein Taufbund immer stehn" und „Großer Gott wir loben dich".

Allerdings machen auch andere Parteifreunde dem Kanzler das Leben schwer. Sie sabotieren einen Kompromiss mit der DVP aus wahltaktischen Gründen. Denn wie soll das Zentrum im nächsten Wahlkampf noch geschlossen auftreten, wenn die alle Differenzen übertünchende Schulfrage geklärt ist? Darüber hinaus sehen einige offenbar den Parteivorsitzenden Marx als Konkurrenten, den es zu schwächen gilt. Während der Kanzler zu Kompromissen bereit ist, stehen sich die Hardliner des Zentrums und der Liberalen bald wieder so unversöhnlich gegenüber wie im 19. Jahrhundert. Und der Entwurf für das Schulgesetz scheitert im Reichstag.

Im Februar 1928 ist die Koalition am Ende, Marx erkrankt schwer. Bei den Neuwahlen im Mai verliert das Zentrum acht Sitze. Die Partei ist auch an der neuen Koalition unter dem SPD-Kanzler Hermann Müller beteiligt. Marx jedoch gibt auf. Im Dezember 1928 tritt er vom Parteivorsitz zurück – erschöpft nicht zuletzt von Parteifreunden, die durch Quertreiberei die Einigkeit des Zentrums bewahren wollten.

Am Westtor: Einmarsch der letzten Vereine.

Katholische Aktion

DIE ALTERNATIVE ZUM VEREINSKATHOLIZISMUS

Eine strikte Unterordnung der Laien unter den Klerus, mehr Schutz vor Verirrung und Entzweiung: Nuntius Eugenio Pacelli wirbt auf dem Magdeburger Katholikentag für eine Idee, die Pius XI. schon in seiner Antrittsenzyklika 1922 neu propagiert hat: die „Katholische Aktion". Dieses Schlagwort bezeichnet ein Gegenmodell zum selbstbewussten, auf Unabhängigkeit bedachten Laienkatholizismus der deutschen Vereine und der Zentrumspartei. „Die Katholische Aktion will … ihre geschlossenen Reihen zu einer machtvollen Phalanx, zu einer acies bene ordinata in der Hand der Bischöfe und des Stellvertreters Christi auf Erden machen", erläutert der Nuntius die Rolle der Laien.

Es geht also darum, die Laien nicht nur für die Ziele der Kirche zu mobilisieren, sondern sie vor allem unter die Kontrolle des Klerus zu stellen. Mit der „Katholischen Aktion" ist eine Entpolitisierung verbunden, ein Rückzug auf religiöse und caritative Aktivitäten. Michael Kardinal von Faulhaber begrüßt das: „Endlich einmal ein Zurückkehren zu den kanonischen Einheiten der kirchlichen Arbeit, nämlich zu Pfarrei und Diözese, endlich ein Abrücken von dem ewigen Organisieren über alle Diözesangrenzen hinweg", schreibt er.

Die Rechte der Kirche sollen nach dem Modell der „Katholischen Aktion" nicht mithilfe katholischer Parteien, sondern durch Staatskirchenverträge, Konkordate, gesichert werden. In Italien hat der Papst bereits 1924 Geistlichen jede politische Tätigkeit verboten, um keine Konflikte mit den Faschisten zu riskieren. Die „Partito Popolare Italiano" (PPI), die der Priester „Don" Luigi Sturzo gegründet hatte, ist daraufhin sang- und klanglos untergegangen.

Für das Zentrum verheißt das nichts Gutes, und auch die politisch engagierten katholischen Vereine fürchten die Pläne des Papstes. Wie die Katholische Aktion in Deutschland umgesetzt werden soll, ist aber 1928 noch völlig offen. Pacelli versucht in Magdeburg zu beschwichtigen: Die Form der Katholischen Aktion richte sich „nach der jeweiligen religiösen und kirchlichen Lage der Länder und Völker". Sie werde „in keiner Weise wertvolle und lebendige katholische Organisationen mit religiösem Ziele, an denen das katholische Deutschland so reich ist, zerstören oder beeinträchtigen". Organisationen „mit rein kulturellem Ziel" lasse sie ihre Selbstständigkeit. Und sie werde den Katholiken auch nicht „in rein politischen und rein wirtschaftlichen Fragen eine bestimmte Anschauung aufzwingen". Allerdings sollen die Verbände doch „unter Wahrung ihrer Eigenart und Eigentätigkeit dem einen Leib der Katholischen Aktion als Glieder eingefügt werden".

Diese diplomatisch formulierten Worte bleiben in Magdeburg ohne offenen Widerspruch. Auch die Vertreter der Vereine bejahen die Katholische Aktion pflichtgemäß „rückhaltlos" und stellen sich den „hochwürdigsten Bischöfen zu umfassender Mitarbeit" zur Verfügung. Der Münsteraner Domprediger Adolf Donders führt aus, in der Autorität und Bindung der katholischen Kirche liege etwas „Beglückendes, Richtunggebendes: der Fels der Festigkeit und des Heiles".

Der Jesuit Friedrich Muckermann bezeichnet die Katholische Aktion jedoch als „nichts anderes als eine katholische Arbeitsgemeinschaft ganz großen Stiles". Und auch der Vorsitzende der Fuldaer Bischofskonferenz, Adolf Kardinal Bertram, verspürt wenig Lust, es sich mit dem deutschen Laienkatholizismus zu verderben. Muckermann zufolge sagt er im vertrauten Kreis: „Jeder Papst hat sein Steckenpferd. Das kommt und geht, man muss sich nicht allzu sehr beunruhigen." In Deutschland bleibt „Katholische Aktion" deswegen vor allem ein neues Etikett, das dem bestehenden Vereinskatholizismus angeheftet wird, an der Organisationsform ändert sich aber so gut wie gar nichts. In seinem Schlussbericht, den Pacelli 1929 vor seiner Rückkehr nach Rom schreibt, beklagt er das und wirft Bertram „Sabotage" der päpstlichen Wünsche vor.

Trotz der nicht einmal halbherzigen Umsetzung schwächt das Alternativkonzept der Katholischen Aktion jedoch die aufs engste mit dem Laienkatholizismus verbundene Zentrumspartei, die ihren Alleinvertretungsanspruch sowieso kaum noch aufrechterhalten kann, seitdem einflussreiche Adlige zur rechten Deutschnationalen Volkspartei abgewandert sind. In Magdeburg diskutieren die Mitglieder der Arbeitsgruppe zu staatsbürgerlichen Fragen deswegen wieder ganz grundsätzlich, ob es weiter eine katholische Partei geben soll und wie man zur Weimarer Verfassung steht. Immerhin wird die offene Gesprächsatmosphäre gelobt.

1929 wird das faschistische Italien in den Lateranverträgen die unpolitische Katholische Aktion ausdrücklich anerkennen, während dem Klerus erneut jede politische Betätigung verboten wird. Die Nationalsozialisten und ihr Bündnispartner von der Deutschnationalen Volkspartei, das ehemalige Zentrumsmitglied Franz von Papen, sehen darin ein Vorbild, um die katholischen Parteien in Deutschland auszuschalten. Eugenio Pacelli, inzwischen Kardinalstaatssekretär im Vatikan, kommt ihnen 1933 weit entgegen. Er möchte das Reichskonkordat, das er als Nuntius nicht zustande gebracht hat, unbedingt. Am 20. Juli 1933 ist es so weit: Papen und Pacelli unterzeichnen den Vertrag. Die Katholiken hoffen auf einen Schutzwall, um im „Dritten Reich" die Seelsorge zu sichern. Doch die Nationalsozialisten verlangen einen hohen Preis: Schutz erhalten nur die katholischen Verbände, die „ausschließlich religiösen, rein kulturellen und caritativen Zwecken dienen und als solche der kirchlichen Behörde unterstellt sind". Auf eine Liste dieser Vereine einigt man sich nicht.

Das reicht, um das katholische Verbandswesen größtenteils zu zerschlagen. Zudem wird den deutschen Geistlichen und Ordensleuten jede politische Tätigkeit verboten. Das hätte das Ende der Zentrumspartei bedeutet, die ohne Kleriker kaum denkbar ist – wenn sie sich nicht schon zwei Wochen vor Unterzeichnung des Reichskonkordats selbst aufgelöst hätte. Innerhalb weniger Monate ist der traditionsreiche politische Katholizismus in Deutschland Geschichte. Der Heilige Stuhl hat alles, was dem Ideal der Katholischen Aktion nicht entspricht, bereitwillig geopfert.

WAS NOCH?

Die Veranstaltung in der Diaspora ist als „kleiner", lokaler Katholikentag konzipiert. Es gibt wieder eine Tagung der Vertreter der Verbände, dafür aber weniger große, öffentliche Veranstaltungen. Nach dem Festgottesdienst mit 40.000 Teilnehmern trägt Pacelli das Allerheiligste in einer Prozession durch die Stadt. Die Magdeburger verhalten sich „im Allgemeinen recht taktvoll". Alois zu Löwenstein erwidert Spöttern: „Entweder haben wir ein kleines Stück Brot da heute Morgen in der Monstranz herumgetragen, dann sind wir kleine Kinder. Haben wir aber Christus in der heiligen Eucharistie mit uns geführt, dann haben wir Gott durch den Hain getragen, und er hat alle gesegnet." Die Vertreter lehnen jede gesetzliche Erleichterung der Ehescheidung ab und fordern die Einrichtung katholischer Eheberatungsstellen. Katholiken sollen, unterstützt vom Staat, den Gemeinden und den Kirchengemeinden, Geld für den Wohnungsbau sparen. Die Vertretertagung macht außerdem auf die Not des Mittelstandes, der Bauern und der Lohnarbeiter aufmerksam. Die Katholiken sollen „Propaganda" für das christliche Erdbegräbnis und gegen die Feuerbestattungsbewegung machen. Angesichts der hohen Zahl der Kirchenaustritte wollen sie „nicht nur erhalten, sondern wiedererobern".

Familie

DAS LANGSAME STERBEN DER HAUSFRAUENEHE

Verheiratete Frauen, die berufstätig sind? Die sind 1929 nicht vorgesehen. Frauen sind gesetzlich verpflichtet, den Haushalt zu führen und gegebenenfalls im Familiengeschäft mitzuhelfen. Eine auswärtige Stellung dürfen sie dagegen ohne Genehmigung ihres Mannes gar nicht annehmen. Und das Geld, das sie trotzdem selbst verdienen oder schon in die Ehe eingebracht haben, ist „der Verwaltung und Nutznießung des Mannes" unterworfen, heißt es im Bürgerlichen Gesetzbuch.

Der eigentlich eher konservative Reichsjustizminister Theodor von Guérard sieht darin ein Problem. Die berufstätige Frau sei „vor einem Missbrauch des Vermögensverwaltungsrechtes seitens des Mannes nicht genügend geschützt", führt er in Freiburg aus und schlägt als Ausgangspunkt für eine neue gesetzliche Regelung „die Gütertrennung mit Regelung der Ehegewinngemeinschaft" vor. Damit hat er sich für einen Zentrumspolitiker weit vorgewagt. „In aller Schärfe", so der Bericht, betonen vor allem die Frauen in der anschließenden Diskussion, es sei entscheidend, den Familienzusammenhalt zu erhalten und zu stärken.

„Rettung der christlichen Familie" lautet schließlich der Leitgedanke in Freiburg, der sich so konsequent durch die Vorträge und Beschlüsse zieht wie keiner zuvor und keiner danach. Schule, Caritas, Soziale Frage, Presse: Alles lässt sich auf das Motto beziehen, bis hin zum „Berufs- und Familienideal der Hotel- und Gastwirtsangestellten". Als bewährtes Feindbild dient der Sozialismus. Dieser arbeite „zielbewusst auf die Vernichtung der Familie hin", behauptet der Katholikentagspräsident und ehemalige Reichskanzler Wilhelm Marx. Die Sozialisten wollten den Staat an die Stelle der Familie setzen, damit sich die Eltern „ungehindert dem wirtschaftlichen Erwerb oder den wissenschaftlichen Bestrebungen hingeben können".

WAS NOCH?

Ein Standardthema der Katholikentage findet in Freiburg sein Ende: Der Katholikentag feiert die Anerkennung des Vatikanstaats durch die Lateranverträge und gratuliert dem Papst zur Lösung der „Römischen Frage". Nuntius Eugenio Pacelli wird für den Abschluss des Konkordats mit Preußen gefeiert. Für den Katholikentag wird in Freiburg nicht nur eine neue Halle gebaut, sondern auch der Bahnhof erweitert. Die Besucher können neben mehreren Ausstellungen das Münster, das „weltbekannte Verlagshaus Herder" und die Zentrale des Caritasverbandes besichtigen. Erstmals gibt es eine Kommission für ausländische Gäste. Wilhelm Marx fragt bei einem Festabend für diese selbstkritisch, warum sich die Katholiken verschiedener Länder nicht tatkräftiger für den Frieden eingesetzt haben. Der Festgottesdienst hat etwa 80.000 Teilnehmer, für die Freiburger Kinder gibt es eine eigene Feier.

In sechs Gruppen, die nichtöffentlich tagen, arbeiten die vom Zentralkomitee eingeladenen Vertreter umfangreiche Beschlüsse aus. Sie plädieren gegen erleichterte Ehescheidungen, für ein verschärftes Abtreibungsrecht und für den Kampf gegen „Schmutz und Schund". Sie möchten das gemeinsame Gebet, den Brautunterricht und Ehevorbereitungs-Exerzitien fördern. Und sie richten zukunftsträchtige Forderungen an die Politik:

Möglichkeiten zum Eigentumserwerb von Familien, die Förderung des Eigenheims, Erholungsangebote für kinderreiche Mütter und ein Lastenausgleich zugunsten der kinderreichen Familien – Kindergeld gibt es in der Weimarer Republik noch nicht. Das Ideal bleibt die „Hausfrauenehe". So fordern die Vertreter nachdrücklich, die Wirtschaftspolitik müsse darauf abzielen, „die Frau der Familie zurückzugeben".

Aber auch Theodor von Guérard findet mit seinen Anliegen Gehör. Die Vertretertagung erkennt an, „dass unter den Wandlungen im Wirtschaftsleben, namentlich durch die ausgedehnte Frauenerwerbsarbeit, die heute geltenden Bestimmungen des ehelichen Güterrechts einer zeitgemäßen Änderung bedürfen". Diese Änderungen lassen allerdings noch sehr lange auf sich warten, obwohl die Gleichberechtigung 1949 im Grundgesetz festgeschrieben wird. Die Bischöfe bremsen: Die „wesentliche Ordnung der Hausgemeinschaft" müsse unangetastet bleiben, zitieren sie noch 1953 in einem Schreiben an den Bundestag die Enzyklika „Casti connubii" von Pius XI. Erst 1958 werden Gütertrennung und Zugewinngemeinschaft zum gesetzlichen Standard. Das Ende der „Hausfrauenehe" kommt 1977: Seitdem haben die Ehegatten die Haushaltsführung in „gegenseitigem Einverständnis" zu führen und sind gleichermaßen berechtigt, erwerbstätig zu sein. Berufstätige Mütter und „Doppelverdiener" stehen aber, gerade in der katholischen Kirche, auch in diesen Jahren noch unter Rechtfertigungsdruck.

Eine Frau als Klempnerin? Das weckt Ängste. „Schach dem Manne" titelt die Berliner Zeitschrift „Die Woche" im Juni 1928. Auf dem Katholikentag wird derweil die rechtliche Absicherung der berufstätigen Ehefrau diskutiert.

Sonntagsheiligung

TAG DES HERRN, TAG DER FREIZEIT

Es ist viel los an den Sonntagen des Jahres 1930: Am 26. Januar endet die erste Tischtennis-Weltmeisterschaft in Deutschland, am 22. Juni gewinnt Hertha BSC die deutsche Fußballmeisterschaft, am 13. Juli wird die erste Fußball-Weltmeisterschaft in Uruguay eröffnet. Und am 7. September strömen 130.000 Menschen zu einem Festgottesdienst auf den Platz vor dem Münsteraner Schloss, der seit 1927 – und bis 2012 – Hindenburgplatz heißt. Bischof Johannes Poggenburg beginnt seine Predigt mit dem einschlägigen Psalmvers: „Das ist der Tag, den der Herr gemacht hat, lasset uns frohlocken und an ihm uns erfreuen."

Mit der Sonntagsheiligung wählt der Münsteraner Oberhirte ein Thema, das die Katholikentage seit ihren Anfängen bewegt. Schon 1851 wurde ein allgemeines Gesetz angestrebt, um sicherzustellen, dass Geschäfte am Sonntag geschlossen bleiben. Später wird auch sozial argumentiert: Gegen die Interessen der Industriellen, die ihre Maschinen ohne Unterbrechung laufen lassen möchten, sollen alle Arbeiter einen Tag der Ruhe haben.

Auch Poggenburg hält das dritte Gebot für „eine wahre soziale Wohltat". Aber seine Aufmerksamkeit liegt auf einer neuen Konkurrenz für die Gottesdienste: Um zu frohlocken und sich zu erfreuen, frönen die Menschen immer mehr der modernen Freizeitkultur. Der Bischof klagt, den „Feinden Gottes" gehe es zuerst um „Spiel und Sport und Vergnügen, zuerst kommt Wochenendfeier und Wanderung". So werde der Tag der Seele zu einem Tag des Körpers, ja des „Leibeskultes". Der Bischof warnt: „Nur die würdige Feier des Sonntags führt einstens die Seele nach der großen Woche des Lebens zu jenem erhabenen Sonntag des Himmels mit seiner ewigen Ruhe und Seligkeit."

Die Vertretertagung sucht derweil nach pragmatischen Lösungen, um die Lebensbedingungen der Jugendlichen zu verbessern und ihnen sowohl Freizeitaktivitäten als auch den

WAS NOCH?

Nach Veröffentlichung einer Enzyklika über die christliche Erziehung der Jugend liegt der Fokus auf Bildungsfragen. Gegen die „sozialisierende Art" der Erziehung wird die Elternverantwortung betont. Etwa 30.000 Jugendliche kommen mit ihren „kecken Wimpeln" nach Münster, um „mit Christus die neue Zeit zu erobern". Friedrich Muckermann lobt den Tanztheoretiker Rudolf von Laban, seine Arbeitsgruppe plädiert danach für katholische „rhythmische Schulen". Das führt zu dem Gerücht, die Arbeitsgruppe trete für die Nacktkultur ein, der Rechtskatholik Hermann von Lüninck zeigt Fotos herum, die Muckermann angeblich „inmitten von bolschewistisch tanzendem Gesindel" zeigen. Der Sozialethiker Theodor Brauer erklärt die Hoffnungen auf einen Frieden zwischen Sozialismus und Katholizismus für gescheitert. Michael Kardinal von Faulhaber deutet den Rückgang der Geburtenzahlen als „völkischen Selbstmord". Die „germanische Rasse" ist seiner Ansicht nach „nicht der Gesetzgeber der sittlichen Ordnung, sondern ein Untertan der von Gott gegebenen Sittengesetze". Die Vertreter wenden sich gegen eine „äußere formale Demokratie", verurteilen aber „jede Überspannung des gesunden nationalen Gedankens zu Völker- und Rassenhass". Zum großen Ärger des Zentrumspolitikers Josef Joos, der die entsprechende Arbeitsgruppe leitet, entsteht erneut eine Grundsatzdiskussion um die Reichsverfassung. Zu seinem 1.500. Todesjahr wird des heiligen Augustinus gedacht. Erstmals gibt es eine Dichterlesung. Im Chor des Festgottesdienstes singen 2.500 Menschen. An auswärtige Geistliche, die in Münster zelebrieren wollen, werden 1.673 „Altarkarten" zum Preis von je einer halben Reichsmark verkauft.

Den Festgottesdienst mit 130.000
Teilnehmern – selbstverständlich
an einem Sonntag – zelebriert der
neue Nuntius Cesare Orsenigo
(am Altar in der Mitte).

Besuch des Sonntagsgottesdienstes zu ermöglichen. Der Münsteraner Religionslehrer Reinhold Friedrichs stellt Forderungen
vor, die zahlreiche Verbände und kirchliche Behörden unterstützen: eine 48-stündige Arbeitswoche, ein Verbot der Nacht-
arbeit, zwei bis drei Wochen bezahlte Ferien, geregelte Pausen –
und einen freien Nachmittag pro Woche. Die Vertretertagung
betont zwar nachdrücklich, dass „der Schwerpunkt des Lebens
für jeden Menschen" in seiner beruflichen Tätigkeit liegen solle.
Aber auch ihrer Ansicht nach brauchen Jugendliche freie Zeit für
ihre körperliche und seelische Entwicklung. Den freien
Samstagnachmittag hält man daher für „besonders erwünscht" –
auch „mit Rücksicht auf die Sonntagsheiligung".

Cesare Orsenigo (links) und
Bischof Johannes Poggenburg auf der
Fahrt zum Bischöflichen Palais.

Weltwirtschaftskrise

ELISABETH IM ERBGANGE

Die Lage ist trostlos im Deutschen Reich zur Zeit der Weltwirtschaftskrise: Die Arbeitslosigkeit steigt auf immer neue Rekordwerte, viele Menschen hungern. Die Spar- und Deflationspolitik des Reichskanzlers Heinrich Brüning, eines Zentrumspolitikers, macht alles nur noch schlimmer. Rettung soll eine Frau bringen, die seit genau 700 Jahren tot ist: die heilige Elisabeth von Thüringen. Sie ist die Patronin des Katholikentags in Nürnberg. Ihre „lichte und liebliche Gestalt" werde über der Tagung stehen, heißt es in der Einladung. „Die Nöte unserer Zeit wollen wir mit ihrem Glauben und ihrer Liebe überwinden."

Der Präsident des Caritasverbandes Benedikt Kreutz glaubt offenbar, dass es dazu einiger Erläuterungen bedarf. Auf der Vertretertagung aktualisiert er die Vita der mittelalterlichen Heiligen mithilfe der Lieblingsbegriffe seiner Zeit. So wird Elisabeth mit ihrem „Tatchristentum" zum Sinnbild für Volkstümlichkeit, zum „Prototypus für ein gesundes Volks- und Frauentum", zum „Vorbild für Führerschaft", zur „Volkserzieherin und Caritasarbeiterin", zur Gründerin einer „sozialethischen Bewegung der Volksversöhnung" gegen die „sozialrevolutionären" Ketzerbewegungen der Waldenser und Albigenser sowie zu einer Kritikerin der Frauenmode ihrer Zeit – weil sie ihren Mantel einem Bettler gab. Die Heilige muss sogar als Kronzeugin für den umstrittenen Eugeniker Cesare Lombroso herhalten, der für seine Versuche bekannt wurde, Verbrecher anhand äußerlicher Merkmale zu typologisieren. Dass aus Elisabeths Familie noch weitere Heilige stammen, bestätigt nach Ansicht von Kreutz Lombrosos Theorien von „dem Heiligen und dem Verbrecher im biologischen Erbgange".

Die Teilnehmer der anschließenden Diskussion sind sich einig: Der Not der Zeit ist, ganz im Sinne Elisabeths, mit einer „Gesinnung der Liebe" zu begegnen. Die Pfarrgemeinden sollen sich verstärkt den Notleidenden widmen, außerdem wird das Ideal der radikalen Armut in der Nachfolge Christi in Erinne-

rung gerufen. Allerdings reiche das nicht aus. Neben der Liebe bedürfe es auch der Gerechtigkeit, und die könne nur eine neue Wirtschafts- und Gesellschaftsordnung bringen: Sozialpolitik, nicht nur Caritas! Der Jesuit Oswald von Nell-Breuning und weitere Referenten suchen dafür nach Vorgaben in der gerade veröffentlichten Sozialenzyklika „Quadragesimo anno" Pius' XI.

Andere begeben sich auf dünneres Eis, etwa der rechtskonservative Katholik Emil Ritter. Er leitet die Arbeitsgruppe zu staatsbürgerlichen Fragen und widmet sie dem Thema „Biologie und Politik". Auch er scheint Lombroso gelesen zu haben, bezeichnet er doch die Fortpflanzung von Trägern „erblichen Verbrechertums" als unerwünscht für die Volksgemeinschaft. Der Geschlechtstrieb, so Ritter, sei die „heilige Quelle" der Erhaltung des Volkes und der Art. Und die natürliche Form des Geschlechtstriebs stelle die „festgefügte" Ehe dar. So dient im Umkehrschluss die katholische Sexualmoral der Rettung des „sterbenden Volks" der Deutschen. Die bolschewistischen Kritiker der katholischen Sexualmoral dagegen greifen Ritter zufolge das Volk „an seiner Wurzel" an. Konzessionen an sie dürfe es nicht geben. So ist der Katholikentag wieder bei seinen Lieblingsthe-

Der Bamberger Erzbischof Johann Jakob von Hauck während des Katholikentags bei der Essensausgabe an Arme.

Josef Joos erhält Applaus dafür, dass er das Amt des Präsidenten ausdrücklich als Vertreter der Arbeiterschaft übernimmt. Er ist zuversichtlich, dass sich „ein neues Verantwortungs- und Solidaritätsgefühl der Völker untereinander" anbahnt. Der Katholikentag versichert den Gläubigen in Spanien, wo zu Beginn der Zweiten Republik Kirchen zerstört wurden, seine Anteilnahme. Zum „volksdeutschen Führertreffen katholischer Jugend" kommen auch Österreicher, Rumänen, Jugoslawen, Polen und Sudetendeutsche. August Wegmann, später niedersächsischer Innenminister, kritisiert Pfarrer und Ordensschwestern, die in „jüdischen" Warenhäusern kaufen, anstatt „die eigenen Glaubensbrüder" zu unterstützen. Karl zu Löwenstein, der zukünftige Präsident des Zentralkomitees, lobt das faschistische Italien für den Kampf gegen die Schamlosigkeit, kritisiert aber neben den Kommunisten auch die Nationalsozialisten. Geheimrat Lorenz Krapp aus Bamberg sieht das Wesen des Volkstums im „Gut sittlicher Traditionen", nicht primär in „Blut, Heimat, Geschichte, Staat". Kondomautomaten auf Bahnhofstoiletten werden als „Schlag ins Gesicht der anständigen Bevölkerung" bezeichnet. Eine Streichung des Abtreibungs-Paragrafen 218 würde dem Vertretertag zufolge das „Ende des deutschen Volkes" bedeuten. Ausgiebig werden die neuen Enzykliken „Casti connubii" über die Ehe und „Quadragesimo anno" zur Sozialen Frage besprochen. Zur Schlusskundgebung, die von allen deutschen und österreichischen Rundfunksendern übertragen wird, kommen 250.000 Menschen. „Wie ein Fels in der Brandung steht der deutsche Katholizismus da, der seine Besten abkommandierte, um führend im Abwehrkampfe zu sein", schreibt die „New York Times".

men: der Unsittlichkeit, der bolschewistischen Propaganda und dem Jugendschutz. Die Arbeitsgruppe fordert dazu schließlich schärfere Gesetze und deren rigide Durchsetzung.

Am Ende des Katholikentages steht dann aber doch ein Zeichen der konkreten Liebestätigkeit, wie sie die mittelalterlichen Heiligen vorgelebt haben: Die Kollekte beim Festgottesdienst am Sonntag dient dazu, am folgenden Tag rund 2.000 notleidende Nürnberger zu bewirten: als „Gäste der heiligen Elisabeth".

Auf dem Katholikentag wird sie als „Prototypus für ein gesundes Volks- und Frauentum" dargestellt: Die heilige Elisabeth, hier auf einer Holzmalerei Theoderichs von Prag, entstanden vor 1365.

Kampf gegen den Nationalsozialismus

AM ENDE DER KRAFT

Ist der Nationalsozialismus noch aufzuhalten? Heftig diskutiert die staatsbürgerliche Arbeitsgemeinschaft des Katholikentags in Essen über die „radikalen Massenstimmungen" und den „Kampf gegen politische Demagogie". Obwohl die Bischöfe den Nationalsozialismus in deutlichen Worten verurteilt haben, bröckelt die Abwehrfront. Im April hat Paul von Hindenburg die Wahlen zum Reichspräsidenten nur dank SPD und Zentrum gegen Adolf Hitler gewonnen – wenige Wochen später entlässt er den Zentrumspolitiker Heinrich Brüning als Reichskanzler. Bei den Neuwahlen im Juli gewinnen die Nationalsozialisten mehr als 37 Prozent der Stimmen. Neuer Reichskanzler von Hindenburgs Gnaden wird der Rechtskatholik Franz von Papen, ein abtrünniger Zentrumspolitiker, der nur durch seinen Austritt einem Parteiausschluss zuvorkommt. In Preußen entmachtet er verfassungswidrig die vom Zentrum unterstützte Landesregierung des Sozialdemokraten Otto Braun. Er gibt dabei vor, mit Unterstützung des Heiligen Stuhls zu handeln.

Der politische Katholizismus ist tiefer gespalten denn je. Der Präsident des Zentralkomitees Alois zu Löwenstein hat dafür gesorgt, dass die Kontrahenten Brüning und von Papen nicht persönlich nach Essen kommen, dennoch prallen die unterschiedlichen Meinungen hart aufeinander. Mit dem badischen Kultusminister Eugen Baumgartner und dem Vorsitzenden der christlichen Gewerkschaften Bernhard Otto präsidieren zwei Zentrumspolitiker. Aber die staatsbürgerliche Arbeitsgemeinschaft leitet Emil Ritter, ein Vertrauter von Papens. Er kritisiert einleitend allgemein die Parteipolitik und das „Zurückdrängen der verantwortlichen Persönlichkeit". Als erster Redner tritt Willy Glasebock auf, ein Mitglied der Deutschnationalen Volkspartei (DNVP) aus Krefeld. Er ist der Meinung, auch die Katholiken müssten „alles auf die Grundsätze zurückführen" und in diesem Sinne radikal sein. Ein solcher Radikalismus sei „jedem Kompromiss abgeneigt" und misstraue „dem taktischen Zusammengehen mit wesensfremden politischen Richtungen". Das ist nicht als Warnung vor einer – durchaus diskutierten – Koalition mit den Nationalsozialisten gemeint, sondern als Kritik an der Zusammenarbeit des Zentrums mit der SPD. Als Ursachen des Radikalismus benennt Glasebock das „Friedensdiktat von Versailles", dem gegenüber die deutsche Politik „nicht immer mit der notwendigen Entschiedenheit und Würde" aufgetreten sei, während der „nationale Radikalismus" die Siegermächte verständigungsbereiter gemacht habe.

Das bleibt nicht ohne Protest. Mehrere Redner verteidigen die „Weimarer Koalition" aus SPD, Zentrum und der linksliberalen Deutschen Demokratischen Partei (DDP). Es sei „nicht angebracht, hier Zentrumspolitik, aber auch nicht, Politik gegen das Zentrum zu treiben", stellt der ehemalige Minister Johannes Bell klar. Er hat als Vertreter der Zentrumspartei den Vertrag von Versailles unterschrieben und sieht „erhebliche Einwendungen" gegen Glasebocks Thesen. Peter Heuser, Rektor im Jungmännerverband, verteidigt den Wahlaufruf katholischer Verbände zugunsten Brünings, des Zentrums und der Bayerischen Volkspartei. Der Redakteur Alfons Erb weist darauf hin, dass es auch noch Katholiken links vom Zentrum gebe, die trotzdem als Teil der Katholischen Aktion anerkannt werden möchten. Josef Rüther und Franziskus Maria Stratmann, prominente Mitglieder des Friedensbundes Deutscher Katholiken, plädieren schließlich dafür, an die gesamte Menschheit zu denken, nicht nur an die eigene Nation. Sie ernten teilweise deutlichen Widerspruch, unter anderem vom adligen westfälischen Bauernführer Hermann von Lüninck.

Auguste Schröder, eine Vertreterin der Frauenbewegung, merkt an: „Es wurde gesagt, dass Radikalismus dadurch wird und lebt, dass man ihm einen Schuldigen zeigt. Wir gründen unseren Radikalismus aber nicht auf das Anti, sondern auf das Für. Wo ist nun die große Idee, für die wir uns bis ins Letzte entflammen können …?" Auch wenn immer wieder auf die im

Beide nehmen Kontakt zum Widerstand auf und werden nach dem 20. Juli 1944 verhaftet. Hermann überlebt, weil sein Gerichtstermin mehrfach verschoben wird, Ferdinand stirbt in Plötzensee. Letztlich ist es ihr Scheitern, das die Katholiken in ihrem Kampf gegen den Nationalsozialismus eint.

Vorjahr erschienene Sozialenzyklika „Quadragesimo anno" verwiesen wird, bleibt diese Frage unbeantwortet. Die Weimarer Republik erscheint oft schon abgehakt. „Die Parteien waren ursprünglich dazu da, die Bürger mit dem Staate in Verbindung zu setzen. Diese Aufgabe haben sie eine Zeit lang erfüllt, freilich mit sehr unterschiedlichem Wirkungsgrade. Heute scheinen die Parteien am Ende ihrer Kraft angelangt zu sein", erklärt der Reichsobmann des Jungmännerverbandes, Albert Steiner, der für Führertum und Gefolgschaftstreue wirbt. Eine Zukunft sieht er allenfalls für „volksnahe Parteien, die nicht Klassen- und Interessengruppen, sondern schöpferische Ideen verkörpern". Der bayerische Adlige Eugen von Quadt erklärt schließlich, es sei „vielleicht ganz gut", wenn der Nationalsozialismus Gelegenheit bekäme, zu zeigen, was von seinen „uferlosen Versprechungen" zu halten ist.

Die zerstrittenen Parteien gehen auch in den folgenden Jahren getrennte Wege. Die DNVP verhilft den Nationalsozialisten zur Macht, und das Zentrum stimmt im März 1933, nach heftigen internen Diskussionen, dem Ermächtigungsgesetz zu. Während von Papen als Vizekanzler auf ganzer Linie mit seinem Plan scheitert, die Nationalsozialisten zu zähmen, muss Brüning ins Exil. Stratmann, Erb und Heuser verbringen in den 1930er-Jahren jeweils einige Monate in Haft. Quadt wird dagegen 1933 kurzzeitig bayerischer Wirtschaftsminister und dann als SA- und SS-Mitglied zu einem Wegbereiter des Nationalsozialismus. Auch Lüninck tritt der NSDAP bei und steigt zum Regierungspräsidenten der Rheinprovinz auf. Nach und nach wendet er sich aber enttäuscht vom Nationalsozialismus ab. Seinem Bruder Ferdinand, Regierungspräsident in Westfalen, geht es ähnlich.

WAS NOCH?

„Christus in der Großstadt" lautet das Motto, aber dem Katholikentag gelingt es nur selten, eine positive Einstellung zu den modernen Metropolen zu finden. Ausführlich werden Möglichkeiten zu deren Rückbau diskutiert. Der Pazifist Nikolaus Ehlen erklärt, ohne Verbindung zur Scholle entarte „mit dem Einzelnen auch jede menschliche Gemeinschaft"; der Jesuit und Eugeniker Hermann Muckermann beklagt die hohen Scheidungs- und niedrigen Geburtsraten. Paare sollen sich seiner Ansicht nach vor der Eheschließung auch von Ärzten beraten lassen, die Caritas habe sich mehr auf „erbgesunde" kinderreiche Familien zu konzentrieren. Viele seiner Thesen werden in die Leitsätze einer Arbeitsgruppe aufgenommen. Eine Diskussionsteilnehmerin klagt angesichts des Wehrsports: „Nur wir Frauen dürfen es uns noch erlauben, die Wehrhaftigkeit nicht als das höchste Ideal anzusehen." Ein Jugendvertreter widerspricht: „Ein bisschen Kleinkaliber-Schießen schadet uns gar nichts." Die Sturmschar singt „Über die Felder Soldaten ziehen". Der Arbeitsdienst soll freiwillig, nicht als militärische Ausbildung und nach Konfessionen getrennt geleistet werden. Der Kirchenhistoriker Georg Schreiber widerspricht Rassentheoretikern, die „das Deutschtum auf den Standpunkt der Rassenzüchtung und der Rassenherrschaft herabdrücken, entseelen und entgeistigen". Der ehemalige Reichsarbeitsminister Heinrich Brauns warnt vor einer Diktatur und fordert stattdessen die Zusammenarbeit der Stände im Staat und der Völker in der Welt. Wie schon 1930 haben die Auslandsdeutschen eine eigene Veranstaltung. Erstmals findet ein Fackelzug statt, er hat 40.000 Teilnehmer. Zum Festgottesdienst kommen 250.000 Menschen, die Lufthansa bietet Rabatte an.

NACH DEM KRIEG

Neubeginn in der Stadt der Ursprünge – und
zwischen Trümmern: Eröffnung des Mainzer
Katholikentags 1948 auf dem Liebfrauenplatz.

Die katholische Kirche steht nach dem Zweiten Weltkrieg und dem Holocaust vor riesigen Herausforderungen. Aber ihre zentralen Strukturen, die Diözesen und Pfarreien, haben Krieg und Diktatur fast unbeschädigt überdauert. Für die Besatzungsmächte im Westen Deutschlands ist sie daher eine wichtige Ansprechpartnerin, und auch der neue Staat namens Bundesrepublik Deutschland meint es gut mit ihr. Nicht zu Unrecht sehen sich die Katholiken als Stütze der neuen Republik, in der sie gegenüber den Protestanten plötzlich nicht mehr in der Minderheit sind. Zugunsten der überkonfessionellen Unionsparteien tritt das alte Zentrum in den Hintergrund, aber auch in CDU und CSU sind die Katholiken stark. Die Konflikte zwischen Staat und Kirche treten daher in Westdeutschland endgültig in den Hintergrund.

Die Katholiken in der DDR haben dagegen einen schweren Stand. Noch weniger als den Protestanten erscheint es ihnen möglich, sich in den Unrechtsstaat des real existierenden Sozialismus aktiv einzubringen. Die Kolpingfamilie harrt aus, und auch die katholischen Akademiker und Studenten organisieren sich überregional. Doch ein Wiederauferstehen des katholischen Vereinswesens in seiner alten Vielfalt ist utopisch; der Rückzug auf die Pfarrgemeinden bestimmt das Leben der Gläubigen, die sich hinter Pfarrer und Bischof scharen. Die Devise lautet, sich nicht vereinnahmen zu lassen, aber auch nicht unnötig in die Politik einzumischen. Zu Konflikten kommt es vor allem, wenn der sozialistische Staat auf das Terrain des Religiösen ausgreift, etwa mit der Jugendweihe. Die bekennenden Katholiken in der DDR nehmen große Nachteile in Kauf, so bleibt ihnen beispielsweise das Studium zahlreicher Fächer verwehrt. Durch die Flüchtlinge und Vertriebenen hat sich ihre Zahl im Gebiet der DDR fast verdreifacht, aber durch die staatlichen Repressionen nimmt sie bald wieder deutlich ab.

Auf den Katholikentagen dominieren die Westdeutschen schon vor dem Mauerbau, danach spielen Gläubige aus der DDR keine nennenswerte Rolle mehr. Organisatorisch knüpfen die Veranstaltungen zunächst mit großem Erfolg an die Zeit der Weimarer Republik an. Seit 1950 finden sie aber nur noch alle zwei Jahre statt, seit 1956 im Wechsel mit den Evangelischen Kirchentagen. Diese sind 1949 in völlig neuer Form entstanden. Evangelische Laientreffen gleichen Namens gab es schon einmal, allerdings nur von 1848 bis 1872. In der Zeit der Weimarer Republik wurden vergleichsweise kleine, nun aber quasi amtliche Treffen von Vertretern der Evangelischen Landeskirchen in Deutschland als „Kirchentag" bezeichnet. 1954 kommen zur Schlussveranstaltung des einzigen gesamtdeutschen Kirchentages in der DDR 650.000 Menschen.

Zwei Jahre später bricht der Kölner Katholikentag mit 700.000 Teilnehmern bei der abschließenden Kundgebung alle Rekorde. Neben öffentlichen Veranstaltungen gibt es Vertretertagungen oder Arbeitskreise des Zentralkomitees, später dann Versammlungen von Delegierten der Verbände. Die ersten Veranstaltungen verabschieden zukunftsweisende Beschlüsse in einem selten gekannten Umfang. Doch die Rücksichtnahme auf die Katholiken, die aus der DDR anreisen, führt ebenso zu einer Entpolitisierung der Katholikentage wie der starke Einfluss des Episkopats. Die Bischöfe haben, unter anderem durch die Unterdrückung des politischen und sozialen Katholizismus im Dritten Reich, innerkirchlich an Macht gewonnen. Ein Zeichen dafür ist, dass 1952 auf ihr massives Drängen hin das Zentralkomitee grundlegend umgestaltet wird. Vertreten sind jetzt nicht mehr nur die Verbände, sondern auch Laien, die vor allem aus den Reihen der neu gegründeten Diözesankomitees stammen. Diese stehen stärker unter der Kontrolle der Bischöfe. Auch das „Zentralkomitee der deutschen Katholiken" ist dadurch sehr viel en-

ger an den Episkopat gebunden. Die Abkürzung lautet nun ZdK statt Z. K., was nicht zuletzt die Verwechslungsgefahr mit Führungsgremien kommunistischer Staaten verringern soll. Die Geschäftsstelle, zunächst in Honnef am Rhein eingerichtet, zieht 1954 nach Bad Godesberg.

Die Katholikentage sind unterdessen so fromm und friedlich wie nie. Die Stellungnahmen zu aktuellen politischen und sozialen Fragen übernimmt das Zentralkomitee, das jetzt auch außerhalb der Katholikentage in Kirche und Welt aktiv wird. Auf den Katholikentagen tritt das gemeinsame Glaubenserlebnis in den Vordergrund.

Doch es bahnt sich ein großer Umbruch an. Die katholischen Milieus bröckeln. Der äußere Druck, der für den inneren Zusammenhalt immer so wichtig war, fehlt in der Bundesrepublik Deutschland weitgehend. Vertriebene und Flüchtlinge mischen die konfessionelle Geschlossenheit auch in den Dörfern auf, die moderne Freizeitkultur und neue Medien wie das Fernsehen

sprengen konfessionell getrennte Kommunikationsgemeinschaften, katholische Lebenswelten verlieren fast überall ihre Selbstverständlichkeit. Zudem lässt der umfassende gesellschaftliche Wandel traditionelle Werte, wie sie die katholische Kirche vertritt, zunehmend fragwürdig erscheinen.

Und dann kommt das Zweite Vatikanische Konzil und verspricht unter dem Schlagwort „aggiornamento" eine Anpassung der Kirche an die neue Zeit. 1968 zerbirst die Fassade der perfekten Inszenierung – und zum Vorschein kommt das Gesicht eines streitbaren und vielfältigen Laienkatholizismus, der nicht nur Altes hinterfragt, sondern auch Neues aufbauen möchte. Ehemals zentrale Themen wie Schule, Mission und das Verhältnis von Kirche und Staat ernten nur noch wenig Aufmerksamkeit. In den Fokus geraten stattdessen vor allem Forderungen nach einer Demokratisierung der Kirche und einer neuen Sexualmoral, zu der die kirchliche Hierarchie und die katholischen Laien oft unterschiedliche Meinungen vertreten.

Nationalsozialismus

DIE SCHULDFRAGE

Hat sich die katholische Kirche in Deutschland schuldig gemacht? Der Verleger Theophil Herder-Dorneich, Präsident des ersten Katholikentages nach Shoa und Vernichtungskrieg, bemüht sich um eine differenzierte Antwort: „Die Mehrzahl der erwachsenen einsichtigen Katholiken weiß um die eigene persönliche Schuld. Viele waren verblendet und unterschieden nicht mehr genug zwischen der Selbstbehauptung unseres Volkes und dem Willen zur Macht. Die Herzen vieler von uns waren verhärtet gegenüber den unschuldig Leidenden, und viele unterlagen dem Mangel an Mut. Wir verheimlichen das nicht gegenüber den Völkern, die an den schrecklichen Geschehnissen so entsetzlich gelitten haben. Sie mögen uns vergeben, wie auch wir vergeben wollen denen, die uns Unrecht getan haben und tun, damit nicht Hass auf Hass antworte, sondern endlich Friede werde."

Dieses „Schuldbekenntnis" lässt eine Reihe von Fragen offen: Wie weit war der Zweite Weltkrieg eine „Selbstbehauptung" der Deutschen? Und wird der Aufruf zum gegenseitigen Vergeben tatsächlich den Verbrechen gerecht, die im Namen Deutschlands begangen wurden? Die These von einer kollektiven Schuld aller Deutschen weist Herder-Dorneich entschieden zurück, wobei er sich auf Pius XII. stützen kann. Als Ursache des Leids benennt der Verleger allgemein die „europäische Unordnung". Und er stellt klar: „Die Kirche als der fortlebende Christus kann als solche nicht schuldig sein."

Herder-Dorneich folgt damit weitgehend der Linie der deutschen Bischöfe. Diese haben schon im August 1945 die Katholiken dafür gelobt, sich „in so weitem Ausmaße von dem Götzendienst der brutalen Macht" freigehalten zu haben. Eine mögliche Schuld der Kirche als Institution thematisierten sie nicht, obwohl sie sonst deutliche Worte fanden: „Viele Deutsche, auch aus unseren Reihen, … leisteten durch ihre Haltung den Verbrechen Vorschub, viele sind selber Verbrecher geworden."

In einer Botschaft an „die Brüder in aller Welt" formuliert jetzt der Mainzer Katholikentag: „Wir beklagen aufrichtig das Unrecht, das im Namen Deutschlands und von Deutschen geschehen ist, nachdem der Nationalsozialismus die Macht im Staate erobert hatte, wie auch unsere christlichen Mitbrüder außerhalb der deutschen Grenzen alles Unrecht bedauern, das von Angehörigen ihrer Völker verübt wird. Wenn der Nationalsozialismus auch Frucht eines Geistes war, der nicht bloß das deutsche Volk ergriffen hat, so wollen wir uns doch nicht entschuldigen mit den Fehlern und Sünden anderer. Unser katholisches Volk hat die Gewalttaten und Verfolgungen, den entsetzlichen Krieg und seine Gräuel nicht gewollt. Aber alle die starken, vielfach bis zum Martyrium gehenden Widerstandskräfte konnten sich nicht durchsetzen, das schmerzt uns tief."

Auch die Shoa wird ausdrücklich angesprochen: Eindringlich mahnen die Delegierten der Verbände, die auf dem Katholikentag wie schon in der Zeit der Weimarer Republik mit weiteren Sachverständigen zu einer „Vertretertagung" zusammenkommen, den „bereits wieder aufflammenden" Antisemitismus zu bekämpfen. Sie fordert „angesichts des ungeheuren Leides, das durch eine Hochflut von öffentlich unwidersprochen gebliebenen Verbrechen über die Menschen jüdischen Stammes" gebracht worden sei, „Wiedergutmachung im Rahmen des Möglichen". Mit Blick auf Palästina, wo gerade der Israelische Unabhängigkeitskrieg tobt, sorgt sich der Katholikentag aber lediglich um den Schutz der heiligen Stätten, eine Befriedung des Landes und die „Neutralisierung" Jerusalems. Und theologisch ist noch kein Umdenken erkennbar, einen eigenen Weg zum Heil gestehen die Katholiken den Juden nicht zu: „Im Sinne Sankt Pauli hängt die sicher verheißene einstige Heimkehr des ganzen Judenvolkes davon ab, dass wir uns als Liebende bewähren." Auch der Historiker und Theologe Karl Thieme erklärt, die „Synagoge" werde bis zum Vorabend des Jüngsten Tages verfolgt werden, weil sie Jesu Gesetz nicht angenommen habe. Thieme ist 1934 zum

Katholizismus konvertiert, als die „Deutschen Christen" in den protestantischen Landeskirchen Gläubige mit jüdischen Wurzeln ausschlossen. 1935 musste er in die Schweiz emigrieren. Doch der Vortrag des verdienten Vorkämpfers für den jüdisch-christlichen Dialog steht unter dem mehr als unglücklichen Titel „Die Judenfrage". Auch sonst ist die Wortwahl der Katholiken oft noch vergangenen Zeiten verhaftet. So unterstützt die Vertretertagung einen Arbeitsausschuss des Caritasverbandes bei der „tieferen Unterrichtung über die Judenfrage" und bittet die Juden, „mit allen Gutwilligen gemeinsam Zersetzungserscheinungen jeder Art zu bekämpfen".

Alles in allem sehen sich die Katholiken eher als Opfer denn als Täter. Viele Gläubige gerieten mit dem Regime in Konflikt. So hatte auch der Verlag Herder während des „Dritten Reichs" unter Repressionen zu leiden, das Verlagshaus wurde Ende 1944 bei einem Bombenangriff zerstört. Die katholische Kirche ist die größte Institution, die der Gleichschaltung im „Dritten Reich" entgehen konnte. „Wir haben mit dieser Bewahrungs- und Verteidigungstaktik geschichtlich Großes geleistet", erklärt der Jesuit Ivo Zeiger. Nach dem Ende des Zweiten Weltkriegs gilt der Katholizismus verbreitet als Hort des Widerstands; die westlichen Besatzungsmächte greifen gerne auf ehemalige Zentrumspolitiker zurück, wenn es wieder öffentliche Ämter zu besetzen gibt.

Erst später mehren sich die kritischen Stimmen. 1961 benennt der spätere Bundesverfassungsrichter Ernst-Wolfgang Böckenförde Autoritätsgläubigkeit, Antiliberalismus, Antikommunismus und den Kampf gegen die „öffentliche Unsittlichkeit" als Ursachen dafür, dass sich Teile des Katholizismus 1933 den neuen Machthabern andienten. Zwei Jahre später attackiert der Dramatiker Rolf Hochhuth mit dem Schauspiel „Der Stellvertreter" Papst Pius XII. persönlich wegen seines Schweigens zur Shoa. Die katholischen Milieus erscheinen jetzt nicht mehr durchweg als „resistent" und widerständig, sondern auch in die Verbrechen der „Volksgemeinschaft" verwickelt, etwa durch eine unkritische „Pflichterfüllung" und die mangelnde Solidarität mit Juden, Roma und Sinti, Deserteuren oder Homosexuellen. Selbst Dorneich-Herder wirkte dem Nationalsozialismus nicht nur entgegen: Er kämpfte seit 1939 als Soldat und brachte es 1944 immerhin bis zum Major der Reserve.

Und die katholische Kirche? Sie hält bis heute daran fest, als Institution nicht sündig werden zu können. So sprach auch Johannes Paul II. in dem Schuldbekenntnis aus dem Jahr 2000 nicht von der Kirche als Institution, sondern nur von „nicht wenigen" Christen, die Sünden gegen das Volk Israel begangen hätten.

WAS NOCH?

Erstmals heißt der Katholikentag auch offiziell so. Am Festsonntag nehmen 180.000 Menschen teil, darunter aber nur wenige aus der sowjetischen Besatzungszone. Die Ansprache Pius' XII., die er auf Deutsch hält, wird im Radio übertragen. Nach der „gemeinsam erlittenen Bedrängnis" wird die Verbundenheit mit den Protestanten betont. Im Arbeitskreis „Internationale Zusammenarbeit" wirken Vertreter aus 17 Staaten mit, anders als nach dem Ersten Weltkrieg sind auch ehemalige Kriegsgegner gerne gesehen. Die Not der Nachkriegszeit wird als Herausforderung für die Caritas gedeutet, die Aufmerksamkeit gilt vor allem den Heimatvertriebenen, Kriegsgefangenen und Heimkehrern. Ehen von irrtümlich für tot Erklärten sollen gültig bleiben, auch wenn der Partner neu geheiratet hat. Die Vertretertagung bekennt sich zur Pressefreiheit, spricht sich aber für eine Selbstkontrolle der Presse und des Films aus. Ein neuer Radiosender soll sein gesamtes Programm „aus christlicher Verantwortung gestalten". Angestrebt wird zudem eine „katholische Filmbewegung" nach dem Vorbild der amerikanischen „Legion of Decency", die beträchtlichen Einfluss auf Hollywood gewonnen hat. 1951 werden dieser „Katholischen Filmliga" wegen der Ablehnung des Films „Die Sünderin" mehr als anderthalb Millionen Katholiken beitreten. Wie die erste Generalversammlung hundert Jahre zuvor an die Frankfurter Nationalversammlung appelliert die Vertretertagung jetzt an den Parlamentarischen Rat in Bonn. Außerdem nimmt sie die Idee einer katholischen Universität wieder auf. Der Freien Deutschen Jugend (FDJ) in der sowjetischen Besatzungszone wirft sie vor, sie strebe eine „antidemokratische, totalitäre Einheitsjugend" an. Oft zitiert wird der Ausspruch des Jesuiten Ivo Zeiger, Deutschland sei wieder ein „Missionsland".

Europa

EIN NEUER MORGEN FÜRS ABENDLAND

Noch nicht einmal fünf Jahre ist es her, dass Europas Staaten sich aufs Blutigste bekriegt haben, da vertritt der Katholikentag, gut zwei Wochen nach den Wahlen zum ersten Deutschen Bundestag, die Vision eines friedlich geeinten Kontinents. Und zwar konsequent: Er fordert für Europa eine gemeinsame politische Verfassung mit Parlament, Regierung und oberstem Gericht. Außerdem gehe es, so führt es die zuständige Arbeitsgruppe aus, um gemeinsamen sozialen Fortschritt sowie freien Verkehr und Austausch „auf allen Gebieten der Wirtschaft und des Geistes". Nur so könne die „Weltkrise der Zerrissenheit" überwunden werden. Ein schrankenloses Europa, heißt es in einer Entschließung, könne auch der Ausbreitung des Evangeliums dienen, wie schließlich schon die Geschichte des Urchristentums im Römischen Reiche bewiesen habe.

Die Idee eines geeinten Europas ist nicht neu. Schon unter dem Eindruck des Ersten Weltkriegs hat der österreichisch-japanische Schriftsteller Richard Nikolaus Coudenhove-Kalergi – ein Freimaurer – die Paneuropa-Union gegründet. Auch sozialistische und katholische Politiker entwickelten erste Visionen eines vereinigten Kontinents.

Nach dem Zweiten Weltkrieg greifen Vertreter der verschiedensten politischen Richtungen den Europagedanken wieder auf. In Bochum werben die Publizisten Eugen Kogon und Walter Ferber in einem überfüllten Saal für die europäische Einigung. Viele Redner benutzen das Schlagwort vom „christlichen Abendland". Karl Arnold, Ministerpräsident in Nordrhein-Westfalen und „christlicher Sozialist", spricht sich für eine Europäisierung der Grundindustrien aus und beschwört das neue Europa als „geistig-sittliche Gegenkraft" zum Sowjetkommunismus.

WAS NOCH?

Am Sonntag versammeln sich eine halbe Million Menschen auf dem Festplatz, es fahren mehr als hundert Sonderzüge. Die Abendkundgebungen mit 60.000 Teilnehmern finden in einer spärlich geschmückten Montagehalle statt, deren Maschinen demontiert sind und die selbst zur Demontage vorgesehen ist – ein Protest gegen die Politik der Besatzungsmächte. Inhaltlich steht die Soziale Frage im Vordergrund. Pius XII. sieht in der Not der Zeit eine „heilsame Zuchtmeisterin". Der Katholikentag bezeichnet die betriebliche Mitbestimmung als „natürliches Recht in gottgewollter Ordnung", er hält an einem starken Staat fest und bekennt sich zur Sozialversicherung. Zu seinen Forderungen zählen eine „berufsständisch-leistungsgemeinschaftliche" Ordnung, ein gerechter Lohn sowie der Schutz des kleineren und mittleren Eigentums. Die Kollektivierungen in der sowjetischen Besatzungszone werden abgelehnt. Zugunsten von Heimatvertriebenen, Kriegsgeschädigten und Opfern der Währungsreform sei aber ein sofortiger Lastenausgleich notwendig, Großgrundbesitzer stünden in der Pflicht, neue Siedlungen zu unterstützen. Eine Sammlung für die Arbeitersiedlung „Dorf des Katholikentages" erbringt 80.000 Deutsche Mark. Berufstätige Frauen sollen an führenden Stellen Einfluss nehmen. Die Selbstständigkeit der freien Krankenhäuser wird verteidigt. Erstmals werden zu einer Messe besonders die Schulkinder eingeladen. Die Gebete sind stark vom Sühnegedanken geprägt. Ein Versöhnungsgesetz soll die heftig kritisierte Entnazifizierung beenden.

Große Hoffnungen setzen die Katholiken auf die neuen christlichen Parteien, Volksparteien der Mitte, die „bereits in sich alle Spannungen persönlicher, stammlicher, wirtschaftlicher, sozialer Natur" austragen, wie es der Jurist Hans Hien formuliert. So bringen sich die meisten ehemaligen Zentrumsmitglieder jetzt in die neu gegründeten, interkonfessionellen Unionsparteien ein. Und es sind katholische Politiker, die schon in den 1950er-Jahren die Einigung Europas forcieren: der deutsche Bundeskanzler Konrad Adenauer, der italienische Premierminister Alcide De Gasperi und der französische Außenminister Robert Schuman. Pius XII. empfängt sie alle mehrfach in Privataudienz.

Die europäische Einigung beschert den beteiligten Staaten tatsächlich eine Ära des Friedens, beschränkt sich aber lange auf die Wirtschaft. Die politische Einigung bleibt bis heute deutlich hinter der Vision von 1949 zurück. Und die Hoffnung des Bochumer Katholikentages auf eine neue Ausbreitung des Evangeliums wird enttäuscht. Das zeigt sich zum Beispiel im Jahr 2004, als christliche Politiker den Gottesbezug in der – letztlich nicht in Kraft getretenen – europäischen Verfassung nicht durchsetzen können.

Laien und Bischöfe

AUSRICHTUNG AUF DAS HAUPT

Die fleißigen Vertreter auf den Katholikentagen in Mainz und Bochum haben umfangreiche Entschließungen erarbeitet – und die Bischöfe nervös gemacht. Wer kontrolliert die Laien eigentlich? Besteht nicht in den einzelnen Arbeitsgruppen Gefahr, dass Minderheiten das Ruder übernehmen? Vor allem die Bochumer Erklärung, die betriebliche Mitbestimmung sei ein „natürliches Recht in gottgewollter Ordnung", verärgert die Bischöfe. Ihnen klingt das zu sehr nach Sozialismus, und die Kompetenz zum Ausdeuten des Naturrechts sehen sie ausschließlich beim kirchlichen Lehramt. Das Zentralkomitee zeigt sich schuldbewusst, es versucht, die Erklärung zu entschärfen und die Laienbewegung wieder einzufangen. In Passau soll es daher um Verinnerlichung, Gebet, Gewissenserforschung und Rückschau gehen. Die Vertretertagung, demonstrativ in „Werktagung" umbenannt, findet zuvor in der „Abgeschiedenheit und der frommen Atmosphäre" des Wallfahrtsortes Altötting statt, im Zeichen der Gottesmutter, der „Patrona Bavariae".

Es handele sich dabei nicht um ein „ängstliches Zurückweichen auf die ‚rein religiöse Linie'", heißt es im offiziellen Bericht. Doch ein bisschen erinnert die Werktagung an einen Nachhilfekurs. So hält der Paderborner Theologe und Priester Josef Höfer gleich drei Vorträge zur Bedeutung der Enzyklika „Mystici corporis", in der Pius XII. 1943 das Wesen der Kirche erläuterte. Zentral: die „Ausrichtung auf das Haupt", sichtbar im Papst und in den Bischöfen, organisatorisch umgesetzt in den Ideen der Katholischen Aktion.

Diesem Grundgedanken entspricht die in den kommenden Jahren folgende Umgestaltung des Zentralkomitees, das bisher von den Katholikentagen gewählt und nur diesen verantwortlich war. Die Bischöfe fordern für sich einen weitreichenden Einfluss, denn sie fürchten, wie es der Münsteraner Oberhirte Michael Keller formuliert, „eine Art Laienparlament", das ihnen die Führung streitig machen könnte. Über die Neuformierung des Zen-

Der Katholikentag steht im Schutz der Muttergottes von Altötting.

Pius XII. fordert erneut, die Not als „Heimsuchung Gottes" und Sühne zu ertragen, gegen den Materialismus zu kämpfen und vor allem: zu beten. Der Kölner Prälat Robert Grosche spricht sich einleitend dagegen aus, die Organisationen des 19. Jahrhunderts „einfach wiederzubeleben". Romano Guardini hält drei Vorträge auf der Werktagung. Die etwa 500 Vertreter verabschieden keine Entschließungen, äußern sich aber zu Themen wie Lastenausgleich, Heimatvertriebene, Jugendarbeitslosigkeit und Not der Alten. Sie verurteilen den Antisemitismus und bekennen sich „zur Pflicht der Wiedergutmachung". In einem Appell an die Politik wenden sie sich gegen eine Zersplitterung der christlichen Kräfte auf verschiedene Parteien. Der amerikanische Hochkommissar John Jay McCloy bezeichnet den christlichen Glauben als „mächtige Schutzwehr gegen die Unterdrückung"; es gebe „nichts Heiligeres" als die Freiheit. Bischof Josef Kiwanuka aus Ostafrika feiert ein Mitternachtspontifikalamt und betet in seiner Muttersprache ein Ave Maria zur Rettung Europas. Prälat Klaus Mund sagt anschließend in seiner Predigt: „Das ist eine einmalige Stunde: ... Der erste Negerbischof Afrikas hat zu uns gesprochen. ... Wir sind ihm dabei mit der gleichen Ehrfurcht begegnet wie jedem anderen Bischof. Damit haben wir zu unserem Teil gutmachen wollen, was eine unselige Vorzeit über sogenannte minderwertige Rassen unseren Köpfen und Herzen hat einhämmern wollen." Die Abschlusskundgebung hat etwa 90.000 Teilnehmer.

tralkomitees wird daher heftig diskutiert, vor allem die Jugendverbände opponieren. Die 1953 veröffentlichten Statuten sehen schließlich vor, dass die Bischöfe den Präsidenten bestätigen und eine bischöfliche Kommission alle „Entscheidungen von grundsätzlicher Bedeutung" absegnet. Zudem bestimmt der Episkopat zahlreiche Mitglieder des Komitees: die Vertreter der Diözesankomitees, die Leiter der bischöflichen Stellen und die Referatsleiter. Einzelpersonen können nur mit Einverständnis der Bischöfe berufen werden, die außerdem ein „Generalassistent" im Präsidium vertritt.

Erst nach dem Zweiten Vatikanischen Konzil gewinnen die Laien wieder mehr Selbstständigkeit. Nach den neuen Statuten von 1967 versteht sich das Zentralkomitee als „von der Deutschen Bischofskonferenz anerkannter", nicht mehr als „von der Autorität der Bischöfe getragener" Zusammenschluss. Das Gremium kann seitdem ohne Zustimmung der Bischöfe Entscheidungen fassen. Die Diözesanräte – nicht die Bischöfe – ernennen die Diözesanvertreter, Einzelpersonen können ohne bischöfliche Zustimmung berufen werden. Die Verantwortung für die Sachreferate geht von den Bischöfen auf das Generalsekretariat über, und der Generalassistent nimmt als „Geistlicher Assistent" nur noch mit beratender Stimme an den Sitzungen des Präsidiums teil.

Der Einfluss des Episkopats bleibt dennoch beträchtlich, wie sich etwa im Jahr 2009 zeigt: Der Osnabrücker CDU-Politiker Heinz-Wilhelm Brockmann, der sich sehr für den umstrittenen Verein „Donum vitae" engagiert hat, findet nicht die notwendige Zweidrittelmehrheit in der Bischofskonferenz. Das verhindert seine Wahl zum Präsidenten des Zentralkomitees.

Schlussfeier in Altötting vor der Abfahrt des Gnadenbildes, das auf einem Omnibus in einer feierlichen Prozession entlang bunt geschmückter Straßen nach Passau gebracht wird.

Katholiken im Sozialismus

BERLIN, BERLIN, WIR LAUFEN NACH BERLIN!

Hedwig Klausener, die erste Frau an der Spitze des Katholikentages, begrüßt einen Mann besonders: einen nicht namentlich
bekannten DDR-Bürger, der nach 150 Kilometern Fußmarsch
am Quartierschalter zusammengebrochen ist. Wie er haben sich
laut Klausener viele „in der gleichen Gesinnung Strapazen und
Anstrengungen zugemutet …, die fast über das Maß körperlicher
Kräfte gehen". Immer wieder ist von der „Wallfahrt nach Berlin"
die Rede – einer erzwungenen Massenwanderung, denn die
DDR-Regierung hat die 65 geplanten Sonderzüge, die ermäßigte
Fahrpreise ermöglicht hätten, kurzfristig nicht genehmigt.

Die DDR-Bürger, unter ihnen viele Heimatvertriebene, lassen
sich trotzdem nicht aufhalten; die meisten Veranstaltungen, die

Hedwig Klausener ist die erste Präsidentin eines
Katholikentages, hier mit den Vizepräsidenten
Oskar Neisinger und Friedrich Dessauer (rechts).

WAS NOCH?

Noch nie haben so viele Bischöfe an einem Katholikentag teilgenommen. Pius XII. wirft dem Materialismus vor, den Einzelnen „zur Num-
mer im Kollektiv" herabzuwürdigen. Die Menschenrechte bezeichnet
er als „ursprünglich und unveräußerlich". Neue Formate binden die
Masse der Teilnehmer stärker ein, etwa Foren rund um die Experten-
gespräche in den Arbeitsgruppen und abendliche Vorlesungen. Der
Berliner Bischof Wilhelm Weskamm macht auf „misstrauische Beobachter" aufmerksam. Die Widerstandskämpferin Gertrud Luckner
kritisiert Gottesmordvorwürfe gegen Juden; Hedwig Klausener
dankt der jüdischen Gemeinde für deren Grußbotschaft. Der ehemalige Gefängnisseelsorger in Plötzensee, Peter Buchholz, erinnert an
die dort hingerichteten Widerstandskämpfer des 20. Juli 1944.
Missionare berichten aus weit entfernten Weltgegenden. Mit einem
Appell in der Schlusskundgebung fordert Klausener die Freilassung
der letzten Kriegsgefangenen. Viele Redner wenden sich gegen
Genusssucht und Kommerzialisierung. Kritisiert wird aber auch die
„Jahrmarktatmosphäre" am Rande des Katholikentages selbst. Karl
zu Löwenstein zitiert einen Berliner mit den Worten: „Und wenn sie
uns das Brandenburger Tor zumauern, dann werden wir uns eben
durch Klopfzeichen verständigen."

in beiden Teilen der Stadt stattfinden, sind völlig überfüllt. Auch
viele Protestanten, denen die Ausreise zum Evangelischen Kirchentag in Stuttgart verweigert worden ist, kommen zum Katholikentag. Es gibt viele Zeichen der Ökumene: Die evangelische
Kirche stellt Räumlichkeiten zur Verfügung, die Abschlusskundgebung findet unter demselben Kreuz statt wie der Evangelische
Kirchentag am selben Ort ein Jahr zuvor. Und der neue Erzbischof von München Joseph Wendel wohnt beim evangelischen
Bischof von Berlin Otto Dibelius.

Das Programm des Katholikentags ist, aus Rücksicht auf die
Katholiken aus der DDR, stark durch religiöse und theologische
Themen geprägt; es geht vor allem um die Selbstbehauptung in
einer glaubensfeindlichen Umwelt und das stärkende Gemeinschaftserlebnis. Aber der dialektische Materialismus, die Kollek-
tivierung der Wirtschaft und die areligiöse Erziehung der Jugend
werden immer wieder verurteilt.

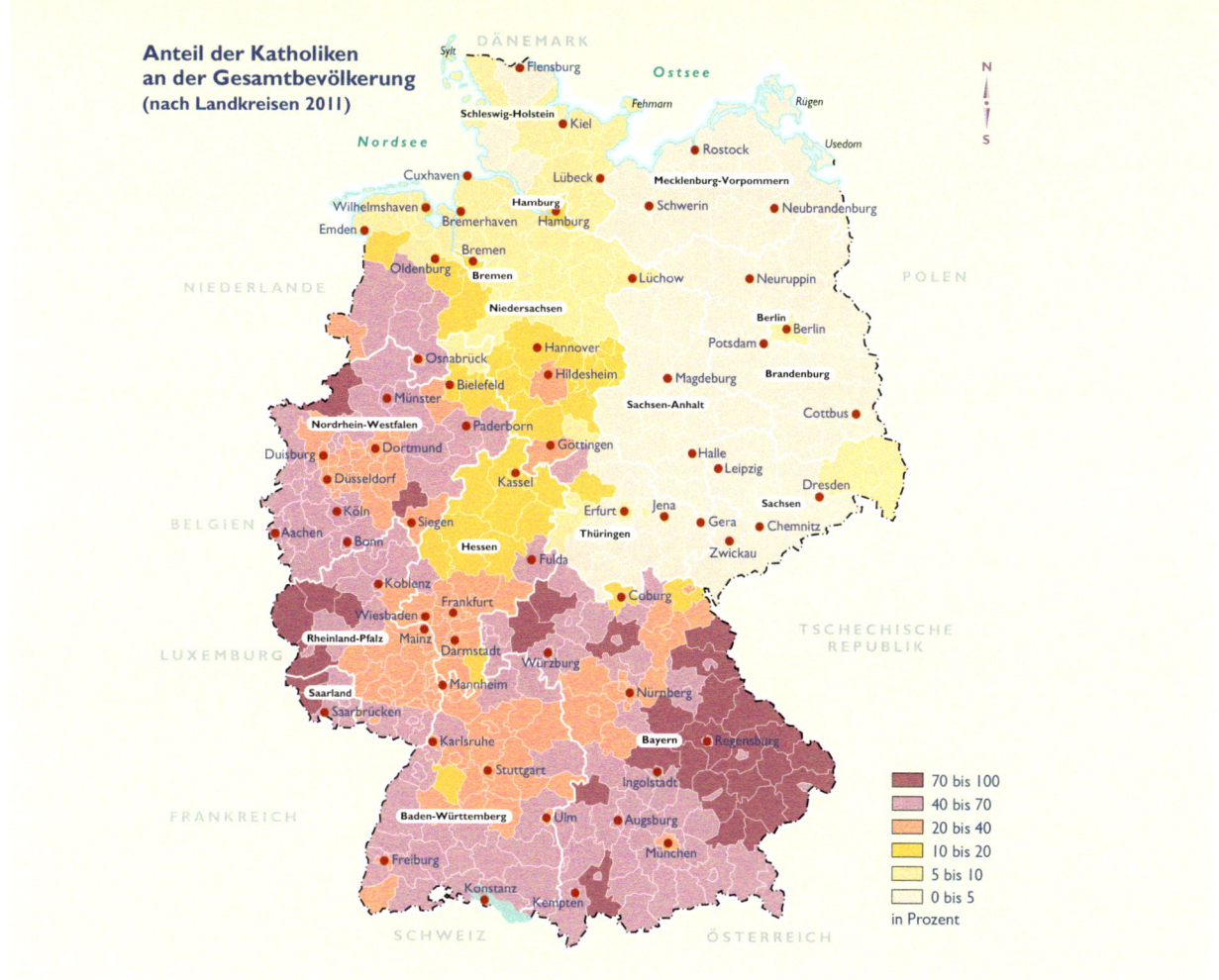

Anteil der Katholiken an der Gesamtbevölkerung (nach Landkreisen 2011)

Legende:
- 70 bis 100
- 40 bis 70
- 20 bis 40
- 10 bis 20
- 5 bis 10
- 0 bis 5

in Prozent

Auch die Wahl Hedwig Klauseners zur Präsidentin ist ein politisches Signal: Ihr Mann Erich war Leiter der Katholischen Aktion in Berlin. Am 26. Juni 1934 sprach er auf dem 32. Märkischen Katholikentag im Berliner Hoppegarten vor 60.000 Zuhörern. Eine Woche später zählte er zu den Opfern der Morde beim sogenannten Röhm-Putsch. In seinem Büro im Verkehrsministerium schoss ihm der SS-Mann Kurt Gildisch in den Kopf. Die Nationalsozialisten verbreiteten die Lüge, er habe Selbstmord begangen, und übergaben Hedwig Klausener in einer Urne die Asche ihres Mannes.

Jetzt, während der Prozess gegen den Mörder ihres Mannes läuft, ist Hedwig Klausener Präsidentin des Katholikentages, zu

In der DDR ist die Zahl der Katholiken niedrig, und sie geht weiter zurück. Heute stellen die Katholiken in Ostdeutschland nur noch in einigen Städten, im thüringischen Eichsfeld und im Land der Sorben mehr als fünf Prozent der Bevölkerung.

dessen Programm auch eine Gedächtnisfeier für die Märtyrer der beiden vergangenen Jahrzehnte gehört. Die Schlusskundgebung findet im Olympiastadion statt, das die Mörder ihres Mannes erbauen ließen. Hedwig Klausener spricht vor 150.000 Menschen in und vor dem Stadion. Die große Mehrheit von ihnen ist aus der DDR gekommen.

Parteipolitik

DIE CDU UND DAS „FRIEDENSKLÄRCHEN"

Für Klara Marie Faßbinder steht fest: Die Bischöfe sollen nicht für eine einzelne Partei eintreten, Christen müssen bei Wahlen die freie Entscheidung haben. Das erscheint in Fulda nicht mehr selbstverständlich. Denn die Entscheidung zwischen dem wiederbelebten Zentrum und den neu gegründeten überkonfessionellen Unionsparteien ist gefallen: Die Zentrumspartei hat 1953 bei den Bundestagswahlen noch ganze drei Sitze erkämpft, auf CDU und CSU entfallen 243. In Fulda trumpfen die Unionsparteien auf. Präsident ist Bundesarbeitsminister Anton Storch, und im Arbeitskreis „Christliches Zeugnis in der politischen Entscheidung" referieren nur CDU-Mitglieder: der spätere Parteivorsitzende Rainer Barzel, der ehemalige rheinland-pfälzische Minister Adolf Süsterhenn, der Bundestagsabgeordnete Anton Sabel und der spätere ZDF-Intendant Karl Holzamer.

Katholiken aus der DDR, von denen es nach dem gescheiterten Volksaufstand immerhin noch 30.000 nach Fulda geschafft haben, fühlen sich von den Vorträgen im Arbeitskreis nicht mehr repräsentiert, was die Presse später heftig kritisiert. Und auch in Westdeutschland sind längst nicht alle mit dem Kurs der CDU einverstanden, zumal die Protestanten in der Partei den wirtschaftsliberalen und nationalkonservativen Flügel stärken. Faßbinder war in der Zwischenkriegszeit Zweite Vorsitzende des Friedensbundes Deutscher Katholiken. Nach dem Zweiten Weltkrieg gründet sie die Westdeutsche Frauenfriedensbewegung mit. Sie engagiert sich für eine Verständigung mit dem Osten, lehnt die Wiederbewaffnung der Bundesrepublik und die Nato-Mitgliedschaft ab. 1952 zählt Faßbinder zu den Gründern der christlich-pazifistischen Gesamtdeutschen Volkspartei. Sie hat prominente Mitstreiter wie die späteren Bundespräsidenten Gustav Heinemann und Johannes Rau, den späteren Bundesminister Erhard Eppler und die ehemalige Zentrumspolitikerin Helene Wessel. Doch die Partei erreicht bei

der Bundestagswahl 1953 nur 1,2 Prozent. Faßbinder engagiert sich daraufhin – wieder erfolglos – in der neuen Splitterpartei „Bund der Deutschen" des ehemaligen Reichskanzlers Joseph Wirth. „Friedensklärchen" nennen sie ihre Gegner despektierlich. Sie gerät ins Visier des Verfassungsschutzes und wird 1953 als Professorin an der Pädagogischen Hochschule in Bonn suspendiert.

Der Bericht über den Katholikentag gibt Faßbinders Ansichten kurz und knapp wieder: „Auch Planung könne viel Gutes hervorbringen, zum Beispiel der planvolle Aufbau Warschaus und der wenig planvolle Kölns. Die politische Toleranz unter den Christen sei zu gering, wie die starre Haltung gegenüber der KPD zeige. Auch der Klassenkampfgedanke sei unter Christen vertretbar. Das Subsidiaritätsprinzip sei für die Katholiken nicht verbindlich; auch die Päpste könnten sich irren." Außerdem wendet sie sich gegen die Europapolitik Adenauers mit der Bindung der Bundesrepublik an den Westen, die ihrer Ansicht nach zur Verewigung der deutschen Spaltung führt.

Das alles bleibt natürlich nicht ohne Widerspruch. Konrad Adenauer hat schon in seiner Grußbotschaft klargestellt: „Sowjetherrschaft bedeutet die Vernichtung aller Werte der abendländischen Kultur, die Vernichtung allen freien Zusammenlebens in der menschlichen Gemeinschaft, die Vernichtung der brüderlichen Gesinnung unter den Menschen und nicht zuletzt die Ausrottung unseres christlichen Glaubens. ... Leichtgläubigkeit, Kurzsichtigkeit, naive Kritiklosigkeit haben sich schon bitter gerächt. Das Schicksal vieler Glaubensbrüder soll uns eine Warnung sein."

Am heftigsten wird Faßbinder von einem Mann attackiert, der sich als Opfer der Kommunisten darstellt und später behauptet, die Friedensaktivistin sei eine Stasi-Agentin. Wie der „Spiegel" wenig später berichtet, handelt es sich um einen Hoch-

rung verleiht ihr 1967 den Orden „Palmes Académiques", dessen Annahme ihr Bundespräsident Heinrich Lübke zunächst verweigert – weswegen die Achtundsechziger sie umso mehr feiern. Und das Vorwort zu ihrer Festschrift zum 80. Geburtstag im Jahr 1970 schreibt der Kölner Kardinal Josef Frings.

WAS NOCH?

Der Katholikentag protestiert heftig gegen das niedersächsische Schulgesetz, das die konfessionell gemischte „Einheitsschule" zum Regelfall macht. Die Idee einer „Institution für die Ausbildung und Betreuung qualifizierter Laienkräfte für die Missionen" mündet vier Jahre später in die Gründung des Bischöflichen Hilfswerks Misereor. Auch der Katholische Akademische Ausländerdienst geht auf eine Fuldaer Initiative zurück. Zu einer im Fernsehen übertragenen „Stunde der Weltmission" kommen Menschen aus aller Welt zusammen; Indonesier und Chinesen singen Lieder in ihrer Heimatsprache. Die Verhütung nach der „Kalendermethode" Knaus-Ogino wird als zulässig bezeichnet, die künstliche Befruchtung dagegen abgelehnt, schon wegen der notwendigen Masturbation. Der CDU-Politiker Anton Sabel hält die „gegenwärtige Verteilung des Eigentums" für unhaltbar und fordert Miteigentum der Arbeiter an Produktionsmitteln. Der Kölner Dom- und Diözesanbaumeister Willy Weyres setzt sich für die Freiheit der Architekten beim Kirchenbau ein. Ein Vater plädiert nachdrücklich dafür, Kinder möglichst früh die Kommunion empfangen zu lassen. Weitere Themen sind Tod und Krankheit, die Orden, die orientalischen Kirchen, die Diaspora, die Mitarbeit von Katholiken in der UNESCO, die Zusammenarbeit von Priestern und Psychotherapeuten, die Astrologie, der Sport und der Medienkonsum. Josef Kardinal Frings weiht das katholische deutsche Volk an das Unbefleckte Herz Mariens. Die Schlusskundgebung hat fast 300.000 Teilnehmer. Bürger der „Ostzone" stellen die Hälfte der 3.000 Mitglieder der Arbeitsgemeinschaften.

stapler, der Lügengeschichten erzählt, um im katholischen Milieu um Unterstützung zu betteln. „Ich habe doch nur gesagt, was man grade so gern von mir gehört hat", sagt er angeblich der Kriminalpolizei. Auf den öffentlichen Druck hin wird später auch die Suspendierung Faßbinders zurückgenommen. Trotzdem bleibt sie bis zu ihrer Pensionierung beurlaubt.

Der Münsteraner Bischof Michael Keller verneint 1957 die Frage, ob ein gläubiger Katholik es vor seinem Gewissen verantworten könne, sozialdemokratisch zu wählen. Doch bald kommt Bewegung in die starren Fronten, die SPD und Teile der katholischen Kirche bewegen sich aufeinander zu. 1967 wird mit Bundesverkehrsminister Georg Leber ein hochrangiger SPD-Politiker ins Zentralkomitee gewählt – mit der denkbar knappen Mehrheit von einer Stimme. Nach und nach erntet auch Klara Marie Faßbinder Anerkennung. Sie trifft Nikita Chruschtschow und den späteren Papst Johannes XXIII. Die französische Regie-

Selbstinszenierung

SO LEUT SINN DAT!

Was sind das nur für Leute, die Sonderzüge am Kölner Hauptbahnhof so zahlreich ausspucken, dass sie die Gehwege verstopfen? „Die sitzen bei ein und derselben Limonade zwei, drei Stunden und blockieren mir das ganze Lokal. So Leut sinn dat!", erklärt die Wirtin eines kleinen Lokals in Domnähe Josef Müller-Marein, dem Chefredakteur der „Zeit".

Ach ja, der Materialismus! In seiner dialektischen Variante beherrscht er den Osten Deutschlands, als Wohlstandsstreben das Wirtschaftswunder-Deutschland des Westens. Die Katholiken, so ist immer wieder zu hören, haben einen schweren Stand gegen ihn. Aber sie wissen sich zu behaupten. In Köln beeindrucken sie allein schon durch ihre Masse – wobei das vielleicht nicht der richtige Begriff ist, klingt er doch nach Nationalsozialisten und Kommunisten, die unter strenger Regie im Gleichschritt marschieren. „Eine Masse, die betet, ist eine Gemeinschaft", erläutert Müller-Marein deswegen seinen Lesern.

Die 1.500 Mitglieder des Vorbereitungskomitees sorgen für eine Sensation nach der anderen: Am Donnerstag wird mit einer Pontifikalmesse der wiederhergestellte Dom eröffnet. Josef Kardinal Frings bezeichnet ihn als „Sinnbild der Einheit Deutschlands und seiner Stämme"; für Pius XII. ist er ein „in Stein gehauener Dank an den Allmächtigen, dass Er Deutschland aus völligem Zusammenbruch in so kurzer Zeit gnädig wieder emporgeführt hat". Unter den Gästen sind Bundespräsident Theodor Heuss und Bundeskanzler Konrad Adenauer. Am Samstagabend wird das Allerheiligste unter einem purpurnen Zeltdach auf dem Rheinschiff „Cecilie" ausgesetzt. Elf weitere Boote begleiten es bei dieser „Fronleichnamsprozession auf dem Rhein" zehn Kilometer hin und zurück. An Bord sind drei Kardinäle, 80 Bischöfe und 250 Ministranten; etwa eine Million Menschen stehen am Ufer und auf den Brücken. Am Sonntag-

WAS NOCH?

Otto Spülbeck, Koadjutor für das Bistum Meißen, sieht in der Teilung Deutschlands eine Sühne, aber auch ein „Unrecht vor Gott", eine Sünde. Zur DDR sagt er: „Wir leben in einem Haus, dessen Grundfesten wir nicht gebaut haben, dessen tragende Fundamente wir sogar für falsch halten." Die Katholiken könnten daher „an maßgebenden obersten Stellen" an der DDR nicht mitbauen. Auch Pius XII. warnt vor dem „Trugbild einer falschen Koexistenz". Aus einem Arbeitskreis zur Erwachsenenbildung resultiert eine Arbeitsgemeinschaft, die als Katholische Erwachsenenbildung (KEB) heute jährlich Veranstaltungen mit fast vier Millionen Teilnehmern anbietet. Der Nestor der katholischen Soziallehre Oswald Nell-Breuning wirbt für den „Investivlohn", Arbeiter sollen einen Teil ihres Entgelts in Form von Unternehmensanteilen erhalten. Die Vertreter der Presse sehen ihre Aufgabe in der Bekämpfung der „kommunistischen Gottlosenpropaganda" und der „skrupellosen Reiz-Publizistik"; sie empfehlen den weiteren Ausbau der 1952 gegründeten Katholischen Nachrichtenagentur. Die Kölner Kinos sollen während des Katholikentags nur religiös und sittlich einwandfreie Filme zeigen. Die Statistik vermerkt mehr als 5.000 „gesundheitliche Störungen" und Unfälle, die aber zumeist glimpflich verlaufen. Die Jugendlichen kommen in einer Stadt aus mehr als 600 Zelten unter, die deutsche und belgische Soldaten am Rhein errichtet haben; die Deutsche Jugendkraft veranstaltet ein Sportfest. In der Liturgie werden neue Formen getestet, unter anderem steht der Kurienkardinal Adeodato Piazza zum Volke hin gewandt am Altar.

nachmittag strömen schließlich – bei schlechtem Wetter – 700.000 Gläubige zur Schlusskundgebung auf das Nordfeld. Drei Kräne halten über dem Altar eine riesige Dornenkrone. Die Medien sind dankbar für die Bilder, das Fernsehen sendet teilweise über Eurovision. Insgesamt werden mehr als 550 Presseausweise ausgegeben, darunter 32 für den Film und 58 für den Rundfunk.

Zu den zahlreichen Gottesdiensten und Anbetungen kommen Wallfahrten, Reliquienprozessionen und Altarweihen. Die Teilnehmer schwärmen vom Gemeinschaftserlebnis und der guten Verpflegung. Für viele Heimatvertriebene, denen mehrere eigene Veranstaltungen gewidmet sind, ist der Katholikentag eine Gelegenheit zum Wiedersehen. Die kirchenpolitischen Aussagen treten hinter Verinnerlichung und Gebet zurück. Die Arbeitskreise des Zentralkomitees tagen dieses Mal vorab und ohne Publikum, in Köln gibt es öffentliche Vorträge und unverbindliche Diskussionsgruppen.

Der Katholikentag am Rhein bedeutet den Höhepunkt der katholischen Selbstdarstellung im öffentlichen Raum. So viele Teilnehmer wie in Köln waren noch nie da – und werden nie wieder kommen. Der Publizist Walter Dirks schreibt schon wenige Wochen später: „Köln ist nicht mehr zu überbieten, weitere Steigerungen würden unerträglich sein."

Bei der Schlusskundgebung in Köln hängt eine gewaltige Dornenkrone an Kränen über dem Altar.

Kalter Krieg

ANGST VOR DEM ATOM

Ein beklemmendes Gefühl geht um im Berlin des Jahres 1958, es schleicht sich bis in die Gebete: „Kaum sind die Spuren des Krieges verwischt, … droht neue Gefahr von unheimlichen Mächten. Unabsehbar ist das Ende. … Es wächst die Angst", heißt es bei der Verehrung des Heiligen Kreuzes im Olympia-stadion.

1957 ist bekannt geworden, dass die USA in Westdeutschland Atomwaffen bereithalten, und zwar mit Unterstützung der Bundeswehr. Bundeskanzler Konrad Adenauer tritt entschieden für die „nukleare Teilhabe" ein, aber es gibt auch massive Proteste, etwa durch die gesamtdeutsche Synode der evangelischen Kirche. Die katholischen Bischöfe schweigen und verhindern auch eine eindeutige Stellungnahme des Zentralkomitees. Dessen Präsident Karl zu Löwenstein setzt sich aber für ein „klärendes Wort von katholischer Seite" ein. Das führt dazu, dass sich im Frühjahr 1957 eine Kommission von sieben Moral-theologen zum Thema „Christliche Friedenspolitik und atomare Aufrüstung" äußert: Wenn die „moralische und physische Existenz von Völkern" durch einen Angriff bedroht sei, könne die Verteidigung eine Pflicht sein. Der Einsatz von Atomwaffen widerspreche dabei „nicht notwendig der sittlichen Ordnung" und sei „nicht in jedem Fall Sünde". Das bedeutet grünes Licht für Adenauer.

Dieser Kurs ist innerhalb des deutschen Katholizismus umstritten. Aber auf dem betont unpolitischen Berliner Katholikentag wird nur abstrakt über die atomare Bewaffnung diskutiert. Einige Redner deuten die existenzielle Angst als Folge der Ursünde und setzen ihr die Hoffnung auf das Heil Christi entgegen. Der Berliner Jesuit Paul Mianecki bezeichnet es als unverantwortlich, „die Angst noch propagandistisch zu wecken und zu steigern". Die größte Gefahr für den Menschen liege schließlich nicht darin, dass er sein leibliches Leben, sondern dass er „sich selbst in der Welt und an die Welt" verliere. Auch der spätere Berliner Weihbischof Heinrich Theissing aus Görlitz kritisiert Politiker, die aus der „Psychose der Angst" ihren Vorteil ziehen. Dabei zielt er offenbar vor allem auf die DDR-Regierung.

Briefmarke der Deutschen Bundespost Berlin zum 78. Katholikentag mit dem offiziellen Logo: Christus vor dem Atom-Zeichen.

Saalansicht.

Anton Böhm, stellvertretender Chefredakteur des „Rheinischen Merkur", warnt dagegen eindringlich vor den Gefahren eines Atomkriegs: „Darum schließlich, weil die rechte Ordnung nicht besteht, ... wollen wir einen großen Krieg, wenn er käme, im Stil der Schädlingsbekämpfung führen: der Mensch als Ungeziefer, das der Massenvertilgung zugeführt wird. Wo wird schreckensvoller offenbar, was der Mensch dem Menschen heute noch ist?" Böhm sieht die Menschheit am „Rand einer totalen Katastrophe", warnt auch vor den Gefahren der friedlichen Nutzung der Atomkraft und spricht das Problem des Atommülls an. Das dürfte nicht mehr ganz im Sinne des Alten aus Rhöndorf sein.

Die 60.000 Teilnehmerinnen der Frauen-Friedensmesse vor der Sankt-Hedwigs-Kathedrale in Ostberlin geraten sogar in den Geruch, sich vom DDR-Regime instrumentalisieren zu lassen. Das konservative evangelische Wochenblatt „Christ und Welt" wittert hier die „kommunistische Taktik, ... dem wehrlosen, gefühlsinnigen Geschlecht die Sache des Friedens anzuvertrauen".

Drei Jahre später stehen sich während des Mauerbaus sowjetische und US-amerikanische Panzer am Checkpoint Charlie direkt gegenüber. Wegen des Eucharistischen Weltkongresses in München 1960 findet der nächste Katholikentag erst 1962 statt – ohne die Ostdeutschen. Mehr als 30 Jahre lang wird es keine gesamtdeutschen Katholikentage mehr geben.

WAS NOCH?

Der Katholikentag in beiden Teilen Berlins ist wieder eine Demonstration für die deutsche Einheit. An den Abschlussveranstaltungen im Olympiastadion und auf dem Maifeld nehmen 130.000 Menschen teil. Die DDR zeigt sich milder als noch 1952: Die Grenzüberschreitungen verlaufen ohne größere Probleme, eine der beiden Eröffnungsfeiern findet in der Seelenbinder-Halle im Berliner Osten statt. Da die DDR-Bürger keine Westmark annehmen dürfen, erhalten sie Gutscheinbögen für die Verpflegung und freie Fahrt in Bussen und Bahnen. Vor allem die 1.500 ausländischen Teilnehmer wundern sich über die antikirchlichen Flugblätter in Ostberlin. Arbeitstagungen haben schon im Frühjahr stattgefunden. Bei den Forumsgesprächen in Berlin sind nur schriftlich eingereichte Fragen zugelassen. Zum umfangreichen Rahmenprogramm zählen Ausstellungen und eine Theateraufführung auf Basis des Tagebuchs der Anne Frank. 30.000 Männer wallfahren zum Gefängnis Plötzensee, um der katholischen Märtyrer zu gedenken, etwa des Jesuitenpaters Alfred Delp. Es wird beschlossen, zu diesem Zweck die Kirche „Maria Regina Martyrum" zu bauen. In der Sakramentskapelle auf dem Messegelände sind acht Beichtstühle ständig besetzt. Ein Hochamt wird nach der Liturgie des heiligen Chrysostomos in byzantinischem Ritus und alt-slawischer Sprache gefeiert. Nicht ohne Kritik bleibt das Jugendprogramm, bei dem unter dem Motto „Fröhlich sein, Gutes tun und die Spatzen pfeifen lassen" unter anderem eine Jazz-Combo und, wie es im Programm heißt, „der Negerbariton William Pearson" auftreten.

79

Gastarbeiter

WILLKOMMEN IM BETREUUNGSZENTRUM

„Euch aber, geliebte Söhne und Töchter, insbesondere aus Italien, Spanien und Griechenland, die ihr in brüderlicher Gesinnung zum Katholikentag nach Hannover eingeladen worden seid, gilt ein besonderer Gruß. Zu erfahren, dass ihr in deutschen Landen gut aufgenommen werdet und eure Pflichten ehrenhaft erfüllt, ist Anlass zur Freude, während Wir Gott bitten, in einem jeden von euch den Glauben und die religiösen Pflichten lebendig zu halten." Papst Johannes XXIII. höchstpersönlich wendet sich mit diesen Worten an die Gastarbeiter.

700.000 Arbeitsmigranten leben 1962 in Deutschland. Die meisten von ihnen sind Landsleute des Papstes, denn mit Italien hat die Bundesrepublik schon 1955 das erste Anwerbeabkommen geschlossen. Inzwischen arbeiten aber auch Spanier, Griechen und Türken in Deutschland. Sie kommen oft in Massenquartieren unter, schlafen in Etagenbetten, teilweise herrscht Lageratmosphäre.

Der Katholikentag macht sie zu seinem „Problem", wie es mehrfach heißt. Die besondere Sorge gilt dem Seelenheil der Zuwanderer. „Wir können es nicht zulassen, dass diese Menschen seelisch und moralisch gefährdet werden. Für uns darf nicht nur die Arbeitskraft von Interesse sein. Wir müssen auch die menschliche Seite dieses Problems sehen", erklärt Paul Lücke, der Präsident der Versammlung. Die monatelange Trennung des Arbeiters von seiner Familie erfordere „besondere Maßnahmen, um die schädlichen Wirkungen dieser Lebensweise auf ein Mindestmaß zu beschränken". In diesem Sinne fordern auch die Delegierten der Verbände, die sich während des Katholikentags zusammengefunden haben, „menschenwürdige Lebens- und Arbeitsbedingungen" und einen möglichst einfachen Nachzug der Familien. Außerdem sei jeder verpflichtet, den Gastarbeitern in christlicher Haltung zu begegnen und „aus dieser Gesinnung zu handeln".

2.000 italienische und 5.000 spanische Gastarbeiter kommen zum Katholikentag. Für Italiener, Spanier, Polen und Ungarn gibt es eigene Gottesdienste mit Bischöfen aus dem Heimatland. Lücke – immerhin Bundesminister für Wohnungswesen, Städtebau und Raumordnung – schlägt vor, Zentren für die geistige, kulturelle und religiöse Betreuung der Gastarbeiter zu schaffen. Die „speziellen Wohngebiete" müssten es ermöglichen, die Familien zusammenzuführen. Nachdem vorangegangene Katholikentage Siedlungen gegründet haben, soll in Hannover jetzt ein musterhaftes „Wohn- und Betreuungszentrum" entstehen. „Dem lähmenden Entsetzen, das die Atombombe über die Völker ausbreitet, setzen wir die erlösende Tat christlicher Nächstenliebe entgegen", erklärt Lücke.

Als zwei Jahre später der millionste Gastarbeiter in Deutschland begrüßt wird, beschreibt der „Spiegel" die Aufgabenverteilung entlang konfessioneller Grenzen: „Der Caritasverband bemuttert Italiener und Spanier, die Innere Mission Griechen und die Arbeiterwohlfahrt Türken." Die zahlreichen Organisationen nähmen sich der Gastarbeiter „mit mehr Eifer als Fingerspitzengefühl" an, moniert das Nachrichtenmagazin – vielleicht nicht ganz zu Unrecht.

WAS NOCH?

Der Katholikentag in der Diaspora steht im Zeichen der Ökumene. Der evangelische Landesbischof von Hannover, Hanns Lilje, gibt einen Empfang für Augustinus Kardinal Bea, Präsident des „Sekretariats für die Förderung der Einheit der Christen", und für Nuntius Corrado Bafile. Bea hält eine vielbeachtete Rede über die Einheit der Christen. Der Katholikentag setzt sich für die Heiligsprechung Niels Stensens ein, außerdem gedenkt er der Zentrumspolitiker Ludwig Windthorst und Wilhelm Maxen. Lücke vertritt die Idee eines Freiwilligen Sozialen Jahres, das Mädchen „hausfrauliche und pflegerische" Berufe nahebringt und dem Mangel an Krankenpflegerinnen entgegenwirkt. Aus den Verbänden soll sich eine „Legion des guten Willens" rekrutieren, um gegen die Armut in den Entwicklungsländern zu kämpfen – und gegen den Kommunismus. Den anwesenden Kanzler lobt Lücke überschwänglich. Erstmals findet eine pastoraltheologische Konferenz für Priester statt, bei der Karl Rahner vor klerikaler Überheblichkeit warnt. Zur „Wache am Vorabend" des Konzils gibt es eine Vigilfeier. Parallel zu einem Pontifikalamt im Niedersachsenstadion finden ein Sühnegottesdienst und eine Gedenkstunde in Bergen statt. Mit dem Bundespräsidenten Heinrich Lübke, der selbst katholisch ist, spricht erstmals ein Staatsoberhaupt auf dem Katholikentag. Er behauptet, der größte Teil des Volkes sei nicht persönlich in die Schuld der Nazi-Zeit verstrickt. Auf der Schlusskundgebung mit etwa 200.000 Teilnehmern verliest Karl zu Löwenstein eine Erklärung sechs katholischer Frauen, die den Müttern von Contergan-Geschädigten „jede mögliche Hilfe" anbieten.

Gastarbeiter beim Katholikentag.

Luftbild von der Schlusskundgebung auf dem Schützenplatz.

Bildungsdefizit

DAS KATHOLISCHE MÄDCHEN VOM LANDE

„Sind Katholiken dümmer?", fragt der „Stern" 1963. Ein Jahr später diagnostiziert der konservative Protestant Georg Picht in der Zeitschrift „Christ und Welt" eine „Bildungskatastrophe": In Deutschland studieren viel weniger junge Erwachsene als in anderen Industrieländern, und bestimmte Bevölkerungsgruppen sind vollkommen abgehängt. Personifiziert findet Picht die Misere im „katholischen Mädchen vom Lande".

Am Thema „Bildung" kommt der Katholikentag in Stuttgart deswegen nicht vorbei. Schon 1962 haben die Delegierten der Verbände die Förderung des ländlichen Schulwesens und einen Ausbau des „Zweiten Bildungswegs" gefordert. Jetzt kündigt der Staatssekretär Hubert Hermans ihnen an, „ohne Schönfärberei Rechenschaft zu geben über unsere Lage, unsere Möglichkeiten und unsere Kräfte".

Sein Fazit fällt ernüchternd aus: Der Anteil katholischer Mädchen an höheren Schulen ist in der Tat niedrig. Die Katholiken stellen in der Bundesrepublik 45 Prozent der Bevölkerung, aber nur 30 bis 35 Prozent der Studierenden und höchstens 20 Prozent der Lehrenden an Universitäten. Dafür lassen sich viele historische und soziale Erklärungen finden. Hermans erwähnt die Unterdrückung durch die Nationalsozialisten, den Kulturkampf, die Säkularisation, die Aufhebung des Jesuitenordens und die Reformation in wichtigen Universitätsstädten. Außerdem stellen die Katholiken zwei Drittel der Bevölkerung in Gemeinden mit weniger als 2.000 Einwohnern, in denen es meistens keine weiterführenden Schulen gibt. Aber Hermans geht weiter, sucht die Ursachen auch in den Mentalitäten. So spricht er von einem „Galileo-Komplex", dem gegenseitigen Misstrauen zwischen der Kirche und den Naturwissenschaften, von einer romantischen Verklärung des Landlebens und nicht zuletzt von der Ansicht, „ein Mädchen gehöre bis zur Heirat ins Haus oder allenfalls in einen praktischen Beruf, wo es sich seine Aussteuer verdienen könne".

Hermans befürwortet vor diesem Hintergrund, dass kleine, schlecht ausgestattete Dorfschulen zu größeren zusammengelegt werden. Er entkräftet Einwände, die weiten Schulwege würden die Schüler belasten, sittlich gefährden und der Dorfgemeinschaft entfremden. Das Thema ist jedoch höchst heikel. Denn die Zusammenlegung der Schulen geht oft mit dem Ende ihres Bekenntnischarakters einher. Damit ist ein Tabu berührt, kämpft der Katholikentag doch seit seinen Ursprüngen ununterbrochen für die Bekenntnisschulen, die vor allem im Süden und Westen der Republik noch weit verbreitet sind. Und die nationalsozialistische Schulpolitik hat noch einmal drastisch vor Augen geführt, was das „staatliche Bildungsmonopol" im schlimmsten Fall anrichten kann.

Der „Stern" fragt, ob sie dümmer sind als andere in ihrem Alter: katholische Mädchen beim Kindergottesdienst während des Katholikentags.

In der Bundesrepublik zweifeln jedoch auch viele Katholiken am Sinn der Bekenntnisschulen. Die Lehrpläne sind dieselben wie an den „Gemeinschaftsschulen", für die meisten Fächer ist die Religion irrelevant, zigtausende Kinder müssen Schulen besuchen, die nicht ihrer eigenen Konfession entsprechen. Der CDU werden die Bekenntnisschulen allmählich lästig.

Doch Hermans ist vorsichtig. Er erklärt zunächst Widerstand für gerechtfertigt, wenn der Bekenntnischarakter gefährdet wird. Erst dann plädiert er dafür, in Einzelfällen auch christliche Gemeinschaftsschulen hinzunehmen. Er sieht die Grenzen des Elternrechts dort, wo die Rechte des Kindes betroffen sind, und warnt „vor kurzsichtiger Rechthaberei" sowie „Renitenz aus bloßer Gewohnheit". Die Katholiken dürfen sich seiner Meinung nach „nicht immer weiter nur auf Abwehr wirklicher oder sehr oft bloß vermeintlicher Gefahren einstellen in dem Gefühl, von einer Welt von Gegnern umgeben zu sein".

Zehn Jahre zuvor haben in Hannover noch 50.000 Menschen für die Bekenntnisschule demonstriert und niedersächsische Schüler für sie gestreikt. Jetzt kritisiert auch Alois Schardt, ein ehemaliger Kulturreferent des Zentralkomitees, dass die Katholiken ihre Kraft „fast ausschließlich auf die Verteidigung überholter Positionen" konzentrieren, wobei er ausdrücklich die Bekenntnis- und Privatschulen erwähnt. Er wird, nebenbei bemerkt, später als Programmdirektor des ZDF Serien wie „Das Traumschiff" und „Die Schwarzwaldklinik" verantworten.

Die Bildungsreformer haben in Stuttgart noch einen schweren Stand. Während die Erklärung der Delegierten vergleichsweise unverbindlich bleibt, wettert der Aachener Bischof Johannes Pohlschneider gegen die „alte sozialistische Idee von der Einheitsschule" und deren Befürworter: „Sie lassen sich von Schlagworten beeindrucken und machen Aufweichungsbestrebungen gefährliche Konzessionen. Dann ist es manchmal, als ob sie blind wären für die Gefahren, die beispielsweise der katholischen Schule durch manche neuartigen Pläne für den organisatorischen Aufbau unseres Bildungswesens drohen." Der Bischof fordert: „Binden wir angesichts der Härte des Kampfes unsern Helm fester und schließen wir uns eng zusammen!"

Der Katholikentag widmet sich dem Ankommen der „Kirche in der Welt von heute" – so der Titel der Pastoralkonstitution des Zweiten Vatikanums. Die liturgischen Impulse des Konzils greift vor allem ein Wortgottesdienst auf. Eine besondere Rolle spielt, wie es Paul VI. in seinem Grußwort wünscht, die Bibelarbeit, für die Stuttgart ein Zentrum darstellt. Ausstellungen sind unter anderem Bibeln, den kirchlichen Wohnsiedlungen, der Mission und vom Borromäusverein empfohlenen Büchern gewidmet. Für Senioren gibt es eigene Gottesdienste. Lorenz Jaeger, Erzbischof von Paderborn, kritisiert die „falsche Emanzipierung", die Sexualisierung und die Funktionalisierung der Frau. Bischof Pohlschneider fordert eine Katholische Universität. Um Professorenstellen auch gegen Widerstände verstärkt mit Katholiken besetzen zu können, sollte seiner Ansicht nach die Autonomie der Universitäten bei Habilitations- und Berufungsverfahren grundsätzlich eingeschränkt werden. Bei der Hauptkundgebung auf dem Cannstatter Wasen trotzen 200.000 Gläubige Regen und Sturm. Daimler-Benz gibt einen Empfang für kirchliche Würdenträger, der „Spiegel" zitiert den Generaldirektor: „Die Bischöfe sind gute Kunden des Hauses. Es bestehen angesichts dieser Tatsache durchaus Querverbindungen zwischen dem Stern von Bethlehem und dem Stern von Mercedes." Der Singabend der Jugend steht unter dem Motto „Lasst uns der Welt von der Freude singen". Zum ersten Afroamerikaner, der die University of Mississippi besucht, heißt es in einem Songtext: „O James Meredith, Du bist ein Kerl, ich find Dich prima. Ich hab Respekt vor Dir, denn so viel Mut wie Du hat keiner hier. O hier!"

Doch er kämpft auf verlorenem Posten. Beim Zentralkomitee wird ein Kulturbeirat gegründet, Hermans übernimmt den Vorsitz. So konzentrieren auch die Bischöfe ihr Augenmerk mehr und mehr auf die Privatschulen und den Religionsunterricht. Zwar gibt es noch heute in Niedersachsen und Nordrhein-Westfalen konfessionelle Schulen in Trägerschaft der Gemeinden, aber bundesweit stellen sie inzwischen die Ausnahme dar. Und das katholischen Mädchen vom Lande hat als Klischee in Bildungsdebatten schon lange ausgedient.

81

Zukunft der Verbände

PRIESTER, PROPHETEN, KÖNIGE – UND FUNKTIONÄRE

Die in Bamberg versammelten Laien haben eigentlich Grund zur Freude: Das im Jahr zuvor beendete Zweite Vatikanische Konzil, das die Kirche mit der Welt von heute versöhnen wollte, hat ihnen Respekt gezollt. Sie seien „des priesterlichen, prophetischen und königlichen Amtes Christi auf ihre Weise teilhaftig", heißt es etwa in der Dogmatischen Konstitution über die Kirche „Lumen gentium" (Licht der Völker). Laien könnten daher „in verschiedener Weise zu unmittelbarerer Mitarbeit mit dem Apostolat der Hierarchie berufen werden" – diese Ansicht führt unter anderem zum neuen Beruf des Pastoralreferenten. Andere Dokumente betonen die eigenständige Verantwortlichkeit der Laien im politischen, wirtschaftlichen und sozialen Bereich.

Doch die erste Euphorie hat bereits wieder einer allgemeinen Verunsicherung Platz gemacht. Vor allem die Mitglieder der Vereine und Verbände sind besorgt. Was genau bedeutet die „Eindeutschung" des Konzils, um die es jetzt geht? Gerüchte machen die Runde, das Ende des deutschen Verbandskatholizismus sei nahe. Dieser steht schon länger in der Kritik, auch in Bamberg sind immer wieder dieselben Vorwürfe zu hören: Die Vereine dienten oft nur noch der Traditionswahrung, verharrten in der Defensive, seien aufs Nationale beschränkt, verweigerten sich dem gesellschaftlichen Dialog, seien zu sehr nach Einzelinteressen zersplittert, förderten Spiritualität und Individualität zu wenig.

In den vom Konzil geforderten Pfarrgemeinde- und Diözesanräten erwächst den Verbänden außerdem eine starke Konkurrenz, deren Rolle noch nicht geklärt ist. Es steht zu befürchten, dass der mächtige Verbandskatholizismus durch Gremien ersetzt wird, die Pfarrer und Bischöfe nur unverbindlich beraten dürfen, dass für eine vage Teilhabe am Leitungsamt die Eigenständigkeit der Laienorganisationen geopfert wird. Das Dekret über das Laienapostolat gesteht Laien zwar das Recht zu, Vereinigungen zu gründen, macht aber die „Wahrung der erforder-

WAS NOCH?

Ausnahmsweise findet der Katholikentag im Juli statt, sodass er mit dem Fest für den in Bamberg beigesetzten heiligen Kaiser Heinrich II. zusammenfällt. Die Prozession hat rund 40.000 Teilnehmer und Zuschauer. An den Arbeitsversammlungen können nur Eingeladene teilnehmen. Hochämter gibt es sowohl auf Deutsch als auch auf Latein. Der 39-jährige Joseph Ratzinger verteidigt die liturgischen Reformen des Konzils zunächst, beklagt dann aber „Übersteigerungen und Einseitigkeiten". Er warnt vor einer „Weltzuwendung der Kirche, die ihre Abwendung vom Kreuz darstellen würde", sowie einem „gefährlichen neuen Triumphalismus", zu dem „oft gerade die Gegner des Alten tendieren". Der evangelische Militärbischof Hermann Kunst wendet sich gegen die Rückkehrökumene und die katholische Position, nach der bei gemischtkonfessionellen Paaren der Protestant für eine Eheschließung konvertieren muss oder eine Dispens des Bischofs notwendig ist. Ernst Ludwig Ehrlich, Europa-Direktor der jüdischen Organisation „B'nai B'rith", begrüßt das Konzil als längst überfällige Wende; Gertrud Luckner fordert unter anderem eine Revision des Religionsunterrichtes und die Abschaffung antisemitischer Rituale. Der Präsident des Katholikentags, Bundesverfassungsrichter Willi Geiger, gerät in die Kritik, weil er im „Dritten Reich" SA-Mitglied und Staatsanwalt an einem Sondergericht war. Die Katholiken versichern feierlich, sich für die „nationalen Existenzrechte des polnischen Volkes" einzusetzen, halten aber auch an den „Rechten des eigenen Volkes" fest.

Auf der Delegiertenversammlung herrscht eine nachdenkliche Stimmung.

lichen Verbundenheit mit der kirchlichen Autorität" zur Bedingung – die Katholische Aktion Pius' XI. lässt grüßen. Eine Zersplitterung der Kräfte sei zu vermeiden, die Laien sollten nicht an nutzlosen „veralteten Vereinigungen und Methoden" festhalten. „Kein Zweifel: der Wind, der vom Konzil her weht, bläst vielem Organisierten am deutschen Katholizismus ins Gesicht", resümiert der Politikprofessor Hans Maier, später Kultusminister in Bayern und Präsident des Zentralkomitees. Immerhin dürfe es der deutsche Katholizismus der Verbände aber als eine nachträgliche Rechtfertigung seines Weges sehen, dass das Konzil den selbstständigen Wert der politischen Arbeit bestätigt habe.

Über den grundsätzlichen Wert und die Notwendigkeit katholischer Vereine herrscht in Bamberg Einigkeit, und es finden sich auch Stellen in den Konzilsdokumenten, die diese Ansicht stützen. Der Essener Bischof Franz Hengsbach, der an dem Laiendekret des Konzils mitgearbeitet hat, sagt über die katholischen Organisationen: „Gelegentlich ist der Eindruck entstanden, als spreche das Konzil nicht mehr so sehr für sie, sondern vielmehr für ungebundene Formen des Apostolats. Dieser Eindruck ist nicht richtig." Aber, wie andere Redner auch, fordert er einen grundlegenden Wandel: mehr Kooperation untereinander, Offenheit für neue Formen, Anerkennung informeller Gruppen, mehr Dialog mit Nichtchristen, mehr Internationalität.

Und was sagen die Delegierten der Verbände selbst, die sich im Rahmen des Katholikentags in Bamberg versammeln? Sie bleiben geschäftsmäßig, arbeiten fleißig Anträge ab, die einzelne Verbände vorbereitet haben, etwa einen Katalog von Forderungen der Landvolkbewegung. Es geht um neue Straßen, Abwassersysteme, Schulen, Arbeitsplätze, Gemeindereformen und bäuerliche Familienbetriebe. Zu Selbstkritik und Neuausrichtungen bleibt offenbar keine Zeit. In einer kurzen Entschließung stellen die Delegierten lediglich klar, das Konzil habe neben dem Apostolat des Einzelnen auch die große Bedeutung des gemeinschaftlichen Apostolates unterstrichen. Sie danken den Konzilsvätern für die Ermutigung, den deutschen Weg des selbstbewussten Laienkatholizismus fortzusetzen, und erklären, sich auch weiterhin den traditionellen Aufgaben widmen zu wollen.

Verhütung

DER AUFSTAND

Ungeheuerliches geschieht in Essen: Es gibt Buhrufe und Rücktrittsforderungen an den Papst, Plakate und Transparente mit Aufschriften wie „Wir reden nicht über die Pille – wir nehmen sie" oder „Sich beugen und zeugen" und Sprechchöre während der Eröffnungsveranstaltung: „Hengsbach, wir kommen, wir sind die linken Frommen." Der angesprochene Essener Bischof antwortet: „Wenn Sie nicht nur links sind, sondern wirklich fromm, dann sind Sie herzlich willkommen!"

In Essen kommt vieles zusammen: die hohen Erwartungen in der Aufbruchsstimmung nach dem Konzil, das Bröckeln der traditionellen Milieus, die Studentenproteste, das grundsätzliche Hinterfragen von Autoritäten, gesellschaftliche Umwälzungen, eine neue Sexualmoral. Der Widerspruch gegen das kirchliche Lehramt fokussiert sich auf „Humanae vitae". Mit der „Pillenenzyklika" hat Paul VI. im Juli 1968 die Verhütung per Pille und Kondom verboten, aus Sorge um die eheliche Treue, die Sexualmoral der Jugend und die allgemeine Sittlichkeit. Mit diesem Schritt setzt sich der Papst über die Mehrheit seiner Berater hinweg, und selbst die Deutsche Bischofskonferenz geht auf Distanz. In der „Königsteiner Erklärung" schreibt sie: „Wer glaubt, in seiner privaten Theorie und Praxis von einer nicht unfehlbaren Lehre des kirchlichen Amtes abweichen zu dürfen – ein solcher Fall ist grundsätzlich denkbar –, muss sich nüchtern und selbstkritisch in seinem Gewissen fragen, ob er dies vor Gott verantworten kann."

Für die radikalsten Aktionen auf dem Katholikentag ist die kleine „katholische außerparlamentarische Opposition" verantwortlich, die den Protest der Studenten in die Kirche hineinträgt. Oft rennt sie – zu ihrem eigenen Erstaunen – offene Türen ein. Das zeigt sich beispielsweise im Forum zum Thema „Ehe und Familie". Die Veranstaltung wird extra in die größte Ausstellungshalle verlegt, die mit mehr als 4.000 Besuchern aber immer noch hoffnungslos überfüllt ist.

In der angespannten Atmosphäre hält der Philosophieprofessor Georg Scherer den ersten Vortrag. Er bezeichnet die Methoden der Empfängnisverhütung zunächst als Nebensache. „Wir Katholiken geraten … allmählich in Gefahr, unsere Kraft und Intelligenz, die Autorität des kirchlichen Lehramtes einerseits und die Zivilcourage der Laien andererseits in den Auseinandersetzungen um eine Detailfrage zu verbrauchen", warnt er. Dann kritisiert Scherer die Enzyklika jedoch selbst sehr deutlich: Sie sei „in einem entscheidenden Punkte inkonsequent", wenn sie Sex an unfruchtbaren Tagen zulasse, die Pille aber verbiete. Auch die Verbindung von Liebe und Fruchtbarkeit überzeugt den Philosophen nicht: Die menschliche Sexualität sei schließlich „nicht an Brunst- und Laichzeiten gebunden". Kurz: Die Entscheidung über die Methoden der Empfängnisverhütung sollte dem einzelnen Ehepaar überlassen werden. Mit dieser Meinung sieht sich Scherer in Übereinstimmung mit vielen Bischöfen, Theologen, anderen Wissenschaftlern – und katholischen Ehepaaren.

Danach spricht die Erziehungsberaterin Gusti Gebhardt aus Frankfurt. Sie erklärt, die katholischen Ehepaare hätten sich daran gewöhnt, „die menschliche Geschlechtlichkeit nicht nur unter dem Gesichtspunkt der Arterhaltungsfunktion zu sehen". Und sie ruft offen zum Widerstand auf: „Es ist an der Zeit, nicht nur zum Gehorsam zu erziehen, sondern die Kinder und die Jugendlichen Formen des Ungehorsams zu lehren, die die Liebe nicht verletzen. Wir Erwachsenen haben in der Auseinandersetzung um ‚Humanae vitae' eine Chance, ein Beispiel hierfür zu geben und so der Autorität, die immer nur Liebesautorität sein kann, zu dienen."

In der folgenden Podiumsdiskussion wird vor allem der „überholte Naturbegriff" der Enzyklika kritisiert: Kultur und Zivilisation würden das Leben der Menschen prägen, nicht die „reine" Natur. Obwohl sich Bischof Franz Hengsbach und der

Mit Protestplakaten wird gegen die Enzyklika „Humanae vitae" demonstriert.

Präsident des Katholikentages Bernhard Vogel, der spätere Ministerpräsident von Rheinland-Pfalz und nach der „Wende" von Thüringen, ausdrücklich gegen Resolutionen ausgesprochen haben, formulieren die Teilnehmer des Forums spontan eine Erklärung an Paul VI.: Sie könnten in Fragen der Methoden der Empfängnisverhütung keinen Gehorsam leisten, die päpstliche Lehre dazu erfordere eine „grundsätzliche Revision". Bei 3.000 Anwesenden gibt es nur 90 Gegenstimmen und 58 Enthaltungen.

Wie groß die Verunsicherung der Organisatoren ist, zeigt der Umgang mit der Grußbotschaft des Papstes. Eigentlich sollte sie, von Paul VI. auf Tonband gesprochen, in der Abschlusskundgebung vorgespielt werden. Doch aus Angst vor Störungen möchten die Veranstalter sie jetzt im Gottesdienst verlesen lassen. Als Kompromiss trägt sie Julius Kardinal Döpfner schließlich in der Kundgebung vor. Zu „Humanae vitae" heißt es: „Möge die lebhafte Diskussion, die Unser Rundschreiben entfacht hat, zu einer besseren Erkenntnis des Willens Gottes führen! Möge es bei euch allen jene Aufnahme finden, die von Menschen erwartet wird, welche der Geist wahren Menschentums erfüllt." Störungen bleiben aus.

Hengsbach ringt in seinem Schlusswort erkennbar darum, dem turbulentesten aller Katholikentage etwas Gutes abzuringen. Wandel sei das Werk des Heiligen Geistes, sagt er. Doch er betont auch: „Es war gewiss nicht alles gleich gut und nicht alles gut, einiges gar schmerzlich und schmerzend unkirchlich." Die Frage, ob die Großeltern und Eltern der Anwesenden ihre Kirche in Essen noch wiedererkennen würden, lässt der Bischof offen. Das ist verständlich. Denn zweifellos haben zumindest die Katholikentage 1968 für immer ihr Gesicht gewandelt.

WAS NOCH?

Das gesamte Programm des Essener Katholikentags ist stark auf den Dialog ausgelegt: In sechs Foren werden die Themen „Diese Welt und Gottes Wort", „Ehe und Familie", „Kultur", „Wirtschaft und Gesellschaft", „Unser Staat" sowie „Friede und Völkergemeinschaft" diskutiert. Das Zentralkomitee hat dazu auf einer Arbeitstagung vorab 1.770 Fragen formuliert. Die Teilnehmer einzelner Veranstaltungen verabschieden Resolutionen, mit denen sie unter anderem die Aufhebung des Imprimaturs, neue Foren und Formen der Bibelauslegung, eine Neugestaltung des Kirchenrechts für konfessionsverschiedene Ehen und einen autoritätsfreien Dialog zwischen den Generationen fordern. Angesichts der Niederschlagung des Prager Frühlings sowie der Kriege in Vietnam und Biafra sind Frieden und Entwicklungspolitik wichtige Themen. Die katholische Presse gerät in die Kritik. Besonders viele Teilnehmer hat die Diskussion „Ratlose Eltern – rebellische Jugend", aber auch das Forumsgespräch über die „evangelischen Räte" Keuschheit, Armut und Gehorsam stößt auf großes Interesse, vor allem bei Ordensfrauen. Die Delegiertenversammlung diskutiert über die Außerparlamentarische Opposition; das „Aktionszentrum Kritischer Katholizismus" veranstaltet „Teach-ins" zur „Misere des Religionsunterrichts" und „Kirche am Rande der Kirche". Aus Essen berichten 424 Journalisten, auch für die eigene Tageszeitung der Versammlung „K '68 aktuell". Es wird nicht nur viel gestritten, sondern auch viel gebetet. Der Abschlussgottesdienst hat 100.000 Teilnehmer; eine Premiere in der Katholikentagsgeschichte stellt ein ökumenischer Gottesdienst dar.

1970 bis 1986

NEUANFANG

Nach dem – aus Sicht der Bischöfe – außer Kontrolle geratenen Katholikentag 1968 ist zunächst völlig offen, was aus den traditionsreichen Laientreffen wird. Die Veranstaltung in Trier 1970 wird bewusst klein gehalten, erstmals übernimmt der Präsident des Zentralkomitees auch die Leitung des Katholikentags. Die Bischöfe beschließen, eine „Gemeinsame Synode der Bistümer in der Bundesrepublik Deutschland" nach Würzburg einzuberufen, um die Grundsätze für die Umsetzung des Zweiten Vatikanischen Konzils in Deutschland zu erarbeiten – und die Energie der Laien wieder in geordnete Bahnen zu lenken. In acht Sitzungsperioden tagen von 1971 bis 1975 neben 58 Bischöfen, 88 Priestern und 30 Ordensleuten auch 141 Laien. Präsident ist der Erzbischof von München und Freising Julius Kardinal Döpfner, Vizepräsidenten sind der Trierer Bischof Bernhard Stein, der Hamburger Akademiedirektor Henry Fischer, die CDU-Politikerin Hanna-Renate Laurien und der Jurist Bernhard Servatius. Die Laien haben zwar volles Stimmrecht, die Bischöfe können gegen unliebsame Beschlüsse aber ihr Veto einlegen. Gestritten wird vor allem über die Zugangsbedingungen zum Priesteramt. Am Ende stehen 18 Beschlüsse und 6 Arbeitspapiere. Von 1973 bis 1975 kommt parallel die „Pastoralsynode der katholischen Kirche in der DDR" in Dresden zusammen.

Die Katholikentage werden unterdessen schon für tot erklärt, von Kritikern ebenso wie von den Verantwortlichen selbst. Man diskutiert, sie nur noch alle vier Jahre stattfinden zu lassen. Die Rahmenbedingungen erscheinen ungünstig: Die Erosion der katholischen Milieus hält an, was sich unter anderem an der weiter sinkenden Zahl der Kirchgänger zeigt. Bezeichnenderweise sind auch die Teilnehmerzahlen der Evangelischen Kirchentage rapide zurückgegangen. Zudem fürchten die katholischen Bischöfe seit Essen mehr denn je die unbeherrschbare Dynamik der Massenveranstaltung.

Doch das Unerwartete gelingt: Der Katholikentag wird in neuer Form wieder aufgebaut. Die Jugend entdeckt die Veranstaltung für sich und gestaltet sie in ihrem Sinne um. Die Katholikentage erhalten einen Festival-Charakter, werden zum Markt der Möglichkeiten, zu einem Event, das sich weiter für Formate der Popkultur öffnet. Die Botschaften der einzelnen Katholikentage werden vielstimmiger. Gerahmt wird das Programm nach wie vor meistens von einer Feier und einem Begegnungsabend zur Eröffnung sowie einem Stadtfest, der Hauptkundgebung und dem Hauptgottesdienst zum Abschluss. Dazwischen ist Platz für ein buntes, immer umfangreicheres Programm mit Podiumsdiskussionen, Vorträgen, Kundgebungen, Kulturveranstaltungen, Gebeten und Gottesdiensten. Zum neuen Kern der Katholikentage entwickeln sich die spirituellen und meditativen Angebote. Publikumsmagnet ist bald das Geistliche Zentrum, aber auch Bibelarbeiten erhalten viel Zulauf. Für die Organisation sind neben dem Zentralkomitee und dem gastgebenden Bistum auch zahlreiche Verbände und Organisationen verantwortlich. Gebündelt werden die Angebote nach Themen und Zielgruppen in Zentren, etwa für Jugendliche, für Frauen oder die „Eine-Welt-Arbeit". Der Präsident des Zentralkomitees Hans Maier sorgt für ein eigenständiges Kulturprogramm auf hohem Niveau. Ökumenische Veranstaltungen mit Christen anderer Konfession und Juden werden schnell selbstverständlich. Auch die Friedens- und die Umweltbewegung spiegeln sich in den Veranstaltungen wider, wenngleich die Katholikentage hier nicht so sehr eine Vorreiterrolle übernehmen wie die Evangelischen Kirchentage.

Bald ist auch die Polit-Prominenz wieder zahlreich vertreten – und rangelt um die besten Plätze. Wie Hans Maier in seiner Autobiografie schreibt, war nur Norbert Blüm uneitel: „Mich könnt ihr hinsetzen, wohin ihr wollt, ich bin zufrieden." Die Teilnehmerzahlen pendeln sich bald wieder auf einem guten

Mitmachen und etwas erleben: Nach 1968 wird die Masse der Teilnehmer auf ganz neue Weise in die Katholikentage eingebunden, hier bei der Abschlusskundgebung 1980 in Berlin.

Niveau ein, ohne jedoch in die Nähe der Rekordveranstaltungen in den 1950er-Jahren zu kommen.

Die Veranstaltungen auf den Katholikentagen behandeln – ganz im Gegensatz zu den Generalversammlungen der ersten Jahrzehnte – zunehmend auch pastorale und sogar liturgische Themen. Eine Gefahr für die Autorität der Bischöfe bedeuten sie aber kaum noch. Denn für Beschlüsse und Grundsatzpapiere ist inzwischen das Zentralkomitee zuständig, die innerkirchliche Kritik auf den Katholikentagen bleibt letztlich unverbindlich.

Einige missliebige Gruppen werden auch nach wie vor ausgegrenzt. Mit der Initiative „Kirche von unten" erhält der Katholikentag daher eine Konkurrenz, die das Geschäft belebt und für die Aufmerksamkeit der Medien sorgt.

Demokratisierung der Kirche

ORDNUNG DES DIENENS

Niemand möchte den 83. Katholikentag ausrichten, denn das droht eine undankbare Aufgabe zu werden. Die Forderungen nach einem offenen Dialog und einer demokratischeren Kirche lassen sich nicht ignorieren. Aber zugleich bemühen sich konservative Kleriker und Laien, den Aufbruch zu bremsen. Das kreative Chaos des Essener Katholikentages soll sich auf keinen Fall wiederholen. Zudem ist absehbar, dass die Veranstaltung im Schatten des für 1971 geplanten Ökumenischen Pfingsttreffens und vor allem der Würzburger Synode stehen wird. In alten Zeiten stritten sich Laienvertreter aus verschiedenen Städten um die Ehre, den nächsten Katholikentag auszurichten. Dieses Mal erklärt sich schließlich der Bischof von Trier bereit, den Gastgeber zu spielen, weil sich sonst niemand meldet.

Während alle über Demokratie und Mitbestimmung in der katholischen Kirche sprechen, entscheidet also ein Bischof über den Ort des wichtigsten Laientreffens. Das ist bezeichnend. Wenige Wochen vor dem Katholikentag mahnt der Bensberger Kreis, eine Gruppe reformorientierter Katholiken, die katholische Kirche drohe ohne ernsthafte Demokratisierung in gesellschaftliche Isolierung zu geraten. Doch der Wind hat sich gedreht. Papst Paul VI. fordert in seiner Grußbotschaft unmissverständlich Gehorsam ein: Der Dialog dürfe nicht dazu führen, dass „sich Meinungen bilden und Auffassungen zu Wort kommen, die der lehrenden und leitenden Autorität in der Kirche offen widersprechen und unter den Gläubigen Verwirrung säen". Die von Christus gewollte hierarchische Ordnung sei eine Ordnung des Dienens. „Nicht Aufbegehren und Kritik, sondern die Einheit in der Liebe wird der Welt Zeugnis geben von der Wahrheit der christlichen Lehre."

Die Organisatoren des Trierer Katholikentages machen ihre Arbeit gut. Große Zustimmung finden die offenen Diskussionen am Samstagnachmittag, bei denen sich Vertreter der Bischofskonferenz, des Zentralkomitees, des Bistums und der Politik auf vier öffentlichen Plätzen den Fragen des Publikums stellen. Aber die bekanntesten Theologen Deutschlands, etwa Johann Baptist Metz, Karl Rahner und Hans Küng, reisen lieber in der folgenden Woche zu einem internationalen Theologen-Kongress in Brüssel statt zum Katholikentag. Die verbleibenden Redner in Trier mühen sich redlich, sie analysieren sachlich und differenziert. Oft wirkt es aber, als ob sie wissenschaftliche Aufsätze verlesen, Zuhörer klagen über Fachjargon und Überlängen, mitreißend oder gar humorvoll sind die meisten Vorträge nicht.

Ähnliches gilt für die 27 Arbeitskreise, in denen vor allem Mandatsträger über die Zukunft der Gemeinden diskutieren. Sie erarbeiten zahlreiche Vorschläge, wie die Mitwirkung der Laien konkret aussehen könnte: Verheiratete Männer, die sich in den Gemeinden bewährt haben, sollen zum Priesteramt zugelassen werden, Diakone und Laien auch als Gemeindevorsteher Verantwortung übernehmen. Insbesondere wird die Laienpredigt gefordert. Das freie Wort im Gemeindegottesdienst sei immer noch „das Monopol einer herrschenden Minderheit, des Klerus", heißt es in einer Resolution. Wortgottesdienste könnten der Gemeinde als liturgisches „Experimentierfeld" dienen. Zahlreiche weitere Forderungen sind vielleicht nicht mehr ganz neu, aber zukunftsweisend: die Zulassung wiederverheirateter Geschiedener zur Kommunion, Erleichterungen für konfessionsverschiedene Ehen, die Zusammenlegung von Pfarrgemeinden angesichts des Priestermangels, Pflichtpraktika in Industriebetrieben für Priesteramtskandidaten, das Wahlrecht zum Pfarrgemeinderat schon für 16-Jährige. Amtsträger sollen auf goldene Brustkreuze und „überflüssige aufwendige Zeichen ihrer Würde" verzichten.

In Trier stellen sich katholische Politiker in der Innenstadt den Fragen der Katholikentagsteilnehmer: Hermann Schmitt-Vockenhausen (SPD), Vizepräsident des Deutschen Bundestages; Bernhard Vogel (CDU), Kultusminister in Rheinland-Pfalz; Paul Simonis (FDP), ehemals stellvertretender Ministerpräsident im Saarland (verdeckt); Heinrich Köppler, Landesvorsitzender der CDU Rheinland (von links nach rechts).

WAS NOCH?

Es ist umstritten, wie politisch Kirche und Theologie sein sollen. Die Welt verlange nach der Kirche „nicht in erster Linie als Gefährtin weltlicher Revolutions- oder Freiheitsbewegungen", erklärt Hans Maier im Eröffnungsvortrag. Erstmals findet eine christlich-jüdische liturgische Feier statt, zudem entsteht die Idee zu dem Gesprächs-kreis „Juden und Christen". Eine von Studierenden und „Pax Christi" geplante Sühnewallfahrt ins ehemalige Konzentrationslager Hinzert wird nicht ins Programm aufgenommen. Der Katholikentag schlägt den brasilianischen Erzbischof und Befreiungstheologen Hélder Câmara für den Friedensnobelpreis vor, eine Arbeitsgruppe auch Alexander Dubček, das Gesicht des „Prager Frühlings". Zur „Neuen Ostpolitik" der SPD äußert sich der Katholikentag nicht, er empfiehlt nur eine Zusammenarbeit zwischen Gemeinden in Polen und der Bundesrepublik. Das Recht auf Kriegsdienstverweigerung soll in die UNO-Charta aufgenommen werden. Der Jesuit Armand de Pelsemaeker verteidigt die Rolle der Katholiken in Südvietnam. Einen Hirtenbrief der nordrhein-westfälischen Bischöfe zur Land-tagswahl, der die CDU favorisiert, bezeichnet das SPD-Mitglied Ernst-Wolfgang Böckenförde als „Missbrauch der Zuständigkeit der kirchlichen Amtsträger". Ein Arbeitskreis schlägt vor, Gastarbeiter in Zukunft „Wirtschaftshelfer" zu nennen. Ein Soziologieprofessor sieht Gläubige von ödipalen Konflikten entlastet, wenn sie sich an Gott als Vater-, an Christus als Bruder- sowie an Maria als Mutter- und Schwesterfigur binden. Für Aufmerksamkeit sorgt eine kleine Schlägerei während der Abschlusskundgebung.

In der Flut der fleißig publizierten Vortragstexte, Berichte und Empfehlungen gehen die originellen Vorschläge jedoch oft unter. „Auf 5 Tonnen Papier kaum neue Ideen" titelt die „Süd-deutsche Zeitung", und auch sonst fällt das Fazit der Medien oft negativ aus. Wie von den meisten erwartet, scheint sich der Katholikentag kaum zu einem Forum zu entwickeln, auf dem die Masse der Gläubigen demokratisch an der Kirche mitwirken kann. Zur Schlusskundgebung kommen nur 16.000 Menschen.

Gibt es überhaupt noch eine Zukunft für den Katholikentag? Zum ersten Mal seit Linz 1856 zweifeln die Teilnehmer und Organisatoren selbst am Sinn der Großveranstaltung. Albrecht Beckel, Präsident des Zentralkomitees, fragt bei der Abschluss-kundgebung, ob sich der Einsatz für den Trierer Katholikentag gelohnt habe oder ob man das investierte Geld nicht besser nach Afrika, Asien oder Südamerika geschickt hätte. Die Antwort lässt er offen. Der 84. Katholikentag wird erst 1974 stattfinden.

ÖKUMENISCHES PFINGSTTREFFEN

Im Oktober 1968 machen Albrecht Beckel, Präsident des Zentralkomitees, und Richard von Weizsäcker, Präsident des Evangelischen Kirchentages, ernst. Die Idee zu dem Ökumenischen Pfingsttreffen, das heute als Vorläufer der Ökumenischen Kirchentage gilt, ist über Jahre gereift. Jetzt wird beschlossen, mit einer gemeinsamen Veranstaltung für das Jahr 1971 den „Turnus der Kirchen- und Katholikentage" zu unterbrechen. Als Tagungsort ist zunächst Frankfurt vorgesehen, wo das Messegelände allerdings nicht mehr zur Verfügung steht, weswegen man nach Augsburg ausweicht, in die Stadt, wo 1555 der Reichstag den Religionsfrieden beschlossen hat.

18.000 Menschen kommen dort zur Abschlusskundgebung mit ökumenischem Gottesdienst im Rosenau-Stadion zusammen. Die 8.270 Teilnehmer des Treffens verteilen sich auf sechs Arbeits- und insgesamt 42 Diskussionsgruppen, in denen sie 148 Resolutionen verabschieden. Das Spektrum der Forderungen reicht von besseren Bedingungen für Zivildienstleistende über das kommunale Wahlrecht und eine erleichterte Einbürgerung für Ausländer bis hin zu einer gerechteren Verteilung des Eigentums und der Unterstützung für die Unabhängigkeit der portugiesischen Kolonien in Afrika. Im Glaubensbekenntnis soll allgemein „Ich glaube an eine allumfassende Kirche" gebetet werden. Schließlich plädieren die Teilnehmer nachdrücklich für die Möglichkeit, in anderen Kirchen zumindest als Gast an der Kommunion beziehungsweise dem Abendmahl teilnehmen zu dürfen – eine Forderung, die auch in der Schlusskundgebung noch einmal betont wird. Doch in der Frage der Abendmahlsgemeinschaften sind die Kirchenleitungen noch weit von einer Einigung entfernt – ein Grund dafür, dass es bis zum ersten Ökumenischen Kirchentag noch mehr als 30 Jahre dauern wird.

Das Ziel der Teilnehmer des Ökumenischen Pfingsttreffens ist eindeutig: das gemeinsame Abendmahl.

Kirchenmeile

IM SUPERMARKT DER WELTANSCHAUUNGEN

Wer Anfang der 1970er-Jahre durch eine Fußgängerzone geht, findet sich Bernhard Casper zufolge auf einem „Supermarkt der Weltanschauungen" wieder. Der Freiburger Theologe listet auf: „Hier Marx, Lenin und Mao und die Liga gegen den Imperialismus, dort Jesus Christ Superstar, und Jehova und Krishna oder die Angebote einer nostalgischen Innerlichkeit." Die katholische Kirche vertritt nur noch eine Weltanschauung unter vielen.

Der Katholikentag in Mönchengladbach nimmt diese Herausforderung an und begibt sich selbst in die Fußgängerzone. 29 Stände werden in der Hindenburgstraße aufgebaut. An ihnen können sich die Passanten über „Dienste der Kirche" informieren, durch Ausstellungsmaterialien und Broschüren, vor allem aber im Gespräch mit engagierten Katholiken. Die katholischen Verbände, Hilfswerke und weitere Organisationen zeigen, was sie leisten, und werben um Mitwirkung. Es geht zum Beispiel um Kinder und Jugendliche, die Arbeitswelt, Kranke, Alte, Behinderte, Gastarbeiter, Entwicklungshelfer, Militärseelsorge, Wehrdienstverweigerer und die Kirche in den Medien. Das Ganze solle weniger eine Leistungsschau als vielmehr einen Rechenschaftsbericht darstellen, heißt es im Berichtsband. Bemerkenswert ist, dass nicht einfach jeder große Verband einen Stand zugewiesen bekommt, sondern die Stände nach Themen vergeben werden, sodass sich die Organisationen abstimmen und zusammentun müssen – eine sinnvolle Aufgabe für die „Arbeitsgemeinschaft der katholischen Verbände Deutschlands", die seit ihrer Gründung 1968 noch kaum in Erscheinung getreten ist.

Allgemein scheint die tiefe Krise der Katholikentage überwunden zu sein, zum Hauptgottesdienst kommen wieder 40.000 Menschen. Es gibt 31 Arbeitskreise, 14 Foren und 29 Diskussionsgruppen, zahlreiche Gottesdienste, Schriftlesungen und

WAS NOCH?

Am 14. Juli 1974 werden in ganz Westdeutschland Kollekten für den Katholikentag abgehalten. Die Wahl Mönchengladbachs, ehemals Sitz des Volksvereins, ist eine Reverenz an die Verbände. Der nordrhein-westfälische Ministerpräsident Heinz Kühn, ein aus der Kirche ausgetretenes SPD-Mitglied, sieht die Beziehungen zwischen Staat und Kirche getrübt. Zwischenrufer unterbrechen sein Grußwort, als er die Reform des Paragrafen 218 anspricht. Bei der Abschlusskundgebung anwesend sind auch Bundespräsident Walter Scheel (FDP), Bundestagspräsidentin Annemarie Renger (SPD), Nuntius Corrado Bafile und Werner Nachmann, Vorsitzender des Zentralrats der Juden. Vorträge halten Walter Kasper, Karl Lehmann, Norbert Blüm, Heiner Geißler, Kurt Biedenkopf und Hanna-Renate Laurien. Die katholischen Vertriebenen betonen ihr Recht auf Heimat, zeigen sich aber zur Versöhnung bereit. Tadeusz Mazowiecki, der 1989 Premier in Polen werden wird, spricht zur dortigen Kirche. Die Arbeitskreise verteidigen die bürgerliche Kleinfamilie gegen grundsätzliche Kritik. Sie fordern außerdem, den Strafvollzug zu reformieren und das Prüfverfahren für Kriegsdienstverweigerer abzuschaffen. Die Bundesrepublik, so ein Arbeitskreis, sei „de facto" ein Einwanderungsland. Mehrfach wird die Studie „Die Grenzen des Wachstums" des „Club of Rome" angesprochen. Die Sammelgilde Sankt Gabriel zeigt Briefmarken mit christlichen Motiven.

Meditationen. In einem Beratungszentrum können die Teilnehmer über persönliche Probleme sprechen. Am Freitagabend treten vor 15.000 Teilnehmern unter anderem der Schlagersänger Bruce Low, ein Kinderchor, ein Mandolinenorchester und eine philippinische Folkloregruppe auf. Der Präsident des Zentralkomitees Bernhard Vogel zieht das Fazit, die Stadt Mönchengladbach sei im Verlauf der Tage selbst zu einem Katholikentag

geworden. Das Ausgreifen in die Fußgängerzone ist dafür entscheidend. Der Katholikentag besetzt auf neue Weise den öffentlichen Raum, mit Angeboten zur Information und zum Dialog. Das hat Zukunft: 1994 wird die Kirchenmeile zu einem festen Bestandteil der Veranstaltung.

Generationswechsel

DIE JUGEND ÜBERNIMMT DEN STAFFELSTAB

„Ich will euch Zukunft und Hoffnung geben", lautet das Motto des Katholikentags in Freiburg. Dazu passt, dass die Jugendlichen den Katholikentag retten. Sie kommen so zahlreich wie lange nicht mehr und zerstreuen die letzten Zweifel an der Existenzberechtigung der Veranstaltung. Zur Überraschung der Organisatoren stellen sie schließlich fast die Hälfte der 25.000 Dauerteilnehmer. Schon in Mönchengladbach 1974 hat sich der Dachverband „Bund der Deutschen Katholischen Jugend" mit einem Jugendzentrum stärker eingebracht. In Freiburg hat jetzt allein ein Jugendgottesdienst auf dem Münsterplatz 15.000 Teilnehmer, ein Forum zur „Jugend 78" ist völlig überfüllt.

Die Jugendlichen und jungen Erwachsenen machen aus der angestaubten Veranstaltung ein Festival. Überall wird plötzlich getanzt und gesungen. Das sorgt hier und da für Befremden, vor allem aber für Stimmung und neuen Schwung. Besonders begeistert sind die Jugendlichen von zwei Idolen, die selbst schon im gesetzten Alter sind: Die 68-jährige Mutter Teresa nimmt an einer Nachtwache im Freiburger Münster teil. Sie ist dafür bekannt, im indischen Kalkutta Sterbende zu pflegen, und verkörpert den selbstlosen Einsatz für die Ärmsten der Armen. Ihr Nimbus überstrahlt auch die Tatsache, dass sie einen ultrakonservativen, das menschliche Leid verklärenden Glauben vertritt, der den meisten Jugendlichen fremd sein dürfte. Der 63-jährige Frère Roger Schutz ist dagegen zweifellos eine Galionsfigur des jugendlichen Aufbruchs. Er steht als Prior der ökumenischen Bruderschaft im französischen Taizé vor, die zum Jahr 1974 ein „Konzil der Jugend" einberufen hat. Die daraus entstehenden „Europäischen Jugendtreffen" mit bis zu 100.000 Teilnehmern prägen mit ihren charakteristischen Gesängen die Spiritualität einer ganzen Generation.

Mutter Teresa im Gespräch mit Jugendlichen.

Neben den Jugendlichen sind es die ganz Jungen und die Alten, die in Massen nach Freiburg reisen: Zum ersten „Kinderkatholikentag" im Freiburger Stadtgarten kommen 15.000 Mädchen und Jungen; eine Veranstaltung für ältere Menschen auf dem Messplatz hat 25.000 Teilnehmer. Erstmals gibt es keine Arbeitskreise mehr, die konkrete Ergebnisse erarbeiten, sondern nur noch offene, vielgestaltige Foren mit Vorträgen, persönlichen Erfahrungsberichten, Diskussionen, Projektvorstellungen, Filmen, Tanz und pantomimischen Vorführungen. Die Jugendlichen organisieren zahlreiche Veranstaltungen in eigener Regie, besonders das Thema „Partnerschaft und Sexualität" sorgt für viele Besucher. Nach der Europakundgebung des Katholikentags versuchen 3.000 junge Menschen mit einer „Demonstration des Friedens" den Wallfahrtsgedanken neu zu beleben.

Zum Hauptgottesdienst kommen 75.000 Menschen. In der Predigt erklärt Joseph Kardinal Höffner als Vorsitzender der Bischofskonferenz: „Wir sind auf dem Weg zum Jahr 2000. Ich wende mich an euch, liebe Jungen und Mädchen: Es ist wie beim Staffellauf. Ihr werdet uns, die wir schon älter sind, die Flamme der Botschaft Christi aus der Hand nehmen und sie im Zeichen der Hoffnung weitertragen in das neue Jahrtausend." Die „Jugend 78" erfüllt diese Aufgabe – und hat den Staffelstab bis heute, bald 40 Jahre später, noch nicht so ganz wieder losgelassen.

WAS NOCH?

Der Katholikentag findet während des nur vierwöchigen Pontifikats Papst Johannes Pauls I. statt. Bei einer „Europakundgebung" fordert der evangelische Bundeskanzler Helmut Schmidt, die „grenzenüberwindende Kraft" im Begriff des Katholischen sichtbar zu machen. Hans Maier, inzwischen Präsident des Zentralkomitees, ruft mit Blick auf den Terror der RAF dazu auf, die Grundwerte der Bundesrepublik im täglichen Leben geduldig und offensiv zu verteidigen. In einem Forum stellen sich neue geistliche Bewegungen vor, darunter das Neokatechumenat, die charismatische Erneuerung, „Comunione e Liberazione" und die Fokolare. Zentrale Themen sind die Arbeitslosigkeit und die Notwendigkeit eines Konsumverzichts zugunsten der „Dritten Welt". Viele Referenten widmen sich der Kirchengeschichte oder berichten aus anderen Ländern. Erstmals gibt es ein Geistliches Zentrum zum Beten und Meditieren, Beichten und Gottesdienstfeiern, in dem auch Experten für Beratungsgespräche zur Verfügung stehen. Priester seien dort stärker gefragt gewesen als Psychotherapeuten, heißt es. Bei der Abendveranstaltung „Vergiss die Freude nicht" sorgen der Kuckucksuhren-Walzer und die Fischer-Chöre für Stimmung unter den 30.000 Teilnehmern. Die Freiburger stellen mehr als 16.000 Privatquartiere zur Verfügung. Als Zeichen der Abkehr von übertriebenen Wohlstandsidealen gibt es im Jugendzentrum nur Eintopf zu essen.

Kirche von unten

DIE GRENZEN DER LIEBE

Über der Welt hänge das Schild „Geschlossene Gesellschaft", klagt Joachim Meisner. Wer nicht dazugehöre, müsse draußen bleiben: unerwünschte Kinder, abgeschobene Senioren „und dazwischen viele, viele andere". Der neue Bischof von Berlin greift daher das Motto des Katholikentags auf: Die Liebe Christi sei stärker als diese Ausgrenzung.

An die vielen Menschen, die beim Katholikentag unerwünscht sind, denkt Meisner dabei offenbar nicht. Sozialisten, radikale Pazifisten, Schwule und Lesben, Zölibatsgegner und in Ungnade gefallene Theologen: Lang ist die Liste der Gruppen, die von der Umsetzung des Zweiten Vatikanischen Konzils – und von der Entwicklung der Laientreffen – tief enttäuscht sind. Im Verlauf seiner Geschichte hat der Katholikentag sich immer wieder gegen Reformgruppen abgegrenzt. Doch 1980 passiert etwas Neues: Die Ausgeschlossenen tun sich zusammen und veranstalten einfach ihren eigenen Katholikentag, am selben Ort, zur selben Zeit. Das Zentralkomitee kommt ihnen teilweise entgegen und stellt etwa für eine Protestkundgebung gegen die Aufrüstung die Eissporthalle zur Verfügung. Andere Veranstaltungen müssen aber in Räumlichkeiten der evangelischen Kirche oder der Freien Universität stattfinden. Die Organisatoren sprechen nicht von einer Gegenveranstaltung, sondern nur von einer Ergänzung des offiziellen Programms. Doch sie nennen das Ganze „Katholikentag von unten". Das ist eine Provokation, denn damit erklären sie das offizielle Programm zu einem „Katholikentag von oben", vom Klerus dominiert und demokratisch nicht legitimiert.

Die bunte Truppe des „Katholikentags von unten" eint die Begeisterung für die „Theologie der Befreiung" und die radikale Opposition zum Nato-Doppelbeschluss, der einerseits die Aufstellung neuer Atomraketen, andererseits aber Verhandlungen über eine Rüstungsbegrenzung vorsieht. Zu den Höhepunkten des alternativen Programms zählt eine Diskussionsveranstaltung mit zwei Theologen: Hans Küng, dem Ende 1979 die Lehrerlaubnis entzogen worden ist, und Johann Baptist Metz, dessen Berufung auf einen Lehrstuhl in München Erzbischof Joseph Kardinal Ratzinger verhindert hat. Allein zu dieser Veranstaltung kommen etwa 7.000 Zuhörer.

WAS NOCH?

Auf mehreren Veranstaltungen wird der katholische Widerstand im „Dritten Reich" gewürdigt. 10.000 Menschen gedenken mit Buß- und Schweigegängen Opfern des Nationalsozialismus. Der Publizist Alfred Grosser bezeichnet die Ausrottung des christlichen Antisemitismus als eine wesentliche Aufgabe der Kirche. Hochrangige Würdenträger aus Polen fehlen, weil Hans Maier als bayerischer Kultusminister dafür eintritt, in Schulbüchern auch die Grenzen des Deutschen Reichs von 1933 darzustellen. Erstmals gibt es ein Begegnungszentrum für die ältere Generation. Zum anspruchsvollen Kulturprogramm zählt die Ausstellung „Zeichen des Glaubens – Geist der Avantgarde" mit Werken unter anderem von Lovis Corinth, Emil Nolde, Marc Rothko und Francis Bacon. Hans Rosenthal moderiert ein Bibelquiz. Wegen des großen Andrangs werden Beichtgespräche auch auf der Wiese vor dem Geistlichen Zentrum geführt. Die Katholische Frauengemeinschaft fordert „Messdienerinnen müssen bleiben!"; die rheinland-pfälzische Kultusministerin Hanna-Renate Laurien wünscht sich das Diakonat der Frau als Zeichen für die „Gleichrangigkeit des Unterschiedlichen". Der SPD-Politiker Erhard Eppler spricht sich gegen weitere Kernkraftwerke aus. Herbert Becher, der als Anwalt für Asylbewerber zuständig ist, äußert den Verdacht, dass „Kirchen, Caritas und Diakonie sich mit ihren eigenen fremdenfeindlichen Gläubigen und nahestehenden Politikern in der Frage der Asylbewerber, besonders südlich des Mains, nicht anlegen wollen".

7.000 Zuhörer kommen zu einer Diskussion auf dem „Katholikentag von unten" mit dem Pfarrer Carl-Peter Klusemann, Hans Küng, dem Arbeiterpriester Fritz Stahl und Johann Baptist Metz (von links).

Die Medien sind begeistert und berichten – zum Ärger des Zentralkomitees – ausführlich und wohlwollend über die Alternativveranstaltung. Die katholischen Jugendlichen gehen mit der Situation unbekümmert um und wechseln oft zwischen den verschiedenen Angeboten hin und her. Am Ende profitieren alle: Die Katholikentage sind wieder im Gespräch, und die 78.000 Dauerteilnehmer der offiziellen Veranstaltung bedeuten einen großen Erfolg. Zum Hauptgottesdienst im Olympiastadion kommen 80.000 Menschen, zu einem Fest der Begegnung auf dem Kurfürstendamm sogar 200.000. Allein 11.000 Gäste reisen mit dem Flugzeug an.

Mit dem Katholikentag feiert das immer noch grenzübergreifende Bistum Berlin auch sein 50-jähriges Bestehen. Aus der DDR schaffen es aber nur noch 1.100 registrierte Teilnehmer in den Westen. In der abschließenden Kundgebung sagt Hans Maier: „Und wenn Gottes Heil von oben kommt, so war dies doch kein Katholikentag von oben, sowenig es einen von unten gibt: Es gibt nur einen Katholikentag unterwegs! Wer kann sich denn ein ernsthaftes Bemühen, eine wichtige Strömung, ein bedeutsames Zeugnis vorstellen, die bei einem Katholikentag nicht zu Wort kämen?" Wesentlich sei das „Sentire cum ecclesia", das Denken und Fühlen mit der Kirche.

Ebendieses spricht das Zentralkomitee den Verantwortlichen des „Katholikentags von unten" ab. In den folgenden Jahren kommt es nur punktuell zu einer Zusammenarbeit. Aber nach und nach nähert man sich an. Im Jahr 2000 hat sich die Lage grundlegend gewandelt. Die Gruppen der „Kirche von unten" haben inzwischen Stände auf der Kirchenmeile. Das eigene Programm der Initiative beschränkt sich auf einen ökumenischen Gottesdienst mit gemeinsamem Abendmahl. Alles andere ist ins offizielle Programm integriert. Dort findet sich auch ein Gespräch zwischen Hans Küng und Angela Merkel über „Weltethos und Weltfrieden", das die kritische Bewegung „Wir sind Kirche" vorbereitet hat, die mit ihren kirchenpolitischen Forderungen ganz in der Tradition des „Katholikentags von unten" steht.

Abrüstungsdebatte

EIN BISSCHEN KRIEG UM DEN FRIEDEN

Die deutschen Katholiken sind sich einig, dass sie den Frieden wollen. Doch über den Weg dorthin vertreten sie völlig unterschiedliche Ansichten. „Leider entsteht häufig gerade dann Streit, wenn um den Frieden gerungen wird", klagt Joseph Kardinal Höffner in Düsseldorf vor den 35.000 Teilnehmern der Friedenskundgebung. Ihn erschrecke die „feindselige Bitterkeit" der Kontrahenten. „Niemand von uns sollte so lieblos sein, denjenigen, der eine andere Meinung in diesen Fragen vertritt, als dumm oder böse hinzustellen."

Das Thema „Frieden" ist 1982 allgegenwärtig, wegen des umstrittenen NATO-Doppelbeschlusses, aber auch wegen der Kriege in Afghanistan und im Libanon sowie des Kriegsrechts in Polen. Im April gewinnt die Sängerin Nicole mit dem Schlager „Ein bisschen Frieden" den Grand Prix Eurovision de la Chanson; im Juni demonstrieren in Bonn anlässlich eines Besuches Ronald Reagans etwa 400.000 Menschen gegen seine Rüstungspolitik.

Trotz der Mahnung Höffners begleiten vor allem jüngere Katholiken die folgenden Reden von Bundeskanzler Helmut Schmidt und Oppositionsführer Helmut Kohl mit Protestplakaten, Roten Karten und Pfiffen. Schmidt weist sie zurecht: „Einer, der für den Frieden eintritt, der kann das nicht durch Geschrei und Pfeifen tun, der muss zuhören, wenn ein anderer vom Frieden redet." Kohl ist mit seinem Kontrahenten, den er in vier Wochen als Bundeskanzler ablösen wird, in Sachen Rüstungspolitik weitgehend einer Meinung. Er verwahrt sich gegen „elitäre und intellektuelle Arroganz" und warnt vor einer „Pax Sowjetica", die auch einen „Archipel Gulag" enthalte.

Das Zentralkomitee, nach wie vor dominiert von Vertretern der Unionsparteien, bekennt sich ebenfalls zum Prinzip der Abschreckung. Es ist nicht bereit, das Thema „Frieden" im Leitwort aufzugreifen. In überschaubarer Runde, vor den Delegierten der Verbände, wird Generalsekretär Friedrich Kronenberg deutlich: Der Friedensgedanke habe sich mit dem Christentum in der Welt ausgebreitet, jetzt sei er nicht zuletzt durch Hausbesetzer und gewaltsame Demonstranten bedroht. Atomwaffen bezeichnet Kronenberg als „politische Mittel zur Verhütung von Kriegen". Die Drohung mit ihnen sei ein geringeres Übel als ein völliger Verzicht, der den Gegner zur Gewaltanwendung „geradezu einlade".

Auch Hans Maier ist der Meinung, die Protestkultur der Friedensbewegung sei „manchmal mehr Protest als Kultur". Trotzdem prägt die Nachrüstungsdebatte den Katholikentag. Neben der großen Friedenskundgebung gibt es eine „Friedenswerkstatt" mit Diskussionsveranstaltungen sowie zahlreiche weitere Vorträge und Foren. 8.000 Soldaten nehmen an einem Gottesdienst teil. Ein kleiner Coup gelingt den Friedensbewegten, als der amerikanische Bischof Leroy Matthiesen, ein erklärter Gegner der Nachrüstung, auf Wunsch des Publikums spontan auf dem Podium eines Forums Platz nimmt. Der Präsident der Pax-Christi-Bewegung, Weihbischof Walther Kampe, kündigt nach einer lebhaften Diskussion schließlich eine neue Stellungnahme der westdeutschen Bischöfe an.

Doch der Alleinvertretungsanspruch des Zentralkomitees und der Bischofskonferenz ist nicht zu halten. Wenig überraschend ist, dass es nicht gelingt, die große Protestkundgebung „Entrüstet euch" der Initiative „Kirche von unten" ins offizielle Programm zu integrieren. Doch auch der „Bund der Deutschen Katholischen Jugend" wird sich mit dem Zentralkomitee nicht einig. Daher organisiert er sein Friedenscamp mit 1.200 und einen Schweigemarsch mit 7.000 Teilnehmern in eigener Regie.

So gibt es schließlich drei verschiedene Veranstaltungsblöcke zugunsten des Friedens. Die Teilnehmerzahlen bleiben überall

**KEHRT UM.
ENTRÜSTET EUCH!**

**Demonstration
für Frieden, Abrüstung und Gerechtigkeit
am 4. September 1982 in Düsseldorf
anläßlich des Katholikentages.**

Träger: Initiative Kirche von unten, Aktion Sühnezeichen/
Friedensdienste, Interkirchlicher Friedensrat der Niederlande.
Information und Koordination: Initiative Kirche von unten,
Rheinweg 34, 5300 Bonn 1, Telefon 0228-234021.
Ablauf:
13.00 Uhr: Vorkundgebung/Sammelplätze:
Beckbuschstraße (Messegelände), Hans-Böckler-Straße,
Reitallee (Hofgarten).
14.00 Uhr: Demonstration
16.00 Uhr: Schlußkundgebung Oberkasseler Rheinwiesen.

hinter den Erwartungen zurück. Zur Demonstration „Entrüstet
euch" kommen nur 40.000 statt der erwarteten 100.000 Menschen. Trotzdem gehören die Sympathien der 650 akkreditierten
Journalisten ganz überwiegend der Initiative „Kirche von unten"
und den Jugendlichen. Das missfällt dem Zentralkomitee so
sehr, dass es einen Kommunikationswissenschaftler beauftragt,
die Berichterstattung der öffentlich-rechtlichen Sender genauer
zu analysieren.

Hans Maier zieht auf der abschließenden Hauptkundgebung
dennoch ein positives Fazit. Der von manchen befürchtete und
von anderen herbeigewünschte „Krieg um den Frieden" sei aus-
geblieben. „Ich meine, dass man hier in Düsseldorf rücksichts-
voller, friedlicher, ruhiger miteinander gesprochen hat als selbst
in Freiburg und Berlin."

WAS NOCH?

Mehrere Foren beschäftigen sich mit Themen des Glaubens, besonders viel Interesse weckt die Bergpredigt. Zentren gibt es jetzt auch
für Familien und Frauen, dazu kommen eine „Halle Weltkirche", ein
Treffpunkt der Räte und ein Zelt der Bistümer. 4.000 Jugendliche
beteiligen sich an einer Schiffswallfahrt nach Benrath; 8.000 Menschen an einer Lichterprozession. Zum Auftakt der Aktion „Wähle
das Leben", die sich vor allem gegen Schwangerschaftsabbrüche
richtet, kommen 15.000 Menschen ins Rheinstadion. Das Kulturprogramm umfasst rund 40 geistliche Konzerte und eine Ausstellung
zu Werken in jüdischer und christlicher Tradition etwa von Yves
Klein, Pablo Picasso und Joseph Beuys. Zu den prominenten Autoren
beim Katholikentag zählen Eva Zeller, Hermann Lenz und Stefan
Heym. An den 700 Düsseldorfer Litfaßsäulen werden Literatur-
„Häppchen" angeboten. Publikumslieblinge sind Chiara Lubich, die
Gründerin der Fokolar-Bewegung, der Theologe Karl Rahner und
der Limburger Bischof Franz Kamphaus. Die Delegiertenversammlung fordert die Anrechnung von Erziehungs- und Pflegezeiten auf
die Rente, Arbeitnehmer und -geber streiten über Arbeitszeitverkürzungen. Norbert Blüm sieht „im Programm der Geschlechts-
angleichung den Todestrieb der Spannungslosigkeit". Der SPD-Politiker Hermann Buschfort tritt für einen islamischen Religionsunterricht in deutschen Schulen ein. In der Pressestelle arbeiteten zwölf
Redakteure der Katholischen Nachrichten-Agentur und fünfzehn
freie Mitarbeiter. Die Quartiervermittlung übernimmt der Compu-
ter des Verkehrsamtes der Stadt Düsseldorf.

Theologie der Befreiung

INQUISITION UND REVOLUTION

„Trotz Inquisition: die Theologie der Befreiung lebt, Herr Ratzinger!" Quer über den Odeonsplatz rollt die Initiative „Kirche von unten" bei der Eröffnungsveranstaltung des Münchener Katholikentags ein riesiges Transparent aus. Joseph Kardinal Ratzinger, der sich als Papst Benedikt XVI. nennen wird, stockt einen Moment, geht aber in seiner Rede nicht auf den Vorwurf der Kirchenkritiker ein. Er hat es sich nicht nehmen lassen, nach München zu kommen, schließlich ist er der unmittelbare Vorgänger des dortigen Erzbischofs Friedrich Wetter. Seit 1981 steht er als Präfekt der Kongregation für die Glaubenslehre vor, die tatsächlich die Nachfolgeorganisation der Römischen Inquisition ist.

Mit „Theologie der Befreiung" werden sehr verschiedene Strömungen in der katholischen Kirche vor allem in Süd- und Mittelamerika bezeichnet. Einen wichtigen Ursprung haben sie im kolumbianischen Medellín, wo sich die lateinamerikanischen Bischöfe, inspiriert vom Zweiten Vatikanischen Konzil, 1968 einmütig zur „Option für die Armen" bekannten. In diesem Umfeld entstanden eine ganze Reihe neuer theologischer Ansätze. Sie wollen das Evangelium nicht mehr in erster Linie als Botschaft der Befreiung von Sünden und der Erlösung zum ewigen Leben verstanden wissen. Die Kirche soll sich vielmehr im Hier und Jetzt für eine Befreiung der unterdrückten und in unwürdigen Verhältnissen lebenden Menschen einsetzen, auf der Seite der Armen gegen die Unterdrücker in Staat und Gesellschaft kämpfen, und zwar in der Nachfolge Jesu, dessen Leben und Lehre aus dieser Perspektive neu gedeutet wird.

Über die Mittel des Befreiungskampfes gehen die Meinungen jedoch weit auseinander. Einige wollen Reformen auf der Basis der klassischen katholischen Soziallehre, andere glauben an die Utopie eines christlich geläuterten Marxismus, wieder andere streben sogar einen gewaltsamen Umsturz an. In Rom steht die Befreiungstheologie jedoch seit Beginn der 1980er-Jahre unter dem Generalverdacht, mehr oder weniger offen marxistisch zu sein.

In zahlreichen lateinamerikanischen Staaten haben unterdessen, unterstützt von den USA, rechtsgerichtete Militärs die Macht ergriffen und zigtausende politische Gegner „verschwinden lassen". Im Kampf gegen die kommunistische Bedrohung steht Papst Johannes Paul II. konsequent an der Seite Ronald Reagans. Viele konservative Kirchenfürsten lehnen die befreiungstheologisch inspirierten Basisgemeinden allein deswegen ab, weil sie demokratisch und genossenschaftlich organisiert sind. Während Priester, die mit den lateinamerikanischen Militärdiktaturen paktieren, weitgehend unbehelligt bleiben, brechen für viele Befreiungstheologen schwierige Zeiten an. Einen Monat vor Beginn des Münchener Katholikentags hat die Glaubenskongregation ihnen offen vorgeworfen, unkritische Anleihen bei der marxistischen Ideologie zu machen. Die „neue Deutung" drohe „das zu verderben, was das anfängliche großherzige Engagement für die Armen an Echtem besaß", heißt es in der entsprechenden Instruktion.

Vor allem junge Katholiken in Deutschland sind jedoch fasziniert vom Idealismus und teilweise revolutionären Gestus mancher Befreiungstheologen. Nicht zufällig erhalten Foren zur Bergpredigt besonders viel Zulauf. In München vertritt der brasilianische Kardinal Aloísio Lorscheider ein befreiungstheologisches Konzept. Die katholische Kirche Brasiliens distanziere sich immer mehr von den politischen Mächten und stelle sich auf die Seite des armen Volkes, berichtet er.

Andere prominente Besucher aus Lateinamerika sind skeptischer. Am deutlichsten wird Darío Castrillón Hoyos, der kolumbianische Generalsekretär des lateinamerikanischen Bischofsrates. Er beklagt die Zugeständnisse der Befreiungstheologie an den Marxismus, die sich seiner Ansicht nach mit

Mit dem Banner „Trotz Inquisition: die Theologie der Befreiung lebt, Herr Ratzinger!" protestiert die „Kirche von unten" gegen die Unterdrückung der Befreiungstheologie.

der Verkündigung der Kirche nicht vereinbaren lassen und in der Praxis Chaos verursachen.

Der „Katholikentag von unten" bietet dagegen in seiner abschließenden „Nacht der Solidarität" Lorscheider noch einmal ein großes Forum. Der Brasilianer erklärt, was er von den Katholiken in Deutschland erwartet: „Ihr müsst anfangen, denen bei der Befreiung beizustehen, die bei Euch in Deutschland unterdrückt sind. … Und ein Zweites wünschen wir uns von Euch: Stellt Euch die Frage: Unterdrückt Euer Land, Eure Wirtschaft andere Nationen?" Damit trifft er den Nerv der kritischen Katholiken.

Zwei Monate später fliegt Lorscheider nach Rom, er begleitet den bekannten Befreiungstheologen Leonardo Boff, den Ratzinger in den Vatikan zitiert hat. Boff sieht in dem Kardinal Lorscheider seinen „Schutzengel". 1985 erhält er dennoch für ein Jahr ein Rede- und Lehrverbot. Die Befreiungstheologie bleibt im Visier der Glaubenswächter, die noch im Jahr 2007 „einzelne Thesen" des salvadorianischen Befreiungstheologen Jon Sobrino verurteilen.

Der konservative Hoyos macht unterdessen Karriere an der Römischen Kurie. Doch 2009 wird er es sein, der Benedikt XVI. in Schwierigkeiten bringt: Der Kolumbianer leitet die Verhandlungen mit der Piusbruderschaft, die unter anderem zur heftig kritisierten Rücknahme der Exkommunikation des Holocaustleugners Richard Williamson führen.

WAS NOCH?

In „Themenhallen" wird über Umweltschutz, Arbeitslosigkeit und Schwangerschaftsabbruch diskutiert. Karsten Vilmar, Präsident der deutschen Ärztekammer, lehnt die aktive Sterbehilfe entschieden ab und wirft deren Befürwortern eine „Zyankali-Tötungs-Schau mit Euthanasie-Promotion" vor. Der jüdische Historiker Ernst Ludwig Ehrlich beurteilt das Verhalten der Kirche im „Dritten Reich" deutlich kritischer als sein katholischer Kollege Rudolf Lill. Das Motto des Katholikentags stammt von dem Widerständler Alfred Delp. Wladyslaw Bartoszewski, der später polnischer Außenminister wird, beschwört die gemeinsame Identität Ost- und Westeuropas. Die CDU-Politikerin Hanna-Renate Laurien fordert, den Mutterschaftsin Elternurlaub umzuwandeln. Die katholische Kirche gerät als Arbeitgeberin in die Kritik, weil sie Gewerkschaften und Arbeitszeitverkürzungen ablehnt. Haidhausen wird zum „Stadtteil der Jugend" erklärt. Wiltrud Huml, Diözesanvorsitzende des „Bundes der Deutschen Katholischen Jugend", kritisiert in der Hauptkundgebung, die Jugend sei in den Großveranstaltungen zu wenig zu Wort gekommen. Die Meinungsforscherin Elisabeth Noelle-Neumann beklagt die Entfremdung zwischen den Generationen und warnt vor den Gefahren des Wertewandels. Jugendliche aus religiösem Elternhaus sind ihren Umfragen zufolge häufiger glücklich. Für Aufregung sorgt Verteidigungsminister Manfred Wörner, weil er bei einer Messe für Soldaten die Kommunion empfängt, obwohl er evangelisch ist.

Schwangerschaftsabbruch

PFEIFKONZERTE UND CHORÄLE

Wenn es um den Schutz des ungeborenen Lebens geht, findet Rita Waschbüsch, Vizepräsidentin des Zentralkomitees, deutliche Worte: Wer Menschenleben einer falsch verstandenen Selbstverwirklichung unterordne, gehe buchstäblich über Leichen. „Das ist eine Perversion des Denkens, für die letztlich die Frauen eine bittere Zeche zahlen", erklärt die CDU-Politikerin vor 20.000 Zuhörern auf der Katholikentags-Kundgebung für das Leben des ungeborenen Kindes.

Gerade zehn Jahre ist es her, dass der Bundestag nach langem Ringen 1976 eine Neufassung des Paragrafen 218 verabschiedet hat. Das Bundesverfassungsgericht verhinderte nach einer Klage der CDU eine Fristenlösung, die alle Schwangerschaftsabbrüche bis zum dritten Monat für straffrei erklärt hätte und gegen die katholische Bischöfe und Laien Sturm gelaufen waren. Stattdessen wurde ein Indikationsmodell beschlossen, das Schwangerschaftsabbrüche bis zur zwölften Woche nach der Empfängnis straffrei stellt, wenn Leben und Gesundheit der Schwangeren bedroht ist, sie vergewaltigt wurde oder eine „soziale Indikation" vorliegt. Bei „nicht behebbarer Schädigung des Gesundheitszustandes" des Kindes ist der Abbruch sogar bis zur zweiundzwanzigsten Woche straffrei. Gleichzeitig wurde eine verpflichtende Schwangerschaftskonfliktberatung eingeführt – ein Zugeständnis an die Gegner der Fristenlösung, sodass sich auch die katholische Kirche mit eigenen Beratungsstellen beteiligt.

Die Diskussion um den Paragrafen 218 spaltet die Gesellschaft der Bundesrepublik Deutschland. Die katholische Kirche lehnt auch die Indikationsregelung ab; Kundgebungen für das ungeborene Leben gehören inzwischen zum festen Programm der Katholikentage. Im Mai 1986 spitzt sich die Debatte erneut zu, weil sich die Grünen auf ihrer Bundesversammlung in Hannover mehrheitlich für eine vollständige Abschaffung des Paragrafen 218 aussprechen. Joseph Kardinal Höffner erklärt die Partei daraufhin für nicht wählbar. Zum Aachener Katholiken-

tag wird kein einziger Grünen-Politiker eingeladen. Das Tischtuch mit der Partei sei zerschnitten, rechtfertigt Hans Maier diese Entscheidung. Und so bleiben in einer „Fragestunde zur Kernenergie", wenige Monate nach der Katastrophe von Tschernobyl, die Befürworter von Atomkraftwerken unter sich. Pro-

WAS NOCH?

Gastgebender Bischof ist Klaus Hemmerle, der Geistliche Assistent des Zentralkomitees. Der Katholikentag wird mit der Aachener Heiligtumsfahrt verbunden. Weil kein Messezentrum zur Verfügung steht, wird das gesamte Stadtgebiet in fünf Sektoren gegliedert, denen die Themen „Weltkirche", „Europa", „Geistliche Gemeinschaft", „Sozialer Katholizismus" sowie „Technik und Verantwortung für die Zukunft des Lebens" zugeordnet sind. Erstmals gibt es ein Ökumenisches Zentrum und „Werkstätten", in denen kirchliche Gruppen ihre Projekte vorstellen. Besonders viele Veranstaltungen sind der Weltkirche und der Entwicklungshilfe gewidmet, schließlich sind in Aachen missio, Misereor und das Missionswerk der Kinder beheimatet. Zu Gast ist auch der Befreiungstheologe Gustavo Gutiérrez. Der Religionswissenschaftler Adel Khoury erklärt, dass „einflussreiche Kreise" das „Modell des islamischen Staates" wiederherstellen möchten. Kurz vor dem Friedensgebet mit Johannes Paul II. in Assisi findet in Aachen ein „Gebet der Religionen" statt. Die Entspannungspolitik Michail Gorbatschows weckt Hoffnungen auf ein Ende des Wettrüstens. Norbert Blüm verspricht, er werde das „Haus der Rentenversicherung renovieren und nicht ramponieren". Rita Süssmuth macht auf die Lage Alleinerziehender aufmerksam. Erstmals ist AIDS ein Thema: Der Journalist Otto B. Roegele glaubt, die Natur schreibe „eine flammende Mahnung an die Wand des Saales, in dem unsere Epoche ihre Befreiung von den Zwängen der überlieferten Moral feiert".

minente Grüne, etwa Petra Kelly und Joschka Fischer, finden jedoch Asyl auf dem „Katholikentag von unten".

Das Thema „Schwangerschaftsabbruch" dominiert die öffentliche Wahrnehmung des Katholikentags. Eine Demonstration in der Aachener Innenstadt für die vollständige Streichung des Paragrafen 218 hat tausend Teilnehmer. Die Feministin Alice Schwarzer wirbt hier um Verständnis für ihre Position: In katholischen Ländern werde am häufigsten abgetrieben, weil Frauen es dort mit der Verhütung und mit der Selbstbestimmung „ganz besonders schwer" hätten. Wie die „Aachener Zeitung" berichtet, stören Gegendemonstranten die Reden durch Choralgesänge, nehmen aber auch das Angebot an, über Mikrofon ihre Meinung vorzutragen. Umgekehrt lassen während der Katholikentags-Kundgebung die „Frauen gegen den Paragraf 218" ein lautes Pfeifkonzert erschallen und – zum Entsetzen konservativer Katholiken – aufgeblasene Kondome fliegen.

Rita Waschbüsch macht unterdessen deutlich, dass sie nicht den Verzicht auf Strafe kritisiert, sondern die „staatliche Rechtfertigung der Tötung ungeborener Kinder". Insbesondere missfällt ihr, dass die Krankenkassen Schwangerschaftsabbrüche finanzieren. Ausdrücklich bekennt sie sich aber auch zu dem Grundsatz „Helfen statt strafen", und sie lobt die katholischen Beratungsstellen für Schwangere.

Die Indikationsregelung muss 1995 einer Fristenlösung weichen. Johannes Paul II. verlangt 1998 von den deutschen Katholiken, aus der staatlichen Schwangerschaftskonfliktberatung auszusteigen. Denn auch die katholischen Beratungsstellen geben schriftliche Bestätigungen der Gespräche aus, die Voraussetzung für einen straffreien Schwangerschaftsabbruch sind. Der Papst interpretiert das als Beihilfe. Er brüskiert damit viele engagierte Katholiken, die überzeugt sind, die meisten Frauen in Gewissenskonflikten nur im Rahmen des staatlichen Systems erreichen zu können.

Gegen den heftigen Widerstand konservativer Bischöfe gründen daher führende Vertreter des Zentralkomitees einen neuen, unabhängigen Trägerverein für die Beratungsstellen, den sie „Donum vitae" nennen, „Geschenk des Lebens". Erste Bundesvorsitzende des neuen Vereins wird Rita Waschbüsch, die sich 1986 so nachdrücklich gegen Schwangerschaftsabbrüche eingesetzt und von 1988 bis 1997 als erste Frau das Zentralkomitee geleitet hat. In 200 Beratungsstellen erreicht Donum vitae heute rund 50.000 Frauen jährlich.

KATHOLIKENTREFFEN IN DER DDR

Wer hätte das für möglich gehalten, beinahe dreißig Jahre nach dem letzten gesamtdeutschen Katholikentag? 100.000 katholische Christen aus der gesamten DDR kommen 1987 in Dresden zusammen, fast doppelt so viele wie erwartet. „Nach Jahren des Rückzugs und der Vereinzelung prägten Christen das äußere Bild einer Stadt", erinnert sich 1992 der spätere Präsident des Zentralkomitees Hans Joachim Meyer an das für ihn „unauslöschliche Erlebnis".

Die drei Tage des Treffen sind dem Pastoralen, der Begegnung und der Wallfahrt gewidmet. Am zweiten Tag diskutieren 3.000 Delegierte in zehn Themengruppen über Frieden, die Arbeitswelt, Chancen und Gefährdungen in Ehe und Familie, Frauen in der Kirche und Ökologie – und vor allem über die Bedingungen des Christseins in der DDR.

Das Treffen folgt in vielem dem westdeutschen Vorbild der Katholikentage, wird aber betont unpolitisch konzipiert und anders genannt, um den Eindruck zu vermeiden, es handele sich um einen West-Import. Als Modell dienen außerdem die Wallfahrt und die Festwoche zum 750. Todestag der heiligen Elisabeth in Erfurt im Jahr 1981, bei denen auch schon

Delegierte aus allen Teilen der Republik Fragen der Caritas diskutierten und mehr als 50.000 Menschen am feierlichen Pontifikalamt zum Abschluss teilnahmen, darunter drei Kardinäle, 13 Bischöfe, 700 Priester und 500 Ordensfrauen.

Für Dresden gibt es sogar Pläne, den Papst einzuladen, die allerdings am Widerstand der DDR-Regierung scheitern. Auch Joseph Kardinal Höffner, der Vorsitzende der Deutschen Bischofskonferenz, darf nicht einreisen, schickt aber seinen Stellvertreter Karl Lehmann. Aus Rom kommt Joseph Kardinal Ratzinger. Vielen Teilnehmern bleiben die Worte des Berliner Bischofs Joachim Kardinal Meisner in Erinnerung: „Die Christen in unserem Land möchten ihre Begabungen und Fähigkeiten in unsere Gesellschaft einbringen, ohne dabei einem anderen Stern folgen zu sollen als dem von Bethlehem. Wie viele brachliegende Kräfte und stille Reserven würden dann aktiviert werden, wenn für den beruflichen Einsatz des einzelnen Bürgers vorrangig Sachkompetenz ausschlaggebend wäre!" Viele sehen in dem Katholikentreffen eine Ermunterung, aus dem Schutzraum der Gemeinden herauszutreten – und somit einen Schritt auf dem Weg zur Wende 1989.

Dresden, zwei Jahre vor der „Wende":
Joseph Kardinal Ratzinger und
Joachim Kardinal Meisner während
des Katholikentreffens im
Gespräch mit einem Kind.

1990 bis 2014
BIS ZUR GEGENWART

Völlig unerwartet sind sie 1990 wieder dabei: die katholischen Christen aus der DDR. 35.000 von ihnen strömen 1990 zum Katholikentag in Berlin. Da die Planungen schon lange vor der Wende begonnen haben, liegen nur wenige der 175 Veranstaltungsorte im Osten der Stadt. Aber von den 33.000 Besuchern, die in Privatquartieren unterkommen, schlafen mehr als die Hälfte in Ostberlin.

Die bekennenden Katholiken in der DDR haben ihren Glauben unter schwierigsten Bedingungen und großen Opfern bewahrt. Durch den Rückzug auf die Pfarrgemeinden und die caritative Arbeit konnten sie Distanz zum Regime wahren. Politisch wurden sie allerdings nur in Ausnahmefällen, so protestierte die katholische Kirche gegen die Einführung des obligatorischen Wehrunterrichts an Oberschulen. Schon die Verbindungen nach Westdeutschland und Rom verhinderten eine zu weitgehende Anpassung an die Verhältnisse im Sozialismus. Die Diözesen wurden nie an die Grenzen der DDR angeglichen, das Bistum Berlin blieb ungeteilt, und große Gebiete der DDR gehörten nach wie vor zu den Diözesen Osnabrück, Paderborn und Fulda. Der Heilige Stuhl erkannte den kommunistischen Staat nie an, weswegen es beispielsweise auch keinen Nuntius in Ostdeutschland gab. Papst Paul VI. plante das – gegen den Widerstand der meisten deutschen Katholiken – zu ändern, aber nach seinem Tod ließ Johannes Paul II. die bereits ausformulierten Dekrete in den Archiven verschwinden.

Nach der Wende organisiert sich der Katholizismus in der DDR vollkommen neu. Viele katholische Vereine und Räte werden gegründet, Pfarr- und teilweise auch Dekanatsräte gibt es jedoch bereits. 1994 werden die Bistümer Magdeburg, Görlitz, Erfurt und das Erzbistum Hamburg neu errichtet.

Als die Mauer fällt, leben nur noch 800.000 Katholiken in der DDR, was etwa fünf Prozent der Bevölkerung in der DDR und nicht einmal drei Prozent der Katholiken in ganz Deutschland entspricht. Dennoch mischen die Katholiken aus den neuen Bundesländern den Laienkatholizismus auf. Viele sind erschrocken über die betont kritische Haltung der westdeutschen Laien gegenüber dem Episkopat. Aber sie bringen auch ein unverkrampftes Verhältnis zur Ökumene mit. Und Hans Joachim Meyer, der letzte DDR-Bildungsminister, wird 1994 Vizepräsident und von 1997 bis 2009 Präsident des Zentralkomitees.

Unter seinem Einfluss bewegt sich das Zentralkomitee weiter auf die Initiativen „Kirche von unten" und „Wir sind Kirche" zu. Zentralkomitee und gastgebendes Bistum besetzen zu gleichen Teilen die entscheidenden Gremien der einzelnen Katholikentage. Doch die Laienvertreter werden aufmüpfiger und vertreten ihre Forderungen gegebenenfalls auch gegen die Bischöfe und die Weisungen aus Rom, vor allem in der Frage der Schwangerschaftskonfliktberatung.

Immer häufiger treten Mitglieder der SPD und der Grünen auf den Katholikentagen auf. Die eine, klare Botschaft pro Katholikentag gibt es nicht mehr. Stattdessen stehen verschiedene Themen im Fokus, zu denen es wiederum unterschiedliche Statements gibt. Dementsprechend lässt das Interesse an den Hauptkundgebungen nach, auf die schließlich verzichtet wird.

Das Gebet und die gelebte Frömmigkeit kommen dagegen nach wie vor nicht zu kurz. Da die Katholikentage nicht mehr im Herbst, sondern im Frühsommer stattfinden, werden oft auch die Feste Christi Himmelfahrt oder Fronleichnam ins Programm eingebunden. In die Zukunft weisen die ersten beiden Ökumenischen Kirchentage 2003 und 2010 und gemeinsame Veranstaltungen mit Juden und Muslimen. Überraschende, bewegende, umstrittene Statements zu sozialen und politischen Themen

sind auf den Katholikentagen zwar eher selten, und schon wegen der langen Vorlaufzeit liegen die Schwerpunkte des Programms nicht immer auf den drängendsten Zeitfragen. Aber trotzdem bleiben die Katholikentage das vielleicht wichtigste Forum für die Selbstvergewisserung und Außendarstellung des Katholizismus in Deutschland.

Gebet, Meditation und Ruhe spielen auf den Katholikentagen eine bedeutende Rolle, das „Geistliche Zentrum" findet regen Zulauf. Hier nehmen Jugendliche 2014 in Regensburg an einer „Nacht der Lichter" mit Brüdern aus Taizé teil.

Deutsche Einheit

BERGPREDIGT GEGEN STASI

Die Mauer ist weg – und wer war's? Für den SPD-Politiker Erhard Eppler, der in Berlin als Präsident des Evangelischen Kirchentages ein Grußwort spricht, ist die Antwort klar: Die christliche Friedensbewegung hat die Wende gebracht. Sie habe, so Eppler, dem Sicherheitsapparat in der DDR sein Feindbild gestohlen und dadurch die Mächtigen wehrlos gemacht. „Es war einfach für niemanden glaubhaft, dass diese jungen Frauen und Männer, die da mit Kerzen durch die Straßen zogen, der konterrevolutionäre Klassenfeind sein sollten." Und so habe der Geist der Bergpredigt das dichte und unzerreißbare Netz der Staatssicherheit „einfach abgestreift". Eppler nennt es ein Wunder.

Die christlichen Kirchen spielten bei der Wende in der DDR eine wichtige Rolle. Aber es waren die Gotteshäuser der Protestanten, in denen DDR-Bürgerrechtler Zuflucht fanden, etwa die Nicolaikirche in Leipzig und die Gethsemanekirche in Berlin. Die katholische Kirchenleitung zauderte dagegen lange. Georg Sterzinsky muss sich auf dem Katholikentag daher fragen lassen, ob die Katholiken nur Trittbrettfahrer eines Erfolges seien, den Protestanten herbeigeführt hätten. Die katholische Kirche habe immer nein gesagt zum Sozialismus, antwortet der Bischof von Berlin empört. Tatsächlich zeigten sich die Protestanten in dieser Hinsicht wesentlich kompromissbereiter. „Wir wollen Kirche nicht neben, nicht gegen, sondern Kirche im Sozialismus sein", lautet ein vielzitierter Ausspruch des Vorsitzenden des Bundes der Evangelischen Kirchen in der DDR Albrecht Schönherr.

Schon der „Kurs des Nicht-Mitmachens" sei ein „lebendiger Protest gegen das ganze System" gewesen, schreibt später auch Sterzinskys Vorgänger, Joachim Kardinal Meisner. Doch auch bei der Bürgerrechtsbewegung machte die Kirchenleitung nicht so recht mit, und das enttäuschte viele katholische Gläubige, die eng mit regimekritischen Protestanten zusammenarbeiten, etwa in der „Ökumenischen Versammlung für Gerechtigkeit, Frieden und Bewahrung der Schöpfung".

Inzwischen haben sich zahlreiche Initiativen, Gruppen und Kreise zu einem „Gemeinsamen Aktionsausschuss katholischer Christen" zusammengeschlossen. Vorsitzender ist der DDR-Bildungsminister Hans Joachim Meyer. „Die Menschen dieses Landes durchleben zurzeit ein Wechselbad von Euphorie und Panik", berichtet er dem Zentralkomitee.

WAS NOCH?

Der rot-grüne Westberliner Senat gibt für die Dauer des Katholikentags schulfrei, sodass 77.000 Gäste in Schulen übernachten können. Der polnische Schriftsteller Andrzej Szczypiorski erhält den ersten „Kunst- und Kulturpreis der deutschen Katholiken". 25 Jahre nach Ende des Zweiten Vatikanischen Konzils beklagt der Mainzer Bischof Karl Lehmann die „unfruchtbaren Grabenkämpfe zwischen substanzlosen Progressisten und blasierten Traditionalisten". Helmut Kohl dankt dem ungarischen Ministerpräsidenten József Antall für die Grenzöffnung. Anwesend sind auch Regierungschefs aus Litauen, den Niederlanden und Luxemburg. Bürgermeister Teddy Kollek spricht über seine Vision von Jerusalem. Nach Ansicht der Grünen Christa Nickels präsentiert sich die katholische Kirche oft „als ein glorioses verkrustetes Gemäuer, verriegelt und verrammelt mit hochgezogener Zugbrücke, regiert in Dogmatismus und Zentralismus von einem Männerbund". Die Theologin Herlinde Pissarek-Hudelist zeigt die Möglichkeiten einer feministischen Bibelauslegung auf. Erstmals gibt es ein Zentrum „Jugendreligionen, Sekten, New Age, Okkultismus". Viele theologische Vorträge sind dem Thema „Himmel" gewidmet. Um die Kreuzberger Sankt-Johannes-Basilika entsteht ein „Stadtkloster auf Zeit". Die Illustrierte „Prinz" schreibt über Katholiken: „Sie sind ein ruhiges Trüppchen, das beim nächtlichen Kudammbummel im Vergleich zu anderen Fanclubs kaum zu Aggressionen neigt."

Mit einer „Berliner Erklärung" rufen Zentralkomitee und Gemeinsamer Aktionsausschuss gemeinsam dazu auf, in einem vereinigten Deutschland mehr Verantwortung für Europa – insbesondere die ehemals kommunistischen Staaten – und die Welt zu übernehmen. Dieses Anliegen prägt auch die großen Reden des Katholikentags. „Da ist endlich wieder etwas zu tun, was alle fordert", erklärt Karl Lehmann, Vorsitzender der Bischofskonferenz. „Dann haben wir endlich auch in der Kirche selbst wieder etwas Ernsteres, als dass wir uns ständig selbst bespiegeln, uns mit den kleinsten Verletzungen so wichtig nehmen und unseren ach so kranken Seelenzustand kultivieren."

Doch in die Freude über das Ende des atheistischen Kommunismus mischt sich Besorgnis. Bundespräsident Richard von Weizsäcker und der Hannoveraner Rabbiner Henry G. Brandt warnen beispielsweise vor einem Wiederaufleben ethnischer Konflikte, und Johannes Paul II. sagt in seiner Grußbotschaft: „Als Kirche müssen wir es verhindern, dass der Mensch nach der Überwindung marxistischer Entfremdung sich im Konsumismus und Materialismus verliert."

„Marx ist tot, Jesus lebt", hat Norbert Blüm 1989 vor Danziger Werftarbeitern ausgerufen. Eppler hält das für unangemessen. „Europa wird niemals so christlich werden, wie Osteuropa marxistisch-leninistisch war", stellt er klar. Aber er ergänzt: „Vielleicht wird Europa umso christlicher sein, je weniger wir vom christlichen Abendland reden und je weniger wir daraus Ansprüche ableiten."

Muslime

NEUE STADT, NEUE NACHBARN

Sexuelle Permissivität, Konsumismus, eine „Wegwerf-Mentalität", die Selbstsucht vieler Reicher: Es gebe viele Trends, die Christen und Muslime gemeinsam herausforderten, erklärt Francis Arinze in Karlsruhe. Der aus Nigeria stammende Kardinal ist Präsident des Päpstlichen Rates für den interreligiösen Dialog und der Kommission für die Beziehung mit den Muslimen. Er spricht auf der ersten Veranstaltungsreihe eines Katholikentages, die ganz dem Dialog mit den Muslimen gewidmet ist.

Deutschland ist wiedervereinigt und der Eiserne Vorhang gefallen; im Februar 1992 wird mit dem Vertrag von Maastricht die Gründung der Europäischen Union beschlossen: „Eine neue Stadt ersteht" lautet das Leitwort, das dem Zentralkomitee dazu eingefallen ist, eine Anspielung auf das himmlische Jerusalem. In Karlsruhe wird deutlich, dass einige Mitbewohner der neuen Stadt auf Erden während der Katholikentage bisher kaum in Erscheinung getreten sind: Fast zwei Millionen Muslime leben allein in Deutschland, aber nicht einmal 1990 in Berlin gab es offizielle Veranstaltungen zur Begegnung mit den vielen türkischstämmigen Einwohnern der Stadt. Erst in Karlsruhe diskutieren Vertreter beider Religionen in „Werkstattgesprächen" über den „christlichen Umgang mit Muslimen" in religionsverschiedenen Ehen, in Kindergärten und Schulen, beim Beten und mit Blick auf islamische Bräuche und Feiertage. Auch beim „Gebet der Religionen für den Frieden" ist der Islam vertreten. Die Katholiken besuchen außerdem das Mittagsgebet in einer Moschee und nehmen an einem „Abend der Begegnung" teil. Dieser findet allerdings nicht in Karlsruhe, sondern in der Fatih-Moschee im benachbarten Pforzheim statt.

Die Organisatoren können für den christlich-islamischen Dialog auf ihren Erfahrungen in der Ökumene aufbauen. Die Zusammenarbeit mit anderen christlichen Konfessionen durch-zieht das Programm inzwischen von den Forendiskussionen bis zu den Bibelarbeiten. Der Präsident des Evangelischen Kirchentags spricht jedes Jahr ein Grußwort, und in Karlsruhe gibt es zur Eröffnung eine Taufgedächtnisfeier, an der unter anderem der evangelische Landesbischof Klaus Engelhardt, die Präsidentin des Evangelischen Kirchentags Erika Reihlen und der orthodoxe Metropolit Augoustinos Labardakis teilnehmen. Veranstaltungen mit Vertretern des Judentums gehören seit dem Zweiten Vatikanischen Konzil ebenfalls zum Programm der Katholikentage. 1970 fand erstmals eine christlich-jüdische Gemeinschaftsfeier statt, seit 1986 vermittelt ein „jüdisches Lehrhaus" religiöse Traditionen des Judentums.

Auch der christlich-islamische Dialog entwickelt sich zu einem festen Bestandteil der Katholikentage. Ganz im Sinne Kardinal Arinzes stehen Vertreter verschiedener Religionen immer häufiger für gemeinsame Interessen ein, etwa im Kampf für den Religionsunterricht an deutschen Schulen. 2012 tritt die Deutsche Bischofskonferenz außerdem öffentlich für das Recht auf die im Judentum und im Islam übliche Beschneidung von Jungen ein, nachdem das Kölner Landgericht diese als strafbare Körperverletzung gewertet hat. Auf der Weltbühne sorgen die Gemeinsamkeiten zwischen Katholiken und Muslimen jedoch auch für Befremden, und das nicht nur bei Atheisten, etwa wenn der Heilige Stuhl und islamische Staaten sich als entschiedenste Kritiker von UNO-Erklärungen zu den Rechten von Frauen und Homosexuellen hervortun.

Auch in der Karlsruher An-Nur-Moschee gibt es während des Katholikentags Begegnungen zwischen Christen und Muslimen im kleineren Kreis.

Die Bundesrepublik sei zu einem „heidnischen Land mit christlichen Restbeständen" geworden, lautet pünktlich zum Katholikentag das Fazit des „Spiegels" zu einer selbst in Auftrag gegebenen Umfrage. Nach Ansicht von Theodor Bolzenius, Pressesprecher des Zentralkomitees, konnten sich daher viele Journalisten nicht mehr vorurteilsfrei auf den Katholikentag einlassen. Am meisten Aufmerksamkeit zieht eine Diskussion des Kirchenkritikers Eugen Drewermann mit Hanna-Renate Laurien auf sich. Die „Zeit" beobachtet in der Hauptkundgebung „choreografischen Kitsch" und „gesungene Sacro-Pop-Banalitäten", die Jugendverbände fühlen sich vom Zentralkomitee gegängelt. Mehrere Veranstaltungen und die Botschaft Johannes Pauls II. widmen sich der Versöhnung zwischen Opfern und Tätern kommunistischer Regime, zwischen den Völkern Europas, zwischen Christen und Juden sowie – 500 Jahre nach der „Entdeckung" Amerikas – zwischen Europa und Lateinamerika. Das Zentralkomitee regt zugunsten ehemals kommunistischer Länder die Gründung des Vereins „Renovabis" an. Wichtige Themen sind der Krieg im zerfallenden Jugoslawien und die Asylpolitik. Heiner Geißler befürwortet die multikulturelle Gesellschaft, will Muslimen in Deutschland aber nicht gestatten, einen Harem zu „eröffnen". Die Nachfrage nach der Beichte im Geistlichen Zentrum lässt nach, während das ökumenische Bibelzentrum gut besucht ist. Hans Maier verteidigt die Mitspracherechte der deutschen Ortskirchen bei Bischofsernennungen, und der baden-württembergische Ministerpräsident Erwin Teufel warnt vor unliebsamen Folgen des Zentralismus aus Brüssel und Rom.

Schwule und Lesben

APOKALYPTISCHE REITER

Furchtbare Zahlen, ein „Bild des Schmutzes und des Schlammes" müsse er präsentieren, so der Leipziger Justizrat Heinrich Schrömbgenz, ein Studienfreund Konrad Adenauers: Die Zahl der „ausgesprochenen Homosexuellen" werde allein für Berlin auf 30.000 geschätzt, die der männlichen Prostituierten auf mehr als 2.000. „Sie verfügen über eigene Lokale, eine Anzahl Zeitungen und Schriften, eine große Organisation, die sich vor allem an die Jugend heranmacht. ... Wer sollte im Anblick dieses Bildes der Unsittlichkeit, all der Verwüstungen, die die Unzucht am Volke anrichtet, des Siechtums und des Jammers, die hinter ihr herziehen, nicht an das grausige Bild denken, das uns der heilige Johannes im 6. Kapitel der Geheimen Offenbarung ausmalt: die vier apokalyptischen Reiter, die über die Erde rasen, um sie zu züchtigen und zu vernichten."

Das war 1925. Fast siebzig Jahre später, auf dem Katholikentag in Dresden, ist das Thema Homosexualität immer noch aktuell. Aber es wird nicht nur über Schwule und Lesben geredet, sondern auch mit ihnen. Die 1977 gegründete ökumenische Arbeitsgruppe „Homosexuelle und Kirche" hat als Mitglied in der Initiative „Kirche von unten" einen Informationsstand auf der Kirchenmeile. Das bedeutet eine kleine Sensation; denn noch in den 1980er-Jahren forderte das Zentralkomitee von der Initiative als Bedingung für eine Teilnahme am Katholikentag, sich unter anderem von den Homosexuellen zu trennen – was für „Kirche von unten" nicht infrage kam.

In Dresden ziehen die Teilnehmer des Forums „Was sagen die Kirchen zur Homosexualität?" das Fazit: „Die Teilnahme an offenen Gesprächen ... schwächt die Fixierung auf Dokumente und Dekrete und stärkt stattdessen die Erfahrung, dass homosexuelle Menschen selbstverständlich zur Kirche gehören." In der Werkstatt „Diskriminierung in der Kirche" kommen dem Bericht zufolge sogar „völlig unterschiedliche Minderheiten wie die Gruppe ‚Homosexuelle und Kirche' und das ‚Opus Dei' zu Wort". Und es bleibt tatsächlich friedlich. „Wider anfängliches Erwarten war das Klima der Veranstaltung freundlich, wozu auch die anwesende Musikgruppe maßgeblich beitrug."

WAS NOCH?

Erstmals findet der Katholikentag in den neuen Bundesländern statt, und erstmals gibt es eine Kirchenmeile. Sie stellt eigentlich eine Notlösung dar – es waren keine geeigneten Räume zu finden –, erweist sich aber als Glücksfall. Auch Nichtkatholiken begrüßen die Hinwendung zur Öffentlichkeit und zeigen sich beeindruckt von der Vielfältigkeit der katholischen Kirche. Die zweieinhalb Kilometer der Kirchenmeile mit ihren 200 Zelten und 4 Bühnen stehen auch ökumenischen Initiativen offen, die unter der Überschrift „Konziliarer Prozess" zudem eigenständige Beiträge organisieren. Dem Programmbeirat gehören zwei Vertreter der evangelischen Kirche an – ebenfalls eine Premiere. Am Samstag, dem „Dresdentag", sind alle Veranstaltungen frei zugänglich. Ein Forum behandelt das Verhältnis der Stasi zu den Kirchen. Der Vorsitzende der Deutschen Bischofskonferenz Karl Lehmann spricht sich gegen Abtreibung und Sterbehilfe aus. Der Fuldaer Erzbischof Johannes Dyba erntet Protest, als er die Reformvorschläge eines Dialogpapiers des Zentralkomitees von 1991 als „Funktionärswehwehchen" abkanzelt und Kritikern den Kirchenaustritt nahelegt.

In der Folge steht der kirchliche Umgang mit Lesben und Schwulen grundsätzlich auf dem Prüfstand. Im April 2015 empfiehlt die Bischofskonferenz, das kirchliche Arbeitsrecht so zu ändern, dass eine eingetragene Lebenspartnerschaft nur noch in Ausnahmefällen einen Kündigungsgrund bedeutet. Knapp zwei Wochen später fordert das Zentralkomitee nicht nur, das Zusammenleben in „festen gleichgeschlechtlichen Partnerschaften" zu akzeptieren, sondern auch, liturgische Formen unter anderem zur Segnung gleichgeschlechtlicher Partnerschaften weiterzuentwickeln. Das geht den meisten Bischöfen zu weit: Der Vorsitzende der Deutschen Bischofskonferenz Reinhard Kardinal Marx spricht in einer Presseerklärung von „vorschnellen, plakativen Forderungen", die der Lehre und der Tradition der Kirche widersprächen.

Zukunft des Sozialstaats

KETTELERS ERBE

Zum 150-jährigen Jubiläum des Katholikentags liegt die Versuchung nahe, in Nostalgie zu verfallen: Was waren das doch für Zeiten, als der soziale und politische Katholizismus kämpferisch, einig und mächtig war! Der protestantische Bundespräsident Roman Herzog ruft bei einer Festveranstaltung in der Frankfurter Paulskirche in Erinnerung, dass die Erfolgsgeschichte der Bundesrepublik „auch den katholischen Verbänden, namentlich dem Sozialkatholizismus" zu danken sei. Und der Theologe Karl Gabriel behauptet, die sozial-katholische Bewegung habe dem industriegesellschaftlichen Kapitalismus ein „menschliches

Viel Prominenz kommt zur Festveranstaltung in der Frankfurter Paulskirche. Hier im Bild: Hans Joachim Meyer, Roman Herzog, die Frankfurter Oberbürgermeisterin Petra Roth, die Präsidentin des Bundesverfassungsgerichtes Jutta Limbach mit ihrem Mann, der Apostolische Nuntius Giovanni Lajolo und Bischof Karl Lehmann.

WAS NOCH?

Roman Herzog, Oskar Lafontaine und viele andere wünschen sich, dass die Katholiken im staatlichen Beratungssystem für Schwangere verbleiben. Ausgiebig diskutiert werden Bioethik, Nachhaltigkeit und „Weltethos". Umweltministerin Angela Merkel widerspricht Grünen-Fraktionschef Joschka Fischer, als dieser behauptet, die Atomkraft sei nicht beherrschbar. Das in Brandenburg eingeführte Fach „Lebensgestaltung – Ethik – Religionskunde" wird einhellig abgelehnt. Der Familienbund fordert mehr Geld für Familien. Viel Applaus erhält der vom Papst seines Amtes enthobene französische Bischof Jacques Gaillot. Erstmals gibt es ein Internet-Café; die Pfadfinderschaft Sankt Georg sowie der Verein „Pfarrer und PC" bieten Veranstaltungen zum World Wide Web an. Der „Katholikentag von unten" provoziert durch ein Abendmahl mit Protestanten und Altkatholiken. Erstmals haben die Männer ein eigenes Zentrum. Das Programm eines ganzen Tages wird mit dem Deutschen Evangelischen Kirchentag gestaltet. Die Zahl von 25.000 Dauerteilnehmern enttäuscht etwas. Der Bildhauer Thomas Duttenhoefer klagt: „Das letzte Fin de siècle hatte immerhin noch Oscar Wilde, wir nun haben Guildo Horn."

beziehungsweise menschengerechtes Gesicht abgerungen" und ihn damit erst überlebensfähig gemacht.

Und jetzt, 1998? Wer hat das Erbe des Mainzer Arbeiterbischofs Wilhelm Emmanuel angetreten? Hat die katholische Kirche im ausgehenden 20. Jahrhundert überhaupt noch etwas zur Sozialen Frage zu sagen? Einerseits widerspricht die deutsche Wirtschafts- und Gesellschaftsordnung der christlichen Soziallehre nicht so eklatant, dass die Katholiken einhellig aufbegehren

Beim Mainzer Karneval lassen die Narren Bischof Karl Lehmann auf einem Delfin reiten, dem Logo des Katholikentags in Mainz.

würden. Andererseits ist zweifellos auch nicht alles in Ordnung: Die weltweite Verteilung des Reichtums entspricht nicht ansatzweise dem Ideal der Gerechtigkeit, die beschleunigte Globalisierung erscheint unkontrollierbar, die Zahl der Arbeitslosen in Deutschland ist im Durchschnitt des Jahres 1997 auf den Rekordwert von fast 4,4 Millionen gestiegen, und die Sozialsysteme stecken in einer tiefen Krise. Der Kapitalismus drohe sich in wenigen Jahren das zurückzuholen, was der Staat ihm unter dem Druck der Sozialbewegungen in 200 Jahren abgerungen habe, merkt Gabriel an. „Reformstau" war das Wort des Jahres 1997.

Über die Frage, welche Konsequenzen daraus zu ziehen sind, gehen die Meinungen in Mainz auseinander. Viele Teilnehmer interessieren sich gar nicht für Sozialpolitik, sondern nur für die innere Verfasstheit der Kirche. Erst spät wird ein Arbeitskreis eingesetzt, der erstmals ein „Soziales Zentrum" organisiert. Die Besucherzahlen sind gering, was die Veranstalter vor allem auf den abgelegenen Standort zurückführen. Den gesamten Katholikentag durchzieht jedoch die Kritik an einem ungezügelten Kapitalismus. Die Ideen Kettelers würden in der Befreiungstheologie weiterleben, heißt es etwa im Zentrum „Eine Welt –

Weltkirche". Regelrecht „totgelobt" wird nach den Worten Karl Lehmanns ein gemeinsames Sozialwort, das der Rat der Evangelischen Kirche in Deutschland und die Deutsche Bischofskonferenz 1997 verabschiedet haben. Es bekommt Applaus aus unerwarteten Richtungen: Die Hamburger Wissenschaftssenatorin Krista Sager, Mitglied der Grünen, findet es mutig, bezeichnet es als „kleine gelbe Bibel" und ermutigt die Kirchen, weiter Position gegen den „neoliberalistischen Zeitgeist" zu beziehen.

Das ist durchaus bezeichnend. Politisch ist der deutsche Katholizismus so ungebunden wie noch nie. Die Dominanz der Unionsparteien ist dahin, die SPD und die Grünen sind in Mainz ebenfalls prominent vertreten. Einige Beobachter sehen das als Indiz dafür, dass sich nach 16 Jahren Kohl-Kanzlerschaft eine Wende anbahnt. Und tatsächlich: Gut drei Monate nach dem Katholikentag gewinnt Gerhard Schröder die Bundestagswahl. Das Wort des Jahres 1998 wird „Rot-Grün".

219

Rechtskatholiken

DIE FROMMEN VON FULDA

Nein, mit Bodypainting, feministischer Theologie oder verheirateten Ex-Priestern kann der Fuldaer Bischof Johannes Dyba nichts anfangen. „Degenerationserscheinungen", lautet sein Urteil. Auf den Katholikentagen werde „jeder Hauch von Schwachsinn uralten Wahrheiten gleichgestellt", das Treffen gleiche einem politischen Jahrmarkt, und ein Großteil der Veranstaltungen habe nichts mit dem Glauben zu tun. Pünktlich zur Eröffnung des Katholikentags nutzt Dyba für seine Generalabrechnung ausgerechnet ein Interview mit der linksalternativen „taz".

Wieder einmal bläst dem Zentralkomitee der Wind ins Gesicht. Dabei hat es in den vergangenen Jahren viele Konflikte entschärft. Die Initiative „Kirche von unten" bietet inzwischen Veranstaltungen auf dem Katholikentag an. Gleiches gilt für die Bewegung „Wir sind Kirche", die 1995 in Österreich und Deutschland fast 2,5 Millionen Unterschriften gesammelt hat, etwa für eine Abschaffung des Zölibats, Mitsprache bei Bischofswahlen und die Priesterweihe von Frauen. Die Liste der prominenten Unterstützer ist lang, und auch der Präsident des Zentralkomitees Hans Joachim Meyer verhehlt seine Sympathien für viele Anliegen der Bewegung nicht. Der „Bund der Deutschen Katholischen Jugend" hat ihm dafür bereits 1998 seinen „Demokratieförderpreis" verliehen.

Das Verhältnis des Zentralkomitees zum Papst und zu Teilen des deutschen Episkopats hat sich dagegen verschlechtert. 1997 sind die vatikanischen „Instruktionen zu einigen Fragen über die Mitarbeit der Laien am Dienst der Priester" erschienen, in der viele Laienvertreter einen Rückschritt hinter die Prinzipien des Zweiten Vatikanischen Konzils sehen. Für Enttäuschung und Verärgerung sorgt schließlich der erzwungene Ausstieg der Caritas und des „Sozialdienstes katholischer Frauen" aus der gesetzlichen Schwangerschaftskonfliktberatung. Die Gründung des Vereins „Donum vitae" bewerten konservative Katholiken als Ungehorsam gegenüber dem Papst.

Zu einem kleinen Eklat kommt es, als die Organisatoren des Katholikentags den Wunsch des betont papsttreuen „Initiativkreises katholischer Laien und Priester" ablehnen, Pater Andreas Hönisch ins Programm einzubinden, den Gründer der extrem umstrittenen „Katholischen Pfadfinderschaft Europas". Der Initiativkreis sagt seine Teilnahme daraufhin komplett ab.

Auch Dyba boykottiert die Veranstaltung, so gut er kann. Er ordnet die übliche Kollekte für den Katholikentag nicht an und legt das Fuldaer Bonifatiusfest auf denselben Termin. In Ham-

WAS NOCH?

Die Eucharistiefeier an Christi Himmelfahrt hat 30.000 Teilnehmer, das „Fest der Völker und Kulturen" im Stadtteil Sankt Georg 70.000. Die meisten Veranstaltungen werden nicht auf Zentren und Werkstätten verteilt, sondern ins zentrale Programm integriert. 40 Pilgerfahrten und -wege sind den Heiligen Ansgar und Birgitta gewidmet, eine Messehalle dient als Pilgerkirche. Die Bundesvorsitzende des „Sozialdienstes katholischer Frauen" Maria Elisabeth Thoma zeigt sich enttäuscht, dass sich das Zentralkomitee nicht stärker für den Verbleib ihres Verbandes in der Schwangerenkonfliktberatung eingesetzt hat. In einem Planspiel wird eine Pfarrgemeinderatssitzung zum Thema „Kirchenasyl" nachgestellt. Vertreter von Pax Christi sind – im Gegensatz zum Zentralkomitee – für ein Ende der Wehrpflicht. Als Reaktion auf die Parteispendenaffäre der CDU verabschiedet das Zentralkomitee das „Hamburger Memorandum" mit dem Titel „Verantwortung übernehmen in der Demokratie". Zentrale Themen des Katholikentages sind die Zukunft der Pfarrgemeinden in Zeiten des Priestermangels, die Rentenreform, humanitäre Interventionen in Krisengebieten und ein Schuldenerlass für die ärmsten Länder der Welt. Der „TV-Pfarrer" Jürgen Fliege kritisiert die Sprache der Kirche als „Gewäsch, das keiner mehr versteht". Vor dem Nachtgebet am Eröffnungsabend singt die 85-jährige Heidi Kabel „In Hamburg sagt man tschüss".

burg nimmt er nur einen einzigen Termin wahr: Als Militärbischof zelebriert er eine Messe für Soldaten. Anschließend wendet er sich gegen die „aufgewärmte Altkritik von längst in den
Ruhestand geschickten Professoren, die noch mal Unruhe stiften
und ihre eigenen Lehren verkünden" – das zielt auf Hans Küng,
der zum ersten Mal seit 20 Jahren wieder auf einem Katholikentag dabei ist.

Die Medien lieben Dyba für solche Attacken. Der Bischof
liefert knallige Überschriften, und in Talkshows füllt er gleichzeitig die Rollen des bösen Inquisitors und des unterhaltsamen
Politclowns aus. Das Zentralkomitee bemüht sich daher um
hanseatische Gelassenheit. „Ich finde keinen Ansatz, mich mit
solchen Behauptungen und Beschuldigungen in intellektuellen
Kategorien auseinanderzusetzen", erklärt Hans Joachim Meyer
zum „taz"-Interview.

Dyba ist auch in der Bischofskonferenz weitgehend isoliert,
nur der Kölner Erzbischof Joachim Kardinal Meisner tritt hin
und wieder als sein Mitstreiter in Erscheinung. Doch der Einfluss
des Fuldaer Bischofs ist nicht zu unterschätzen. „Die Argumente
von Bischof Dyba sind manchmal primitiv, aber auch die Argumente Roms", sagt Küng.

Wenige Wochen nach dem Katholikentag, am 23. Juli 2000,
stirbt der Bischof von Fulda überraschend an Herzversagen.
Zuvor hat er noch einen Teil der Initiativkreise und andere konservative Gruppen ermutigt, sich zum „Forum Deutscher
Katholiken" zusammenzuschließen, das im Juni 2001 – selbstverständlich in Fulda – seinen eigenen „Katholikentag" organisiert: den Kongress „Freude am Glauben", mit immerhin 800
Teilnehmern. Die Veranstaltung findet seitdem jährlich statt
und erhält bald prominente Unterstützung: Joseph Kardinal
Ratzinger zelebriert 2002 die Schlussmesse. Seinen geistigen
Vater hat das Forum nicht vergessen: Auf seiner Homepage sam-
melt es Unterschriften für eine Seligsprechung Johannes Dybas.

ERSTER ÖKUMENISCHER KIRCHENTAG

Was lange währt … Mehr als dreißig Jahre nach dem Pfingsttreffen findet endlich der Erste Ökumenische Kirchentag statt – und wird zu einem großen Erfolg. Es werden allein 200.000 Dauerteilnehmer gezählt, zum „Abend der Begegnung" auf dem Boulevard „Unter den Linden" kommen sogar fast eine halbe Million Menschen.

1.900 akkreditierte Journalisten und viel Polit-Prominenz sorgen dafür, dass der Kirchentag auch zu einem Medienereignis wird. Diskutiert wird unter anderem über die „Agenda 2010" und den Irakkrieg. Die Predigt des ökumenischen Abschluss-

gottesdienstes halten Karl Kardinal Lehmann und Manfred Kock, der Ratsvorsitzende der Evangelischen Kirche in Deutschland, gemeinsam.

Die Veranstalter, das Zentralkomitee und der Evangelische Kirchentag, binden außerdem weitere Vertreter der „Arbeitsgemeinschaft Christlicher Kirchen" ein; und auch der interreligiöse Dialog kommt nicht zu kurz. Einer der Stars der Veranstaltung ist der Dalai-Lama, der vor 20.000 Besuchern auf der Waldbühne auftritt. Insgesamt gibt es rund 3.200 Einzelveranstaltungen.

Große Erwartungen hat 1999 die „Gemeinsame Erklärung über die Rechtfertigungslehre" geweckt, die von Vertretern der katholischen, der lutherischen und der methodistischen Kirchen unterzeichnet wurde, allerdings insbesondere bei protestantischen Professoren auf Kritik stieß. In Berlin gerät immer wieder die Taufe als das Sakrament in den Blick, das alle Christen verbindet. Für Enttäuschung sorgt dagegen die Position der katholischen Kirche zum gemeinsamen Abendmahl. Wenige Wochen vor Beginn des Ökumenischen Kirchentags hat Johannes Paul II. noch einmal ausdrücklich bekräftigt, dass die Eucharistie an Nichtkatholiken nur unter besonderen Umständen und nur in Einzelfällen gespendet werden darf. Die Initiative „Kirche von unten" und die Kirchenvolksbewegung ignorieren das. Sie organisieren gleich zwei Gottesdienste mit gemeinsamem Kommunionempfang. Bei dem ersten nimmt der katholische Priester Bernhard Kroll am evangelischen Abendmahl teil. Nur drei Tage später wird er von seinem Amt suspendiert. Ähnlich ergeht es dem katholischen Priester Gotthold Hasenhüttl, der den zweiten Gottesdienst zelebriert und ausdrücklich alle Anwesenden zur Kommunion einlädt.

223

Bio-Ethik

GROSSE FRAGEN

Der Mediziner Oliver Brüstle, ein Katholik aus dem schwäbischen Biberach, hat ein Problem mit seiner Kirche. Im Jahr 2000 beantragt er als erster Forscher in Deutschland Mittel für die Forschung an embryonalen Stammzellen – und löst damit eine so heftige Diskussion aus, dass er zeitweise Polizeischutz benötigt. Die Zellen, mit denen er forschen möchte, stammen aus Embryonen, die bei der Befruchtung im Reagenzglas übrig bleiben. Die katholische Kirche lehnt Brüstles Vorhaben daher rigoros ab.

Auf dem Katholikentag in Ulm ist Bio-Ethik das zentrale Thema. Brüstle hat Gelegenheit, in einem Podiumsgespräch seine Sicht der Dinge darzulegen. Es geht um die ganz großen Fragen: Wann beginnt das menschliche Leben? Und ist es von Anfang an unbedingt zu schützen? Brüstle möchte nicht „allem, was das Potenzial besitzt, sich in einen Organismus, in ein Individuum zu entwickeln", die volle Menschenwürde zuerkennen, sondern nur dem Leben, das „bestimmt ist, Mensch zu werden". Er hofft auf neue Methoden zur Heilung von Krankheiten wie Parkinson und Multipler Sklerose. Die ersten Ergebnisse der Stammzellenforschung lassen es seiner Ansicht nach „geradezu unverantwortlich" erscheinen, damit aufzuhören. Die Kirchen laufen Brüstle zufolge Gefahr, den wissenschaftlichen Entwicklungen hinterherzulaufen und nicht mehr gehört zu werden. Nebenbei erwähnt der Wissenschaftler, dass ausgerechnet die Kirche die Verschmelzung von Ei und Samenzelle nicht immer als Beginn der Menschwerdung anerkannt habe.

Gebhard Fürst, Bischof von Rottenburg-Stuttgart, räumt ein, dass der Kirchenlehrer Thomas von Aquin in Anlehnung an den griechischen Philosophen Aristoteles glaubte, ein männlicher Fötus werde am 40. Tag beseelt, ein weiblicher am 80. Hier habe die Kirche dazugelernt. Das Christentum sei niemals forschungsfeindlich, sondern lebensfreundlich, behauptet der Bischof. Wissenschaft dürfe aber kein Selbstzweck sein, sondern

müsse dem Wohl des Menschen dienen. Für Fürst steht fest: „Keine noch so schwere Krankheit kann rechtfertigen, dass ein Embryo getötet wird."

Unterstützung erhält der Bischof von der Donum-vitae-Vorsitzenden Rita Waschbüsch. Sie bezeichnet die Versprechungen, mit embryonalen Stammzellen helfen und heilen zu können, als „Sirenenverlockungen", warnt vor einem „Machbarkeitswahn" und verweist auf die kommerziellen Interessen an der Forschung. Am ehesten kommt noch der Mediziner Eckhard Nagel, designierter Präsident des Evangelischen Kirchentags 2005, seinem Kollegen Brüstle entgegen. Er lehnt die Forschung mit Embryonen zwar ab, hält es aber für möglich, dass in Zukunft „an irgendeinem Punkt einmal" zwischen den Lebensrechten von Kranken und Embryonen abgewogen werden muss. Peter Radtke, der wegen seiner Glasknochenkrankheit im Rollstuhl sitzt, lehnt die Stammzellenforschung dagegen rundum ab. Seiner Ansicht nach geht es auf dem Katholikentag nicht darum, „wie in einer Talkshow im Privatfernsehen" das Für und Wider zu diskutieren, sondern Farbe zu zeigen.

Über Themen wie Stammzellenforschung, Klonen und Präimplantationsdiagnostik diskutieren Katholiken auf dem Ulmer Treffen auch mit Juden und Muslimen. Die Meinung der Experten ist gefragt: 2001 hat die Bundesregierung einen Nationalen Ethikrat mit Vertretern verschiedener Disziplinen eingesetzt. Fürst, Nagel und Radtke zählen zu den Mitgliedern. 2003 hat das Parlament die Forschung an importierten Stammzellen erlaubt, die vor dem Jahr 2002 gewonnen wurden. Nach heftigen Debatten stimmt der Bundestag 2008 gegen eine Abschaffung des Stichtages, verschiebt ihn aber um fünf Jahre. Der Fraktionszwang ist aufgehoben, und es kommt zu ungewöhnlichen Bündnissen. Während die ehemalige Vizepräsidentin des Zentralkomitees Annette Schavan die Neuregelung als Bundes-

Über die Bio-Ethik diskutieren in Ulm (von links): Stammzellenforscher Oliver Brüstle, Eckhard Nagel, Ortwin Renn, Bischof Gebhard Fürst, Peter Radtke und Rita Waschbüsch.

WAS NOCH?

Die Besucherzahlen zwischen dem Ökumenischen Kirchentag in Berlin und dem Weltjugendtag in Köln übersteigen die Erwartungen: Es kommen 25.000 Dauer- und im Schnitt 10.000 Tagesteilnehmer. Auch Neu-Ulm auf der bayerischen Donauseite wird eingebunden. Erstmals gibt es einen „Treff der Generationen" für Kinder, Familien und Senioren sowie ein gemeinsames Zentrum für Frauen und Männer. Peter Frey, Leiter des ZDF-Hauptstadtstudios, moderiert die fernsehgerechte Hauptveranstaltung mit Musik, Einspielfilmen und Interviews. Hanna-Renate Laurien, Karl Kardinal Lehmann und Hans Küng diskutieren über die Zukunft der Kirche. Annette Schavan, Kultusministerin in Baden-Württemberg, rechtfertigt das dortige Kopftuchverbot für muslimische Lehrerinnen. Walter Kardinal Kasper, ehemaliger Bischof von Rottenburg-Stuttgart und jetzt Präsident des „Päpstlichen Rates zur Förderung der Einheit der Christen", warnt vor einem „Wischi-waschi-Ökumenismus". Der Katholikentag bekommt einen professionellen Internetauftritt. Viele Zuhörer lockt ein Poetry Slam an. Der Schriftsteller Martin Mosebach kritisiert die Liturgiereformen. Christa Nickels, inzwischen umweltpolitische Sprecherin des Zentralkomitees, erläutert dessen „Plädoyer für eine nachhaltige Landwirtschaft". Die Suche nach Privatquartieren steht unter dem Motto „A Nescht für d'Gäscht"; die „Süddeutsche Zeitung" beschreibt den Katholikentag als „freundlich schwäbelndes Familientreffen".

Beim abschließenden Gottesdienst kann der strömende Regen die gute Stimmung nicht trüben.

forschungsministerin begrüßt, reagieren die Bischofskonferenz und das Zentralkomitee mit deutlicher Kritik. Und schon im Vorfeld der Abstimmung erklärt Bischof Fürst, in Fragen der Bio-Ethik seien ihm die Grünen inzwischen näher als die Union. „Wir sehen, dass die Ehrfurcht vor dem Leben und der Schöpfung bei dieser Partei sehr stark ausgeprägt ist."

Zugang zum Priesteramt

DER LEERE ALTARRAUM

„Wie steht es mit der Zölibatspflicht, wie steht es mit der Frauen-ordination, und wie steht es mit der Öffnung von Diensten und Ämtern für Laien und dann natürlich auch für Frauen?" Die Regensburger Kirchenrechtlerin Sabine Demel stellt in Saar-brücken Fragen, die, wie sie selbst sagt, inzwischen „klassisch" geworden sind. „Der leere Altarraum" lautet der Titel des Po-diums, auf dem es vor allem um Geschlechtergerechtigkeit, aber auch um den Priestermangel geht.

Demel erhält viel Applaus. Denn die Probleme der Seelsorge in den Gemeinden sind nicht zu leugnen, auch die Zusammen-fassung von Pfarreien in Seelsorgeeinheiten oder die Hilfe von Priestern aus Indien ändert daran wenig. Schon die Teilnehmer der Würzburger Synode machten sich in den Jahren 1971 bis 1975 ausführlich Gedanken, wie Abhilfe möglich wäre. Aber bewegen konnten sie wenig. Die Bischöfe legten ihr Veto dage-gen ein, über die Priesterweihe für verheiratete, in der Gemein-dearbeit bewährte Männer, die „viri probati", überhaupt zu diskutieren – das Thema übersteige die Zuständigkeit der Kirche in Deutschland. Voten der Synode für die Weihe von Diako-ninnen und die Predigt von Laien auch in der Eucharistiefeier stießen in Rom auf Ablehnung. 1994 schloss Johannes Paul II. die Weihe von Frauen zu Priesterinnen noch einmal rigoros aus.

Auch das Thema „Pflichtzölibat" ist immer noch ein heißes Eisen. Die Verpflichtung zur Ehelosigkeit steht nicht nur wegen des Priestermangels in der Kritik, sondern auch wegen der schwierigen Schicksale der Geliebten und der Kinder von Pries-tern. Der „Initiativgruppe vom Zölibat betroffener Frauen" wird in Saarbrücken zum wiederholten Male ein Stand auf der Kir-chenmeile verweigert – sie findet allerdings Unterschlupf bei der „Vereinigung katholischer Priester und ihrer Frauen".
Karl Kardinal Lehmann, der mit Demel auf dem Podium sitzt, hat sich auf der Würzburger Synode selbst für die Predigt von Laien in der Eucharistiefeier stark gemacht. Auf die Forderung nach kirchlichen Ämtern für Frauen reagiert er jedoch gereizt:

Die Regensburger Kirchenrechtlerin Sabine Demel provoziert mit ihren Thesen zur Geschlechtergerechtigkeit in der katholischen Kirche.

WAS NOCH?

Das Thema „Gerechtigkeit" lockt viele Politiker an. Franz Münte-
fering, Minister für Arbeit und Soziales, rechtfertigt sich für Hartz IV:
„Man darf uns nicht unterstellen, dass da Leichtfertigkeit oder
Böswilligkeit mit im Spiel war." Als Sozialethiker beteiligt sich der
Trierer Bischof Reinhard Marx engagiert an den Debatten. Bundes-
kanzlerin Angela Merkel spricht mit jungen Menschen aus verschie-
denen Ländern über Europa – ein Thema, zu dem auch Innenminis-
ter Wolfgang Schäuble, der luxemburgische Premier Jean-Claude
Juncker und der österreichische Bundeskanzler Wolfgang Schüssel
Vorträge halten. Bundespräsident Horst Köhler beklagt mit Blick auf
„Global Governance" die Doppelmoral der Politik. Entwicklungsmi-
nisterin Heidemarie Wieczorek-Zeul diskutiert über AIDS in Afrika,
Bundestags-Vizepräsident Wolfgang Thierse spricht über den
Vertrauensverlust der Politik und warnt vor dem „totalen Markt".
Auf dem Podium „Warum fliegt das Huhn nach Kamerun?" wird
überlegt, wie Bauern in Afrika vor den Dumpingpreisen subventio-
nierter Agrarprodukte aus Europa geschützt werden können. Die
Moraltheologin Regina Ammicht Quinn kritisiert den Körperkult
der Gegenwart und die körperverachtende Theologie der Vergangenheit. Beliebt ist die „Nacht der Lichter" mit Brüdern aus Taizé. Im
Weltkulturerbe Völklinger Hütte wird eine Marienvesper aufgeführt;
ein ökumenischer Pilgerweg beginnt auf den Spicherer Höhen in
Frankreich. Am Abschlussabend speisen 2.000 Katholikentagteilneh-
mer und Obdachlose gemeinsam an einer 200 Meter langen Tafel.
Der Dauerregen endet erst beim abschließenden Hauptgottesdienst.

„Ich bin ein Bischof, der in 23 Jahren Erfahrung als Bischof
eigentlich jeden Tag mehr lernt, wie wenig man selber ist ohne
das Zeugnis der vielen Schwestern und Brüder, Mitchristinnen
und Mitchristen. Und deswegen hängt es mir zum Hals heraus,
ständig nur diese Frage nach Ämtern und Diensten zu diskutieren." Lehmann betont neben der Gleichwertigkeit die
Unterschiedlichkeit von Frauen und Männern. Nachdrücklich
macht er außerdem auf die Fortschritte der vergangenen Jahrzehnte aufmerksam, etwa die wichtige Rolle der Pastoral- und
Gemeindereferentinnen. Und mit Blick auf Demel erklärt er:
„Früher wäre keine Frau ordentliche Professorin in Kirchenrecht
gewesen."

Demel gibt sich mit dieser Antwort nicht zufrieden, sondern
regt ein „Gender Mainstreaming" in den deutschen Diözesen an.
Trotz genervter Bischöfe hält die Diskussion um Ämter und
Dienste – nicht zuletzt dank des Zentralkomitees – bis heute an.

Umweltschutz

SCHULD UND SÜHNE

Katholikentage sind Umweltsünden. Die An- und Abreise der Teilnehmer, ihre Übernachtungen, der Auf- und Abbau der Bühnen und der Strom für die Technik: Das alles braucht Energie. Exakt 4.146 Tonnen Kohlendioxid, so rechnet eine eigens beauftragte Agentur aus, setzt der Katholikentag in Osnabrück frei.

Das Thema „Umwelt" spielt auf den Katholikentagen seit den 1970er-Jahren immer wieder eine Rolle, oft unter dem frommen Schlagwort „Bewahrung der Schöpfung". Wirklich wegweisende Impulse sind von den Katholikentagen aber selten ausgegangen, und noch 1990 in Berlin wurden die täglich mehr als 80.000 Mittagessen in Einwegschalen ausgegeben.

Die Organisatoren sind jedoch längst bereit zur Umkehr. In Osnabrück machen sie ernst: Der Katholikentag soll klimaneutral werden. Da gilt es zunächst, das Schuldkonto niedrig zu halten: Die bis zu 35 angestellten Mitarbeiter in der Geschäftsstelle verbrauchen nur Ökostrom, fahren ein Gasauto, dichten die Fenster ab und benutzen Recyclingpapier für die Drucker und auf den Toiletten. Die Zutaten für die Malzeiten sind, soweit es möglich ist, ökologisch in der Region angebaut oder fair gehandelt.

Während des Katholikentages werden dann die meisten Wege zu Fuß zurückgelegt, die Veranstaltungsräume liegen fast alle in der Osnabrücker Innenstadt. Der große Einzugsbereich des Kombitickets fördert außerdem die Nutzung öffentlicher Verkehrsmittel. Zum Thema „Umweltschutz" finden zahlreiche Veranstaltungen im Jugend- und im Eine-Welt-Zentrum sowie in der Bundesstiftung Umwelt statt, mit der die Veranstalter eng zusammenarbeiten. Pater Anselm Grün hält zum Beispiel einen Vortrag über „Spiritualität zwischen Ökonomie und Ökologie".

Als Höhepunkt organisiert die Katholische Landjugendbewegung in der Stadthalle eine Podiumsdiskussion zur Klimapolitik mit den beiden ehemaligen Bundesumweltministern Angela

WAS NOCH?

Der Katholikentag sollte eigentlich in Essen stattfinden, Osnabrück ist als Ersatz eingesprungen. Für Verärgerung sorgt die Neufassung der Karfreitagsfürbitte für die Juden im außerordentlichen Ritus durch Benedikt XVI., denn sie gesteht den Juden keinen eigenen Weg zum Heil zu. Mehrere Vertreter des Judentums sagen ihre Teilnahme am Katholikentag ab. Am Ende steht dennoch eine versöhnliche Geste: Rabbiner Henry G. Brandt und Erzbischof Robert Zollitsch, neuer Vorsitzender der Bischofskonferenz, umarmen sich. Bundespräsident Horst Köhler fordert angesichts der heraufziehenden Finanzkrise, den Primat der Politik zu sichern. „Es steht einfach zu viel auf dem Spiel, wenn diese Märkte außer Kontrolle geraten." Die katholischen Verbände stellen ihr Rentenmodell vor, das eine Sockelrente, die Pflichtversicherung sowie die betriebliche und private Altersvorsorge umfasst. Erstmals wird an prominenter Stelle der Bundeswehreinsatz in Afghanistan diskutiert. Der evangelische Theologe Konrad Raiser schildert, wie Religionen in Afrika Frieden stiften, während im Rahmen des christlich-jüdischen Dialogs über „Gewalt im Namen Gottes" diskutiert wird. Für Geschiedene gibt es einen eigenen Gottesdienst. Der Schauspieler Ben Becker führt eine Bibel-Performance auf, die Berliner Band „Culcha Candela" und die „Wise Guys" aus Köln machen Musik. Die katholische Wochenzeitschrift „Christ in der Gegenwart" lobt die Ernsthaftigkeit der jungen Teilnehmer, die mit „Halleluja-Schlümpfen" wenig zu tun hätten.

Merkel und Klaus Töpfer, live übertragen vom Fernsehsender „Phoenix" und moderiert vom ZDF-Journalisten Peter Frey. Klaus Töpfer bekennt mit Blick auf seine vielen Flüge als hochrangiger Mitarbeiter der Vereinten Nationen: „Ja, auch ich bin ein Sünder, ja, auch ich müsste mich besser verhalten. Aber man kann nicht nur den etwas sagen lassen, der von vornherein sagt, ich bin ein Heiliger, und deswegen spreche ich, dann braucht auch keiner mehr zum Katholikentag zu kommen." Der Moderator tröstet ihn: „Aber hier gibt es ja auch die Chance zur Vergebung, mein lieber Herr Töpfer."

Allen Sparmaßnahmen und aller Bewusstseinsbildung zum Trotz versündigt sich auch der Osnabrücker Katholikentag am Weltklima. Doch zum Glück ist diese Schuld zu sühnen, denn der moderne Handel bietet Zertifikate an, die viel sinnvoller sind als ehedem die Ablassbriefe: Zum Ausgleich für die unvermeidbaren Kohlenstoffdioxid-Emissionen unterstützen die Katholikentags-Organisatoren den Bau eines Biomasse-Kraftwerks in Indien.

Zum Thema „Umweltschutz" meldet sich in Osnabrück auch die ehemalige Bundesumweltministerin Angela Merkel zu Wort.

ZWEITER ÖKUMENISCHER KIRCHENTAG

Im Rampenlicht des Kirchentags in München steht Margot Käßmann. Vor zwei Monaten ist sie als Bischöfin und Ratsvorsitzende der Evangelischen Kirche zurückgetreten, weil sie betrunken beim Autofahren erwischt wurde. Nach einer Auszeit meldet sie sich in München zurück: Ausgerechnet in der katholischen Liebfrauenkirche bezeichnet sie die Anti-Baby-Pille als Geschenk Gottes, und bei einer Bibelarbeit mit 6.000 begeisterten Teilnehmern kritisiert sie den Afghanistankrieg.

Überschattet wird der Ökumenische Kirchentag dadurch, dass in den vergangenen Monaten zahlreiche Fälle bekannt geworden sind, in denen Priester, Ordensangehörige oder Mitarbeiter kirchlicher Einrichtungen Kinder und Jugendliche sexuell missbraucht haben. Nicht selten wurden die Täter von ihren Vorgesetzten geschützt. Vor einer Diskussion zu diesem Thema verlangt Norbert Denef, Vorsitzender des „Netzwerks Betroffener von sexualisierter Gewalt", den Abbruch der Veranstaltung, weil die Opfer nicht zur Sprache kämen.

Ein gemeinsames Abendmahl im offiziellen Programm des Ökumenischen Kirchentags erscheint immer noch als ferne Utopie, aber die Veranstalter finden ein anderes Zeichen der Verbundenheit zwischen den Konfessionen: In einem Vespergottesdienst wird im orthodoxen Ritus das Brotbrechen gefeiert, fast 20.000 Menschen essen auf dem Odeonsplatz gemeinsam gesegnetes Brot. Dazu gibt es Wasser, Öl und Äpfel.

Knapp 130.000 Dauerteilnehmer zählen die Veranstalter in München, Frauen und Protestanten stellen jeweils 58 Prozent. Zum Abend der Begegnung kommen 300.000 Menschen auf den Münchener Altstadtring und verwandeln ihn mit 180.000 Kerzen in ein Lichtermeer. Die Formate der ökumenischen Veranstaltung lehnen sich eng an die evangelischen Kirchen- und die Katholikentage an: Es gibt die großen Eröffnungs- sowie Abschlussveranstaltungen, Podien, Zentren, Bibelarbeiten und ein Kulturprogramm. Eine Agora, ein Markt der Möglichkeiten, übernimmt unter anderem die Funktion der Kirchenmeile. Sieht so die Zukunft der kirchlichen Laientreffen in Deutschland aus? Auch. Der Dritte Ökumenische Kirchentag soll 2021 stattfinden. Doch für beide Veranstalter steht fest: Die gemeinsamen Veranstaltungen sollen die Katholiken- und die Evangelischen Kirchentage ergänzen, aber nicht ersetzen.

20.000 Menschen unterschiedlicher Konfession essen auf dem Ökumenischen Kirchentag gemeinsam gesegnetes Brot.

Wiederverheiratete Geschiedene

DER RUF NACH BARMHERZIGKEIT

Die katholische Kirche kennt eine Gruppe von Sündern, denen sie mit besonderer Strenge begegnet. Diese leben, wie die Glaubenskongregation formuliert, „in einer Situation, die dem Gesetz Gottes objektiv widerspricht", und zwar dauerhaft. Daher können sie – im Gegensatz etwa zu reuigen Mördern – nicht zur Kommunion und den anderen Sakramenten zugelassen werden. In vielen Diözesen dürfen sie nicht Mitglied im Kirchenvorstand oder Pfarrgemeinderat werden, und als Angestellte der katholischen Kirche müssen sie mit der Kündigung rechnen. Die Rede ist von Menschen, die nach einer Scheidung eine zweite Zivilehe eingehen.

Der entschiedene Einsatz der katholischen Kirche für die Unauflöslichkeit der Ehe zwischen Mann und Frau hatte immer seine Schattenseite: die Ausgrenzung und Schlechterstellung von Menschen, die diesem Ideal nicht entsprachen. Die Anliegen Alleinerziehender und ihrer Kinder wurden auf den Katholikentagen zum Beispiel lange Zeit vernachlässigt. Eine uneheliche Geburt galt sogar als Hindernis für die Priesterweihe, bis 1983 das Katholische Kirchenrecht in neuer Fassung in Kraft trat.

Inzwischen hat sich vieles geändert. Aber der Umgang mit wiederverheirateten Geschiedenen erscheint dadurch umso anachronistischer. In den Gemeinden wächst der Unmut, und auf dem Katholikentag steht das Thema im Zentrum der Aufmerksamkeit. Unmittelbar vor Beginn der Veranstaltung fordert das Zentralkomitee in seinem „Mannheimer Aufruf" mehr Sensibilität und Barmherzigkeit. Als erstes Beispiel nennt es die wiederverheirateten Geschiedenen, die sich von der Kirche oft verlassen fühlen würden.

Die katholischen Laien hoffen jetzt auf offene Ohren bei den Bischöfen, die 2011 schließlich einen auf fünf Jahre angelegten „Dialogprozess" angestoßen haben. Es geht darum, das Verhältnis von Priestern und Laien sowie das Engagement der Kirche in der gegenwärtigen Welt zu diskutieren. Vor allem aber müssen die Bischöfe nach dem Missbrauchsskandal verlorenes Vertrauen zurückgewinnen.

Der Katholikentag in Mannheim dient als Zwischenstation im Dialogprozess, als dessen Zwischenfazit Alois Glück, der neue Vorsitzende des Zentralkomitees, den „Ruf nach einer barmherzigen Pastoral" sieht. Die Frage der wiederverheirateten Geschiedenen scheint sich dabei zur Nagelprobe zu entwickeln, an der sich zeigt, wie ernst es den Bischöfen mit ihren Reformversprechen ist. Dabei hat sich das Thema eigentlich schon erledigt. 1993 sprachen sich die drei südwestdeutschen Bischöfe Walter Kasper, Karl Lehmann und Oskar Saier vorsichtig dafür aus, die Gewissensentscheidung Wiederverheirateter zu respektieren, wenn diese die Kommunion empfangen möchten. Doch die Glaubenskongregation unter Joseph Ratzinger trat ihnen prompt entgegen: Wiederverheiratete müssten sich verpflichten, „sich der Akte zu enthalten, welche Eheleuten vorbehalten sind", um in Ausnahmefällen zur Kommunion zugelassen zu werden. Allen anderen bleibe nur die Nachfolge Jesu im Leiden: „Das Mit-Leiden und Mit-Lieben der Hirten und der Gemeinschaft der Gläubigen ist nötig, damit die betroffenen Menschen auch in ihrer Last das süße Joch und die leichte Bürde Jesu erkennen können. Süß und leicht ist ihre Bürde nicht dadurch, dass sie gering und unbedeutend wäre, sondern sie wird dadurch leicht, dass der Herr – und mit ihm die ganze Kirche – sie mitträgt."

Vom Aufbruch, den der Mannheimer Katholikentag beschwört, ist zunächst wenig zu spüren. Doch dann wird Jorge Mario Bergoglio zum Papst gewählt und macht sich die Forderung nach mehr Barmherzigkeit zu eigen. Langsam bewegt sich etwas. Im Oktober 2013 veröffentlicht die Erzdiözese Freiburg

WAS NOCH?

Der Gala-Abend zum 50. Jubiläum des Konzilsbeginns ist laut „taz" ein „einziger, rührender Aufschrei der Laien, die Errungenschaften des Konzils zu erhalten". Kardinal Kasper erinnert schmunzelnd an die Verdienste Joseph Ratzingers. Friedrich Kronenberg, ehemals Generalsekretär des Zentralkomitees, sieht in der Würzburger Synode ein Vorbild für den aktuellen Dialog. Claudia Lücking-Michel, Vizepräsidentin des Zentralkomitees, möchte gleich die nächste Synode verabreden und das Dritte Vatikanische Konzil auf den Weg bringen. Der „Bund der Deutschen Katholischen Jugend" erhält den ersten Aggiornamento-Preis des Katholikentags. Man bemüht sich intensiv darum, das Treffen barrierefrei zu gestalten. Wichtige Themen sind der Missbrauchsskandal, der arabische Frühling, der demografische Wandel, die Anliegen der Roma und Sinti sowie die Finanzkrise. Im Geistlichen Zentrum sind Bibliodramen sehr gefragt, im Familienzentrum Kurse zu Partnerschaft und Ehe. Neu sind die Zentren „Kirche vor Ort", „Dialog mit den Wissenschaften", „Integration und Begegnungen der Kulturen" sowie „Kirche – Wirtschaft – Arbeitswelt". Erstmals gibt es einen Facebook-Auftritt, ein Varieté-Programm und, in Kooperation mit der Pop-Akademie Mannheim, einen Band-Wettbewerb. „Kirche von unten", die Leserinitiative „Publik" und „Wir sind Kirche" verantworten gemeinsam ein Alternativprogramm.

eine „Handreichung zur Begleitung von Menschen in Trennung, Scheidung und nach ziviler Wiederverheiratung", die Letzteren Wege zum Sakramentenempfang aufzeigt. Im Mai 2015 ändern die deutschen Bischöfe das kirchliche Arbeitsrecht so, dass eine zweite Zivilehe nur noch in Ausnahmefällen einen Kündigungsgrund darstellt. Und wenig später vereinfacht und beschleunigt Papst Franziskus die Verfahren zur Annullierung von Ehen, die eine erneute Heirat ermöglicht. Auf der Bischofssynode im Oktober 2015 stoßen die deutschsprachigen Bischöfe mit ihrem Einsatz für die wiederverheirateten Geschiedenen auf Widerstand. Im Abschlussdokument wird aber immerhin die Empfehlung festgehalten, Menschen in zweiter Ehe besser zu integrieren und mit ihnen barmherziger umzugehen. Die Priester werden angehalten, im seelsorglichen Gespräch jeden Einzelfall im Licht des Evangeliums zu prüfen.

Staat und Kirche

SPENDEN FÜR DAGOBERT DUCK?

Welch ein Kontrast zu den ersten Katholikentagen: Die Kirchen und der deutsche Staat pflegen im Jahr 2014 ein freundschaftliches Miteinander. Bundespräsident Joachim Gauck – ein evangelischer Pfarrer – spricht in Regensburg schon bei der Eröffnungsfeier ein Grußwort, Bundeskanzlerin Angela Merkel debattiert über die Zukunft Europas, die SPD-Bundesministerin Andrea Nahles sowie die Grünen-Politikerin Sylvia Löhrmann bieten biblische Impulse an.

Auch finanziell erhält der Katholikentag viel Unterstützung. 8,6 Millionen Euro kostet er im Jahr 2014. Das Geld stammt vom Bistum Regensburg, vom Verband der deutschen Diözesen, aus der Kollekte zum Katholikentag, von Sponsoren und aus den Gewinnen des Katholikentagsshops. Dazu kommen die Teilnehmerbeiträge, eine Dauerkarte für Erwachsene kostet immerhin 79 Euro. 2.200 Helfer übernehmen ehrenamtlich den Ordnungsdienst, Einlasskontrollen und Fahrten, verteilen Informationsmaterial, machen Frühstück oder teilen die Kommunion aus. Trotzdem kommt der Katholikentag nicht ohne öffentliche Gelder aus: 400.000 Euro gibt das Bundesinnenministerium, 1,6 Millionen der Freistaat Bayern und eine Million Stadt und Landkreis Regensburg.

Die Gastgeber können auf Umsatzsteigerungen in der Gastronomie und einen Imagegewinn hoffen. Darüber hinaus wird die öffentliche Unterstützung aber auch ideell gerechtfertigt. „Der freiheitliche, säkularisierte Staat lebt von Voraussetzungen, die er selbst nicht garantieren kann", lautet ein bekanntes „Diktum" des späteren Bundesverfassungsrichters Ernst-Wolfgang Böckenförde aus dem Jahr 1964. In Regensburg zitiert es unter anderem Angela Merkel. Gemeint ist, dass die Kirchen Werte stiften, die dem Staat zugutekommen. „Katholikentage sind ein bedeutender Beitrag zum gesellschaftlichen Diskurs in unserem Land. Dafür erbitten wir die Unterstützung durch die öffentliche Hand", schreibt der Generalsekretär Stefan Vesper auf der Homepage des Zentralkomitees.

Doch diese Argumentation überzeugt viele Religionskritiker nicht. Zu ihnen zählen Mitglieder der Giordano-Bruno-Stiftung, die sich nach einem 1600 in Rom als Ketzer verbrannten Philo-

WAS NOCH?

Nachdem der damalige Regensburger Bischof Gerhard Ludwig Müller 2005 den Diözesanrat aufgelöst und sich mit dem Zentralkomitee überworfen hat, kommt seine Einladung für den Katholikentag überraschend. Der Genehmigungsantrag für die Behörden umfasst 15 prall gefüllte Ordner. Nach langem Zögern spricht sich Merkel während des Katholikentags für Jean-Claude Juncker als neuen EU-Kommissionspräsidenten aus. Zentrale Themen sind Klimawende, Flüchtlinge auf dem Mittelmeer, Zwangsprostitution und Sterbehilfe. „Donum vitae" erhält erst nach langem Hin und Her einen Stand auf der Kirchenmeile. Der christlich-jüdische und der christlich-muslimische Dialog werden in einem Zentrum zusammengefasst. Im „klimaneutralen Dorf" gibt es unter anderem einen Fahrradverleih. Die Geschäftsstelle führt den „vegetarischen Donnerstag" ein. Unter den 3.000 Teilnehmern einer Wallfahrt nach Neukirchen beim Heiligen Blut sind viele Tschechen. Eine Vortragsreihe der „Kommission für Zeitgeschichte" geht auf die Jahre 1914, 1939 und 1989 ein. In vielen Bands und Tanzgruppen sind Menschen mit Behinderungen dabei. Klaus Maria Weigert komponiert eine Katholikentagshymne. Mehrfach treten die Regensburger Domspatzen auf. Zur Schulung der Ehrenamtlichen wird eine Akademie eingerichtet. Das „Katholikentags-Zoigl" ist ein unfiltriertes Bier aus der nördlichen Oberpfalz. Im Zentrum „Frauen und Männer" gibt es ein Speed-Dating für junge Singles, meditatives Bogenschießen und eine Veranstaltung „Schock deine Eltern, studier Theologie!"

sophen benannt hat und dem „evolutionären Humanismus" verpflichtet ist. Sie stellen in Regensburg einen drei Meter hohen Moses aus Pappmaché auf, der drohend den Zeigefinger hebt. Neben ihm steht eine Gesetzestafel mit der Inschrift: „11. Gebot: Du sollst deinen Kirchentag selbst bezahlen!"

Die Humanisten erhalten viel Zustimmung, denn in der Öffentlichkeit ist der Eindruck entstanden, die Kirchen würden in Geld schwimmen – „wie Dagobert Duck", klagt Klaus Pfeffer, der Generalvikar des tatsächlich armen Bistums Essen. Die katholische Kirche ist dafür zum größten Teil selbst verantwortlich: Die Finanzen der Diözesen sind wenig transparent, die Vatikanbank sorgt für einen Skandal nach dem anderen. Und dann muss im Herbst 2013 auch noch der Limburger Bischof Franz-Peter Tebartz-van Elst zurücktreten, weil die Baukosten für seine Residenz ausgeufert sind und er das zu verschleiern versucht hat. Den riesigen Imageschaden kann auch der neue Papst Franzis-

kus nicht wettmachen, der sich nach dem Gründer eines Bettelordens benannt hat, betont bescheiden auftritt und sich eine „arme Kirche für die Armen" wünscht. Reinhard Kardinal Marx, der neue Vorsitzende der Deutschen Bischofskonferenz, nennt das in Regensburg eine „heilsame und notwendige Provokation".

Vielen Religionskritikern geht es jedoch um mehr als nur ums Geld. Seitdem religiöse Fundamentalisten auf dem Vormarsch sind, fällt es ihnen leicht, Glaubensgemeinschaften pauschal als Gefahr darzustellen. Sie wollen Religion zur Privatsache erklären und die Kirchen konsequent vom Staat trennen. So fordern sie etwa, den Religionsunterricht abzuschaffen und Kreuze aus Unterrichtsräumen zu entfernen. Ihnen missfällt außerdem, dass der Caritasverband als größter privater Arbeitgeber in Deutschland von öffentlichen Mitteln lebt, aber ein sogenannter Tendenzbetrieb ist, in dem ein besonderes Arbeitsrecht gilt. So sind weder Streiks noch Gewerkschaften zugelassen, und die Mitarbeiter müssen Anforderungen an die persönliche Lebensweise gerecht werden.

Die Katholiken sind in der Defensive. Eine Podiumsdiskussion in Regensburg ist der Frage gewidmet, wie viel Religion die säkulare Gesellschaft überhaupt noch verträgt. Auch auf die Veranstalter des Treffens kommen schwierige Zeiten zu, denn die Religionskritik trifft das Zentralkomitee ebenso wie die Bistümer. In Leipzig werden 18.000 Unterschriften gegen die städtische Unterstützung des Katholikentags 2016 gesammelt, für einen Bürgerentscheid wären aber 25.000 notwendig gewesen. Doch ausgerechnet in Münster, wo mit dem CDU-Politiker Markus Lewe ein ehemaliger Referatsleiter des Generalvikariats Oberbürgermeister ist, wird der Katholikentag 2018 ohne Geld von der Stadt auskommen müssen. Eine Ratsmehrheit aus SPD, Grünen und Linkspartei beschließt, die Veranstaltung nur mit Sachleistungen zu fördern. In Zeiten der Privatisierung von Religion dürften die Katholikentage also für die Kirche teurer werden – aber vielleicht auch so wertvoll wie lange nicht mehr.

Ausblick: Die Tradition der Katholikentage weiterdenken

DIENENDE KIRCHE IN DIALOG UND FEIER

Thomas Sternberg.

Katholikentage sind ein Spezifikum der katholischen Kirche in Deutschland. Bei den Laienbewegungen in anderen Ländern stehen diese Treffen mit der Verbindung von geistlicher und politischer Perspektive in großem Ansehen. Dass sich katholische Frauen und Männer eines Landes in regelmäßigen Abständen treffen, selbst organisiert und in eigener Verantwortung, aber mit Unterstützung und Beteiligung von Bischöfen, Priestern und Ordensleuten, hat eine hohe Anziehungskraft. Auch darum kommen zu den Katholikentagen viele Gäste aus anderen Ländern und Regionen.

Der Katholikentag ist eine gute Tradition – und er ist nach wie vor eine Chance. Er hat eine hohe Aufmerksamkeit in der Öffentlichkeit, versammelt eine Fülle von Repräsentanten aus Politik, Zivilgesellschaft und Religionen, bildet eine Plattform für zentrale gesellschaftliche Debatten. Dennoch sind auch Probleme nicht zu übersehen. Berichterstatter können nahezu jedes Urteil oder auch Vorurteil über den Zustand des Katholizismus in Deutschland bei einem Besuch bestätigt finden; die Pluralität der über tausend Veranstaltungen ist zwar positiv ein Spiegel der Vielfalt der Kirche, kann aber auch negativ als Profillosigkeit erscheinen. Die Themenfindungen unter den in der Regel sehr breit ausgewählten Leitworten orientiert sich gelegentlich eher an den ohnehin behandelten Themen der Verbände und Institutionen als an einer Zuspitzung dessen, was als „Botschaft" des Ereignisses vermittelt werden soll.

Zur Weiterentwicklung der Katholikentage gab es etwa alle zehn Jahre eine Reflexion über „Katholikentage der Zukunft", deren Reformimpulse allerdings manchmal stecken geblieben sind. Nicht zuletzt die Planungs- und Durchführungsabläufe haben ihre notwendigen Eigengesetzlichkeiten. Der hundertste unter den Katholikentagen ist auf jeden Fall eine Gelegenheit zur

Reflexion: Wie muss sich der Katholikentag weiterentwickeln? Wie kann eine zentrale Botschaft vom Katholikentag ausgehen? Wie ist der Katholikentag unter den Gegebenheiten einer veränderten Medienlandschaft kommunikativ zu vermitteln? Wie können die Hauptveranstaltungen von den vielerlei Begleitangeboten aus Anlass des Ereignisses besser abgehoben werden? Wie wird das Laiengremium Zentralkomitee als Veranstalter im Verhältnis zum gastgebenden Bistum wahrgenommen? Welche Profilierungen sind notwendig, um die Programmbestandteile nicht allzu ritualisiert zu wiederholen? Wie kann der jeweilige Ort noch besser in die Programmatik einbezogen werden? Wie wird der Katholikentag noch mehr zu einer Angelegenheit der gesamten katholischen Kirche in Deutschland? Welche Veränderungen sind erforderlich, um die Begeisterung nicht zuletzt der jeweils neuen jungen Teilnehmer zu halten? Ist die Regelmäßigkeit der Zweijährlichkeit nach wie vor sinnvoll? – Der Fragenkatalog ließe sich fortsetzen. Hierauf müssen wir als Verantwortliche Antworten finden.

Mein Blick soll sich im Folgenden auf einige Kernbestandteile der Katholikentagsidee und ihre aktuellen Umsetzung richten. Es ist zu fragen, welche Motive noch zeitgemäß sind, welche neu hinzukommen könnten und vor allem wie eine Umsetzung dieser Ideen möglich wird. Ziel aller Reformüberlegungen ist nicht der Bruch mit einer erfolgreichen Tradition, sondern sind Anpassungen und Erneuerungen, damit Kontinuität gewahrt werden kann.

1. Motiv: Begegnung

Der Präsident des Zentralkomitees Hans Maier (1976 bis 1988) hat einmal die so schlicht klingende Feststellung getroffen: „Auf Katholikentagen lernen sich die Katholiken kennen." Das ist sicher nach wie vor einer der wichtigsten Motive für Veranstalter wie Teilnehmer. Das Gemeinschaftsgefühl der Katholikentage ist zwar für katholische Männer und Frauen nicht von einer ähnlichen Exklusivität wie es für die evangelischen auf Kirchentagen ist, aber trotz vielerlei Gelegenheiten, sich als Glaubender in einer großen Gemeinschaft zu erfahren, ist dies doch auf einem Katholikentag ein besonderes Erlebnis.

Auch in einer globalisierten Welt ist es eine Chance, miteinander verschiedene Lebenswelten des Katholischen zu zeigen. Katholiken in Paderborn leben anders als Katholiken in Görlitz, in Freiburg oder München realisiert sich unser Leben als Kirche anders als in Schwerin oder Rostock – von europäischen Unterschieden oder Erscheinungsweisen der Weltkirche gar nicht zu reden. Gerade unter den Bedingungen der intensivierten Kontaktmöglichkeiten der „social" media gewinnt die persönlich- „leibhaftige" Begegnung an Bedeutung.

Bei Katholikentagen erzählen sich Menschen einander eigene Kirchen- und Glaubensgeschichten. Und wenn es gelingt, die von weit her Angereisten am Leben der jeweiligen „Kirche vor Ort" teilnehmen zu lassen, dann haben diese Großereignisse einen wesentlichen Teil ihrer Aufgabe erfüllt. Sie machen die Vielfalt des katholisch-kirchlichen Lebens erfahrbar.

2. Motiv: „Sammlung" und „Sendung"

„Katholikentage sind nicht nur Orte der Sammlung und des Glaubens, sie sind zugleich Ort der Sendung in die Welt." Auf diese Weise formulierte es einmal die Präsidentin des Zentralkomitees Rita Waschbüsch (1988 bis 1997). So sehr die Vielfalt ein großer Wert ist, brauchen dennoch alle Gemeinschaften auch die Erfahrung von Einheit, das Erlebnis, miteinander zu handeln. Der Begriff „Sammlung" aus den Anfangszeiten der Katholikentagsbewegung scheint heute arg angestaubt, aber das, was damit gemeint ist, bleibt wichtig: dass wir uns als katholische Frauen und Männer in einer Gemeinschaft erfahren, die sich an gemeinsamen Überzeugungen ablesen lässt.

„Sammlung" bedeutet heute nicht nur die Festigung der eigenen Gemeinschaft, sondern zugleich die Öffnung auf die Ökumene. Es waren nicht erst die Ökumenischen Kirchentage, die sich dieses Themas angenommen haben. Seit vielen Jahren sind die Katholikentage Orte selbstverständlich gelebter Ökumene und dienen der Fortentwicklung durch vertrauensbildendes Miteinander. Das berührt nicht allein die christliche Ökumene, der Religionendialog wird immer wichtiger. In Deutschland ist das besonders die wichtige Frage des jüdisch-christlichen Dialogs, der seinen Ort auf allen Katholikentagen hat. Zunehmend wurde auch der islamisch-christliche Dialog bedeutsam. Auch diese Zusammenarbeit bewährt sich nicht allein in theologischen Gesprächen, sondern im konkreten Zusammenwirken in gesellschaftlichen Fragen. Nicht zuletzt sind Katholikentage Orte des Dialogs mit Nichtglaubenden, mit Atheisten, Gleichgültigen und Suchenden.

Das Gemeinschaftserlebnis der Katholikentage zeigt sich auch in dem, was mit „Sendung" bezeichnet wurde: in einem Auftrag für Menschen und Gesellschaft, im „Weltauftrag". In einer anderen Sprache drückt das die Mannheimer Erklärung des Katholikentags 2012 mit dem Wort von der „dienenden Kirche" aus – ein Begriff, der von Papst Franziskus immer wieder als eine der zentralen Bestimmungen christlicher Existenz betont wird. Kirche ist sich nicht selbst genug, sie ist seit ihren Anfängen auf die Umgebung, auf Gesellschaft, Staat und vor allem auf den Dienst für die Armen ausgerichtet. Es ist konstitutiv für den Katholikentag, dass er die Teilnehmenden argumentativ und mental bestärken will für ihr Leben als Christen in Kirche und Welt. Man sollte klüger, nachdenklicher, fröhlicher nach Hause fahren, mit Erfahrungen, die bleiben, und mit Plänen, die gereift sind. Und – ganz am Ende – auch mit dem Gefühl: Es ist schön, katholisch zu sein.

3. Motiv: Politische Positionierung

In seiner Schlussansprache beim Katholikentag in Saarbrücken 2006 sagte der Präsident des Zentralkomitees Hans Joachim Meyer (1997 bis 2009): „Gerechtigkeit ist der Prüfstein für unser Land im Umbruch. Gerechtigkeit ist der Maßstab für das neue Europa. Gerechtigkeit ist die Hoffnung für die Menschen weltweit. Wir werden nicht nachlassen, anderen Menschen zu helfen. Wir werden auch weiterhin den Unterdrückern, den Gewalttätern und den Gewissenlosen widerstehen." Dies sagte er in einer Zeit der Fremdenfeindlichkeit und von Angriffen auf Ausländer. Die jeweils aktuellen Fragen und Debatten haben ihren Ort auf Katholikentagen.

Der Katholikentag muss ein Ort sein, an dem die gewählten Vertreterinnen und Vertreter der kirchlichen Verbände, Vereine und Institutionen auf der einen und der Räte auf der anderen Seite stellvertretend für die Katholiken im Land Positionen formulieren und sich – möglichst markant – in das öffentliche Gespräch einbringen. Dass dies nicht in auftrumpfender Manier des steten Besserwissens möglich ist, versteht sich heute von selbst. Aber wenn deutlich wird, dass die Ausrichtung an christlichen Prinzipien Überzeugungen grundiert, die auch unter den Bedingungen einer größeren politischen Pluralität zu gemeinsamen Erklärungen führen können, dann sind solche Beiträge im politischen Diskurs erwünscht, und sie werden gehört. Nicht zuletzt der Gesetzgebungsprozess zur geschäftsmäßigen Suizidassistenz hat die Erwartungen an kirchliche Positionierung und deren Wirkung deutlich gemacht.

Wenn wir im Nachdenken und in der Positionierung auf Katholikentagen argumentativ überzeugend und aus christlichem Geist heraus klare Stellungnahmen formulieren, werden unsere Botschaften ankommen. Allerdings bedarf gerade dieser Kerngedanke einer umfassenden Analyse und operativer Reformen, um kommunikativ in der verwirrenden Vielfalt wahrgenommen zu werden. Nach dem Ende dessen, was früher einmal

„Hauptkundgebung" hieß, stellt sich umso mehr die Frage, wie zentrale Botschaften vom Katholikentag ausgehen können.

4. Motiv: Kirchliche Fragen reflektieren

„Wir leiden an unserer Kirche, aber sie ist weiterhin unsere Kirche" sagte der Präsident des Zentralkomitees Alois Glück (2009 bis 2015) auf dem Katholikentag in Mannheim 2012 und ergänzte unter großem Beifall: „Unsere Kirche ist mehr als die Summe ihrer Defizite. Im Namen unserer Kirche geschieht viel Großartiges." Hintergrund waren die Erschütterungen seit der Aufdeckung der kirchlichen Missbrauchsskandale 2010.

Katholikentage reflektieren unseren Weg als Volk Gottes. Sie tun dies auf allen Ebenen dieses Lebens, in der Gemeinde, in der Pfarrei, in der Diözese, auf europäischer und Weltebene. Als Veranstaltungen des Zentralkomitees, der Bündelung der Verbände und Räte auf Bundesebene, thematisieren sie vor allem den Weg der Kirche in unserem Land. Katholikentage waren und sind in dieser Sicht Motor für kirchliche Reformen und Weiterentwicklungen. Auch nach der Auflösung des spezifischen katholischen Milieus seit den sechziger Jahren und dem Zerfall der volkskirchlichen Strukturen in unserer Zeit sind die Katholikentage Spiegel und Austragungsort innerkirchlicher Debatten.

Dabei geht es nicht allein um die kirchenorganisatorischen oder pastoralen Reformen. Aus Katholikentagen, das zeigt auch das vorliegende Buch, sind kirchliche Institutionen, Einrichtungen, Werke, Aktionen hervorgegangen. Sie gaben entscheidende Anstöße für das Bonifatiuswerk, für Misereor oder Renovabis, um nur einige zu nennen. Das gilt auch für andere kirchliche Initiativen. So wurde sogar der Bau einer Kirche durch einen Katholikentag ermöglicht: Für eine Kirche zum Gedenken an die Märtyrer des 20. Juli 1944, Maria Regina Martyrum in Berlin, wurde auf den Katholikentagen 1952 und 1958 gesammelt.

Der Katholikentag ist also auch ein Ort, um die Fragen der katholischen Frauen und Männer zu innerkirchlichen Themen zu thematisieren und zu diskutieren. Nicht zuletzt unter den Bedingungen gravierender pastoraler Veränderungen aufgrund eines katastrophalen Priestermangels liegt eine Fülle von Themen auf der Hand. Das gilt ebenso für die Integration von wiederverheiratet Geschiedenen, die Ökumene, die Stellung der Frauen in Kirche und Seelsorge und vieles andere mehr.

5. Motiv: Fest und Feier

„Wir Christen glauben, es Gott und den Menschen schuldig zu sein, angesichts der tausendfältig gestellten Fragen nach dem Warum und Wozu, nach dem Sinn des Lebens überzeugende Antworten aus dem Glauben zu suchen, und wir sind es nicht minder schuldig, aus diesem Glauben heraus den tausendfältig geforderten Dienst zu übernehmen, dessen das Leben bedarf, damit es wahrhaft Leben, Leben für alle sei." Bei der Eröffnung des Katholikentags in Mönchengladbach 1974 sagte dies der Präsident des Zentralkomitees Bernhard Vogel (1972 bis 1976).

Das Konzil hat die Eucharistiefeier als Quelle und Gipfel christlicher Existenz bezeichnet. Im Gottesdienst vergewissern sich Christen der Kraft, aus der sie leben, und sie finden im Gotteslob den Höhepunkt ihres Tuns. Als eine der drei Grundvollzüge kirchlichen Lebens sind die Feiern, die großen und kleinen Gottesdienste, Andachten, Eucharistiefeiern, Meditationen, Gebetszeiten, Bibelreflexionen und andere keine Ergänzung, sondern gehören zum Kern des Programms. Gerade in der gemeinsamen Feier erleben sich Christen als Glaubensgemeinschaft und als vielfältige Kirche. Um aus dem Glauben die Kraft für überzeugendes Auftreten zu finden, bedarf es der Liturgien, der Gemeinschaftsfeiern und des persönlichen Gebets.

Neben der Liturgie sind auch die kulturellen Angebote von besonderer Bedeutung für Katholikentage. Das Erleben von Musik, Literatur und Kunst hat eine besondere Nähe zur religiösen Erfahrung. Die Begegnung mit Kunst schafft Begegnungen mit Ungewohntem und Anderem, sie kann öffnen, bereichern und über den Begriff hinaus über Mensch, Welt und Gott „sprechen". Die Reflexion über Kunst in Ausstellungen, Konzerten und Lesungen gehört zur besten Tradition der Katholikentage und war immer mehr als ein Begleitprogramm. Zu erinnern ist hier nur an die bahnbrechende Ausstellung zum Katholikentag 1990 in Berlin, als Wieland Schmied unter dem Titel „Zeichen des Glaubens – Geist der Avantgarde" die starken religiösen Elemente einer vermeintlich säkular-selbstbezüglichen Kunst demonstrierte.

Und Feier meint schließlich auch die fröhlich-lockere Zusammenkunft bei populären Konzerten, im gemeinsamen Singen – in der Freude, sich zu treffen und gemeinsam unterwegs zu sein. Nicht allein für die jugendlichen Teilnehmer liegt in diesem Feiercharakter der Tage eine hohe Anziehungskraft. Das Lebensgefühl eines Katholikentags wird geprägt von den vielen Bands, Chören, Orchestern und Ensembles.

6. Motiv: Stärkung der Engagierten

Unter dem Präsidenten des Zentralkomitees Albrecht Beckel (1968 bis 1972) konstatierte man 1968 für den Essener Katholikentag: „Diese Tage haben die erstrebte Konfrontation gebracht. Offen und ehrlich, oft hart und unerbittlich, leidenschaftlich und mitunter mitgerissen von der Heftigkeit vorgetragener Argumente, haben wir miteinander gearbeitet. Wer in Essen war, weiß, dass unter uns Katholiken nicht trügerische Stille, nicht müde Weltabgewandtheit, nicht träges Beharren herrscht, sondern Wachheit, Aufbruch und der energische Wille, uns mitten in dieser Welt für den Frieden, für den Mitmenschen, für die Kirche zu engagieren."

Katholikentage sind getragen von den in den Verbänden und Organisationen, in Geistlichen Gemeinschaften und in den Räten der kirchlichen Mitwirkungsorgane organisierten Menschen. Getragen von diesen Organisationen und Persönlichkeiten werden Mitglieder in großer Zahl dazu bewegt, sich in diesen Tagen zu engagieren. Sie kommen zum Katholikentag und geben mit ihrer Teilnahme dem Katholikentag seinen Sinn. Gemeinsam sich selbst zu vergewissern, sich gegenseitig im Engagement zu stärken, das ist ein zentrales inneres Motiv für die Veranstaltung solcher Großereignisse.

Dabei hängt ihr Erfolg nicht an großen Teilnehmerzahlen, sondern auch kleinere Katholikentage messen ihre Bedeutung an der Frage, inwieweit es gelungen ist, zeitgerecht Themen zu formulieren und Menschen zu Gespräch, Debatte und Feier zusammenzubringen. Auch bei geringerer Beteiligung in kleineren Städten können wichtige Ergebnisse für gesellschaftlichen und kirchlichen Fortschritt erbracht werden.

Zukunftsfragen zu Organisation und Finanzierung

Weil wir überzeugt sind, dass der Katholikentag nach wie vor eine große Chance für die Katholiken ist, werden wir Veränderungen angehen müssen, um seine Attraktivität zu erhalten. Wir müssen darüber nachdenken, wie einerseits die Vielfalt des Katholikentags in seinem Reichtum und seinem „Chaos" erhalten bleibt, aber zugleich eine stärkere Profilierung möglich ist. Die thematisch und personell sorgsam ausgehandelten Hauptpodien – zumeist um die dreißig – werden angesichts der Fülle von um die tausend Veranstaltungen nicht prägnant genug vermittelt. Zu Lösungen dieses Problems wird man sich wohl einer professionellen Begleitung durch Kommunikationsfachleute bedienen müssen.

Notwendiger- und glücklicherweise gibt es heute einen größeren Pluralismus auch katholischer Positionen als in den vergangenen Zeiten des politischen Katholizismus. Zwischen den „Hauptkundgebungen" früherer Zeiten und der Zufälligkeit der Berichterstattung über Katholikentage wird ein Weg zu suchen sein. Es gehört zum Katholikentag, miteinander Themen auszuloten und Lösungsversuche zu besprechen, ohne fertige Rezepte präsentieren zu können. Auch solche Differenziertheit ist für die mediale Wahrnehmung eher hinderlich. Der Katholikentag ist auch eine Art „Fortbildung" im Sinne des Angebots von Argumenten und Thesen, von Orientierung in Dialogen, für alle Teilnehmerinnen und Teilnehmer – gesellschaftlich wie auch kirchlich. Prägnant und klar müssen wir auf den Podien zur Argumentation, gerne auch zum produktiven Streit, herausfordern, ohne die Podien zu Showveranstaltungen verkommen zu lassen.

Ein Ereignis mit so vielen Veranstaltungen braucht eine professionelle Organisation und Vorbereitung. Dies leistet der Katholikentag. Hierfür wurden die Organisatoren sogar zertifiziert und genießen in den Kreisen anderer Großveranstalter hohe Anerkennung. Professionalität kann aber auch die Gefahr der Routine bedeuten, zumal kaum Zeit bleibt, zurückzublicken, weil immer schon der nächste und übernächste Ort erste Planungsschritte erfordert. Der Zwei-Jahres-Rhythmus und der ständige Ortswechsel bedeuten, dass man mit immer neuen Personen das nächste Ereignis in sehr kurzer Zeit vorbereiten muss. Ob alle zwei Jahre ein Großereignis dieser Art zu organisieren und zu füllen ist, wurde schon in früheren Jahren immer wieder gefragt. Vielleicht ist die Differenzierung in der Dimension des Katholikentags, angepasst an unterschiedliche Orte und Jahre, ein gangbarer Weg.

Die Finanzen der Katholikentage sind gesichert, jedenfalls nach dem bisherigen Modell einer Mischfinanzierung aus Einnahmen und Zuschüssen. Die Frage bleibt, wie die Bedeutung eines solchen Großereignisses für die Kommunen plausibel gemacht werden kann – und zwar dauerhaft. Es gibt gute Gründe für die Unterstützung katholischer Bürgerinnen und Bürger, die sich zur Debatte über politische Zukunftsfragen treffen, durch Bund, Land und Stadt. Städte, die einen Katholiken- oder Kirchentag durchgeführt und gefördert haben, sind von dessen Bedeutung für Markt und Marketing überzeugt. Doch die Akzeptanz öffentlicher Förderung ist nicht mehr selbstverständlich. Nicht zuletzt die Wahrnehmung der Kirche als vermeintlich einheitliches „Unternehmen" mit vermeintlich einheitlichen Finanzen erschwert die differenzierte Wahrnehmung eines Ereignisses, dessen Ausrichter eine Vereinigung wie das Zentralkomitee mit einem gastgebenden Bistum ist.

Zum Schluss

„Was habt ihr uns anzubieten?" Diese Frage stellen viele Menschen an uns als Kirche. In einer zunehmend säkularen Welt kommt es darauf an, sich als eine lebendige, vielfältige Gemeinschaft zu präsentieren, die sich einsetzt, die ihre eigenen Probleme offen und geschwisterlich diskutiert, die sich engagiert für die Gesellschaft, für die Eine Welt, für die Bewahrung der Schöpfung, für gerechte Verhältnisse und für jeden Einzelnen, die zeigt, von welchem Glauben sie getragen ist, und die erzählt von einer reichen Tradition einer zweitausendjährigen Geschichte, die keineswegs nur eine Skandalgeschichte ist.

Von Vielfalt und Einheit, getragen aus einem gemeinsamen Glauben, können nicht zuletzt Katholikentage Zeugnis geben. Je geringer der Anteil der Katholiken an der deutschen Bevölkerung wird, desto mehr bedarf es solcher großer Foren, die das Bild der Kirche präsentieren und Orte für den Dialog nicht nur untereinander, sondern auch mit anderen schaffen. Es lohnt sich, an Reformen zu arbeiten, um die Katholikentage an die Zeit anzupassen und ihnen auch über den Hundertsten hinaus eine gute Zukunft zu geben.

21. Dezember 2015
Thomas Sternberg
Präsident des Zentralkomitees
der deutschen Katholiken

DANK

Die Angst vor revolutionären Sozialisten und vermeintlich satanistischen Freimaurern, Pistolenduelle und der dazugehörige Ehrbegriff, pornografische Schriften, der Bierkonsum in Bayern, die Mission in Südwestafrika, Sport am Sonntag und die Herz-Jesu-Verehrung: All das war Thema auf Katholikentagen. Wie Seismografen zeigen die bald hundert Veranstaltungen, was die Katholiken seit fast 170 Jahren bewegt – und was die Katholiken bewegen. Denn die Laienvertreter haben auf den Katholikentagen oft handfeste Politik gemacht. Viele ihrer Treffen dienten als Fanal für Aufbrüche, die Deutschland und die katholische Kirche verändert haben und bis heute prägen.

Die Katholikentage dürften daher nicht nur für deren Teilnehmerinnen und Teilnehmer ein spannendes Thema sein, die in diesem Band hoffentlich viele ihrer Anliegen berücksichtigt finden. Wir wenden uns darüber hinaus an Leser, die bisher nicht wussten, wie sehr katholische Laien unsere Gesellschaft und die deutsche Politik beeinflusst haben, denen der politische und soziale Katholizismus fremd oder vielleicht sogar unheimlich ist.

Doch wie bringt man die vielfältige, bald 170 Jahre andauernde Geschichte der Katholikentage und ihre Hintergründe auf 250 gut lesbare, großzügig bebilderte Seiten? Eine schwierige Frage. Allein die offiziellen Dokumentationen der Treffen umfassen weit über 50.000 Seiten. Einem Monsignore, der eine Geschichte der Laientreffen verfassen sollte, sei das Material über den Kopf gewachsen, heißt es entschuldigend in einem dieser Bände – und zwar schon 1897, nach gerade einmal 44 Katholikentagen.

Wir haben daher einen pragmatischen Weg gewählt. Eine auf Vollständigkeit angelegte wissenschaftliche Aufarbeitung des Materials konnte nicht das Ziel sein. Wir wollten vielmehr einen bunten, ebenso unterhaltsamen wie informativen Band zum Schmökern und Blättern schreiben. Daher nahmen wir zu jedem Katholikentag ein Thema, eine zentrale Botschaft, in den Fokus. Die Auswahl mag manchmal subjektiv erscheinen; aber wir haben uns bemüht, das breite Spektrum der verhandelten Angelegenheiten aufzuzeigen, alle wichtigen Debatten der Zeit aufzugreifen und auch aktuelle Ergebnisse der Kultur- und Sozialgeschichte einfließen zu lassen.

Selbstverständlich ereignete sich auf jedem einzelnen Katholikentag sehr viel mehr Wichtiges, Bezeichnendes oder auch Skurriles, als unter einer thematischen Überschrift zusammengefasst werden kann. Deswegen bieten wir mit der Rubrik „Was noch?" zu jeder Veranstaltung eine Art historischen Nachrichtenticker, in dem Reaktionen auf den Untergang der Titanic ebenso zu finden sind wie die Meinung von Karl Marx zu den katholischen Laientreffen oder die Titel der meistgesungenen Lieder.

Unser Dank gilt allen Beteiligten, die sich auf das Wagnis dieses Formats eingelassen und uns unterstützt haben. Heinz Terhorst, der Archivar des Zentralkomitees der deutschen Katholiken, stellte uns umfangreiche Materialien zur Verfügung und beantwortete Fragen, zu denen Quellen und Literatur schweigen. Wichtige Ansprechpartner waren darüber hinaus Dr. Stefan Vesper, der Generalsekretär des Zentralkomitees, Dr. Martin Stauch, der Geschäftsführer der Katholikentage, und Dr. Thomas Großmann, der Leiter der Arbeitsgruppe „Katholikentage und Großveranstaltungen".

Die Mitarbeiterinnen und Mitarbeiter der Wissenschaftlichen Buchgesellschaft unter der Leitung von Dr. Beate Varnhorn begleiteten das Projekt von Anfang an mit großem Einsatz, allen voran Dr. Thomas Brockmann, Lektor für Philosophie und Theologie, sowie Benjamin Landgrebe. Schon die umfangreichen Bildrecherchen wären ohne sie niemals zu bewältigen gewesen.

Entscheidend war aber schließlich die bewährte Unterstützung durch das Team des Seminars für Mittlere und Neuere Kirchengeschichte in Münster. Zwei Namen sind besonders hervorzuheben: Ursel Tünnißen machte sich durch ihre Mithilfe bei den Literaturrecherchen und ihre inhaltlichen Anmerkungen um die Texte verdient. Dr. Barbara Schüler unterzog darüber hinaus das Manuskript einer sorgfältigen, kritischen Schlusskorrektur, durch die der Band sehr gewonnen hat.

Allen Genannten – und vielen Ungenannten – sagen wir ein ganz herzliches Dankeschön.

Münster, 12. Januar 2016
Holger Arning, Hubert Wolf

LITERATUR ZUM WEITERLESEN

Dieses Buch basiert vor allem auf den vollständig veröffentlichten, umfangreichen Berichten der Katholikentage. Um die Texte lesbarer zu machen, wurden wörtliche Zitate aus den Quellen und der Literatur an die aktuelle Rechtschreibung angepasst und Hervorhebungen in der Regel nicht übernommen. Unzählige weitere Monografien und Aufsätze wurden genutzt, um die Hintergründe und Detailfragen zu klären. Im Folgenden sind nur die wichtigsten Werke aufgeführt, die jeweils für mehrere Katholikentage von Bedeutung waren:

Anderson, Margaret Lavinia: Windthorst. Zentrumspolitiker und Gegenspieler Bismarcks (Forschungen und Quellen zur Zeitgeschichte 14), Düsseldorf 1988.

Arnold, Claus: Kleine Geschichte des Modernismus, Freiburg im Breisgau 2007.

Bachem, Karl: Vorgeschichte, Geschichte und Politik der Deutschen Zentrumspartei. Zugleich ein Beitrag zur Geschichte der katholischen Bewegung, sowie zur allgemeinen Geschichte des neueren und neuesten Deutschland 1815–1914, 9 Bände, Köln 1927–1932.

Blaschke, Olaf: Katholizismus und Antisemitismus im Deutschen Kaiserreich, Göttingen 1997.

Blaschke, Olaf / Kuhlemann, Frank-Michael (Hg.): Religion im Kaiserreich. Milieus – Mentalitäten – Krisen (Religiöse Kulturen der Moderne 2), Gütersloh 1996.

Borutta, Manuel: Antikatholizismus. Deutschland und Italien im Zeitalter der europäischen Kulturkämpfe, Göttingen ²2011.

Breuer, Gisela: Frauenbewegung im Katholizismus. Der Katholische Frauenbund 1903–1918, Frankfurt am Main 1998.

Buchheim, Karl: Ultramontanismus und Demokratie. Der Weg der deutschen Katholiken im 19. Jahrhundert, München 1963.

Damberg, Wilhelm / Hummel, Karl-Joseph (Hg.): Katholizismus in Deutschland. Zeitgeschichte und Gegenwart (Veröffentlichungen der Kommission für Zeitgeschichte B 130), Paderborn 2015.

Filthaut, Ephrem: Deutsche Katholikentage 1848–1958 und soziale Frage, Essen 1960.

Gerster, Daniel: Friedensdialoge im Kalten Krieg. Eine Geschichte der Katholiken in der Bundesrepublik 1957–1983, Frankfurt am Main 2012.

Goertz, Hajo: Brückenschläge. Wirken und Wirkung der Katholikentage, Kevelaer 2006.

Grenner, Karl Heinz: Die Katholikentage als politisches Forum des organisierten Katholizismus, Schwerte 1988.

Großbölting, Thomas: Der verlorene Himmel. Glaube in Deutschland seit 1945, Göttingen 2013.

Große Kracht, Klaus: Die katholische Welle der „Stunde Null". Katholische Aktion, missionarische Bewegung und Pastoralmacht in Deutschland, Italien und Frankreich 1945–1960, in: Archiv für Sozialgeschichte 51 (2011), S. 163–186.

Großmann, Thomas: Katholikentage und Kirchentage, in: Markschies, Christoph / Wolf, Hubert (Hg.): Erinnerungs-orte des Christentums, unter Mitarbeit von Barbara Schüler, München 2010, S. 561–573.

Großmann, Thomas: Zwischen Kirche und Gesellschaft. Das Zentralkomitee der Deutsche Katholiken 1945–1970 (Veröffentlichungen der Kommission für Zeitgeschichte B 56), Mainz 1991.

Hehl, Ulrich von / Kronenberg, Friedrich (Hg.): Zeitzeichen. 150 Jahre Deutsche Katholikentage 1848–1998. Mit einem Bildteil „150 Jahre Katholikentage im Bild", Paderborn 1999.

Heinen, Ernst: Katholizismus und Gesellschaft. Das katholische Vereinswesen zwischen Revolution und Reaktion (1848/49–1853/54), Idstein 1993.

Hermans, Baldur H.: Das Problem der Sozialpolitik und Sozialreform auf den deutschen Katholikentagen von 1848 bis 1891. Ein Beitrag zur Geschichte der katholisch-sozialen Bewegung, Bonn 1972.

Horstmann, Johannes: Katholizismus und moderne Welt. Katholikentage, Wirtschaft, Wissenschaft. 1848 bis 1914 (Abhandlungen zur Sozialethik 13), München u.a. 1976.

Hübner, Christoph: Die Rechtskatholiken, die Zentrumspartei und die katholische Kirche in Deutschland bis zum Reichskonkordat von 1933. Ein Beitrag zur Geschichte des Scheiterns der Weimarer Republik, Berlin 2014.

Hürten, Heinz: Spiegel der Kirche – Spiegel der Gesellschaft? Katholikentage im Wandel der Welt. Vier Essays aus Anlaß des 150. Jahrestags der „Ersten Versammlung des katholischen Vereines Deutschland" vom 3.–6. Oktober 1848 zu Mainz, Paderborn u.a. 1998.

Kaufmann, Thomas / Kottje, Raymund / Moeller, Bernd / Wolf, Hubert (Hg.): Ökumenische Kirchengeschichte, Bd. 3: Von der Französischen Revolution bis 1989, Darmstadt 2007.

Kerstiens, Ferdinand: Umbrüche – eine Kirchengeschichte von unten. Autobiographische Notizen, Berlin ²2013.

Kißling, Johannes B.: Geschichte der deutschen Katholikentage, 2 Bände, Münster 1920/23.

Kösters, Christoph (Hg.): Katholische Kirche in SBZ und DDR, Paderborn 2005.

Kösters, Christoph: Katholische Verbände und moderne Gesellschaft. Organisationsgeschichte und Vereinskultur im Bistum Münster 1918 bis 1945, Paderborn 1995.

Liedhegener, Antonius: Macht, Moral und Mehrheiten. Der politische Katholizismus in der Bundesrepublik Deutschland und den USA seit 1960 (Jenaer Beiträge zur Politikwissenschaft 11), Baden-Baden 2006.

Lönne, Karl-Egon: Politischer Katholizismus im 19. und 20. Jahrhundert, Frankfurt am Main 1986.

Loth, Wilfried (Hg.): Deutscher Katholizismus im Umbruch zur Moderne, Stuttgart 1991.

Maier, Hans: Böse Jahre, gute Jahre. Ein Leben 1931ff., München ²2011.

Maier, Hans: Katholizismus und Demokratie (Schriften zur Kirche und Gesellschaft 1), Freiburg im Breisgau u.a. 1983.

May, Joseph (Hg.): Geschichte der Generalversammlungen der Katholiken Deutschlands (1848–1902). Festschrift zur 50. Generalversammlung in Köln, Köln 1903.

Mazura, Uwe: Zentrumspartei und Judenfrage 1870/71–1933. Verfassungsstaat und Minderheitenschutz, Mainz 1994.

Meyer, Hans Joachim: In keiner Schublade. Erfahrungen im geteilten und vereinten Deutschland, Freiburg im Breisgau 2015.

Michels, Julia: Vom Zentralkomitee zur Vorbereitung der Generalversammlung der Katholiken Deutschlands zum Zentralkomitee der deutschen Katholiken. Entstehung und Entwicklung, Münster 2005.

Morsey, Rudolf: Streiflichter zur Geschichte der deutschen Katholikentage 1848–1932, in: Jahrbuch für christliche Sozialwissenschaften 26 (1985), S. 9–24.

Muschiol, Gisela (Hg.): Katholikinnen und Moderne. Katholische Frauenbewegung zwischen Tradition und Emanzipation, Münster 2003.

Niedermayer, Andreas: Mecheln und Würzburg. Skizzen und Bilder entworfen aus den Katholiken-Versammlungen in Belgien und Deutschland, Freiburg im Breisgau 1865.

Pilvousek, Josef: Die katholische Kirche in der DDR. Beiträge zur Kirchengeschichte Mitteldeutschlands, Münster 2014.

Rauscher, Anton: Der soziale und politische Katholizismus. Entwicklungslinien in Deutschland 1803–1963, 2 Bände, München 1981/82.

Reytier, Marie-Emmanuelle: Die Fürsten Löwenstein an der Spitze der deutschen Katholikentage. Aufstieg und Untergang einer Dynastie (1868–1968), in: Schulz, Günther / Denzel, Markus A. (Hg.): Deutscher Adel im 19. und 20. Jahrhundert (Büdinger Forschungen zur Sozialgeschichte 2002 und 2003; Deutsche Führungsschichten in der Neuzeit 26), Sankt Katharinen 2004, S. 461–502.

Reytier, Marie-Emmanuelle: Les catholiques allemands et la République du Weimar. Les Katholikentage 1919–1932, 2 Bände, Lyon 2004.

Runge, Rüdiger / Ueberschär, Ellen (Hg.): Fest des Glaubens – Forum der Welt. 60 Jahre Deutscher Evangelischer Kirchentag, Gütersloh 2009.

Schatz, Klaus: Zwischen Säkularisation und Zweitem Vatikanum. Der Weg des deutschen Katholizismus im 19. und 20. Jahrhundert, Frankfurt am Main 1986.

Seidler, Martin / Steiner, Michael: Kirche lebt von unten. Erfahrungen aus 20 Jahren, Wuppertal 2000.

Stauch, Martin: Von der Kundgebung zum Event. Über einige neuere Entwicklungen in der Geschichte des Katholikentages, in: Lambrecht, Ronald / Morgenstern, Ulf (Hg.): „Kräftig vorangetriebene Detailforschungen“. Aufsätze für Ulrich von Hehl zum 65. Geburtstag, Leipzig 2012.

Vogel, Bernhard / Vogel, Hans-Jochen: Deutschland aus der Vogel-Perspektive. Eine kleine Geschichte der Bundesrepublik, Freiburg im Breisgau 2009.

Weiß, Otto: Kulturkatholizismus. Katholiken auf dem Weg in die deutsche Kultur 1900–1933, Regensburg 2014.

Wolf, Hubert: Freiheit, 1848er Revolution und katholische Kirche. Eine kirchenhistorische Verortung, in: Ders. (Hg.): Freiheit und Katholizismus. Beiträge aus Exegese, Kirchengeschichte und Fundamentaltheologie (Dies Academicus des Fachbereichs Katholische Theologie der Johann-Wolfgang-Goethe-Universität Frankfurt 1998), Ostfildern 1999, S. 39–69.

Ziemann, Benjamin: Encounters with Modernity. The Catholic Church in West Germany, 1945–1975, New York / Oxford 2014.

BILDNACHWEISE

S. 9: Zentralkomitee der deutschen Katholiken, Bonn / Benedikt Plesker

S. 13: Zentralkomitee der deutschen Katholiken, Bonn

S. 14: nach: Die Katholische Welt, Jahresband 1896

S. 19: Universitätsbibliothek Heidelberg

S. 20: Deutsches Historisches Museum, Berlin / S. Ahlers

S. 21: Museum von Zell a. H.

S. 23: nach: Theologische Quartalschrift 150 (1970), S. 34

S. 25: nach: The Yorck Project: 10.000 Meisterwerke der Malerei, 2002

S. 27: akg-images / arkivi

S. 29: Universitätsbibliothek Heidelberg

S. 31: akg-images

S. 32: nach: Magistrat der Stadt Offenbach (Hg.): Katholiken ohne Rom? Offenbach, älteste alt-katholische Pfarrei Hessens, Offenbach 1985, S. 31

S. 33: akg-images

S. 35: akg / North Wind Picture Archives

S. 37: nach: Trier, Eduard / Weyres, Willy (Hg.): Kunst des 19. Jahrhunderts im Rheinland in fünf Bänden, Bd. 4: Plastik, Düsseldorf 1980, S. 187

S. 44: Leopold Haase & Comp., in: The Eastern Window – Privates Fotoalbum Ludwig Freiherr von Aretin (1845–1882)

S. 47: nach: Gadient, Veit: Der Caritasapostel Theodosius Florentini, Luzern 1946, S. 1

S. 49: akg-images

S. 51: Universitätsbibliothek Heidelberg

S. 53: akg-images

S. 54: akg-images

S. 55: KNA-Bild

S. 57: akg-images

S. 61: nach: Le Charivari, 18. Mai 1870

S. 63: nach: Busch, Wilhelm: Pater Filucius, in: Ders., Sämtliche Werke, Bd. 4, München 1943, S. 71–114, hier S. 99

S. 65: akg-images

S. 67: akg-images

S. 69: akg-images

S. 71: Universitätsbibliothek Heidelberg

S. 73: akg-images

S. 74: nach: Verhandlungen der 45. General-Versammlung der Katholiken Deutschlands zu Krefeld, hg. vom Lokalkomitee, Krefeld 1898, nach S. 320

S. 75: akg-images

S. 77: nach: Neher, Anton Otto / Neher, Alfons: 100 Jahre kath. württ. Klerus u. Volk. Ein Beitrag zur religiösen Heimatkunde auf statistischer Grundlage, Riedlingen 1928, nach S. 64

S. 79: nach: Ritter, Gerhard A. / Tenfelde, Klaus: Arbeiter im Deutschen Kaiserreich 1871 bis 1914, Bonn 1992, S. 601

S. 81: akg-images

S. 83: Zentralkomitee der deutschen Katholiken, Bonn

S. 84: Sammlung Marcus Spangenberg, Regensburg

S. 85: akg-images

S. 87: Universitätsbibliothek Heidelberg

S. 89: nach: Bericht über die Verhandlungen der 58. General-Versammlung der Katholiken Deutschlands in Mainz, hg. vom Lokalkomitee, Mainz 1911, nach S. 112

S. 90: Karl-May-Verlag

S. 93: nach: Bähr, Manfred: Bochumer Zechen. Datensammlung über die Bochumer Zechen seit Beginn 1620 bis zum Ende 1974, Bochum 2012, S. 200

S. 95: Universitätsbibliothek Heidelberg

S. 99: akg-images

S. 101: Privatbesitz

S. 102: akg-images / Erich Lessing

S. 103: akg-images

S. 105: C1895132 / Stadtarchiv München

S. 108: nach: Simplicissimus, Jg. 2, Nr. 27, S. 211

S. 109: Westerdick, Lemgo

S. 111 l.o.: nach: Gesellschaft Jesu – Sendbote des Göttlichen Herzens, Jahrgang 1930

S. 111 r.o.: akg-images / picture-alliance / Alfred Assman

S. 111 l.u.: nach: 70. Generalversammlung der Katholiken Deutschlands in Nürnberg, hg. von der Geschäftsstelle des Lokalkomitees, Nürnberg 1931, S. 11

S. 113: nach: Busch, Norbert: Katholische Frömmigkeit und Moderne. Die Sozial- und Mentalitätsgeschichte des Herz-Jesu-Kultes in Deutschland zwischen Kulturkampf und Erstem Weltkrieg, Gütersloh 1997, S. 85

S. 115: Universitätsbibliothek Heidelberg

S. 116: nach: Simplicissimus, Jg. 6, Nr. 29, S. 226

S. 119: akg-images / De Agostini Picture Lib.

S. 120: KNA-Bild

S. 121: Simplicissimus, Jg. 8, Nr. 25, S. 1

S. 122: akg-images

S. 123: Marienhospital Stuttgart

S. 125: Unbekannt, Galerie Bassenge, 1907

S. 127: Universitätsbibliothek Heidelberg

S. 129: nach: Verhandlungen der 54. Generalversammlung der Katholiken Deutschlands in Würzburg, hg. vom Lokalkomitee, Würzburg 1907, nach S. 304

S. 131: nach: Verhandlungen der 55. Generalversammlung der Katholiken Deutschlands in Düsseldorf, hg. vom Lokalkomitee, Düsseldorf 1908, nach S. 64

S. 132: nach: Bericht über die Verhandlungen der 56. General-versammlung der Katholiken Deutschlands in Breslau, hg. vom Lokalkomitee, Breslau 1909, nach S. 536

S. 135: Universitätsbibliothek Heidelberg

S. 137: Universitäts- und Landesbibliothek Münster

S. 139: Universitätsbibliothek Heidelberg

S. 140: nach: 60. Generalversammlung der Katholiken Deutschlands in Metz, hg. vom Lokalkomitee, Metz 1913, vor S. 1

S. 143: nach: 71. Generalversammlung der deutschen Katholiken zu Essen an der Ruhr, hg. von der Geschäftsstelle des Lokalkomitees, Essen 1932, S. 596

S. 145: KNA-Bild

S. 147 l.: akg-images

S. 147 r.: akg-images

S. 148: Schulte / Stadtarchiv Münster

S. 151: akg-images

S. 152: Bundesarchiv / Pahl, Georg

S. 153: nach: Vereinigung Linksgerichteter Verleger: Weg mit dem Schmutz- und Schundgesetz, Berlin 1926, Titelblatt

S. 154: akg-images / TT News Agency

S. 155: nach: 66. Generalversammlung der Katholiken Deutschlands zu Dortmund, hg. vom Generalsekretariat des Zentral-Komitees, Dortmund 1927, S. 54

S. 157: Bundesarchiv / Pahl, Georg

S. 159: akg-images

S. 161 o.: nach: 69. Generalversammlung der Katholiken Deutschlands zu Münster in Westfalen, hg. vom Lokalkomitee, Münster 1930, S. 307

S. 161 u.: nach: 69. Generalversammlung der Katholiken Deutschlands zu Münster in Westfalen, hg. vom Lokalkomitee, Münster 1930, S. 99

S. 162: nach: 70. Generalversammlung der Katholiken Deutschlands in Nürnberg, hg. von der Geschäftsstelle des Lokalkomitees, Nürnberg 1931, S. 389

S. 163: akg-images / Erich Lessing

S. 165: nach: 71. Generalversammlung der deutschen Katholiken zu Essen an der Ruhr, hg. von der Geschäftsstelle des Lokalkomitees, Essen 1932, S. 593

S. 167: Zentralkomitee der deutschen Katholiken, Bonn

S. 171 o.: akg-images / picture-alliance / Heinz-Jürgen Goettert

S. 171 u.: picture-alliance / dpa

S. 172: Siddhartha Finner [CC BY-SA 3.0]

S. 173: nach: Zuerst das Reich Gottes. 74. Deutscher Katholikentag, Werktagung, hg. vom Generalsekretariat des Zentralkomitees der Deutschen Katholikentage, Paderborn 1950, nach S. 112

S. 174: nach: Gott lebt. Der 75. Deutsche Katholikentag vom 19. bis zum 24. August 1952 in Berlin, hg. vom

Zentralkomitee der deutschen Katholiken, Paderborn 1952, vor S. 81

S. 177: akg-images / Brigitte Hellgoth

S. 179: Bundesarchiv

S. 180: DBPB

S. 181: nach: Unsere Sorge der Mensch, unser Heil der Herr. Der 78. Deutsche Katholikentag vom 13. August bis 17. August 1958 in Berlin, hg. vom Zentralkomitee der deutschen Katholiken, Paderborn 1958, vor S. 65

S. 182: nach: Glauben, danken, dienen. Der 79. Katholikentag vom 22. August bis 26. August 1962 in Hannover, hg. vom Zentralkomitee der deutschen Katholiken, Paderborn 1962, nach S. 368

S. 183: nach: Glauben, danken, dienen. Der 79. Katholikentag vom 22. August bis 26. August 1962 in Hannover, hg. vom Zentralkomitee der deutschen Katholiken, Paderborn 1962, nach S. 240

S. 184: nach: Wandelt euch durch ein neues Denken! 80. Deutscher Katholikentag vom 2. September bis 6. September 1964 in Stuttgart, hg. vom Zentralkomitee der deutschen Katholiken, Paderborn 1964, nach S. 32

S. 187: nach: Auf Dein Wort hin. 81. Deutscher Katholikentag vom 13. Juli bis 17. Juli 1966 in Bamberg, hg. vom Zentralkomitee der deutschen Katholiken, Paderborn 1966, nach S. 208

S. 189: KNA-Bild

S. 191: KNA-Bild

S. 193: nach: Gemeinde des Herrn. 83. Deutscher Katholikentag vom 9. September bis 13. September 1970 in Trier, hg. vom Zentralkomitee der deutschen Katholiken, Paderborn 1970, nach S. 16

S. 195: KNA-Bild

S. 197: Zentralkomitee der deutschen Katholiken, Bonn

S. 198: nach: Ich will euch Zukunft und Hoffnung geben. 85. Deutscher Katholikentag vom 13. September bis 17. September 1978 in Freiburg, hg. vom Zentralkomitee der deutschen Katholiken, Paderborn 1978, nach S. 304

S. 199: nach: Ich will euch Zukunft und Hoffnung geben. 85. Deutscher Katholikentag vom 13. September bis 17. September 1978 in Freiburg, hg. vom Zentralkomitee der deutschen Katholiken, Paderborn 1978, nach S. 320

S. 201: picture alliance / dpa

S. 203: Zentralkomitee der deutschen Katholiken, Bonn

S. 205: nach: Seidler, Martin / Steiner, Michael: Kirche lebt von unten. Erfahrungen aus 20 Jahren. Wuppertal 2000, S. 119

S. 207: nach: Dein Reich komme. 89. Deutscher Katholikentag vom 10. bis 14. September 1986, hg. vom Zentralkomitee der deutschen Katholiken, Paderborn 1987, Bd. 1, nach S. 96

S. 209: KNA-Bild

S. 211: KNA-Bild / Harald Oppitz

S. 213: KNA-Bild

S. 215: nach: Eine neue Stadt entsteht – Europa bauen in der Einen Welt. 91. Deutscher Katholikentag vom 17. bis 21. Juni 1992 in Karlsruhe, hg. vom Zentralkomitee der deutschen Katholiken, Bonn 1993, nach S. 32

S. 217: KNA-Bild / Harald Oppitz

S. 218: KNA-Bild / Stephan Branahl

S. 219: KNA-Bild

S. 221: KNA-Bild / Harald Oppitz

S. 222/223: AlterVista [CC BY-SA 3.0]

S. 225 o.: nach: Leben aus Gottes Kraft. 95. Deutscher Katholikentag 16.–20. Juni 2004 in Ulm, hg. vom Zentralkomitee der deutschen Katholiken, Kevelaer 2005, nach S. 384

S. 225 u.: picture alliance / AP Photo

S. 226: KNA-Bild / Katharina Ebel

S. 227: KNA-Bild / Katharina Ebel

S. 229: KNA-Bild / Markus Nowak

S. 231: KNA-Bild / Katharina Ebel

S. 233: KNA-Bild / Harald Oppitz

S. 235: KNA-Bild / Jörg Loeffke

S. 236: M. Thomas

PERSONENREGISTER